認認真真講歷史

天涯社区人气佳作

中唐风波

全三卷 卷二

孙峰 孙艺真・著

中国文史出版社

图书在版编目（CIP）数据

中唐风波. 第二卷 / 孙峰, 孙艺真著. -- 北京：中国文史出版社, 2017.12
（认认真真讲历史）
ISBN 978-7-5034-9546-5

Ⅰ. ①中… Ⅱ. ①孙… ②孙… Ⅲ. ①中国历史—唐代—通俗读物 Ⅳ. ①K240.9

中国版本图书馆CIP数据核字(2017)第229749号

责任编辑： 刘　夏
封面设计： 陈欣欣

出版发行：中国文史出版社
网　　址： www.wenshipress.com
社　　址： 北京市西城区太平桥大街 23 号　　**邮编：** 100811
电　　话： 010-66173572 66168268 66192736（发行部）
传　　真： 010-66192703
印　　装： 北京温林源印刷有限公司
经　　销： 全国新华书店
开　　本： 1/16
印　　张： 21.5　　**字　数：** 361 千字
版　　次： 2018 年 10 月北京第 1 版
印　　次： 2018 年 10 月第 1 次印刷
定　　价： 53.50 元

目录

四八七 窦参上位

到贞元五年（公元 789 年）年初，中书侍郎、同平章事李泌就得病了。

李泌屡屡向德宗请求再任命两位宰相。德宗打算提拔户部侍郎班宏，而李泌却说班宏虽然清廉刚强，却反应迟钝，做事迟缓，遂推荐了御史中丞兼户部侍郎窦参和太常卿董晋二人，称窦参通达敏捷，可以兼任度支盐铁等使，而董晋正直无私，可以管理门下省，但德宗觉得二人都不行。窦参，字时中，他出身名门，天祖父窦抗是唐高祖李渊之妻窦氏的族兄、太宗皇帝的舅舅；高祖父窦诞在太宗时期担任过右领军大将军，封莘国公；此后窦家家道中落，窦参的父亲窦审言仅仅当了个闻喜县尉的小官。窦参以门荫入仕，逐渐晋升为万年县尉，他深通法律，性格刚强果断，后历任奉先县尉、大理司直、殿中侍御史、金部员外郎、刑部郎中、御史中丞等职，工作都很称职。他在担任御史中丞期间，数次受到德宗的召见，谈论天下大事，又多与宰相们的意见不同，德宗对他很是器重。当时神策军将军孟华有战功，被大将军陷害，称其谋反；右龙武将军李建玉在战斗中被俘，身陷吐蕃，很久才逃归，也被部下诬陷称他是吐蕃的间谍，二人均罪该处死，窦参经过审理都查明了实情，洗雪了二人的不白之冤，由此深受朝野的称赞。董晋，字混成，河中卢乡人。明经及第，至德初，肃宗自灵武至彭原，他上书谒见，被授予校书郎、翰林待制，再转卫尉丞，出为汾州司马。董晋为人清廉俭朴，谨慎小心，不久，汾州刺史崔圆改任淮南节度使，推荐董晋担任判官，后董晋又被召回晋升为侍御史、主客员外郎、祠部郎中。代宗大历中，兵部侍郎李涵送崇徽公主嫁给回纥，以董晋为判官。此后，董晋历任秘书太府太常少卿监、左金吾将军。德宗即位后，董晋又担任太常卿、右散骑常侍、华州刺史兼御史中丞、潼关防御使。朱泚之乱中，叛军进逼华州，董晋逃往奉天，德宗返回京师后，董晋被晋升为左金吾卫大将军、尚书左丞、太常卿。班宏，卫州汲人。天宝进士及第，高适镇守剑南时，举荐他担任判官。代宗大历中，他被提拔为起居舍人、给事中。李宝臣死后，其子李惟岳想继任节度使，德宗派班宏出使成德军，李惟岳给班宏送去大量财物，企图拉拢班宏，但遭到班宏的拒绝，回朝后，被晋升为刑部侍郎、京官考使，后又晋升为吏部侍郎。贞元初，德宗又任命他以户部侍郎的身份担任度支使韩滉的副手。班宏工作非常卖力，上班经常是早出晚归，不知疲倦。

李泌在病中又推荐窦参、董晋二人，德宗这才勉强同意。贞元五年二月二十七日，德宗下诏任命董晋为门下侍郎，窦参为中书侍郎兼度支转运使，二人均同平章事。以班宏为尚书，留任度支转运副使。窦参为人果断刚强，严厉苛刻，没有什么学识，擅长使一些小手腕，每次面见德宗汇报工作，汇报完以后，其他人都退下了，窦参谎称要单独上奏度支事宜留下单独汇报，而实际上却只是掩人耳目，利用这个机会把自己的亲信安排到各个要害部门，董晋虽然也身为宰相，不过是充个数罢了。不过，董晋非常小心谨慎，从来不曾泄露一句在德宗面前说过的话，亲朋好友有时候也问及，董晋回答："想观察一个宰相是否称职，只用看天下是否安危即可，至于宰相在皇帝面前说了什么，有什么建议，这都不重要。"

三月二日，李泌病故，终年六十八岁，德宗追赠其为太子太傅。旧史对李泌的评价并不高，把李泌与擅长巫术的王玙、黎干等人并称，称其"颇有谠直之风，而谈神仙诡道，或云尝与赤松子、王乔、安期、羡门游处，故为代所轻，虽诡道求容，不为时君所重……及在相位，随时俯仰，无足可称。复引顾况辈轻薄之流，动为朝士戏侮，颇贻讥诮……放旷敏辩，好大言，自出入中禁，累为权幸忌嫉恒由智免；终以言论纵横，上悟圣主，以跻相位"。然而，考察李泌在担任宰相的短短一年多时间里，做了很多前人不曾做、不敢做的事，尤其是他面对的是一个刚愎自用又猜忌贪婪的德宗，还有大乱之后的内外交困的朝廷，这更加难能可贵，在他的努力下，朝廷内部相对稳定，时局逐渐向好。因此，后人给予他很高的评价。

窦参从贞元五年当政，到贞元八年罢相，前后两年有余，期间国内大体平静。利用这段期间，我们将前期各个藩镇的情况进行一个回顾和梳理。根据《新唐书·方镇一、二、三、四、五、六》、结合吴廷燮的《唐方镇年表》、黄大华的《唐藩镇年表》等资料，截至德宗贞元五年，唐朝各地藩镇的总体情况如下。

先说关中和东都地区：

一是朔方节度使：《唐会要》记载，唐玄宗开元元年（公元713年）十月十六日，皇帝下诏将朔方行军大总管改为朔方节度使。《册府元龟》记载，次年二月，以鸿胪少卿王晙为朔方节度副大总管，安北都护府移治中受降城。三年九月，以凉州大总管薛纳继任朔方道行军大总管，薛纳任至五年，又以王晙接替，王晙任至开元九年（公元 721 年），根据《新唐书》记载，最初设置朔方军节度使，领单于大都护府，下辖夏州（今陕西省靖边县）、盐州（今宁夏回族自治区盐池县）、绥州（今陕西省绥德县）、银州（今陕西省榆林市）、丰州（今内蒙古自治区五原县）、胜州（今内蒙古自治区准格尔旗）六州，定远（今宁夏回族自治区平罗县东南）、丰安（今内蒙古自治区乌拉特前旗西北）两军，东（今内蒙古自治区托克托县黄河东岸）、中（今内蒙古自治区包头市）、西（今内蒙古自治区乌拉特中旗一带）三受降城。次年，增加鲁州、丽州、契州三州（当时鲁州、丽州、含州、塞州、依州、契州称为六胡州，大体在今内蒙古自治区鄂托克旗、乌审旗一带），由张说、信安王李祎短暂担任朔方军节度大使。次年，又由王晙接任，从开元十二年（公元 724 年）到十四年（公元 726 年），由杨执一担任。杨执一死于任上，又由王晙继任，并增领关内支度营田使，开元十五年，由忠王李亨（当时叫李浚）担任朔方军节度大使，改任萧嵩和信安王李祎接任节度使，并增领关内盐池使，从开元十五年一直到二十四年这十年里，信安王李祎一直担任着朔方节度使，期间，在开元十六年，废除达浑都督府，朔方节度使增领浑部落使，二十年，又增领诸蕃部落及闲厩宫苑监牧使，二十二年，兼任关内道采访处置使，增领泾州（今甘肃省泾川县）、原州（今宁夏回族自治区固原市）、宁州（今甘肃省宁县）、庆州（今甘肃省庆阳市）、陇州（今陕西省陇县）、鄜州（今陕西省富县）、坊州（今陕西省黄陵县）、丹州（今陕西省宜川县）、延州（今陕西省延安市）、会州（今甘肃省会宁县）、宥州（六胡州之地）、麟州（今陕西省神木县北）十二州，以匡州（确址不详）、长州（今甘肃省环县）隶属庆州，安州（确址不详）、乐州（确址不详）隶属原州。开元二十四年（公元 736 年），由牛仙客兼任节度使，直到二十八年（公元 740 年），此后则由韦光乘继任，不久又由王忠嗣继任。王忠嗣从开元二十九年开始一直担任到天宝五载（公元 746 年），期间，朔方节度使又兼领六城水运使、邠州。王忠嗣辞职后，张齐丘又当了四年多，期间，朔方节度使又兼领陇右兵马使。到天宝九载（公元 750 年），张齐丘被贬，河西节度使安思顺短暂兼管，次年年初，就由宰相李林甫兼领。一年后，朔方节度副使李献忠背叛，李林甫引咎辞职，推荐了安思顺。安思顺干了两年多，就发生了安禄山叛乱，安思顺被免，朔方军右厢兵马使郭子仪被晋升为朔方节度使。

至德元载（公元756年），肃宗灵武即位。设置京畿节度使，下辖京兆尹、同州（今陕西省大荔县）、岐州（今陕西省凤翔县南）、金州（今陕西省安康市）、商州（今陕西省商洛市商州区）五州，同年，又以岐州、金州和商州隶属于兴平、凤翔节度使，以同州隶属河中节度使。设置关内节度使，取代过去的采访使，治所在安化郡。在东都洛阳设置东畿观察使，下辖怀州（今河南省沁阳市）、郑州（今河南省郑州市）、汝州（今河南省汝州市）和陕州（今河南省陕县）四州，不久又将郑州划归淮西。肃宗继位后，由于唐朝朝廷直接统治区急剧缩小，不得不重新分割朔方节度使的辖区，相继分出了泾原、振武、镇国、邠宁等节度使。乾元元年（公元758年），设置振武节度使，领镇北大都护府，麟州、胜州二州；上元二年（公元761年），废置关内节度使，以泾州、原州、宁州、庆州、坊州、丹州、延州隶属邠宁节度使；代宗大历三年，废置邠宁节度使，朔方节度使增领邠州、宁州、庆州。十四年，代宗去世后，德宗削弱郭子仪的兵权，重新恢复了邠宁节度使，又将朔方节度使所辖地盘一分为三，划归河中、振武、邠宁三个节度使管辖，到贞元三年，又设置了夏州节度使，统领绥州、盐州。在这些年里，郭子仪在肃宗至德元载担任朔方节度使后到乾元二年，当了三年有余，由李光弼继任，李光弼又干了两年多，到上元二年（公元761年），因北邙之败辞职，朝廷改任李若幽继任，赐名李国贞。李国贞当了没多久，就因河中军兵变被杀，朝廷以郭子仪为副元帅，以仆固怀恩为行营节度。代宗继位后，仆固怀恩以平定史朝义之功，郭子仪将副元帅让给了他，代宗遂以广德元年（公元763年）以其为朔方节度使。同年，仆固怀恩谋反，次年，朝廷不得不重新起用郭子仪担任朔方节度使，此后，一直到代宗去世时的大历十四年（公元779年），郭子仪当了朔方节度使达十五年之久。郭子仪卸任后，朔方节度使所辖地区为：灵州、盐州、夏州、丰州四州，西受降城、定远（今宁夏回族自治区平罗县东南）、天德（今内蒙古乌拉特前旗东北）三军。

四八八 方镇概述（一）

说完了朔方军，再来说说凤翔陇右节度使。

肃宗上元元年，设置兴凤陇节度使，以太子少保崔光远担任节度使，次年，崔光远调任剑南节度使，改由右羽林大将军李鼎继任。两年后，李鼎调任陇右节度使，高昇继任。到广德元年（公元763年），又由孙志直接任，两年后，泽潞节度使李抱玉调任凤翔节度使。李抱玉从永泰元年（公元765年）一直镇守凤翔六年，到大历五年（公元770年），代宗、元载等人出于诛杀鱼朝恩的政治需要，任命李抱玉为山南西道节度使，将其部队移镇盩厔，引起兵变，而以皇甫温接替李抱玉，不久又以李忠臣取代皇甫温，但到次年李抱玉请求辞去山南西道，只防守陇山方向，朝廷又恢复了他凤翔节度使的职务，此后他一直待在凤翔，直到大历十二年（公元777年）去世。李抱玉去世后，朝廷遂以朱泚担任凤翔节度使，在此期间，德宗即位，朱泚担任五年，到建中三年其弟朱滔叛乱，德宗遂将其召回京师，改任了张镒。紧接着就发生了朱泚之乱和奉天之难，李楚琳杀害张镒自任节度使，建中四年，德宗将兴凤陇节度使赐号为保义军节度使，又废掉保义军，在陇州设置奉义军节度使，但不久又废置了，等德宗回朝后，扣下了李楚琳，改任李晟兼任凤翔节度使。贞元三年（公元787年），李晟担任节度使两年后受到德宗猜忌，被调回朝廷，李晟遂举荐部下邢君牙继任，此后邢君牙一直担任着凤翔节度使。贞元四年，德宗废除保义军节度使，设置都团练观察防御使，不久，又恢复凤翔节度使，兼右神策军行营节度使。凤翔节度使的辖区是：凤翔府、陇州。

邠宁节度使：辖区为：邠州（今陕西省彬县）、宁州、庆州。

邠宁节度使系肃宗乾元二年（公元759年）设置，原来下辖邠州、宁州、庆州、泾州、原州、鄜州、坊州、丹州、延州九个州。次年，因又设置了渭北鄜坊节度使，就把鄜州、坊州、丹州、延州四州划了出去。到代宗大历三年（公元768年），又因设置了泾原节度使，就把邠宁节度使废置了。邠宁节度使废置十一年后，代宗去世，德宗因分割郭子仪的朔方军而又重新恢复了邠宁节度使建制，称为邠宁庆节度使。邠宁节度使由关内节度使演变而来，以原关内节度使王思礼担任第一任节度使，此后，由桑如珪、郭子仪、臧希让、张蕴琦、白孝德短暂继任。大历元年以后，由马璘接任，大历三年，设置泾原节度使后，代宗以马璘担任泾原镇第一任节度使，命令其率部移镇，邠宁节度使废置，其原有辖区经分割后，交给朔方节度使郭子仪管理。直到大历十四年，代宗去世、德宗继位，收回郭子仪的兵权，又重新设置邠宁节度使，由郭子仪部下李怀光担任节度使。建中二年，李怀光又兼任了朔方节度使，率部东讨。建中四年，朱泚之乱，李怀光叛乱，兴元元年（公元 784 年），德宗下诏只保留李怀光太尉一职，罢免了其余官职，遂以韩游瑰担任了邠宁节度使。韩游瑰担任四年多，因儿子涉及李软奴政变而受到牵连，贞元四年，德宗改任张献甫担任邠宁节度使，此后，张献甫一直干到贞元十一年。

泾原节度使，全称为：泾原四镇北庭行军节度观察处置等使，辖区：泾州、原州、渭州（今甘肃省陇西县）、武州（确址不详）四州。

泾原节度使设置于代宗大历三年十二月，治所在泾州。大历五年，因马璘上奏称泾原土地贫瘠，军粮不足，代宗在把李抱玉调整到凤翔的同时，把他兼领的郑州和颍州划归泾原，由泾原镇遥领，等于这两州的赋税专供泾原镇。大历十四年，德宗即位后，为了发起平叛战争，又把颍州划给了永平节度使。建中二年，把郑州也划给了永平节度使。

马璘从大历三年一直干到大历十一年去世，此后由段秀实接任。建中元年，因段秀实得罪了宰相杨炎而被罢官，改由李怀光兼任，由此引发了次年的刘文喜兵变，朝廷改由朱泚兼任。刘文喜被杀后，朝廷由以姚令言担任。两年后，泾原军再次发动叛乱，导致朱泚之乱，德宗逃往奉天，泾原镇留后冯河清被德宗任命为节度使。次年三月，泾州兵变，田希鉴杀掉冯河清，六月，朝廷任命田希鉴为节度使，十月，德宗返回京师后，李晟又杀死了田希鉴，朝廷改任右龙武大将军李观担任节度使。李观在任三年多，平凉盟会时，幸赖其部浑瑊才得以脱身，当年李观病故。贞元四年，德宗下诏任命宣武军防秋兵节度使刘昌担任了泾原节度使。此后，刘昌一直镇守泾原，直到贞元十九年病故。

鄜坊节度使，辖区：鄜州、坊州、丹州、延州四州。

肃宗上元元年设置，最初由朔方节度使郭子仪兼领邠宁、鄜坊两节度；永泰元年，丹州和延州设置都团练使，从鄜坊节度使划出，治所在延州，后改为丹延观察使；鄜坊节度使增领绥州、安塞军使。大历六年，渭北鄜坊节度使改名为渭北节度使，又重新管辖了丹州和延州，废置丹延二州观察使，大历十四年，废置渭北节度使，改为都团练观察使。德宗建中四年又恢复渭北节度使，不久移镇鄜州，后又设置都团练观察防御使，贞元三年，恢复渭北节度使，将绥州划给银夏节度使。

鄜坊节度使设置以后，郭子仪兼任了一段时间，此后，王仲升、白孝德、杜冕相继担任较短时间，后由李光进担任。李光进从永泰元年（公元 765 年）一直当了五年，到大历四年被改任太子太保，节度使一职遂由臧希让接任。大历九年，臧希让去世后，改由郭子仪的弟弟郭子晧继任。德宗即位后，郭子仪失势，郭子晧也被右羽林大将军吴希光取代。不久，德宗又相继任命崔宁、李建徽、浑瑊担任。李怀光之乱中，李晟也短暂兼任过鄜坊节度使。贞元初年，唐朝臣接任，不久，改调为振武节度使，而由论惟明接任。贞元四年一月，德宗又以左龙武大将军王栖曜担任了鄜坊节度使。此后，王栖曜一直干到贞元十八年去世。

夏绥节度使，下辖：夏州、绥州、银州、宥州四州。

贞元三年七月，德宗下诏设置夏绥节度使，由左羽林大将军韩潭担任。领夏州、绥州、盐州，后不再领盐州。元和年间又增领宥州、银州，此是后话。

振武节度使，下辖：镇北都护府、胜州、麟州。

肃宗乾元元年设置。前期节度使不详，直到大历十四年三分朔方军时，我们才知道，以浑瑊为振武节度使。数月后，又改任张光晟担任。张光晟接任大半年，到建中元年就因擅自杀害回纥使者突董等人而被撤职，节度使一职改由彭令芳接任。彭令芳当了不到一年，到建中二年，振武军发生兵变，彭令芳和监军刘惠光被杀，朝廷任命王翃继任。王翃当了一年多，被召回朝廷，担任京兆尹，朝廷又任命了杜从政担任。杜从政担任数年之久，到贞元二年，鄜坊节度使唐朝臣被调任振武节度使。直到贞元六年，范希朝接任，范希朝一直干到贞元十九年入朝。

东畿观察使。

肃宗至德元载，设置东畿观察使，下辖：怀州、郑州、汝州、陕州，不久，以郑州隶属淮西。乾元元年，以陕州隶属陕虢华节度使，汝州隶属豫许节度使。设置陕虢华节度使，领潼关防御、团练、镇守等使，镇守陕州。上元元年，改陕虢华节度使为陕西节度使，兼神策军使，不久又设置观察使。次年，改华州为镇国节度使，又称为关东节度使，陕西节度使不再统领华州。宝应元年，陕西观察使增领都防御使。次年，将怀州划归昭义军，陕西观察使增领虢州。三年，取消东畿观察使。到大历十四年，又恢复了东畿观察使，由留台御史中丞兼任，增领汝州，取消陕西防御观察使。德宗建中二年，以汝州隶属河阳军，不久恢复。重新设置陕西防御使。设置河阳三城节度使，以东畿观察使兼任，领怀州、郑州、汝州、陕州四州，增领东畿五个县以及卫州，又称为怀卫节度使。四年，取消观察使，设置东畿汝州节度使；设置陕西都防御使，不久升为节度使。次年，又取消了陕西节度使。贞元元年，取消东畿汝州节度使，设置都防御使，由东都留守兼任，增领唐州、汝州。设置陕州虢州都防御使，治所在陕州。取消河阳节度使，设置河阳都团练使。次年，将东都都防御使升格为都防御观察使。三年，将唐州、邓州划归山南东道。贞元五年，取消东都畿汝州观察使，设置都防御使，汝州另外设置防御使。

从长安到洛阳一带，唐朝朝廷不时设置取消相关节度使、观察使等的建制，都与各个时期特殊的局势密不可分，也说明了这一地区的重要性。河阳三城节度使，下辖怀州、孟州、泽州三州，设置于德宗建中二年，是配合德宗东讨河朔藩镇而设立的，首任节度使为路嗣恭，继任为李艽，贞元元年，李艽去世后，由雍希颜接任。贞元四年，德宗改任右神策将领李长荣继任，赐名李元淳。直到贞元十五年李元淳调任昭义军节度使，改由衡济继任。陕虢防御使，下辖陕州和虢州，创设于肃宗乾元二年，由来瑱担任。次年，由右羽林大将军郭英乂继任，增领华州。三年后增领虢州，并由鱼朝恩部将皇甫温接任。大历九年，皇甫温在担任陕虢防御使（一度为陕西节度使）十余年后，调任浙东观察使，由商州刺史李国清继任。十年三月，陕州兵变，乱兵驱逐了李国清。此后一度废置，到大历十四年，杜亚、李齐运相继担任陕州长史、转运使，建中二年，姚明敭继任。朱泚之乱后，姚明敭逃往奉天，副使张劝接任节度使。贞元元年六月，陕州兵变，李泌接任，贞元三年，李泌拜相，节度使又分别由李佐、卢岳短暂担任，贞元四年，杜佑继任，一年后，杜佑改任淮南节度使，司农卿李翼继任。至德元年还设置了兴平节度使，下辖上洛等四郡，存续时间较短。

四八九 方镇概述（二）

说完了关中，再说河南（按：此处河南为大的概念，包括今河南省大部、安徽、江苏省北部、山东省大部，不包括前面已经说过的河阳三城使、陕虢防御使所辖地区）。

肃宗至德元载（公元 756 年），最初设置河南节度使，治所在汴州（今河南省开封市），下辖十三个郡：陈留、睢阳、灵昌、淮阳、汝阴、谯郡、济阴、濮阳、淄川、琅邪、彭城、临淮、东海。同时，设置淮南西道节度使，下辖义阳、弋阳、颍川、荥阳、汝南五郡，治所在颍川郡；设置青密节度使，下辖北海、高密、东牟、东莱四郡，治所在北海郡；设置郓州、齐州、兖州都防御使，治所在齐州。设置河南节度使，是安禄山叛乱之后，唐玄宗所作出的几个应对措施之一，其目的就是整合河南各地资源，阻止安禄山叛军南下，第一任河南节度使是卫尉卿张介然。但由于安禄山叛军进展迅速，张介然到任后还没有组织起有效的防御，汴州就陷落了，张介然被杀。次年，唐军收复河南，安庆绪北逃，唐肃宗遂任命来瑱为淮西节度使（六月任淮南节度使，十二月一日改任）。

乾元元年（公元 758 年），取消河南节度使，改为汴州都防御使，所辖地盘不变，但不久，又将滑州和濮州划归青密节度使；亳州划归淮西节度使。与此同时，将淮西节度使迁至郑州，增领陈州、颍州、亳州三州，另外又设置了豫许汝节度使，治所在豫州。该年，由于殿中监汉中王李瑀奉命将肃宗幼女宁国公主送往回纥，与英武可汗成亲，遂将淮西节度使来瑱调回朝廷，担任殿中监，而改任鲁炅为淮西节度使。鲁炅奉命与朔方节度使郭子仪、兴平节度使李奂、滑濮节度使许叔冀、郑蔡节度使季广琛、河南节度使崔光远、镇西北庭节度使李嗣业等七节度使及河东节度使李光弼、关内泽潞节度使王思礼等会攻邺城。

次年年初，唐军在邺城大败，肃宗以郭子仪为东都留守，以来瑱为陕州刺史，陕虢华州节度使，抵御史思明可能的进攻，以兴平节度使李奂兼任豫许汝节度使，组织抵抗。又取消了汴州都防御使，设置汴滑节度使，治所在滑州，下辖滑州、濮州、汴州、曹州、宋州，以滑濮节度使许叔冀担任汴州刺史兼滑汴等七州节度使。又设置了河南节度使，治所在徐州，下辖徐州、泗州、海州、亳州、颍州；不久，又将濮州划给兖郓节度使，颍州和亳州划归郑陈节度使。设置了郑陈节度使，下辖郑州、陈州、亳州和颍州，由鲁炅担任，但不久鲁炅自杀，朝廷以鸿胪卿李抱玉为郑陈颍亳节度使，后增领申州、光州、寿州，但不久又将该三州改划给了淮西节度使。淮西节度使短暂取消，但不久襄州康楚元叛乱，朝廷又以陈颍亳申节度使王仲升为申沔等五州节度使，统领淮西兵马前去讨伐，淮西节度使由此恢复，治所也从郑州迁至寿州，下辖申州、光州、寿州、安州、沔州、蕲州、黄州七州。同年，青密节度使增领淄州、沂州、海州三州，以徐州刺史尚衡担任青密七州节度使，将郓州、齐州、兖州三州都防御使升格为郓齐兖节度使，治所在兖州。

上元元年（公元 760 年），史思明进入东都。兖郓节度使能元皓从东部地区击破史思明叛军。上元二年（公元 761 年），史思明被杀，史思明的滑郑汴节度使令狐彰归降，朝廷取消了汴滑节度使、河南节度使、郑陈节度使，设置滑卫节度使、淄沂节度使，其中，滑卫节度使治所在滑州，下辖滑州、卫州、相州、魏州、德州、贝州六州，以令狐彰为滑卫节度使，不久，增领博州，将德州划给淄沂节度使；淄沂节度使治所在沂州，下辖淄州、沂州、沧州、德州、棣州。平卢节度使侯希逸率部从东北渡海来到山东，遂又取消了淄沂节度使，授予其为青密节度使，增领齐州，号称淄青平卢节度使。将郑陈节度使所辖区域的郑州、陈州、亳州、颍州和汴滑节度使的曹州、宋州、汴州以及河南节度使的徐州、泗州划给淮西节度使，淮西节度使又迁至安州，号称淮西十六州节度使，此时淮西节度使为王仲升。当时，史朝义将主攻方向改为南下，朝廷扩大淮西范围，就是更有效地整合力量，以应对史朝义的进攻。

宝应元年（公元 762 年），讨伐史朝义前夕，江淮地区不稳，各节度使在讨平刘展之乱后，不听朝廷调度，代宗遂把李光弼派往江淮。下半年，唐军收复东都，打败史朝义，遂恢复了河南节度使，治所在汴州，下辖：汴州、宋州、曹州、徐州、颍州、兖州、郓州、濮州。调回王仲升，改任董秦即李忠臣为淮西节度使，并增领许州、唐州、随州，而把其原有的郑州划给了泽潞节度使，颍州、汴州、宋州、曹州划给了新恢复的河南节度使，泗州划给兖郓节度使，申州划给了蔡汝节度使。不久，又取消了兖郓节度使，将郓州、兖州、濮州、徐州划给河南节度使，登州、莱州、沂州、海州、泗州划给淄青平卢节度使。这次调整是基于兖郓节度使田神功平定刘展之乱，立下了战功，朝廷为了酬谢他的战功，才把河南节度使的职位交给了他，并鼓励他继续北上讨伐史朝义。

次年，史朝义被平定，安史之乱结束。滑卫节度使令狐彰增领亳州，号称滑亳节度使，又增领德州。卫州划给泽潞节度使李抱玉，将相州和贝州从滑卫分出，另外设立了节度使，魏博则设置防御使。沧州、德州、瀛州隶属魏博防御使节度。

永泰元年（公元765年），将沔州、黄州、蕲州从淮西划出，隶属于鄂岳节度使。

代宗大历三年（公元768年），蔡汝节度使增领仙州。四年，滑亳节度使增领陈州；河南节度使增领泗州，以颍州划给泽潞节度使。五年，取消仙州建制。七年，滑亳节度使赐名为永平节度使。八年，淮西节度使迁至蔡州，取消蔡汝节度使，土地归于淮西节度使。十年，淄青平卢节度使增领德州。十一年，李灵曜之乱，永平节度使增领宋州、泗州；取消河南节度使，将曹州、兖州、郓州、濮州、徐州划归淄青节度使，宋州、颍州、泗州归于永平节度使，汴州归于淮西节度使。十四年，永平节度使增领汴州、颍州，迁至汴州；淮西节度使从汴州迁回蔡州，赐号淮宁军节度使，不久改称申光蔡节度使，汝州划归东畿节度使，汴州划归永平节度使。

德宗建中二年（公元781年），永平节度使增领郑州，设置宋州亳州颍州节度使，治所在宋州，号称宣武军节度使；以泗州划归淮南节度。三年，设置徐州海州沂州密州都团练观察使，治所在徐州；取消淄青平卢节度使，设置淄青都团练观察使，下辖淄州、青州、登州、莱州、齐州、郓州、兖州七州，治所在青州；设置曹州濮州都团练使，治所在濮州。

兴元元年（公元784年），宣武节度使迁至汴州，永平节度使迁回滑州，恢复淄青平卢节度使，下辖淄州、青州、登州、莱州、齐州、郓州、兖州、徐州、海州、沂州、密州、曹州、濮州十三州，取消曹濮都团练观察使、徐海沂密都团练观察使。

贞元元年（公元785年），永平节度使改称义成军节度使，增领许州；唐州划归东都畿节度使。贞元三年，设置陈许节度使，治所在许州，以淮西的安州划归山南东道节度使。贞元四年，设置徐州泗州濠州节度使，治所在徐州。淄青平卢节度使迁至郓州。

从安史之乱后，由于河南特殊的地理位置，既是双方反复争夺的主战场，又是保护江淮粮道的枢纽，周边地区又不断发生兵变，因此，为了应对不断变化的局势，河南方镇的废设非常频繁，让人眼花缭乱。总体上把握之后，我们再就一些大的方镇逐一予以介绍。

一是义成节度使。前身是滑卫节度使，此后，随着局势的发展，管辖范围变化很大，名称也发生了相应的变化。上元二年，史朝义叛将令狐彰投降，被朝廷任命为滑卫节度使，诏书上划给他统辖的范围是滑州、魏州、德州、贝州、卫州、相州六州，但其实其当时实际控制仅滑州一地。不久，史朝义被灭，其辖区的相州、贝州划归相州刺史薛嵩，卫州为泽潞所管，德州、魏州为魏博所管。此后，令狐彰一直担任节度使，直到大历八年（公元 773 年）去世，任职共计十三年。期间曾增领亳州、陈州，并改为永平节度使。大历八年令狐彰去世后，李勉接任，大历十一年，李灵曜之乱，永平军增领宋州、泗州，十四年增领汴州、颍州，治所迁至汴州。德宗建中四年，李希烈攻克汴州，李勉逃奔宋州，滑州刺史李澄投降李希烈。李勉前后担任永平节度使十年。次年，李澄归降，朝廷以其为汴州刺史、汴滑节度使。贞元元年，改永平军为义成军，仍由李澄担任节度使，增领许州。次年，李澄病死，朝廷以东都畿唐邓汝防御观察使贾耽为义成军节度使，兼任郑滑观察使，贾耽一直干到贞元九年（公元 793 年）拜相。义成军主要辖区是：滑州、郑州、颍州三地，地盘不大，但地理位置非常重要，既是遏制河朔藩镇的前线，又是连通江淮漕运的枢纽，更是屏护东都、中原的第一道屏障。

四九〇 方镇概述（三）

二是忠武节度使。前身为陈许蔡观察使，后来辖区陈州、许州和蔡州。

随着局势的不断变化，这一地区变化更大，先是鲁炅担任陈郑颍亳四州节度使，还没上任，鲁炅自杀，朝廷又以右羽林大将军彭元曜为陈郑申光寿节度使，三个月后，又以李抱玉为陈郑颍亳节度使。李抱玉当了两年多，该节度使名号取消，所属土地被分割。直到贞元二年，李希烈被杀后，才又重新设置了陈许节度使，由曲环担任，下辖陈州和许州，治所在许州。曲环一直担任节度使至贞元十五年病故，其间，在贞元十年时，改为忠武军。

三是宣武节度使，后来辖区固定为汴州、宋州、亳州。如前所述，安禄山反叛后，唐玄宗先设置了河南节度使，以张介然为节度使，治所在汴州。此后，以汴州的节度使很多，虢王李巨、崔光远、李随、吴王李祗、贺兰进明、张镐、许叔冀等人也都在短短的两三年间担任过河南节度使或类似的职务。宝应元年收复东都之后，朝廷又恢复了河南节度使建制，以张献诚担任节度使，下辖汴州、宋州、曹州、徐州、兖州、颍州、濮州、郓州八州，治所在汴州。两年后，由田神功继任，大历九年田神功去世，其弟田神玉继位，此时称号为汴宋节度使。两年后，大历十一年，田神玉去世。李灵曜叛乱，其地盘被分割，分别划给永平军和淄青军。次年，淮西节度使李忠臣消灭李灵曜，趁机占领了汴州，直到大历十四年李忠臣被同族侄儿李希烈驱逐，朝廷乘机从淮西军手里收回了汴州，交给忠于朝廷的永平军节度使李勉，永平军也由滑州迁至汴州。此后，李勉在与李希烈的交手中失利，逃往宋州刺史刘洽那里，刘洽也被朝廷晋升为宋亳颍节度使，军号改为宣武军，治所在宋州。兴元元年，宣武军收复汴州，治所也迁到了那里，汴州成了宣武军的大本营。贞元二年，刘洽被赐名为刘玄佐，直到贞元八年，刘玄佐病故，他在位十余年。

四是天平节度使。前身为郓曹濮等州观察使。后来辖区为郓州、濮州、曹州三州。

至德元年，最初设置郓州、齐州、兖州观察使，治所设在齐州。后升格为节度使，增领濮州，以能元皓为节度使。到宝应元年，能元皓离职后，该地被分割，田神功被拜为兖郓节度使，其余土地给了淄青平卢节度使侯希逸，此后取消。建中三年，在濮州设置曹濮都团练使，直到兴元元年又取消。这个军镇直到宪宗元和年间才又设立，号称天平军。以兖州为治所在的泰宁军节度使，也是一样，如今还未设置。

五是感化节度使。如今也未设立，但地盘大致相近的则是乾元元年以徐州刺史尚衡担任的亳州颍州节度使，治所在徐州。此后，在很长一段时间内，徐州分属其他节度使，不再充当治所在，直到德宗建中三年，设置了徐州沂州海州观察使，以高承宗担任观察使。一年后，高承宗去世，其子高明应继位。直到李泌拜相后，贞元四年，将高明应征召入朝，改任张建封担任徐州、泗州、濠州节度使，镇守徐州，直到贞元十六年去世。后来，在宪宗时期，该镇更名为武宁军，唐末改为感化军。

六是淄青平卢节度使。后来辖区为淄州、青州、齐州、登州、莱州、棣州六州。

至德元载，邓景山被任命为青齐节度使。乾元元年，以徐州刺史尚衡改任青州刺史，淄州、青州、登州、莱州、海州、密州、沂州节度使，此后，殷仲卿、田神功也都相继管理上述部分土地，宝应元年，侯希逸被任命平卢淄青六州节度使，田神功则由淄青调任兖郓节度使。两年后，侯希逸被部下李怀玉驱逐，次年，朝廷赐李怀玉名字为李正己。李正己盘踞淄青十七年，直到德宗建中二年去世，其子李纳继位。期间，他相继吞并了沂州、密州、海州、德州，又趁李灵曜之乱，夺取了濮州、郓州、曹州、兖州、濮州五个州，把治所从青州迁至郓州，一度拥有淄州、青州、齐州、海州、登州、莱州、沂州、密州、德州、棣州十个州。建中三年，李纳叛乱，十一月自称齐王，兴元元年，德宗下罪己诏，任命李纳为淄青节度使，下辖淄州、青州、齐州、海州、登州、莱州、沂州、密州、兖州、郓州、徐州、曹州、濮州十三州。到贞元八年，李纳去世，其子李师古继任。

七是淮西节度使。主要盘踞地区为申州、光州、蔡州。

至德元载，朝廷设置淮西节度使，下辖义阳、弋阳、颍川、荥阳、汝南五郡。次年以来瑱担任，不久改任鲁炅，治所为郑州，增领陈州、颍州、亳州。后淮西节度使南迁，辖区变更为申州、光州、寿州、安州、沔州、蕲州、黄州七州，治所在寿州，但该建制因鲁炅自杀似未实施，很快，朝廷就以王仲升为淮西节度使，管辖申州、安州、沔州三州。上元二年，淮西节度使王仲升增领陈州、郑州、颍州、亳州、汴州、曹州、宋州、徐州、泗州九州，号称淮西十六州，迁至安州。次年，即宝应元年，李忠臣被任命为淮西节度使，地盘被缩小，郑州、颍州、汴州、曹州、宋州、泗州、申州被划出，增加唐州、随州、许州。永泰元年，朝廷又将沔州、黄州、蕲州从中划出，此后，李忠臣吞并蔡汝节度使辖区，将治所在迁至蔡州，朝廷也不得不取消了蔡汝节度使。大历十一年，他又吞并了汴州，把治所迁至那里。直到大历十四年被李希烈驱逐，李忠臣在位十七年之久。李希烈刚继位，治所迁回蔡州，朝廷乘机收回了汴州和汝州，赐号淮宁军，不久又更名为申光蔡节度使。到兴元元年，朝廷收复寿州，次年收复唐州、安州、许州，三地分别划归东畿、山南东道和陈许节度使。贞元二年，李希烈陈仙奇所杀，陈仙奇又为吴少诚所杀，朝廷相继任命陈仙奇、吴少诚为节度使。直到宪宗元和四年，吴少诚去世，其一直盘踞淮西达二十四年之久。期间，在德宗贞元十四年将淮西军赐号为彰义军。

说完了河南，再说今山西省一带的军镇。

首先是北都太原。

北都太原系李唐王室的龙兴之地，地位特殊。在睿宗景云二年（公元 711 年）就曾经设置北都长史领持节和戎、大武等诸军州节度使，到玄宗开元五年，更名为天兵军大使，八年更名为天兵军节度使，十一年更名为北都留守，太原府以北诸军州节度使、河东道支度营田使，领太原、辽州、石州、岚州、汾州、代州、忻州、朔州、蔚州、云州，治所设在太原。此后，河东节度使在德宗兴元元年改名为保宁军节度使，三年后，又恢复旧名。

安史之乱之前，担任该职务的分别有薛讷、王晙、张嘉贞、张说、崔日用、韦湊、崔隐甫、张孝嵩、李暠、宋之悌、杜暹、信安王李祎、王昱、牛仙客、王忠嗣、田仁琬、韩休琳、安禄山，名号各异，有叫并州大都督府长史的，有叫天兵军节度使的，有叫河东节度使的等，但其实大致相同。安禄山叛乱后，朝廷任命李光弼为云中太守、河东节度使，不久，李光弼兵出河北，朝廷又改任他为范阳节度使（虚名），而以王承业继任，但很短时间内，潼关大败，王承业军政不修，李光弼内调，肃宗又将王承业撤职，让李光弼官复原职。乾元二年，邺城大败后，李光弼接替郭子仪担任朔方节度使，王思礼继任河东节度使。两年后，王思礼去世，朝廷以鸿胪卿管崇嗣继任，但管崇嗣军政松弛，朝廷很快就改任了邓景山。可是邓景山上任没多久，河东军就发生兵变，杀死了邓景山，都知兵马使辛云京自称河东节度使，朝廷默认。七年后的大历三年，辛云京病死，代宗任命王缙担任河东节度使。两年后，王缙回朝，朝廷改任薛兼训继任。大历十一年，薛兼训去世，以河东行军司马鲍防接任。大历十四年五月代宗去世后，鲍防被德宗调回担任京畿观察使，而以河阳三城防遏使马燧继任河东节度使。直到贞元三年，吐蕃结盟，马燧被德宗罢去兵权，他已担任河东节度使八年。此后，德宗改任李自良为河东节度使，直到贞元十一年去世。

其次，河中节度使，管辖河中府、晋州、绛州、隰州、慈州。

河中节度使起于至德元载设置的河中防御守捉使、蒲关使，治所在蒲州，第一任节度使系颜真卿，一年多后，赵泚、王玙、崔寓、萧华、王昂、李光弼、李国贞都曾短暂担任过此职。广德二年，以副元帅郭子仪担任河中节度使，到大历十四年，郭子仪在任十四年之久，此后改由李怀光继任。朱泚之乱后，李怀光叛乱，不久，李怀光被杀，德宗遂以浑瑊担任河中节度使，领河中府及同州、绛州、虢州、陕州四州，后划出虢州和陕州。浑瑊在任十四年，直到贞元十四年去世。

四九一 方镇概述（四）

最后，昭义节度使。辖区：潞州、邢州、洺州、磁州。

昭义节度使起源于至德元载设立的泽潞沁节度使，治所在潞州，第一任节度使是程千里。一年后，程千里在与叛军作战中，被叛将蔡希德生擒，朝廷调任王思礼担任。代宗即位后，改任李抱玉担任。上元二年，泽潞增领沁州。宝应元年，又增领郑州、陈州、邢州、洺州、赵州五州，不久，赵州又划出，归成德军。安史之乱被平定后，将怀州、卫州、河阳划归泽潞，相州、贝州、邢州、洺州划归降将薛嵩。今山西省东南部、河南北部、河北西南部这一大片地区，被分割为两个军镇统领：泽潞节度使李抱玉增领怀州、卫州，新成立相卫节度使，治所在相州，由降将薛嵩担任节度使，管辖贝州、邢州、洺州、相州，不久，仆固怀恩叛乱，为了拉拢薛嵩，朝廷又给了他河阳三城，并命李抱玉将卫州还给了他。次年，又把卫州、河阳收回，与怀州一起交给李抱玉。代宗大历元年，朝廷以相卫节度使薛嵩为昭义军节度使。八年，薛嵩去世，其弟薛崿继位，十年，薛嵩所辖四州全部被魏博节度使田承嗣占领，原来所谓的相卫六州，只剩下磁州和邢州还在朝廷手里，朝廷遂以泽潞兵马使李抱真（李抱玉的弟弟）为知磁邢兵马使。大历十二年，已兼任凤翔尹的李抱玉去世，朝廷就将泽潞邢洺磁合并，军号仍称昭义军，以李抱真为留后。德宗即位后，建中元年，正式任命李抱真为昭义军节度使，兼领泽州（今山西省晋城市）、潞州（今山西省长治市），治所迁至潞州，次年，不再兼领怀州、卫州和河阳三城。三年，增领洺州，划出赵州。李抱真一直担任昭义军节度使十六年，直到贞元十年去世。

说完了山西，再说河北藩镇。

河北藩镇包括：成德军、义武军、幽州军、魏博军和横海军。

宝应元年，安史之乱即将被平定时，设置成德军节度使，管辖恒州（今河北省正定县）、定州（今河北省定州市）、易州（今河北省易县）、赵州（今河北省赵县）、深州（今河北省深州市），治所在恒州。以史朝义降将张忠志为节度使，赐名李宝臣；将范阳节度使恢复为幽州节度使。次年，即广德元年，安史之乱被最终平定，以降将李怀仙担任幽州节度使，下辖幽州（今北京市）、莫州（今河北省任丘市北）、妫州（今河北省怀来县）、檀州（今北京市密云区）、平州（今河北省卢龙县）、蓟州（今天津市蓟县）；以降将田承嗣为魏博都防御使，下辖魏州（今河北省大名县）、博州（今山东省聊城市）、德州（今山东省陵县）、沧州（今河北省沧州市东）、瀛州（今河北省河间市）；治所在魏州，但不久，就将沧州、瀛州划归青淄节度使，后又恢复。代宗大历年间，昭义节度使薛嵩去世后，田承嗣吞并昭义，引发大乱，此后，到德宗建中年间，又爆发了四王二帝大乱，河北藩镇进一步分化，形成了上述五个比较大的藩镇。

首先是成德节度使。

原为李宝臣管理的恒州、定州、易州、赵州、深州五州，后增领沧州、冀州，李宝臣在任二十年，到德宗建中二年去世。去世后，其子李惟岳企图继位，遭到德宗的拒绝，由此引发天下大乱。同年，李惟岳为兵马使王武俊所杀，其易州刺史张孝忠也归顺了朝廷，朝廷遂撤销了成德军建制，将其一分为三：以张孝忠为易州、定州、沧州节度使，以王武俊为恒州、冀州都团练观察使，以康日知为深州、赵州都团练观察使。这引发了王武俊的不满，数月后，他与朱滔一起造反，帮助魏博、淄青的田悦和李纳。兴元元年，德宗下罪己诏，河北大的战事结束，朝廷取消了恒州、冀州都团练观察使和深州、赵州都团练观察使，恢复了成德军节度使名号，把康日知调回任晋州、慈州、隰州节度使，将深州、赵州二州还给王武俊，令其与李抱真一起进攻朱滔，次年，成德军又增领了德州和棣州。王武俊担任成德节度使二十年，直到贞元十七年去世。

其次是义武军节度使。

义武军节度使起源于建中三年二月被朝廷任命的易定沧三州节度使张孝忠，五月，将其改为义武节度使。沧州并未实际控制，其辖区实际只有易州和定州二州。张孝忠担任十年节度使，到贞元七年去世。

再次是横海军节度使。

玄宗开元十三年，在沧州设置横海军使，代宗大历十年，瀛州划归幽州朱滔，沧州给了成德李宝臣，德州给了淄青。在四王二帝之乱中，程日华固守沧州，拒不投降，令德宗非常高兴，于建中三年恢复横海军使，任命程日华担任。贞元二年，程日华去世，其子程怀直继任，贞元三年，朝廷设置横海军节度使，下辖沧州、景州，治所在沧州，以程怀直为节度使。直到贞元十一年，程怀直被其堂兄程怀信驱逐。晚唐时期，横海节度使改为义昌军节度使。

又再次是幽州节度使兼卢龙节度使。

开元元年设置幽州防御大使，次年设置幽州节度使，管辖幽州、易州、平州、檀州、妫州、燕州六州，治所在幽州。五年，在营州又设置了平卢军使。七年，升平卢军使为平卢节度使，兼管安东都护和营州、辽州、燕州三州。开元二十年，幽州节度使兼任河北采访处置使，增领卫州、相州、洺州、贝州、德州、冀州、魏州、深州、赵州、恒州、定州、邢州、博州、棣州、营州、莫州十六州及安东都护府。二十七年，又增领河北海运使。二十八年，平卢节度使兼管两蕃、渤海、黑水四府经略处置使。二十九年，幽州节度副使兼任平卢节度副使，治所在顺化州。天宝元年，变更幽州节度使为范阳节度使，增领归顺州、归德州二州。

安史之乱之前，幽州节度使由甄道一、张说、王晙、裴伷先、李尚隐、赵含章、薛楚玉、张守珪、李适之、王斛斯、裴宽、安禄山多人担任，安禄山在天宝三载才以平卢节度使的身份兼任了范阳节度使。九载，安禄山兼任河北采访使。十载兼任河东节度使，直到天宝十四载造反。

至德二载十二月，史思明投降后，朝廷任命其为范阳节度使。乾元元年，史思明杀了副使乌承恩再次造反，朝廷遂以李光弼为节度使，不久，又代替郭子仪担任朔方节度使。安史之乱被平定后，李怀仙投降，被任命为幽州节度使，此时，所领的冀州被划给成德军，亦不再管辖顺州、易州、归顺州。六年后的大历三年，李怀仙为部下朱希彩所杀。朝廷即以其为留后，后晋升为节度使。大历七年，朱希彩又为部下所杀，朱泚被推举为留后。九年，朱泚入朝，其弟朱滔为留后。朱滔到贞元元年去世，在位十一年。朱滔死后，刘怦权知留后，两个月后，刘怦又死了，其子刘济继任留后。刘济一直到宪宗元和五年（公元810年）才去世，在任二十五年之久。

最后是魏博节度使。

广德元年设置，已如前述。大历十四年，田承嗣去世，在任十七年。其侄儿田悦继位。建中二年，田悦勾结李惟岳、李纳谋反，兴元元年恢复他的官爵，不久，田悦即为田绪所杀，朝廷以田绪为节度使。贞元十二年，田绪去世。辖区：魏州、博州、卫州、澶州、相州五州。

说完了河北藩镇，再说东南方向的江淮、江南、福建藩镇。

一是淮南节度使。辖区：扬州、楚州、滁州、和州、舒州、庐州、寿州、光州、宿州九州。

至德元载设置，最初管辖扬州（今江苏省扬州市）、楚州（今江苏省淮安市）、滁州（今安徽省滁州市）、和州（今安徽省和县）、舒州（今安徽省潜山县）、庐州（今安徽省合肥市）、寿州（今安徽省寿县）、光州（今河南省潢川县）、蕲州（今湖北省黄冈市蕲春县）、安州（今湖北省安陆市）、黄州（今湖北省黄冈市）、申州（今河南省信阳市南）、沔州（令湖北省武汉市汉阳区）十三州，地盘非常大，治所在扬州。不久，以光州归淮西。乾元二年，以沔州归鄂岳节度使，寿州归淮西节度使。永泰元年，又将蕲州和黄州划给了鄂岳节度使。建中元年，增领泗州（今安徽省泗县）。四年，设置寿州团练使。兴元元年，淮南节度使不再管辖濠州（今安徽省凤阳县）、寿州、庐州，升寿州团练使为都团练观察使，治所在寿州。贞元四年，取消寿州都团练观察使，淮南节度使将所辖泗州归徐泗节度使，又管辖庐州和寿州。

设立以来，高适、邓景山、崔圆、韦元甫、张延赏、陈少游都担任过节度使，其中以邓景山、崔圆和陈少游担任时间较长。至德元载，因永王李璘东下，企图夺取江南半壁江山，肃宗任命谏议大夫高适为淮南节度使，率军南下讨伐。高适还未赶到，李璘就被杀了。高适随即被召回，朝廷改任邓景山为节度使。邓景山在任四年，到上元元年，就爆发了刘展之乱，叛乱平定后，邓景山被召回朝廷，崔圆被任命为淮南节度使。大历三年，崔圆担任淮南节度使八年后去世，朝廷任命尚书右丞韦元甫为节度使。四年后，韦元甫去世，张延赏被任命为节度使。两年后，张延赏因母亲去世服丧离职，浙东观察使陈少游被任命为节度使。陈少游担任十二年淮南节度使，直到兴元元年去世。陈少游死后，杜亚接任。贞元五年杜亚调任东都留守，不久又以杜佑接任，直到贞元十九年杜佑入朝拜相。

二是浙西节度使。

至德二载，最初设置江东防御使，治所在杭州。乾元元年，设置浙江西道节度使兼江宁军使，管辖昇州（今江苏省南京市）、润州（今江苏省镇江市）、宣州（今安徽省宣城市宣州区）、歙州（今安徽省歙县）、饶州（今江西省鄱阳县）、江州（今江西省九江市）、苏州、常州、杭州、湖州十个州，治所在昇州，不久迁至苏州，后又不再管辖宣州、歙州、饶州三州，副使兼任余杭军使，驻扎在杭州。次年，又取消浙西节度使，设置观察使，治所在苏州，又恢复管辖宣州、歙州、饶州三州。上元二年，治所迁至宣州，不再管辖升州。大历元年，不再管辖宣州、歙州二州。大历十四年，将浙江东西道合二为一，设置都团练观察使，次年，又一分为二，再次年，又合二为一，设置节度使，赐号镇海军节度使。到贞元三年，再次一分为二，设置浙西都团练观察使，管辖润州、江州、常州、苏州、杭州、湖州、睦州七州，治所在苏州。次年，又将江州划归江西观察使。

设立以来，韦陟、颜真卿、侯令仪、季广琛、韦元甫、李栖筠、李涵、李道昌、韩滉等人都担任过此职，至德年间，当时称作江南节度使、江东防御使，韦陟、司空袭礼曾任此职，乾元年间设立后，韦黄裳和颜真卿短暂担任。乾元二年颜真卿担任时，刘展已经露出反叛之态，颜真卿组织军队戒备，都统李峘担心打草惊蛇，密报朝廷，朝廷方面还寄希望于麻痹刘展，就把颜真卿召回，改任杭州刺史侯令仪担任节度使。上元元年十一月，刘展攻克润州，升州军队企图哗变，侯令仪弃城而逃。次年一月，朝廷又以温州刺史季广琛为浙西节度使，治所迁至宣州。五年后，朝廷又任命韦元甫为节度使。三年后，韦元甫入朝担任尚书右丞，常州刺史李栖筠被晋升为节度使。五年后，代宗为对付元载，把李栖筠晋升为御史大夫，兵部侍郎李涵接任节度使。五年后，李涵调任京畿观察使，李道昌继任。两年后，朝廷将浙西浙东合并，改任晋州刺史韩滉为节度使。韩滉在任八年，贞元三年去世。韩滉去世后，德宗又将浙西一分为二，以白志贞为浙西节度使，但白志贞很快死去，又改任了给事中王纬。王纬直到贞元十四年去世。

三是浙东节度使。

与浙西节度使同时设立，管辖越州（今浙江省绍兴市）、睦州（原在今浙江省淳安县，后迁至建德市）、衢州（今浙江省衢州市）、婺州（今浙江省金华市）、台州（今浙江省临海市）、明州（今浙江省宁波市鄞州区东）、处州（今浙江省丽水市）、温州（今浙江省永嘉县）八州，治所在越州。大历五年取消，改设都团练守捉使。大历十四年，取消建制，归于浙西。建中元年，又恢复。次年，又取消。此后为浙东观察使。

设立以来，李希言、独孤峻、吕延之、赵良弼、杜鸿渐、王玙、薛兼训、陈少游、皇甫温、崔昭、韩滉都担任过，其中，后面五人担任的时间较长。浙东节度使设置之初，由李希言、独孤峻、吕延之、赵良弼、杜鸿渐、王玙等人担任，宝应元年，殿中监薛兼训继任，八年后，薛兼训调任河东节度使，宣歙观察使陈少游继任观察使。四年后，陈少游改任淮南节度使，陕州观察使皇甫温继任。三年后，皇甫温去世，宣歙观察使崔昭继任。两年后浙东取消。韩滉担任浙西节度使。

四是宣歙都团练使，管辖宣州、歙州、池州（今安徽省贵池市）。后为宁国军。

乾元元年设置，设置之初，观察使为郑炅之，后归属浙西。大历元年恢复。陈少游担任宣歙观察使。五年后，崔昭接替。大历十一年，薛邕接替。大历十四年，取消建制，归于浙西。德宗贞元三年恢复，以常州刺史刘赞担任观察使，直到贞元十二年去世。

五是江西都团练使，下辖：洪州（今江西省南昌市）、江州、信州（今江西省上饶市）、袁州（今江西省宜春市）、抚州（今江西省抚州市临川区）、饶州、虔州（今江西省赣州市）、吉州（今江西省吉安市）。

乾元元年设置洪州吉州都防御团练观察使，管辖洪州、吉州、虔州、抚州、袁州五州，治所在洪州。上元元年，增领信州。广德二年，改名江西观察使。建中四年，升格为节度使。贞元元年，降格为观察使，四年增领江州。

设置后，韦元甫、张休、张镐、李勉、魏少游、路嗣恭、杜亚、张镒、鲍防、曹王李皋、李兼都曾担任。韦元甫从乾元二年担任，三年后，张休短暂继任，张镐接任。两年后，张镐去世。广德二年，太子詹事李勉继任，期间改为江西观察使。两年后，李勉入朝为京兆尹，刑部侍郎魏少游继任。五年后，魏少游去世，户部尚书路嗣恭继任。七年后，路嗣恭入朝，被任命为兵部尚书，给事中杜亚继任。一年后，杜亚被任命为陕州长史，寿州刺史张镒继任。一年后，福建观察使鲍防调任江西观察使。建中三年，鲍防入朝担任左散骑常侍，曹王李皋被任命为江西观察使，次年晋升为节度使。四年后的贞元元年，曹王李皋调任荆南节度使，鄂岳观察使李兼调任江西观察使，直到贞元七年。

六是福建都团练使。辖区：福州、泉州、建州、汀州、漳州五州。

上元元年，由防御使升格为节度使。二年，以李承昭为福州、泉州、建州、汀州、漳州、潮州六州节度使。十一年后，大历七年，华州刺史李琦接任。三年后，李琦去世，由皇甫政接任。德宗时期，京畿观察使鲍防、潮州刺史常衮、左散骑常侍孟皞、王雍、凤翔陇右副元帅兵马使吴诜、太子宾客吴凑等人都曾担任此职。其他人在任期间，都十分平稳，唯独吴诜贞元三年到任，次年就激起了兵变，被赶到了建州，朝廷将其贬为涪州刺史。

四九二 方镇概述（五）

我们再说荆襄、岭南一带。

一是山南东道节度使。辖区：襄州（今湖北省襄阳市）、邓州（今河南省邓州市）、金州（今陕西省安康市）、唐州（今河南省泌阳县）、随州（今湖北省随州市）、郢州（今湖北省钟祥市）、复州（今湖北省天门市）、均州（今湖北省丹江口市）、房州（今湖北省房县）九州。

至德元载，在襄阳和南阳都设置了防御守捉使，不久把南阳升格为节度使，又设置了兴平节度使，统领上洛、安康、武当、房陵四郡，治所设在上洛。次年，取消南阳节度使，升格襄阳防御使为山南东道节度使，治所在襄州，下辖襄州、邓州、唐州、随州、安州、商州、均州、房州、金州九州。上元二年，取消兴平节度使，设置武关内外四州防御观察使。宝应元年，将金州、商州划给京畿，取消武关内外四州防御观察使。德宗兴元元年设置金州商州都防御使，贞元元年，邓州划归东都畿。三年，山南东道增领复州。

山南东道的设立也与安史之乱密不可分。至德年间，朝廷曾短暂任命商州刺史鲁炅、来瑱、将作少监魏仲犀担任节度使。乾元二年八月，康楚元作乱，襄州刺史王政逃跑，司农少卿张光奇被任命为刺史，十一月，康楚元的叛乱被平定。十二月，朝廷又改任御史大夫史翙担任刺史，兼节度使。四个月后，襄州再次发生兵变，州将张维瑾反叛。朝廷原本想以韦伦担任节度使，但因韦伦没有拜谒李辅国而临时被改任秦州刺史，而以来瑱为节度使。来瑱到任后，张维瑾等人均投降了。来瑱在襄州干了三年，期间，他培植个人势力，企图效仿河北藩镇实现割据，代宗即位后，将他征召入朝，不久流放赐死。来瑱是广德元年一月被赐死的，三月其旧部梁崇义就杀害了襄州大将李昭发动兵变，朝廷只好任命其为节度使。梁崇义一直在襄州干了十八年，处于半割据状态，直到德宗建中二年讨伐河北藩镇时，决心先除掉这个心腹大患，遂命淮宁军节度使李希烈组织各道兵马进攻襄州，八月杀了梁崇义。此后，朝廷调任晋绛观察使李承担任山南东道节度使。一年后，李承改任湖南观察使，此时，李希烈已经露出不臣之迹，朝廷又调任更加年轻、政绩更加优异的山南西道节度使贾耽担任东道节度使，以防备李希烈。朱泚之乱后，德宗逃往梁州，贾耽派行军司马樊泽前去汇报工作，等樊泽返回后，德宗将贾耽召回担任工部尚书，而改任樊泽当了节度使。贾耽毫无怨言，接到命令后当即上路。此后，荆南节度使曹王李皋在讨伐李希烈的战斗中屡立战功，部队也打到了山南东道，樊泽担任节度使四年后，贞元三年，德宗遂将曹王李皋与樊泽对调，把李皋放到了打击李希烈的最前线。六年后，李皋去世，樊泽又继任，直到贞元十四年去世。

二是鄂岳节度使，后称武昌军节度使。下辖：鄂州、岳州、蕲州、黄州、安州、申州。

前身是设置于乾元二年的鄂岳沔三州都团练守捉使，治所在设在鄂州。次年，岳州划归荆南。永泰元年（公元765年），穆宁担任，四年后，到大历三年，由寿州刺史独孤问俗继任。五年后，太仆卿吴仲孺继任。大历十四年撤销鄂岳观察使。此后恢复，德宗即位后，李兼担任，贞元初年，卢元卿和李竦分别担任。到贞元四年李竦去世，由谏议大夫何士干继任，直至十八年去世。

三是荆南节度使。最终下辖：江陵府（今湖北省江陵县），澧州（今湖南省澧县）、朗州（今湖南省常德市）、峡州（今湖北省宜昌市）、夔州（今重庆市奉节县）、忠州（今重庆市忠县）、万州（今重庆市万州区）、施州（今湖北省恩施土家族苗族自治州）、归州（今湖北省秭归县）八个州。

至德元载，最初在夔州设置了防御守捉使，次年，设置荆南节度使，又称荆澧节度使。下辖荆州、澧州、朗州、郢州、复州、夔州、峡州、忠州、万州、归州十个州，治所设在荆州，将夔州防御守捉使升格为夔峡节度使。次年，又取消了夔峡节度使。乾元二年，设置澧朗溆团练使，治所在澧州，以夔州、峡州、忠州、归州、万州归夔州管辖。次年，即上元元年，取消澧朗溆团练使，荆南节度使恢复管辖澧州、朗州、忠州、峡州四州。二年，又增领涪州（今重庆市涪陵区）、衡州（今湖南省衡阳市）、潭州（今湖南省长沙市）、岳州（今湖南省岳阳市）、郴州（今湖南省郴州市）、邵州（今湖南省邵阳市）、永州（今湖南省永州市）、道州（今湖南省道州市）、连州（今广东省连州市）九州。广德二年，不再管理忠州、涪州，又以衡州、潭州、邵州、永州、道州归湖南观察使管辖，设置夔忠都防御使，治所在夔州。次年，不再管辖岳州。大历元年，又领澧州、朗州、涪州。

荆南节度使设置以后，因当时存在肃宗的灵武朝廷和玄宗的成都朝廷，永王李璘一度占据江陵，江陵的长史李岘、季广琛等人相继弃官，奔赴灵武，荆南节度使有名无实。两年后，两京收复，杜鸿渐被任命为荆南节度使，但不久，襄州康楚元叛乱，部将张嘉延领兵南下，攻克江陵，杜鸿渐弃城而逃，荆州长史张惟一被任命为节度使。上元元年九月，改江陵府为南都，扩大了荆南的管辖范围，以太子宾客吕諲为南都尹、节度使，三年后，吕諲去世。代宗即位后，又将南都尹改回荆南节度使，李岘和颜真卿短暂担任节度使后，由韦伯玉担任。韦伯玉从广德元年起上任到大历十一年去世，担任节度使达十四年之久。韦伯玉死后，朝廷以淮南节度使张延赏继任。大历十四年代宗去世后，德宗调任张延赏为剑南西川节度使，而以司农卿庾准为荆南节度使。一年后，庾准被调回朝廷，担任尚书左丞，桂管观察使李昌夔调任荆南节度使。次年，又以岭南节度使张伯仪继任。李希烈叛乱后，屡屡打败张伯仪，贞元元年，德宗以江西节度使曹王李皋调任荆南节度使，将张伯仪召回朝廷担任右龙武将军。三年后，李皋又与山南东道节度使樊泽对调，直到贞元八年李皋去世后，樊泽又回到山南东道。

四是湖南节度使，辖区：潭州、衡州、永州、道州、郴州、连州、邵州七个州。

湖南节度使设置得比较晚，代宗广德二年，才设置湖南都团练观察使，治所在衡州，下辖：衡州、潭州、邵州、永州、道州五个州。孟士源为都团练观察使。大历元年改为韦之晋。大历四年，澧州刺史崔瓘晋升为湖南观察使，治所在潭州。次年四月，崔瓘为兵马使臧玠所杀，五月，朝廷以右羽林大将军辛京杲为湖南观察使。大历十三年，辛京杲离职，入朝担任工部尚书。因其在任期间贪婪残暴，激起了部将王国良叛乱，朝廷以常州刺史萧复接任。但萧复未能讨平叛乱，建中元年，朝廷又晋升衡州刺史曹王李皋为观察使。李皋顺利平定了叛乱，三年，李希烈图谋不轨，德宗又将李皋调任江西节度使，将山南东道节度使李承调任湖南观察使。次年，李承病故，以留后赵憬为观察使。四年后，贞元二年，赵憬离职，黔中观察使元全柔继任湖南观察使。一年后，国子司业裴胄继任，直至贞元七年。

五是黔中观察使。管辖今贵州、三峡、湘西一带。

开元二十六年（公元 738 年），唐朝在黔州设置了五溪诸州经略使，天宝十四载增领守捉使，代宗大历四年，设置辰州、溪州、巫州、锦州、业州都团练守捉观察处置使，治所在辰州。十二年，在黔州设置观察使，下辖黔州（今重庆市彭水县）、施州、夷州（先在今贵州省石阡县，后至凤冈县）、辰州（今湖南省沅陵县）、思州（今贵州省务川县）、费州（今贵州省德江县东南）、溆州（今湖南省洪江市境内）、播州（今贵州省遵义市）、南州（今重庆市綦江区）、溱州（在今重庆市綦江区与贵州省桐梓县之间）、珍州（今贵州省正安县）、锦州（今湖南省怀化市麻阳县境内）十二州，治所在黔州。德宗贞元元年，黔州观察使迁至辰州，增领奖州（今湖南省怀化市芷江县）、溪州（今湖南省龙山县）。三年，又迁回了黔州。

至德年间，黔州经略使是当地人赵国珍，他曾率领蛮兵参加了平定安禄山的叛乱，代宗即位后，征召其为工部尚书，而以薛舒担任黔中观察使。到大历十年，薛舒担任观察使十三年，死于任上。大历十二年，朝廷又晋升朗州刺史李国清为观察使。德宗即位后，以右金吾大将军李通担任观察使。一年后，杭州刺史元全柔继任。六年后，元全柔调任湖南观察使，司农卿李模继任。贞元四年八月，李模擅自离开驻地回到京师，德宗将其贬为雅王傅，调任大理卿李速担任观察使。次年又以张濛为观察使，直到贞元八年。

六是“三管”。

所谓的“三管”，即邕管、容管、桂管。管辖今广西壮族自治区一带。

桂管设置最早，唐睿宗景云元年（公元710年），在桂州设置管内经略使，下辖桂州（今广西壮族自治区桂林市）、梧州（今广西壮族自治区梧州市）、贺州（今广西壮族自治区贺州市）、连州（今广东省连州市）、柳州（今广西壮族自治区柳州市）、富州（今广西壮族自治区贺州市昭平县）、昭州（今广西壮族自治区桂林市平乐县）、蒙州（今广西壮族自治区蒙山县）、严州（今广西壮族自治区来宾市）、环州（确址不详）、融州（今广西壮族自治区融水县）、古州（今越南凉山东北）、思唐州（今广西壮族自治区平南县境内）、龚州（今广西壮族自治区平南县）十四州，代宗广德二年，设置桂州邕州都防御使、观察、招讨、处置使，增领邕管各州。大历五年，又不再管辖邕管各州。八年，撤销了桂管建制，下属各州归邕管管辖。德宗贞元元年，重新设置桂管经略招讨使，直到贞元七年，桂管经略使不再兼任招讨使。

邕管于天宝十四载设立，下辖邕州（今广西壮族自治区南宁市）、贵州（今广西壮族自治区贵港市）、横州（今广西壮族自治区横县）、钦州（今广西壮族自治区钦州市）、澄州（今广西壮族自治区上林县）、宾州（今广西壮族自治区宾阳县）、严州（今广西壮族自治区来宾市）、罗州（今广东省廉江市）、淳州（今广西壮族自治区横县西北）、瀼州（今广西壮族自治区上思县境内）、山州（今广西壮族自治区博白县境内）、田州（今广西壮族自治区百色市境内）、笼州（今广西壮族自治区扶绥县境内）十三州，治所在邕州。乾元二年，升为节度使，次年又取消节度使，恢复都防御经略使。广德二年取消都防御使，辖区归于桂管经略使。大历五年恢复。广德八年，又管辖桂管各州。贞元元年不再管辖桂管各州，增领浔州（今广西壮族自治区桂平市）。

容管与邕管同时设立，下辖容州（今广西壮族自治区容县）、白州（今广西壮族自治区博白县）、禺州（今广西壮族自治区北流市）、牢州（今广西壮族自治区贵港市境内）、绣州（今广西壮族自治区桂平市西南）、党州（今广西壮族自治区贵港市境内）、窦州（今广东省信宜市）、廉州（今广东省合浦县）、义州（今广西壮族自治区岑溪市境内）、郁林（今广西壮族自治区兴业县）、汤州（今越南凉山以东）、岩州（今广西壮族自治区北流市东南）、辩州（今广东省化州市）、平琴州（今广西壮族自治区贵港市境内）十四州，治所在容州。乾元二年容州关内经略使增领都防御使，次年升都防御使为观察使。建中元年容管观察使增领顺州（今广西壮族自治区陆川县）、滕州（今地不详）。建中二年撤销平琴州。

四九三　方镇概述（六）

至德年间，桂管经略使是张光奇，上元元年以后是邢济。

邢济在任期间，西原蛮酋长吴功曹叛乱，攻陷了道州，邢济将其击破，吴功曹后又包围了道州，道州刺史元结固守，保住了州城。大历元年李良继任，次年，桂州蛮族发动叛乱，李良弃城逃走。大历五年，朝廷任命刑部侍郎黎干为桂管经略使，统领邕管各州。八年，黎干被征召入朝，担任京兆尹，辰州锦州观察使李昌夔继任。大历十二年，西原山蛮潘长安自称安南王，李昌夔率军将其平定。李昌夔任职九年后，被调任荆南节度使，容州刺史卢岳升为经略使。卢岳任职七年，德宗贞元三年，李佐继任，一年后，畅悦、孙晟、裴腆相继短暂继任。

在代宗大历年以前，陈仁琇、李抗、侯令仪相继担任过容管经略使，大历初年元结、长孙全绪相继担任经略使。大历六年，王翃继任，收复了被山蛮占领的容州。十四年，王翃升任河中少尹，杜佑短暂接任，不久，杨炎拜相，将杜佑征召入朝。此后，卢岳、元琇、李复相继担任，贞元三年五月，李复调任岭南节度使，抚州刺史戴叔伦继任。五年，戴叔伦去世，鸿胪少卿王锷继任。

邕管又称作岭南西道节度使，贞元年间以前的长官不详。

七是岭南节度使，又称岭南东道节度使。

至德元载设立，下辖广州（今广东省广州市）、韶州（今广东省韶关市）、循州（今广东省惠州市一带）、潮州（今广东省潮州市）、康州（今广东省德庆县）、泷州（今广东省罗定市）、端州（今广东省肇庆市一带）、新州（今广东省新兴县）、封州（今广东省新兴县东南）、春州（今广东省阳春市）、勤州（今广东省阳春市境内）、罗州（今广东省廉江市）、潘州（今广东省茂名市）、高州（今广东省高州市）、恩州（今广东省恩平市）、雷州（今广东省雷州市）、崖州（今海南省三亚市）、琼州（今海南省海口市）、振州（今海南省三亚市西北）、儋州（今海南省儋州市）、万安州（今海南省万宁市北）、滕州（今地不详）二十二州，治所在广州。乾元元年设置韶州、连州、郴州都团练守捉使，治所在韶州。

至德年间节度使为何履光，乾元元年，大食、波斯军队从海上进攻广州，广州刺史韦利见弃城而逃，朝廷改任濮州刺史张万顷为广州都督、五府节度使。次年，张万顷因贪污被贬，此后，赵良弼、张休相继担任节度使。张休任职期间，广德元年，广州市舶使宦官吕太一起兵造反，张休弃城而逃，后来官军将叛乱平定。杨眘微、徐浩继任。大历三年，京兆尹李勉继任。七年，李勉入朝担任工部尚书，太府卿吕崇贲继任。次年，部将哥舒晃造反，将吕崇贲杀害。代宗命令江西观察使路嗣恭组织兵马将其讨平，遂以路嗣恭为岭南节度使。大历十二年，安南都护张伯仪调任岭南节度使，六年后（建中三年），张伯仪调任荆南节度使，容管经略使元琇继任。三年后，饶州刺史杜佑继任。过去，按照惯例，岭南节度使兼管五管经略使，号称五府，即上述的容管、桂管、邕管三管再加上交州和广州，但当时德宗逃亡之余，身边的人都不清楚这些，就没有让杜佑兼管其他四管，从此以后，这又成了一个新的惯例，即岭南节度使不再兼管其他四管经略使了。贞元三年，杜佑入朝拜为尚书右丞，容管经略使李复继任，直到八年调任华州刺史。

八是安南，又称交州、静海军。

天宝十载设置安南关内经略使，下辖交州（今越南河内市东）、陆州（今广西壮族自治区钦州市西南）、峰州（今越南北部一带）、爱州（今越南北部一带）、驩州（今越南义安省荣市）、长州（今越南东京州境内）、福禄州（今越南北部一带）、芝州（今广西壮族自治区宜州市）、武峨州（今越南北部一带）、演州（今越南东京州境内）、武安州（今越南北部一带）十一州，治所在交州。乾元元年，升格为节度使。广德元年改安南节度使为镇南大都护、都防御、观察、经略使。大历元年，又改镇南为安南。

大历二年，以杭州刺史张伯仪为安南大都护，十年后改任岭南节度使，以商州刺史乌崇福继任。十二年后，贞元四年，以吉州刺史张庭接任。此后，庞复、高正平短暂继任，贞元七年以虔州刺史赵昌担任，直至贞元十七年离任。

说完了荆襄、岭南一带，我们再说剑南、山南西道等。

一是山南西道。

至德元载，设置山南西道防御守捉使。乾元二年在凤州设置兴州凤州都团练守捉使，治所在凤州。广德元年，将山南西道升格为节度使，又降为观察使，下辖梁州（今陕西省汉中市）、洋州（今陕西省洋县）、集州（今四川省南江县）、壁州（今四川省通江县）、文州（今甘肃省文县）、通州（今四川省达县）、巴州（今四川省巴中市）、兴州（今陕西省略阳县）、凤州（今陕西省凤县）、利州（今四川省广元市）、开州（今重庆市开县）、渠州（今四川省渠县）、蓬州（今四川省蓬安县）十三州，治所在梁州。建中元年，升格为节度使。兴元元年，山南西道节度使兼任兴元尹，增领果州（今四川省南充市北）、阆州（今四川省阆中市）。

山南西道节度使设置以后，由吏部员外郎李栖筠担任，一年后，李岘罢相，因李栖筠与之交好，也受到牵连，被贬为太子中允，此后由李希言、高武光、李勉相继担任节度使。李勉担任期间，宝应元年，奴剌进攻梁州，李勉弃城而逃，被免职，邠州刺史臧希让被任命为节度使。一年后，由检校工部尚书张献诚继任。三年后，张献诚又兼任剑南东川节度使。张献诚在任五年后，因病去职，其弟右羽林将军张献恭继任。两年后，大历五年，代宗和元载谋划移镇，以凤翔节度使李抱玉兼任山南西道节度使。一年后，李抱玉辞职，张献恭恢复。大历十三年，张献恭率军在岷州击破吐蕃。次年，贾耽被任命为节度使，两年后，张献恭被调任东都留守。建中三年，贾耽调任山南东道节度使，兴凤团练使严震继任。此后，严震一直干到元和元年，整整干了二十四年。

二是剑南西川。

开元二年，以益州长史领剑南道支度营田、松当姚巂州防御处置兵马经略使。七年，升为节度使，兼昆明军使，下辖益州（今四川省成都市）、彭州（今四川省彭州市）、蜀州（今重庆市）、汉州（今四川省广汉市）、眉州（今四川省眉山市）、绵州（今四川省绵阳市）、梓州（今四川省三台县）、遂州（今四川省遂宁市）、邛州（今四川省邛崃市）、剑州（今四川省剑阁县）、荣州（今四川省荣县）、陵州（今四川省仁寿县）、嘉州（今四川省乐山市）、普州（今四川省安岳县）、资州（今四川省资中县）、巂州（今四川省西昌市）、黎州（今四川省汉源县北）、戎州（今四川省宜宾市）、维州（今四川省理县）、茂州（今四川省茂县）、简州（今四川省简阳市）、龙州（今四川省平武县）、雅州（今四川省雅安市）、泸州（今四川省泸州市）、合州（今重庆市合川区）二十五州，治所在益州。二十二年，剑南节度使兼管山南西道采访处置使，号称剑南西道，增领文州、姚州、扶州。二十八年，增领奉州。天宝元年增领霸州。八载增领保宁都护府。至德二载，更名为西川节度使，兼任成都尹，增领果州。设置剑南东川节度使，下辖绵州、梓州、遂州、剑州、龙州、阆州、普州、陵州、泸州、荣州、资州、简州十二州。宝应元年，剑南西川节度使增领通州、巴州、蓬州、渠州四州，不久又将上述四州划归山南西道，此后，又增领松州、当州、悉州、柘州、翼州、恭州、静州、环州、真州九州。广德二年，取消剑南东川节度使，划归剑南西川节度使。大历元年，设置邛南防御使，治所在邛州，不久升为节度使，但很快就被取消。又短暂设置了剑南西山防御使，治所在茂州。恢复剑南东川节度使。三年，剑南西川节度使增领乾州。兴元元年，将果州划归山南西道。

玄宗时期，齐景胄、李濬、霍廷玉、苏珽、张嘉贞、张敬忠、张守洁、宋之悌、王昱、张绍贞、李尚隐、张宥、章仇兼琼、郭虚己、鲜于仲通、杨国忠等人都担任过剑南节度使。玄宗逃往成都后，以崔圆为节度使，但不久崔圆就逃往奉天，奔赴肃宗处。此后，李岵、卢元裕、李之芳、裴冕、李若幽、崔光远都曾短暂继任。上元二年，严武第一次担任剑南西川节度使，一年后，高适继任。广德二年，高适担任两年后，严武第二次担任节度使，此时剑南东西川合并。次年，严武去世，郭英乂继任，但不久就为崔旰所杀，朝廷以杜鸿渐为节度使，副元帅。次年，在杜鸿渐的推荐下，崔旰继任。崔旰（崔宁）一直干到大历十四年，德宗即位后，将其调回朝廷，而以荆南节度使张延赏继任。七年后，张延赏入朝，韦皋继任。韦皋一直担任节度使直至永贞元年去世，长达二十五年。

三是剑南东川。

创设于至德二载，辖区如前所述。乾元二年增领昌州、渝州、合州。广德二年取消。大历元年恢复。次年，降格为都防御观察使兼静戎军使，治所在遂州。不久恢复节度使，治所在梓州。六年，不再管辖昌州。十年恢复管辖昌州。兴元元年划出阆州，归山南西道。

设置后，节度使为李奂。上元二年，梓州刺史段子璋谋反，李奂战败，严武被任命为两川节度使。不久，严武部将章彝被任命为东川节度使，两年后，章彝被严武杖杀，两川合并。大历初年，驾部郎中杜济被任命为东川节度使。大历三年，邛州刺史鲜于叔明继任。十二年改姓李，此后，其一直担任节度使，直到贞元二年，长达十九年。李叔明被征召为太子太傅，部下兵马使王叔邕被晋升为节度使，直到贞元十八年离职。

最后说说安西、碛西北庭、河西、陇右。

一是安西。

景云元年设置安西都护四镇经略大使，先天元年，北庭都护领伊西节度等使，开元四年，安西大都护领四镇诸蕃落大使，六年，安西都护领四镇节度、支度经略使，副大都护领碛西节度、支度、经略等使，治所在西州。十五年，分伊西、北庭设置两个节度使。十九年，分伊西、北庭二节度为安西四镇北庭经略节度使。二十九年，分置安西四镇节度，治所在安西都护府。北庭伊西节度使，治所在北庭都护府。天宝十三载，安西四镇又兼管北庭节度使。至德二载，将安西节度使更名为镇西节度使。大历二年，镇西节度使恢复安西节度使，增领五十七蕃使。贞元六年，泾原节度使兼领安西四镇、北庭节度使。

开元初年，安西经略使为吕休璟，开元三年，左羽林大将军郭虔瓘被任命为安西副大都护、四镇经略使。五年，汤嘉惠继任，二十一年，王斛斯担任安西四镇节度使。二十八年，田仁琬继任。次年，夫蒙灵察继任。此时，小勃律国受到吐蕃的胁迫，与吐蕃联姻，小勃律国周边二十余国都归顺了吐蕃，田仁琬、夫蒙灵察等人屡屡出兵讨伐，均无功而返。天宝六载，高仙芝以消灭小勃律国之功被晋升为安西四镇节度使，将夫蒙灵察征召入朝。天宝九载，高仙芝生擒突骑施可汗，十载被调任河西节度使。十一载高正见继任，同年就去世了，封常清继任。安史之乱爆发后，梁宰继任。肃宗末年，郭子仪之子郭昕担任安西留后。直到德宗建中二年，郭昕被晋升为安西大都护、四镇节度观察使。到贞元六年，北庭投降吐蕃，安西遂与中原断绝音讯，不知所终。

二是碛西北庭。

先天元年，阿史那献被委任为伊西节度使，兼瀚海军使。开元元年，郭虔瓘继任，开元六年，郭虔瓘去世后，由张孝嵩继任。开元十年，吐蕃进攻小勃律国，张孝嵩派遣疏勒副使张思礼率领四千人马救援，大败吐蕃军。十二年，杜暹被晋升为安西副大都护、碛西北庭节度使。十四年，赵颐贞继任，此后，盖嘉运担任了很长一段时间。天宝年间，王安见和程千里相继任职，安史之乱后，节度使分别为杨休明、曹令忠（后赐名李元忠），德宗贞元二年，李元忠去世，留后杨袭古继任。贞元六年十一月，吐蕃大举进攻北庭，北庭陷落，杨袭古率领残部两千人辗转逃到西州。

三是河西。

景云元年设置河西诸军州节度使、支度营田督察九姓部落、赤水军兵马大使，领凉州、甘州、肃州、伊州、沙州、瓜州、西州七州，治所在凉州。副使驻扎在甘州，领都知河西兵马使。开元二年，河西节度使兼任陇右群牧都使、本道支度营田等使。七年，增领经略大使。天宝四载，以张掖郡太守令河西节度副使。至德元载，河西节度使兼任陇右河西北路，不久取消兼领。大历元年，河西节度使迁至沙州。

景云二年四月，贺拔延嗣担任凉州都督、河西节度使，开元二年，杨执一继任。此后杨敬述、郭知运、张敬忠、王君㚟相继担任节度使。开元十五年，王君㚟为回纥人所杀。此后萧嵩、牛仙客、崔希逸、萧炅、李林甫、盖嘉运、王倕、皇甫惟明、王忠嗣、安思顺、哥舒翰都担任或者兼任过河西节度使。安史之乱爆发后，周佖、杜鸿渐、来瑱、吕崇贲也都担任过此职。安史之乱后，杨志烈担任节度使，与仆固怀恩作战战败，次年为沙陀人所杀。大历元年，河西节度使杨休明将治所迁至沙州。大历三年以后周鼎担任节度使，直到大历四年，沙州被吐蕃人攻陷，大历十二年，吐蕃人两百余骑将周鼎等人送回唐朝。

四是陇右。

开元五年设置陇右节度使，又称陇西节度使，兼领陇右道经略大使，领秦州、河州、渭州、鄯州、兰州、临州、武州、洮州、岷州、廓州、叠州、宕州十二州，治所在鄯州。十五年，节度副使兼领关西兵马使。至德元载，天水太守兼任防御守捉使及大震关使。

开元元年，杨矩首任陇右节度使，两年后，郭知运继任。开元九年，郭知运去世，王君㚟继任。两年后，臧怀恪继任。此后，安忠敬、张志亮相继短暂担任。后张守珪、阴承本、杜希望、盖嘉运、皇甫惟明、王忠嗣、哥舒翰都担任过此职。安史之乱爆发后，郭英乂被任命为陇右节度使，后由李鼎继任。广德元年七月，吐蕃相继攻陷陇右各州。陇右节度使就此取消。

四九四 逐渐向好

贞元五年李泌去世后，李泌生前设计的联络回鹘南诏、打击吐蕃的政策产生了一定的效果。

贞元五年十二月，回鹘天亲可汗在与咸安公主结婚一年后就去世了，德宗派遣鸿胪卿郭锋册封天亲可汗之子为登里罗没密施俱禄忠贞毗伽可汗，简称登里可汗。由于安西、北庭需要借道于回鹘与朝廷联系，所以就结好回鹘人，依附于北庭的六千余帐沙陀人（突厥处月部后裔）也随之与回鹘人关系较好，而三葛逻禄、白服部落（游牧于今新疆维吾尔自治区奇台县一带的突厥部落）也都臣服于回鹘，但回鹘人非常贪婪，经常向他们索要很多财物。此后，在吐蕃的挑拨下，三葛逻禄、白服部落背叛了回鹘，向北庭发起进攻，回鹘大相颉干迦斯率军救援。

贞元六年（公元 790 年）年初，回鹘忠贞可汗的弟弟杀害了忠贞可汗自立，当时，颉干迦斯西征未还，四月，次相率众又杀了忠贞可汗的弟弟，拥立了忠贞可汗的儿子阿啜为可汗，阿啜年仅十五岁。前方，颉干迦斯打不过吐蕃人，吐蕃人遂向北庭发起猛攻。北庭当地百姓对回鹘人并无好感，遂与沙陀酋长朱邪尽忠一起投降了吐蕃人。北庭节度使杨袭古率领手下两千人逃往西州（今新疆维吾尔自治区吐鲁番市）。六月，颉干迦斯返回国内，次相担心他再有废立，遂与阿啜一起到郊外迎接，拜伏于地说明情况，并说："今日是死是活全由大相做主。"并把郭锋携带的德宗诏书都交给了颉干迦斯。阿啜也边哭边说："孩儿年幼愚蠢，如果能被您立为可汗，只求老爹赐口饭吃，不敢过问国政。"颉干迦斯深受感动，抱住阿啜痛哭，遂行臣子之礼，将唐朝馈赠的财物都赏赐给部下，自己一点都不接受。回鹘国内也稍稍安定下来。

秋天，颉干迦斯想一雪战败之耻，又率领倾国之兵数万人马，并联络杨袭古一起打算收复北庭，结果再次被吐蕃打得大败，一多半人马在激战中被杀。杨袭古打算带着残余数百人马返回西州，颉干迦斯谎称：“暂且随我返回可汗牙帐，我将送你回国。”杨袭古信以为真，就随其回到回鹘国内，结果颉干迦斯却违背诺言，不放杨袭古，最终还把他杀了。至此，安西北庭完全陷落，唯独西州还替唐朝坚守着。

两次战败后，葛逻禄乘胜东进，攻克了回鹘人的浮图川（今蒙古国杭爱山西麓），回鹘人非常恐惧，将汗国西北的部落都迁往牙帐以南，并派遣达北特勤梅录随郭锋一起来到唐朝，告诉忠贞可汗去世的消息，请求对新可汗进行册封。七年（公元 791 年）二月，德宗派遣鸿胪少卿庾铤册封阿啜为奉诚可汗。八月，吐蕃进攻灵州，被回鹘击败，趁夜逃走。九月，回鹘人前来献俘。十二月，又派使者将生擒的吐蕃酋长尚结心献给唐朝。

由于回鹘实力的下降,李泌联络回鹘打击吐蕃的策略虽然没有达到预期目的，但在一定程度上分散了吐蕃的注意力，减轻了关中的压力，与此同时，在剑南方向，韦皋也由过去的单纯防御开始了反攻。

贞元五年十月，韦皋派遣部将王有道率领军队与东蛮、两林的山蛮一起与吐蕃青海、腊城两节度使作战，在嶲州台登以东大破吐蕃军队，斩首两千级，跳崖及跳河而死的不计其数，临阵杀死吐蕃猛将乞藏遮遮。乞藏遮遮被杀后，吐蕃军队士气低落，数年之内，韦皋逐渐收复了嶲州全境。

这时，在韦皋的招诱下，云南虽然已经对吐蕃人怀有二心，但还不敢公开与吐蕃决裂，在韦皋取得台登大捷之后，再次下书南诏王进行招诱。然而，云南王异牟寻始终没有回应，不过，每次吐蕃征召云南的兵马，异牟寻常常推三阻四，只派出少数部队。韦皋心知异牟寻有意归顺唐朝，贞元七年六月，他派遣原为阁罗凤的使者、现任唐朝讨击副使的段忠义返回云南，再次说服异牟寻。吐蕃得知唐朝使者就在云南，派人前去责备异牟寻。异牟寻谎称：“唐朝来的使者原本就是我们国家的人，是韦皋听任他返回本国而已，并无别的意思。”遂将段忠义送到了吐蕃。吐蕃人又责令云南国的大臣们将自己的子弟送去做人质，云南国内上下对吐蕃人更加怨恨起来。勿邓酋长苴梦冲这时又转而暗中投靠了吐蕃人，煽动各族山蛮，切断了唐朝与云南国之间的联络。韦皋派遣三部落总管苏嵬率领唐军前去讨伐，到贞元八年（公元 792 年）二月，唐军进抵琵琶川，生擒了苴梦冲，宣布其罪过后将其斩杀，此后，唐朝与云南之间的联络又恢复了。

从贞元六年二月（李泌去世前夕）到八年四月，在这三年时间是窦参当权时期。除了前述的吐蕃与回鹘之间的北庭之争、回鹘的内讧以及南诏的动向之外，在唐朝国内也发生了一些事情。

贞元五年十月，当韦皋部将王有道取得嶲州台登大捷时，远在河北的易定节度使张孝忠也突然起兵偷袭了蔚州，劫掠百姓和牲畜。自从张孝忠归顺朝廷之后，朝廷对其一直不薄：兴元元年，唐德宗加封张孝忠为同平章事；贞元三年，又加其为检校司空，并将女儿义章公主嫁给了他的儿子王茂宗。张孝忠让妻子昧谷氏到长安迎接公主，也受到了唐德宗的厚赏。贞元五年张孝忠突然进兵偷袭隶属河东的蔚州，起因不详，史书对此也讳莫如深。如果联系到贞元三年德宗罢免了马燧的兵权，改任李自良担任河东节度使一事，也许与此有关？另外，幽州节度使刘怦已于贞元元年去世，其子刘济继任后，据史书记载，当时乌桓和鲜卑人屡屡侵扰幽州边境，刘济率领幽州军队深入敌境一千余里，将乌桓和鲜卑人打得抱头鼠窜，缴获了大量财物。张孝忠受到部将的蛊惑出兵蔚州，是否有乘虚夺取幽州的企图呢？好在德宗闻讯后，下诏严厉斥责了他一通，张孝忠倒也知趣，十余天后就返回本镇了。即便如此，德宗仍然以擅自兴兵的罪名，削去了他的检校司空之职。同月，远在南方的琼州在唐高宗乾封年间（公元 666—668 年）就被当地的山蛮攻陷，至今已过去一百二十多年了，如今，岭南节度使李复派遣判官姜孟京与崖州刺史张少迁率军将其收复。

次年春，德宗下诏将岐山县无忧王寺内存放的释迦牟尼佛的指骨舍利奉请到宫中祭拜，此后，又送往各大寺院向百姓展示。长安全城倾城出动，瞻仰礼拜，施舍了成千上万钱财。正如《旧唐书·李泌传》中记载的那样，德宗即位之初，对肃宗、代宗笃信术数很不以为然，尤其厌恶巫祝怪诞之士，然而，奉天之难之后，桑道茂许多年以前曾经预言要加高奉天城墙一事，给德宗留下了深刻印象，听说李泌深通此道，才将其召回了朝廷。以奉天之难为界限，德宗前后判若两人，改变了许多，如今开始信佛只是其中的一个方面。二月八日，德宗又命宦官将佛指骨送回了无忧王寺。

六年前，朱滔在贝州败于王武俊和李抱真后，其棣州（今山东省惠民县）刺史赵镐投降了王武俊，但没过多久，赵镐又得罪了王武俊，王武俊召其前来，赵镐拒绝听命。话说魏博节度使田绪的哥哥田朝因惧怕被杀而逃到淄青节度使李纳那里，当了李纳的齐州刺史。如今，有种传闻称，李纳将要发兵帮助田朝夺取魏博，这让田绪非常担心，于是，田绪的判官孙光佐等人就建议田绪，给李纳送去丰厚的礼物，又劝说李纳把棣州的赵镐招抚了，李纳一听大为高兴。见李纳高兴起来后，魏博使者趁机请求李纳把田朝送到长安，李纳遂满口答应了。贞元六年三月，赵镐以棣州投降了李纳，王武俊得知后大怒，三月，派遣儿子王士真率军进攻棣州，却未能攻下。五月，王武俊亲自领兵进驻冀州（今河北省冀州市），准备夺回棣州，见敌众我寡，赵镐放弃棣州，率领本部人马逃到了李纳的郓州（今山东省东平县），李纳遂发兵占领了棣州。田绪派孙光佐来到郓州，宣读伪造的皇帝诏书，将棣州划归了李纳。王武俊得知后勃然大怒，把一腔怒火都发泄到了魏博的田绪身上，派遣儿子王士清率军进攻贝州（今河北省清河县），夺取了田绪的经城（今河北省南宫市西南）等四个县。看到河北藩镇之间交恶，德宗一改往日趁乱讨伐的做法，而是屡屡下诏促使各方和解，他下令李纳将棣州归还给王武俊，而李纳一万个不愿意，一直寻找各种借口拖延，还请求把海州划归朝廷，作为交换，但德宗予以拒绝。李纳又请求德宗下诏让王武俊先把占领的经城等四个县还给田绪，德宗只好答应。此事一直拖到贞元六年十二月，李纳才把棣州还给了王武俊。河北藩镇之间也避免了一场战争。

贞元七年三月，义武军节度使张孝忠去世。张孝忠有张升云、张茂宗、张茂和三个儿子，德宗以邕王李谅（本为德宗太子李诵之子，因德宗喜欢，遂以孙当子，排为第六子）为义武军节度使大使、易定观察使，不出阁，以张升云为定州刺史，充义武军节度留后，赐名张茂昭。安南（今越南河内市）都护高正平向百姓们征收沉重的赋税，四月，当地蛮族酋长杜英翰等人起兵包围了都护府，高正平因忧惧而死，各蛮族听到这个消息后，都归降了。五月，唐朝在安南府设置柔远军。七月，任命虔州刺史赵昌担任安南都护，赵昌到任后，当地才恢复了秩序。

四九五 窦参被杀（一）

除了开始信奉佛教之外，从奉天之难而来，德宗还一改即位之初那种依法治国的理念，一切都似乎回到了大历年间。

德宗刚回长安时，因神策等军有护驾之功，将将士们全部赐名为兴元元从奉天定难功臣，朝廷指定专门官员进行管理，给予优厚的待遇，于是乎，这些禁军士兵就开始恃宠而骄，横行霸道，欺凌百姓起来，他们甚至不把地方官吏放在眼里，在衙门里大吵大闹，毁坏桌椅板凳，撕毁文书档案。有的州县官员忍无可忍，就将他们治罪，然而，早上处罚一人，晚上朝廷就把这些官员贬谪到万里之遥，这样一来，就算地方上有一些公正严明的官员，也不敢再得罪这些禁军了。长安城内一些有钱人常常花钱打通关节，把自己的子弟寄名在禁军名录内，一旦登记到禁军军籍上，当地州县就对他无可奈何了。为了消除禁军与地方之间的矛盾，贞元七年三月二十一日，德宗下诏称："神威六军将士（当时禁卫军已有十军，分别为：左右羽林军、左右龙武军、左右神武军、左右神策军、左右神威军）与百姓发生纠纷的，由州县处理，小事通报本军，大事奏报朝廷。如果士兵们欺凌州县，可以予以逮捕，交御史台审理。县吏胆敢擅自鞭打士兵的，一概予以贬谪。"

贞元八年（公元 792 年）三月十一日和十六日，山南东道节度使曹王李皋和宣武节度使刘玄佐（刘洽）分别去世，李皋终年六十岁，刘玄佐五十八岁。李皋是德宗贞元前期的名将，他文武全才，在讨伐李希烈的战斗中，一共收复了四个州、十七个县，经历大小十余次战役，从未失败过。在他担任荆南节度使期间，江陵东北靠汉代江堤处有一块荒田，每到夏季总会河水泛滥，李皋命人重修，开辟了上千亩的良田；当地人不习惯挖井，李皋组织人力挖井，方便百姓生产生活。贞元三年，李皋接任山南东道节度使后，购买回鹘人的马匹组织一支骑兵部队，令吴少诚非常忌惮。他勤俭公平，深知民间疾苦，每次赏赐给人财物，常亲自称量，公家的布帛上都加盖印章，令小吏无从徇私舞弊。他还曾经设计了一种两轮战舰，不用船帆，照样行驶如飞。李皋有三个儿子：李象古、李道古、李复古。宪宗时，李象古和李道古分别担任安南都护和鄂岳观察使，但二人均贪婪无能，与其父李皋大相径庭。

李皋去世后，节度判官李实负责留后事宜。李实是唐高祖李渊第十六子、道王李元庆的玄孙，以门荫入仕，李皋征辟为判官，后晋升为蕲州刺史。李皋调任山南东道节度使后，又以其为节度判官、检校太子宾客、员外郎。他生性刻薄，大权在握后，就开始克扣将士们的粮饷，这很快就引起了将士们的不满。鼓角将杨清潭率众作乱，趁夜放火，四处劫掠，唯独不敢侵扰李皋一家。李实翻墙逃出城外，才侥幸捡回一条性命。第二天一早，都将徐诚用绳子从城外拉上城墙，入城后，下令戒严，城内秩序才得以恢复，而后逮捕了杨清潭等六人，予以斩杀。李实逃回京师后，被任命为司农少卿。二十二日，德宗任命荆南节度使樊泽担任山南东道节度使。

刘玄佐去世后，宣武军也发生了动荡。宣武军将士们谎称刘玄佐病重，上书朝廷请求任命继任者，德宗佯装不知，遂派宦官赶赴汴州询问宣武军将士们："你们看以陕虢观察使吴凑来接替可以吗？"吴凑原为福建观察使，在任期间，把当地治理得井井有条，可是，吴凑虽然是皇亲，与宰相窦参有矛盾，窦参就在德宗面前说了他的坏话，还说吴凑得了风湿麻痹之症，行动不便。德宗信以为真，就把吴凑召回了京师，专门让吴凑在自己面前走几步看看，才发现完全是窦参的诬陷，也因此事开始厌恶窦参起来。不久前，德宗刚刚将吴凑任命为陕虢观察使，以取代窦参的一党李翼，如今，德宗又想让吴凑掌管宣武军。宣武军的监军孟介、行军司马卢瑗都觉得吴凑来担任主将可以，德宗听了宦官的汇报后，就正式把吴凑任命为宣武节度使。可是，吴凑已经行至汜水时，汴州发生的一件小事却令整个事态发生了逆转。刘玄佐的灵柩将要起运时，有些将士要求卢瑗等人准备仪仗队开道，可是卢瑗不同意，还要求仪仗队随时待命，以迎接新任长官。要知道刘玄佐长期担任宣武军主帅，宣武军几乎成了他的私人武装，如今，刘玄佐尸骨未寒，卢瑗等人就这样翻脸不认人了，确实令刘玄佐的亲属和旧部寒心。刘玄佐的女婿和亲兵们听说后都非常气愤，纷纷穿上铠甲，拿出武器，簇拥着刘玄佐的儿子刘士宁，脱去丧服，登上高位，自称为留后。乱兵们逮捕了城将曹金岸和浚仪县令李迈，说道："你们都是要迎接吴凑的人！"遂将二人千刀万剐处死。卢瑗侥幸逃走，刘士宁把仓库内的金银财帛赏赐给将士们，劫持了监军孟介，强迫他向朝廷请求。德宗得报后，征求宰相们的意见，窦参回答：“如今汴州人借助李纳来挟制朝廷，如果不同意的话，他们势必投向李纳。”德宗无奈，只好于贞元八年四月六日任命刘士宁为宣武军节度使。刘士宁怀疑宋州刺史翟良佐不忠于自己，假借巡视之际，来到宋州，当场任命都知兵马使刘逸准取代了翟良佐。刘逸准是天宝时期平卢节度使刘正臣（刘客奴）的儿子。

贞元八年年初发生的这两件事幸而没有酿成大乱，在此期间，朝廷内部的政治斗争也达到了白热化的程度，这场激烈的政治斗争围绕着窦参与陆贽二人之间进行，涉及两党很多人，并最终导致了执政三年的宰相窦参的下台和陆贽的上位。

关于窦、陆之间的斗争，不同的史料出自不同观点的人士之手，记载得相互矛盾，令事件的真相更显得扑朔迷离，但通过诸多史料，我们大体上可以得出以下结论：一是窦参与陆贽之间的矛盾确实存在。不论《窦申传》还是《陆贽传》，对此都有明确的记载：《窦申传》称：“兵部侍郎陆贽与参有隙。”《陆贽传》记载：“恩遇既隆，中外属意为辅弼，而宰相窦参素忌贽，贽亦短参之所为，言参黩货，由是与参不平。”二是窦参与陆贽之争实质是文人士大夫与非文人士大夫集团之间的权力之争。在文人士大夫看来，窦参出身不是正途，“少以门荫，累官至万年尉”，而陆贽则才华横溢，科举出身，“贽少孤，特立不群，颇勤儒学。年十八登进士第，以博学宏词登科”。这与玄宗时期李林甫、牛仙客与张九龄等人的斗争非常相似，这种权力之争无所谓正义与非正义。三是由于陆贽代表的文人士大夫阶层掌握着话语权，所以，在现存的史料中大多数将窦参视为小人，而把陆贽看成代表正义的贤人，这其实并不十分可信。从《窦参传》的前半部分来看，窦参是一个“习法令，通政术，性矜严，强直而果断”的人，可以说是一个不避权贵、明察秋毫的好官，而最终导致窦参失势，朝廷也没有给出一个确实的罪名，仅称“参任情好恶，恃权贪利，不知纪极，终以此败”，这都说明，窦参其实只是一场朝廷内争的失败者而已。

四九六 窦参被杀（二）

从窦参维护自己相位的角度分析，其排挤陆贽也是可能的。

陆贽母亲去世后，服丧回朝的陆贽被德宗任命为权知兵部侍郎、翰林学士。据《陆贽传》称，德宗对于陆贽的感情也是非常复杂的：首先，德宗深知陆贽是个人才。陆贽在德宗即位之前仅是个监察御史，因德宗当太子时就听说了他是个人才，即位之后就把他提拔为翰林学士（“德宗在东宫时，素知贽名，乃召为翰林学士，转祠部员外郎”）。其次，德宗对陆贽十分厚待。这一方面是德宗看重陆贽的才华；另一方面则是看重陆贽的忠诚。“贽性忠尽，既居近密，感人主重知，思有以效报，故政或有缺，巨细必陈，由是顾待益厚。”奉天之难后，德宗派遣宦官赶往江东，把陆贽的老母接到京师奉养，此举让朝廷上下的文人士大夫们都非常感动，不久，陆母去世，葬于洛阳。陆贽的父亲早死，原来安葬在苏州，此时要与其母合葬，德宗又派遣宦官从苏州一路护送灵车到洛阳。另据《卓异记》记载，德宗一直亲切地称呼陆贽为陆九，经常脱下御衣赏赐给他。有唐一朝，高祖李渊曾称呼裴寂为裴监，称呼萧瑀为萧郎，至于称呼排行的，唯独玄宗对姜皎（称姜七）、德宗对陆贽，可见德宗对他的宠爱。最后，德宗对陆贽的很多建议都予以重视，但一直没有将其拜相。个中原因很多，大致包括：一是陆贽本人的原因。陆贽在上书言事时言辞激烈，往往不顾及德宗的颜面，德宗虽然表面上不好说什么，但内心很不高兴。二是朋党的排挤。在复杂的朝廷上陆贽并非独善其身。陆贽原受张镒的引荐，张镒被卢杞陷害外贬之后，陆贽一度非常害怕，缄口不言，等卢杞受人围攻下台后，陆贽才稍稍敢说话了。三是同僚的嫉妒。木秀于林，风必摧之。史称，陆贽的文章“其于议论应对，明练理体，敷陈剖判，下笔如神，当时名流，无不推挹”，而“吴通微兄弟俱在翰林，亦承德宗宠遇，文章才气不逮贽；而能交结权幸，共短贽于上前”。

翰林学士虽然官位不太高，却属于皇帝的近臣，作用非常之大，到贞元七年八月，朝廷将陆贽正式任命为兵部侍郎，而免去了他的翰林学士一职，史称，这都源于窦参的排挤。然而，仅仅过去三个多月，窦参对吴凑的排挤引起了德宗的反感。吴凑身为代宗皇帝的舅舅，曾担任左金吾大将军，主导了诛杀元载一事，虽然在德宗继位之初，吴凑一度由右金吾卫大将军（正三品）贬为右卫将军（从三品），但不久就被任命为福建观察使，总体上来说，他是德宗信得过的皇亲。德宗发现自己受到窦参的欺骗之后，对窦参就产生了疑心，遂以吴凑取代了窦参一党李翼，担任了陕虢观察使。

窦参与吴凑二人之间的个人恩怨到底是什么，史书没有明文，但绝非简单。我们仔细研究史料，惊奇地发现，吴凑此前担任的是左金吾大将军，而窦参的心腹、侄儿窦申结好的嗣虢王李则之，也是左金吾大将军。李则之是嗣虢王李巨的儿子，先祖是唐高祖李渊第十五子、太宗李世民异母弟虢王李凤，窦申是李则之的堂外甥，因此，李则之与窦参也算是有亲戚关系。李则之酷爱读书，已五十多岁了，还在太学里学习，后受到曹王李皋的推荐，贞元二年当上了左金吾大将军。吴凑则是在代宗大历末年因给继母服丧而被免职，德宗即位后，只被任命为右卫将军，到贞元初年，改任为太子宾客。显然，李则之担任左金吾大将军的时间与吴凑担任太子宾客这一闲职的时间大致相同，我们有理由判断：德宗继位之后，不仅没有晋升吴凑，相反还疏远了这位昔日父皇身边的红人；吴凑不仅没有回到左金吾大将军的岗位，反而被排挤到了一个闲职，而没有任何资历的李则之却平步青云，破格被提拔到了左金吾大将军这一高位，另外，后任清除前任嫡系，在所难免，势必触及前任的利益，吴凑与李则之之间不可能没有矛盾；窦参过去一直在监察部门任职，得罪了不少朝中权贵，身边并无多少支持者，如今他当上了宰相，面对虎视眈眈的异己势力，当然需要寻找自己的支持者，而李则之也需要窦参的支持，以对付吴凑经营多年的左金吾军中异己势力——这也许就是史书所称的窦参与吴凑之间不便明言的私怨吧。吴凑被任命为陕虢观察使不久，宣武节度使刘玄佐就去世了，德宗任命吴凑继任，可是汴州发生了兵变，刘玄佐之子刘士宁自任留后。德宗原本打算采取强硬立场，发兵将吴凑护送入汴州，但窦参基于种种考虑，阻扰吴凑上任，遂称如果采取强硬措施，刘士宁必然会与李纳联合，德宗不得已，只好勉强承认了既成事实，对此，刘士宁对窦参当然是十分感激的。

实际上，在窦参担任御史中丞的时候，就已经得罪了日益跋扈的禁卫军军方和宦官集团了。窦参刚强果断，明察秋毫，又不避权贵，我们还记得，当时神策军的将军孟华立下战功，却被神策军的大将军诬陷，称孟华谋反，是窦参经过认真审理，将孟华平反昭雪。史书虽然没有明说这位诬陷孟华的神策军大将军究竟是谁，但我们知道，神策军主帅从德宗兴元元年开始一直就由宦官担任，起初是宦官窦文场和王希迁，两年之后，又改为窦文场和霍仙鸣；另外，右龙武将军李建玉也被人诬陷投敌，窦参也予以平反昭雪。窦参的作为已经介入禁卫军内部的斗争中了，也许王希迁撤职就与此有直接关系，而窦参此举又直接得罪了宦官上层，史称："时窦、霍之权，振于天下，籓镇节将，多出禁军，台省清要，时出其门。"《国史补》记载了一件事，就可见当时窦文场的威势了：一次，监察御史崔薳来到神策军中复审军中囚犯，在手下小吏的鼓动下，他张着伞盖进入军营，还暗示军中准备酒食，想借此与军中大佬们联络一下感情，结果，窦文场知道后勃然大怒，当即禀报了德宗，德宗立即下令将崔薳押送御史台，鞭打流血，从此以后，御史再也不到军中监狱了。

在诸多因素的促成下，窦参和李则之逐渐靠近也是必然的——然而，这恰恰触犯了德宗的忌讳，那就是宰相与禁卫军将领来往，意欲何为？

窦参与陆贽、吴凑交恶，又得罪了宦官高层，同时还让各地藩镇非常畏惧。史称，窦参没有多少学问，一味培植自己的亲信，令他们身居高位，作为自己的耳目，使各地藩镇节度使都心生畏惧。李纳由于害怕窦参，经常给窦参送去财物，表面看来是在巴结他，事后又露出风声，目的是陷害他——《旧唐书》的这一记载并没有被《资治通鉴》采纳，这是因为，实在找不出李纳陷害窦参的理由。李纳的平卢淄青镇早已等同于河北藩镇，是个半独立的王国，窦参在任期间也没有撺掇德宗采取对李纳不利的措施，李纳何必畏惧窦参？令人奇怪的是，还要采取行贿的办法来陷害窦参？采取这种陷害方法的人，一定是那种认为接纳藩镇贿赂是罪过的人，我们反观史书发现一个十分有趣的记载：《陆贽传》记载，陆贽在洛阳给母亲服丧期间，史称："籓镇赙赠及别陈饷遗，一无所取。与韦皋布衣时相善，唯西川致遗，奏而受之。"《珩璜新论》记载：一次，德宗对陆贽说："卿清慎太过，各道给你送的财物，你一概拒绝，恐怕不通情理。比如马鞭、皮靴之类的，收下也无妨。"陆贽上书，说道："收了马鞭、皮靴，就会再收金子玉器。眼见好东西，岂能中止？"写作的人评价称，德宗让臣子受贿，这是德宗心中有很多邪见，而陆贽不从命就可以了，何必又上书呢？这是陆贽喜欢卖弄自己的正直。由上述两条史料可知，德宗对臣子收点小贿的态度是开明的，而陆贽则以此为罪，那么，李纳行贿给窦参又借此离间窦参，是否有陆贽的影子呢？这并无证据，难免会有诬陷前人的嫌疑，只是一种推测而已。

除此之外，窦参还得罪了班宏。班宏是老资格了，大历三年就已经是给事中，到大历末年已官居吏部侍郎。窦参还是大理司直时，班宏就已经是他的上级刑部侍郎了。德宗曾想让班宏担任宰相，但李泌推荐了窦参和董晋，等到窦参拜相后，兼任度支转运使，而德宗认为班宏是位老臣，就让他当了副使，还对他说："朕让窦参兼任转运使，目的是以宰相之尊好协调各方，威慑各道，具体事务都交给你处理，你不要推辞。"当时窦参也非常谦虚，以班宏是老前辈，多次私下安慰他说："我是后进，一旦居于尚书您之上，内心非常不安，一年以后，我就把转运使交给你。"班宏听了，心里美滋滋的，可是，等了一年以后，窦参绝口不言了。班宏个性也很强，又受到别人（此人可能就是陆贽）的离间，再加上对窦参食言很不满，遂在政务上往往与窦参对着干。扬子院是盐铁转运的临时存放点，班宏让御史中丞徐粲管理，可是，此人不仅治理无方，而且贪污受贿，窦参打算换人，但班宏坚决不同意；窦参在选配各院主管时，遂不再征求班宏的意见，二人矛盾逐渐公开化。班宏上书揭露窦参的罪恶，但德宗将其奏疏全部留中不发。不久，窦参因转运之功加封吏部尚书，班宏也晋爵萧国公，谁知班宏不仅没有高兴，反而觉得这是窦参用虚号拉拢自己，对窦参更加怨恨。为了争取德宗的信任，班宏工作起来更加卖力，每次接到皇帝诏书，班宏必定亲力亲为，又四处巴结权贵，目的只有一个，就是推倒窦参。

四九七　窦参被杀（三）

张滂原来与班宏私交很好，班宏举荐他当上了司农少卿。

等到窦参发现徐粲的劣迹之后，曾经征求班宏的意见，让张滂也分管江淮的盐铁事务。班宏知道张滂此人疾恶如仇，唯恐其到任以后会发现徐粲的问题，就反对说：“张滂倔强难制，不可用。”这话当然很快就传到了张滂的耳中。到贞元八年年初，窦参也发现德宗开始疏远了自己，就想主动上书把转运使一职让给班宏，但他又不愿班宏独揽帝国整个财权，就向京兆尹薛珏问计。薛珏与窦参一样，都是以门荫入仕，为官以俭朴、廉洁、严肃闻名，后为刘玄佐宣武军司马、司农卿。当时，朝廷推举刺史、县令，由主管人事的官员询问民间疾苦和朝廷得失，从一百余人中挑选了二十余人，宰相又想再加试文辞。薛珏反对说：“挑选良吏不需要测试文学，应该把皇上爱民之心作为核心。”宰相听从了他的建议，所用官吏大多非常称职，后来，薛珏担任京兆尹。当时，司农应给宫中供应三十车日用品，但未能筹措够，遂请从京兆辖区购买，薛珏就命万年县令韦彤禁止民间买卖，使百姓颇有怨言。此事很快就传到德宗耳中，德宗大怒，下令停发薛珏和韦彤的俸禄，为了避免出现下情不能上达的情况，德宗还专门下诏每当自己在延英殿处理政务时，朝廷各部门两名长官说出朝廷的得失，号称“巡对”。史称，薛珏“刚严，晓法治，勤身以劝下，然苛察，无经术大体”。显然，薛珏是与窦参性格相似的一类人。

薛珏献计道：“二位交恶，而张滂刚直果决，如果把盐铁转运事务分一半给张滂，一定能够制住班宏。”听了薛珏的建议，窦参遂上书辞去转运使一职，而推荐张滂为户部侍郎、盐铁使、判转运，但又不想把班宏得罪得太苦，仍然建议以张滂隶属于班宏。江淮两税，全部交由班宏负责，设置巡院，却给予张滂与班宏一起选拔官吏之权。可是，张滂上任后，向班宏索要盐铁过去的账簿，班宏不给；在挑选院官的时候，二人各有人选，根本无法形成统一意见，迟迟无法定下人选。张滂就上奏德宗，说道："班宏和臣矛盾很深，巡院出现大量空缺。臣掌管财赋，系国家大计，办事不力，肯定会追究臣的罪过。如今班宏这样，怎么才能办好事？"德宗遂命班宏和张滂分别掌管天下财赋，如大历年间那样。窦参罢相之后，班宏想夺回自己的权力，就在新任宰相赵憬、陆贽面前发牢骚，说："我负责转运，每年向朝廷转运五十万斛江淮稻米，前年又增加到七十万斛，幸而没有出现什么差错。如今，却把我的职务交给了别人，这到底是咋回事？"当时张滂就在一旁，顿时发火说道："尚书，你说错了！如果说转运事务都办得很好的话，朝廷肯定不会夺去你的职务，原因就在于你虚耗了公款、放纵奸吏！况且，凡是当上度支部门的小吏的，不出一年，家财上万，奴仆车马宅邸堪比王公，这不是盗窃公物，又是从哪里弄来的？此事路人皆知，因此圣上才令我分管财赋，大人刚才所言，难道是在埋怨圣上吗？"说得班宏面红耳赤，无言以对。当天，班宏就称病在家，张滂前去探问，班宏拒不接见，赵憬、陆贽只好把班宏和张滂二人的话如实向德宗汇报，自此，才真正如大历年间由刘晏、韩滉那样分别掌管财赋之事。

史称：窦参阴险狡诈刚愎自用，贪权又贪婪，每次选拔官吏都要与自己的同族侄儿、给事中窦申商议。窦申原由京兆少尹晋升为给事中，深得窦参的喜爱，窦申口风不严，有时会向人透露族叔窦参与自己商议官员人选之事，想让别人给自己送礼，因此，京师一些人就把窦申称为"喜鹊"，意思是能给人带来好事。实际上，窦参早已身在风口浪尖之上了，"上所亲信，多非毁参"，人们关于窦申的一些传闻也都很快传到了德宗的耳中。一次，德宗告诫窦参说："以后，你一定会受到窦申的连累，不如将他调出京师，以平息物议。"可是，窦参说："臣没有很多子侄，窦申虽然只是臣的远门亲属，但臣一直很喜欢他，不忍把他弄到远地，臣保证他不会犯错。"德宗说道："卿虽然为他担保，但又如何对众人交代？"窦参还是坚持。德宗也没有再往下说，而窦申却并没有吸取教训，依然故我。

贞元八年年初，当窦参和陆贽的斗争白热化之后，窦参的地位已岌岌可危。而恰恰就在这时，又发生了门下侍郎、同平章事董晋向德宗推荐窦申当吏部侍郎的事。史称："窦参骄满既甚，帝渐恶之。八年，参讽晋奏其侄给事中窦申为吏部侍郎。"德宗听后，严肃地对董晋说："不会是窦参派你上奏的吧？"董晋承认。十余日后，窦参就被贬官了。对此，董晋又担忧又害怕，屡屡上书请求辞官。

如前所述，窦参也不是没有自己的同党，除了前述的京兆尹薛珏、前陕虢观察使张翼、左金吾大将军李则之、窦申之外，他们还拉拢了陆贽的死对头、曾经的同僚吴通玄、吴通微兄弟。二吴兄弟的父亲吴道瓘是个道士，但他有个绝活，就是非常擅长幼儿教育。大历年间，代宗把他召入宫中，给太子、诸王授课，由此，成了德宗的老师，而吴通玄兄弟也得以出入宫中，二人均擅长写文章，文采华丽，深得德宗的礼遇。德宗即位后，吴通玄应文辞清丽科，被授予同州司户、京兆户曹，贞元初年被召为翰林学士、起居舍人、知制诰；吴通微在建中四年由寿安县令召入为金部员外郎，后为翰林学士，改职方郎中、知制诰，二吴兄弟均为皇帝近臣，一时为众人所称道。吴通玄辞藻婉丽，尤其受到文学青年德宗皇帝的喜爱。贞元二年，太子李诵的生母王皇后去世，德宗下诏令李纾撰写谥册文，宰相张延赏、柳浑为庙乐章。等到他们写好呈上，德宗一看均不满意，又下令吴通玄重写。凡是以德宗名义下发的文件，如果不是吴通玄所写，德宗都不满意。

同为才子的二吴兄弟和陆贽，原本应该惺惺相惜，然而，当他们与吉中孚（大历十才子之一）、韦执谊等人一起充当皇帝的秘书时，在权势面前，很难做到和平共处。（按：史称："韦执谊者，京兆人。父浼，官卑。执谊幼聪俊有才，进士擢第，应制策高等，拜右拾遗，召入翰林为学士，年才二十余。德宗尤宠异，相与唱和歌诗，与裴延龄、韦渠牟等出入禁中，略备顾问。"）陆贽和二吴都有各自的优势：陆贽辞采华丽，擅长政论文，又曾追随德宗一起经历了奉天之难；二吴兄弟则是德宗东宫旧人，擅长抒情散文，双方遂在德宗面前争宠，相互嫌弃怨恨。陆贽性格偏执、急躁，他最先向二吴发难，屡屡在德宗面前说二吴的坏话，还建议德宗废除翰林学士之职，说道："天下太平之时，朝廷把那些工书善画的人待诏翰林，那时候并无翰林学士之说。学士不过是天子私臣，只是陪着天子唱和文章而已，自从至德以后，天子才召集集贤殿学士在宫中起草诏书，让他们在翰林院待命，遂有了翰林学士之名。乱离之际，在路途之上有时有临时任命，权且让其起草诏书。如今天下太平，起草诏书之事应该归于中书舍人，翰林学士之名理当废止。"史称，陆贽是因为"通玄援引朋党，于禁中叶力排己，故欲废之"，这说明以陆贽的个性，即便是在同僚当中他似乎也没有多少朋友，受到二吴等人共同打压。陆贽的建议，德宗并没有采纳，相反，德宗由此察觉了陆贽与二吴等同僚们的矛盾，当时，陆贽是"权知兵部侍郎，知贡举"，在二吴以及窦参等人的建议下，德宗遂在不久前罢免了陆贽的翰林学士之职，正式让他当了兵部侍郎，知贡举。杀敌一万，自损八千。陆贽和二吴之间的内耗，吴通玄也没得到多少好处，他本来是起居郎，按理说应该晋升为中书舍人，却仅仅在同年被拜为谏议大夫、知制诰，这令他也非常失望，当然，陆贽在其中肯定没有起多少正面作用。

李则之虽说现在担任了武职，但骨子里还是个文人，一向好学，又喜欢写文章，因而在窦申的引荐下，很快就与二吴结成了好友。陆贽被赶出内官禁地之后，为了进一步打击陆贽，二吴兄弟与李则之、窦申自然而然地暗中勾结起来了。如果没有李则之的参与，就算二吴、窦申、窦参与陆贽打个头破血流，德宗也不会介怀的，而恰恰是李则之的身份犯了皇帝的大忌，也导致最终的事态无法控制了，但此时，李则之等人浑然不觉。李则之命人张贴大字报，称陆贽在选拔人才时不公正、不公平，还收受贿赂。

陆贽服丧期满后，贞元七年八月，正拜兵部侍郎，知贡举。这在一般人看来，陆贽丢掉了中书舍人，离开了凤凰池，是明升暗降。贡举原本是礼部的事，但陆贽文名甚高，又官居四品，由其负责贡举也是众望所归。陆贽负责科举后，就进行了大胆改革，把过去的匿名试卷改为不匿名试卷，这种录取方式后来也被人称为通榜。该年共录取了包括韩愈在内的二十三名名士（这二十三人详见《登科记考》），避免了早已知名的人才因偶然失误而落榜，这一榜也被人称为龙虎榜。然而，这种通榜的做法在当时掀起了轩然大波，一两千落第举子难免会产生种种不满，史称，发榜之后“众望不惬”，同时，这种做法实际上对主考官也是一种极大的考验，要求主考官做到真正的公平公正，不能有半点私心，以免被他人抓住把柄。平素陆贽小心谨慎，又非常清廉，窦参、吴通微等人无隙可乘，正好以这次陆贽负责贡举做文章，然而，他们又没有什么真凭实据，才利用众人的不满采取了到处张贴大字报的下策，试图给陆贽抹黑，将其打压下去。

如果说诬陷陆贽其他方面倒还罢了，说陆贽招纳贿赂、考贡不实，尤其是前者，德宗就怀疑了：张镒过去曾送给陆贽百万钱，陆贽都不接受，只接受一串新茶；陆贽在洛阳给母亲服丧期间，各道又送去了数百万的馈赠，陆贽也是分文不要；好友韦皋每月的馈赠，陆贽也是先禀报后接受。现在说陆贽借科举考试，收受举子们的贿赂，这显然是一种诬陷，于是，德宗下令严查。

吴通玄娶了李唐宗室之女（系德宗的近亲，但史书没有明说），充作自己的外妇（类似小妾），这位外妇把李则之、二吴等人的所作所为都禀报给了德宗，德宗闻言，不禁勃然大怒！吴通玄身为谏议大夫，窦申担任给事中，二人均有上书弹劾之权，如果陆贽真的收受了贿赂，你们何不上奏？采取这种做法显然是诬陷！

四九八　窦参被杀（四）

在一些人添油加醋的描述下，当德宗听说李则之参与其中之后，想必他脑海中又浮现朱泚之变的骇人情形了——李则之是否有觊觎帝位的野心？窦参意欲何为？

贞元八年四月一日，德宗下诏将李则之贬为昭州司马，吴通玄为泉州司马，窦申为道州司马。德宗亲自召见吴通玄，责问其奸污皇室近亲之罪，吴通玄被押送到华州长城驿，德宗又下诏将其赐死了。吴通玄死后，吴通微身穿白色衣服，在国门外请罪，德宗特意下诏赦免了他。四月四日，德宗任命雅王（代宗最小的儿子李逸）傅李翰为金吾卫大将军。李翰原被窦参贬官，德宗突然召见李翰，当面任命其为金武卫大将军，并立即让他上任，次日才颁发正式委任状。此时，德宗还没有动窦参，当刘士宁在宣武军发动政变时，德宗还曾征求窦参的意见，德宗也听从了他的建议，并在四月六日任命了刘士宁为节度使，但仅仅过去七天，即十一日，德宗就下诏罢免了他的宰相职务，将其贬为郴州别驾，再贬窦申为锦州司户。同日，任命尚书左丞赵憬、兵部侍郎陆贽为中书侍郎、同平章事。

窦参罢相，并没有影响到他推荐的张滂，张滂还是如期赶赴江淮上任去了，而班宏与张滂乃至与窦参的较量还在进行。张滂到扬州之后，立即着手调查徐粲，逮捕了徐粲的奴仆、妻妾，很快就掌握了徐粲贪污受贿巨万的罪行，德宗下令将徐粲流放到了岭南，史称：张滂在任期间“勤恪官署，晨入夕归，下吏劳而未尝厌苦，清白勤干，称之于时”。但这也更让班宏恼火，史称：“故参得罪，宏颇有力焉。”不过，班宏没有等到继续报复的那一天，到七月一日，他就因病去世了。

班宏去世后，陆贽建议以自己的亲信、给事中李巽权且判度支，德宗一开始答应了，但经过仔细思考后，又打算改用司农少卿裴延龄了。李巽，字令叔，赵郡人。年少因苦学而中明经科，后逐渐晋升为左司郎中，调出京师担任常州刺史。

一年后，被召回担任给事中。李巽为官勤勉，经常在家加班，又对下属苛察，非常严厉，内心残忍无情，史称，后来他巡查江西期间，“徇喜怒之情，而无罪被戮者多矣”。窦参不喜欢这个人，将他贬出了京师，让他担任了常州刺史。如今，班宏已死，陆贽就想到李了巽。当德宗想用裴延龄时，陆贽上书反对说：“今天的度支要衡平天下万物，主管官员如果刻薄吝啬的话，就会发生祸患；如果过于宽纵的话，就会包藏奸邪。裴延龄是一个言语虚妄的小人，陛下如果重用他，一定会骇人听闻。不久以后，就会有人称其不称职，微臣也难辞其咎，陛下也有伤知人之明。”但德宗不从，七月六日，遂任命裴延龄为判度支事。裴延龄，河东人。其父裴旭曾任和州刺史，乾元末年，裴延龄为汜水县尉，东都沦陷之后，其流落鄂州，闲暇之余编撰裴骃所注《史记》的纰漏，自称“小裴”。华州刺史董晋征辟其为防御判官，后来经黜陟使举荐，被授予太常博士。卢杞担任宰相时，他被提拔为膳部员外郎、集贤院直学士，改祠部郎中；崔造担任宰相时，裴延龄被改任负责度支，知东都度支院；等韩滉领度支后，他被召回京师，继续担任集贤院直学士。裴延龄回到京师后，直接就上班了，宰相张延赏见其轻率，又将其贬为昭应令。在任期间，他与上司京兆尹郑叔则论辩是非，说郑叔则的坏话。当时，李泌是宰相，与郑叔则私交很好，而御史中丞窦参则“恃恩宠，恶泌而佑延龄”。（可是李泌又推荐了窦参！）最后，郑叔则被贬为永州刺史，而裴延龄则调任著作郎。不久，窦参拜相，起用裴延龄为太府少卿，转司农少卿。毫无疑问，裴延龄是窦参的人，虽然德宗贬谪了窦参，但他并不想在朝中全用陆贽的人，这也意味着虽然窦参被贬，但仍然有卷土重来的可能，于是……

到了贞元八年的下半年，就发生了前宰相姜公辅向德宗提出要出家当道士一事。这件事发生得非常奇怪，综观整个事件，显系有人刻意策划，而此人正是陆贽，其目的就是要置窦参于死地。姜公辅曾与陆贽都是翰林学士，私交尚可。德宗在梁州时，因唐安公主之死，姜公辅劝谏引起德宗恼怒，德宗认为姜公辅是借机向世人“卖直取名”，陆贽曾在德宗面前百般替姜公辅说好话，但德宗不从，最终还是把他罢相，贬为左庶子，后改为右庶子，一直不予晋升。

等到贞元八年窦参被贬、陆贽拜相之后，姜公辅以自己曾与陆贽有同僚之谊，屡屡找到陆贽，向陆贽求官。陆贽偷偷对姜公辅说：“我曾经拜见前宰相窦参，窦参对我说，他曾多次向陛下建议拟任你官职，但陛下的意思是不同意，还说出一些恼怒你的话。”姜公辅听后，顿生恐惧，遂上书请求将自己罢官，让自己当道士去。虽说唐朝比较开明，但一位前宰相如今竟然要出家当道士，这也是闻所未闻之事，如果此事真的发生了，朝廷和德宗的颜面何在？难不成是德宗真的亏待了姜公辅，非要把他逼成道士不成？奏表递上去后，德宗置之不理。可是，姜公辅不依不饶，他又找了个机会，面见德宗再次提出这一荒唐的请求，德宗询问缘由，姜公辅就说，这是窦参告诉自己的。原来，这才是这场大戏的核心！这一切都是让德宗认为，是窦参出卖自己，不守臣道，把怨恨归于君王！实际上，真正把这一手段用于打击政敌的人，只有那些熟练运用这一办法的人，而陆贽、姜公辅等人才是经常卖直取名的人，陆贽奏疏洋洋洒洒数千言、数万言，经常把德宗置于道德低谷，而将自己置于道德高地，把德宗说得面红耳赤，这不是卖直又是什么呢？

从整个事件来看，有很多疑点：姜公辅与窦参素昧平生，窦参何以屡屡举荐他呢？反倒是陆贽拜相后，姜公辅才屡屡找他求官，难道窦参真的是不顾党争、不拘一格用人的贤相？陆贽对姜公辅说是自己听窦参说过，窦参曾多次想举荐，德宗都不允,那么,姜公辅对德宗究竟是怎么复述所谓的窦参对自己说过的话的？如果窦参的确曾向德宗推荐过姜公辅，德宗也说过怨恨姜公辅的话，并且，窦参又把这话泄露给了陆贽，那么，窦参也是罪有应得；而如果实际上，根本不存在窦参举荐过姜公辅这件事，而当德宗问姜公辅时，姜公辅回答仅仅说："是窦参告诉我，您对我生气了。"那么，姜公辅辞职就是彻头彻尾的陆贽和姜公辅二人演的双簧。窦参与陆贽早就交恶了，窦参怎会给陆贽说这话？要是窦参真的说了，陆贽还要等姜公辅向德宗说吗？他自己当时就会向德宗打小报告了呀！再者，姜公辅本来一直当个闲职就算了，皇帝也没有找你的事，你何苦锲而不舍地要做出这种骇人听闻之举呢？史书为了回护陆贽，刻意说，当德宗问及姜公辅时，姜公辅不敢说是陆贽告诉自己的，就说是窦参告诉他的，把打小报告的责任都推到了姜公辅的身上，而这件事的始作俑者陆贽撇得一干二净！还有，当姜公辅初次提出出家时，如果整个事态不在陆贽的掌控之下的话，陆贽肯定会非常紧张，因为，一旦德宗刨根问底，自己作为泄露给姜公辅之人，肯定要大祸临头，然而，已身为宰相的他竟然在这一事件中无动于衷，静观事态的发展，根本没有做出阻止姜公辅的举动，难道他早就知道姜公辅不会牵连到自己？

事情最终的发展结果：贞元八年十一月十八日，德宗盛怒之下，将姜公辅贬为泉州（一说吉州）别驾，又派遣宦官赶赴郴州，将窦参痛骂一通。当然，远在贬所的窦参又能说什么呢?

然而，德宗还是没有处死窦参，紧接着，就又发生了一桩湖南观察使李巽告发窦参事件。

史书对李巽的官职变化故意写得很矛盾，给我们造成窦参贬为郴州别驾时，李巽已经担任湖南观察使的假象。《资治通鉴》也称，陆贽推荐李巽时，李巽是前湖南观察使，但仔细考察《李巽传》，李巽受到窦参厌恶，被贬出京师时的职务是左司郎中，贬谪的职务是常州刺史，仅仅一年后，他就被调回朝廷，担任给事中了，然后，“久之”，才当上了湖南观察使。而实际上，在李巽从常州刺史任上回到长安之后不久，就被派到了湖南担任观察使，当上了窦参的顶头上司。这一安排似乎就是想将窦参置于死地，是德宗还是陆贽所为?是有意还是无意为之?这都无法知道了。

四九九 窦参被杀（五）

据史书记载，汴州节度使刘士宁对窦参一直心怀感激，见窦参失势后，也许是出于同情，也许还有别的用意，他送给了窦参五十匹绢。（《李巽传》称数千匹，《窦参传》也称五千匹，显属虚妄。）

贞元九年年初，李巽立即向朝廷告发，并上纲上线称，窦参结交藩镇，图谋不轨；宦官也汇报称，在途中遇到了刘士宁的使者。其实，指认这件事的只有两个人，均出自于窦参的对立面，一个是陆贽一党；另一个是宦官集团。究竟刘士宁送没送这些绢，尚且属于一个谜，值得注意的是：一年以后，刘士宁被部下赶出了汴州，逃回京师后，德宗竟然没有见他一面，而是下令让他待在京师的家中，禁止其出入！德宗之所以下了这道奇怪的命令，是否受到他人的蛊惑？他们是否担心刘士宁对德宗说出些什么？这都已不得而知了。另外，刘士宁怎么可能派出大批人马，浩浩荡荡地从汴州给远在湖南的窦参送去五千匹绢呢？就算刘士宁真的送给了窦参五十匹绢，那又与窦参何干？

不过，德宗身边的人们已经摸清了德宗的内心，在他们的运作之下，这一招再次触动了德宗敏感的神经，令冲动的德宗勃然大怒，冲动之下打算杀掉窦参。陆贽对德宗说："窦参与臣没有什么交情，借事报仇，是人之常情。然而，臣身为宰相，办事理当公正，以窦参所犯，如果处以死刑，恐怕过于严厉了。"德宗想了想就打消了这一主意。但不久，他又派宦官传话，对陆贽等人说："你们所奏，对朝廷大体上虽然不错，可是，此人交结内（指李则之）外（指刘士宁），其心难测，朕仔细思考，此事非常清楚。又，窦参就在地方上，他交通藩镇主帅，社稷事大，你们速速呈上文书，定下处理办法。"陆贽上奏说："臣当面聆听陛下的德音，接受陛下的密旨，均以社稷为重，况且，臣也知道此事已经查清，怎敢不与陛下一起忧愁、愤怒，内心不再犹豫？岂能愿意反复拖延，再生疑虑？只是由于窦参曾经担任宰相大位，对于大臣，晋升贬谪尚且要存礼仪，诛杀之际，岂能无名？刘晏长期执掌赋税，当时就已经招致不满，等到代宗加罪时，实情不明，反叛藩镇尚且以他为口实，众人也都对他心怀同情。用刑罪名不明的话，对于朝廷来说损害不轻，此事距今不远，更该谨慎。窦参执政期间，贪权徇私，收受贿赂，引用亲党，这是朝廷上下共同的看法，也是天下人的共识。至于说他心怀异图，将要犯下滔天大罪，事情并未败露，人们并不知情。臣等刚刚执政，讨论所处刑罚，只听说窦参有这种凶险之心，但还不曾找到确凿的线索。何况对于普通人而言，怎能洞悉事情的来龙去脉？突然将其处以极刑，一定会说他受了冤枉，群情震惊，此事重大。如果不交付法庭审讯，恐怕难以定下罪名，请求陛下用您的聪明智慧稍稍再思量一下。窦参于臣，素来没有情分，陛下对此早就是知道的，臣又有什么舍不得的，要搭救他呢？确实是因为此事事关国体，大义令我不再考虑个人恩怨，希望在朝廷清明之时，不再出现滥用刑罚的情况，君王的圣德不至于受损。”三月，德宗下诏将窦参再次贬谪为驩驩州（今越南荣市）司马；他的儿子窦景伯，流放到泉州；已为尼姑的女儿真如，流放到郴州做女奴；其财物婢妾，没收送回京师。

德宗又下令追究窦参的亲戚朋友。他对陆贽说："窦申、窦荣、李则之首犯、从犯，一起作恶，什么都干得出来，又都是小人物，不同于窦参，对于他们的所有亲戚朋友，一律流放到边疆恶地。"陆贽上奏说："窦参所犯，确实该杀，圣德宽厚，有意保全，特意宽恕，留下余生。陛下对臣子始终如一的恩德，足以令平民百姓深受感动；陛下的仁德带来的恩惠，也不只是令这一人感动荣幸。我们商定所贬的官职，另行列出。窦申、窦荣、李则之等人既然是同案犯，固然不能宽恕，但是，毕竟有主犯从犯之别，主犯该从重，从犯理应从轻。窦参既然已经蒙恩得以保全，窦申等人也该予以减刑。另外，就算是同党之内，也有忠奸之分，稍加区分，也示以奖惩。窦荣虽然与窦参不是近亲，但也很亲密，然而，虽然亲密并无奸邪之事。还听说他激于义愤，屡屡直言，与窦参逐渐产生隔阂，晚年受到疏远。如果单说今天的阴谋，虽然还没有查清，但以往日的情况推测，窦荣不会参与凶险之事，恐怕还需要有所区别，以示公正。臣等商量，窦荣再贬为远地官员，窦申、李则之则除名流放，如此一来，大约可以符合从轻、好生的原则。趋炎附势是世俗常态，如果不是那些高洁之士岂能卓尔不群？窦参长期担任宰相，得到陛下的青睐，君王委任的重臣，谁敢不从？有人经常到他家中拜访，有的拉上中表关系，有的受到接待，有的骤然受到举荐，十之八九的都属于这些人。如果按照舆论的标准，把他们一概认定为窦参的党羽，如果不是他的至亲，岂能统统加以贬谪？况且，窦参罢相以来，已近一年，其党羽近亲当时均已连坐，人心早已安定，不可再次动摇。臣等商量，除了参与窦参阴谋的，其余人等一概不予追究。”德宗同意了。

德宗又打算没收窦参一家的家财。陆贽反对道：“根据法律，反叛作乱的没收家财，贪污的仅没收其赃物，而且要在判刑确定数额之后，才能执行。如今，窦参的罪名还未确定，陛下已经予以了宽恕，如果再没收他的家财，恐怕会因财而亏损了道义。”话虽这么说，窦参一案原本就没有经过审理，其家财还是被送到了京师。并且，据史书记载，德宗身边的宦官们对窦参恨得咬牙切齿，必欲除之而后快，不断在德宗面前说窦参的坏话。就在窦参南下途中，行至邕州的武经镇时，德宗终于下诏将其赐死，终年六十岁。窦参死后，窦申也被德宗下诏用棍棒打死，窦荣免死，窦家的家财、奴仆也都充公了。

窦参之死是德宗朝的一件大事。《李巽传》称：对于窦参的死，“议者冤之”。韩愈编纂的《顺宗实录》也称：“议者多言参死由贽。”从陆贽的一系列奏表上看，陆贽根本不是一个落井下石的小人，而是一个光明磊落的君子，窦参的死完全是德宗受到了宦官集团的蛊惑所致，那为什么舆论却认为窦参是受到冤枉的，而窦参的死又与其有关呢？

一则野史有过一段记载，也许能说明一些问题。《吹剑录》转载《异闻录》的记载称，窦参死后，德宗一天看到一名叫上清的侍女，问她是从哪里入宫的。上清回答：“是前宰相窦参的家奴。”说完，上清遂哭诉窦参冤死的情况。德宗得知来龙去脉之后，再见陆贽，愤怒地对陆贽说：“我看重你，经常称呼你陆九。我脱去你的绿色朝服，让你穿上了紫色朝服。我使唤窦参正趁意，你却让我把人家杀了。你平常时常怨恨自己没有权力，等到你手握大权之后，却又软得像一团泥巴！”该书也称，野史未必可以全信，但仔细推究陆贽后来处置刘士宁一事，后来陆贽死在贬谪之地，或许就是杀害窦参的报应吧。《通鉴考异》则认为这条记载不实。

五〇〇 陆贽拜相

贞元八年四月十一日，德宗在下诏罢免中书侍郎、同平章事窦参的同时，任命尚书左丞赵憬、兵部侍郎陆贽为中书侍郎、同中书门下平章事。此时，朝中有三位宰相：门下侍郎、同中书门下平章事董晋和赵憬、陆贽。

赵憬，字退翁，他是唐高宗时期的宰相赵仁本的曾孙。代宗宝应年间，朝廷修复泰陵（唐玄宗的陵墓）和建陵（唐肃宗的陵墓），花费很大，又遇上吐蕃入侵，天下饥荒，赵憬以平民身份上书代宗，请求一切从俭，深受舆论的赞美，被朝廷任命为江夏县尉，后逐渐晋升为太子舍人。德宗即位后，赵憬被提拔为水部员外郎。湖南观察使李承上表请求以赵憬为副使，李承死后，赵憬就接任了观察使。经李泌推荐，德宗召见了赵憬，赵憬思路清晰，应对敏捷，学贯古今，德宗大为高兴，当即下令拜其为给事中。咸安公主出嫁回纥时，赵憬以御史中丞的身份担任副使，随关播出使回纥。到回纥后，随行的很多人都私下买了马匹，回到中原后专卖牟利，唯独赵憬没有这么做。当时，赵憬尚在回纥，尚书左丞出现了空缺，德宗说："赵憬能胜任此职。"遂任命其为尚书左丞。年终考核，赵憬称自己推举的果州刺史韦证因贪污受到惩处，要求给自己降格，校考使刘滋认为赵憬知错，反而提高了他的考核等级。窦参当政时，曾想将赵憬贬为刺史，但德宗没有答应。《刘宾客嘉话录》记载，赵憬之所以能够爬上宰相高位，主要在于他是姚广（生平不详）的女婿，姚广与独孤问俗（曾是安禄山的部下，安史之乱被平定后被赦免）是好友，因独孤问俗时任湖南观察使，经他的推荐，赵憬才得以担任湖南判官。萧复继任后，赵憬留任；萧复入朝，赵憬担任留后。

陆贽上任以后，就提出令朝廷各部首长举荐各自的下属，在诏书中列出举荐人和被举荐者的名单，以便将来考核之用，决定举荐人和被举荐人的奖惩。五月十四日，德宗下诏执行。但没过多久，就有人对德宗说："各部门推荐的人选大多是自己的亲朋旧交，有些人还收受贿赂，推荐的并非具有真才实学之人。”德宗暗地对陆贽吩咐道：“从今以后再有任命，由你自己决断，别再交给各部门的首长了。”陆贽上奏，称：“我朝规定：五品以上的官员，由皇帝下诏任命，这些人都是经过宰相商议上报后，皇帝认可的人选；六品以下的官员任命，则是由吏部考核后上报皇帝，皇帝只在诏书上签字同意，不再审查他们的能力。开元中，起居郎、拾遗、补阙、御史等官的任命权，尚且在吏部，此后，幸臣把持朝政，舍弃了众人磋商和各部门推举制度，独揽大权，即便是一些品行方正的人，如果没有宰相的同意，也无法得到任用。”又说：“自从陛下颁布诏书后，才举荐了数十人，他们的资历和声望，与同僚相比并不差；论其政绩，也没有失职误事，可是，议论的人不断地说三道四，扰乱陛下的判断。大道难行，由此可知了啊！让那些说三道四的人具体说明有什么不妥，说清到底是哪个人收受了贿赂，哪个人举荐时存了私情，交给有关部门处理，查个水落石出。举荐有误的当然要受到惩处，而那些信口开河、诬陷忠良的人也要接受惩罚。为什么要宽恕那些作奸犯科之人而不加以核实呢？又为什么把应当拿到朝廷之上公开讨论的事情当作隐秘之事，不说出他们的姓名呢？让有罪之人逍遥法外，无辜之人无故受到怀疑，是非不明，人们还能依靠什么呢？另外，宰相不过几个，岂能对全天下之人都非常了解？假如让宰相们确定人选，宰相们就不得不去四处征询了解，这是把朝廷公开的推荐变成了私人的推荐，更会产生徇私舞弊的情形，弊端会更多。如果按照过去的办法任命官员，很少不受到抨击的。虽然各部首长标准不一，甚至有的自己卖个人情，也因私自寻访亲友，受到欺骗，但弊端并不大，陛下对此是清楚的。”又说：“如今的宰相就是昔日朝廷各部的长官，而今日各部的长官就是将来的宰相，只是职位不同而已，并非办事有什么不同。哪有当各部长官时就没有举荐一两个下属的能力，当上宰相之后就突然具备了举荐成百上千官员的能力呢？舆论纷纷，竟然糊涂到这个地步！地位尊贵的人负责全面，地位低下的人负责具体，所以，君王挑选宰相，宰相挑选主管，主管选择佐官，在选人用人方面，再没有比这种办法更好的了。寻访人才贵在范围广，考核政绩贵在精。过去，武曌为了收揽人心，在选人用人方面打破常规，不但平民百姓可以举荐，甚至本人也可以自荐，然而，在考核他们的政绩时又非常严格，晋升和贬谪非常之快，当时的人们都称赞武曌有知人之明，后世也有赖于那些人才作出的贡献。武曌的用人办法虽然过于简易，却能够得到真正的人才，而陛下选人用人之法过于谨慎、精细，却会失去人才。”尽管陆贽说得头头是道，但德宗还是取消了五月十四日的诏书。

贞元八年夏天，黄河南北、江淮地区、荆襄地区以及陈州、许州等四十余州发生水灾，淹死了两万余人。陆贽请求德宗派使者赶赴各地赈灾。德宗说：“朕听说损失很小，如果朝廷马上就派人去赈济，恐怕会受到奸人的欺骗。”陆贽上书认为：“官场的恶习就是欺上瞒下，报喜不报忧。喜欢揣摩着上级的心思，上级喜欢听的，就夸大其词，上级不喜欢听的，就大事化小，小事化无。上级无法了解实际情况，才应对失宜，其根源就在于此。”德宗答应派遣使者，却说：“淮西镇不给朝廷进贡，就不必给他们派去使者了。”陆贽又上书认为：“陛下能够忍辱负重，下令停止讨伐淮西，赦免了他们的头领，对于普通百姓来说则更应加以存恤。昔日，秦国和晋国为敌，秦穆公尚且赈济晋国的灾民，陛下镇抚万邦，所依靠的唯有德行和大义，宁愿别人辜负我，不要我辜负了别人。”八月，德宗同意派遣中书舍人奚陟等人赶赴受灾各道进行赈济。

陆贽还上书，认为边境上物资储备不足，根源在于管理不当，措施错误之故，他说：“所谓管理不当，是指士兵们不隶属于守边将领，而边将又不受到元帅的指挥，即使是一座城池的守将，一支军队，陛下也会派去宦官监军，全由陛下直接发布命令指挥。各镇防区绵延上千里，互不统属；边境十万边防军，没有一个主帅。每当敌人入侵，才由朝廷颁布命令，等到援军赶到，敌人早已掳掠撤去。吐蕃与我们相比，众寡不敌，战力也不强，然而，现在的情况是，他们进攻有余，而我们却防御不足，其根本原因就在于敌人的号令掌握在边将之手，而我们的指挥权却控制在中央，敌人的军队合二为一而我们的却分散各处。所谓的措施错误，是指陛下不久前曾下令进行军垦和朝廷收购办法，规定由朝廷加倍收购军垦收获的粮食，目的就是奖励军垦。这一命令实施之初，很受军民的欢迎，然而具体办事部门竞相克扣，一味地盘剥屯田士兵，丰收时不及时收购，歉收时又压价强买，致使贪官污吏和豪强地主反而得利，以低价购入，囤积居奇，等朝廷亟须时高价卖出。还有那些权贵之家、皇亲之家以及四处游荡之人，在边地用低价收购粮食，再转运回京城牟取暴利，甚至有时候还不支付全款，以细葛布充数。这些布帛到寒冬到来之时既不能制成衣服御寒，又无处卖掉。上位的人既然无信于下，那么在下位的人就假装服从，结果就造成了朝廷度支部门收购的财物物价很高，而边地的粮价也越来越贵。度支部门以卖掉滞销货为业绩，边城守将再加价获取利润。朝廷虽然设立了巡察院，却徒具虚名，甚至有人伪造账簿，谎报存粮，光看账簿数字粮食可达亿万，如果一一落实则不足百分之十。”又说：“过去，因关中用粮很多，每年朝廷从东南运来谷米，以致俗话称：‘一斗米运费要一斗钱’。那些听惯了这种话而不知变通的人总会说：‘这关乎国家大事，要不计损耗，虽然明知百姓转运之劳，却不可废弃。’那些习惯了眼前的利益而不提防将来灾患的人，也会说：‘每到秋收之时，只需在京师近郊组织高价收购即可，这种办法既简单，收效又很大，还可以鼓励农耕。’臣认为这两种论调都有偏颇之处，要让国库充裕，就必须根据实际情况，权衡轻重：粮食不足、钱财有余时，就要暂缓积攒钱财，囤积粮食；粮食充裕而钱财不足时，要转而积攒钱财，暂缓囤积粮食。近年以来，关中地区连年丰收，公私囤积的粮食足以支撑数年，而如今江淮地区却遭受水灾，米价贵了一倍多，很多百姓流离失所。关中地区粮价低贱，挫伤农民的生产积极性，就该加价收购粮食，可是朝廷没有多余的钱财，而江淮地区粮价很高，百姓困顿，应该低价卖出粮食赈济灾民，可是那里没有多余的粮食，在这种情况下，还要继续从缺粮的江淮地区向粮食多余的关中运粮，这就是那些听惯了不知变通的人所做的事。如今江淮地区每斗米价一百五十钱，运到东渭桥，光是运费就大约两百钱，米粗又陈，在京师买不上好价钱。根据市场管理部门的估算，这种米每斗才能卖三十七钱，朝廷浪费了十钱才能收回一钱（三百五十钱，收回三十七钱），让江淮百姓饥饿，令京师百姓挫伤种田积极性，朝廷这一措施可谓是最大的失误啊！昔日，从江淮地区、两湖地区和浙江地区运到京师的米有一百一十万斛，到河阴留下四十万斛，贮存在河阴粮仓，到陕州又留下三十万斛，存在太原粮仓，剩下的四十万斛存在东渭桥。如今，河阴粮仓和太原粮仓还有三百二十余万斛现成的粮食，京兆各县每斗米不过七十钱，请求陛下下令明年江淮地区只用向河阴运送三十万斛，河阴、陕州依次运至东渭桥，停运八十万斛，令转运使以每斗八十钱的价格卖给受灾地区赈济灾民，算下来可以得到六十四万缗钱，加上原来应支出的运费六十九万缗，共计可以收获一百三十三万缗钱。再令户部先把二十万缗钱给京兆尹，令他们收购粮食补充东渭桥粮仓该年的粮食缺口，收购价格定在每斗一百钱，以保护农民。再将其中的一百零二万六千缗送给边镇，令他们收购十万人一年的粮食，剩下十万零四千缗作为预备金，以备来年收购卖出粮食之用。江淮出售稻米换来的金钱以及省下的运费都交给转运使购买丝绸、布帛，运至京师，以偿还先前借贷户部的金钱。”九月，德宗下诏西北边镇以高价收购粮食，充实仓库，边境地区的防备就逐渐完善起来了。

五〇一　世事纷纭

贞元八年（公元 792 年），发生了山南东道节度使曹王李皋、宣武节度使刘玄佐、户部尚书判度支班宏相继去世，窦参罢相，陆贽、赵憬拜相等大事，到该年五月十九日，平卢节度使李纳也去世了，军中拥立其子李师古知留后。

从建中二年（公元 781 年），李纳之父李正己去世，李纳接任平卢节度使，迄今已十一年。当初，李纳上书请求接任其父职务，遭到德宗拒绝，由此，他参与到了河朔藩镇的叛乱当中，但其手下不少将领诸如其叔父李洧以徐州、李士真以德州、李长卿以棣州等归顺了朝廷。李纳因徐州地位重要，发兵要夺回，朝廷方面派遣宣武节度使刘洽等将救援，结果在徐州城下大破李纳军，后又将李纳包围于濮州城下。李纳走投无路欲投降，却遭到中使宋凤朝拒绝，李纳遂率部突围逃到了郓州。此后平叛战争发生逆转，李纳又与朱滔等人一起称王，直到兴元元年（公元 784 年），德宗下罪己诏之后，才又归顺了朝廷，被德宗正式任命为检校工部尚书、平卢军节度、淄青等州观察使，不久又晋升为检校右仆射、同中书门下平章事。当时，李希烈包围陈州，李纳发兵与各路唐军一起救援，在陈州城下大破李希烈部。此后，李纳维持着割据状态，与朝廷之间相安无事，直至去世，享年三十四岁。

李纳的儿子李师古时任青州刺史，他被军中推举为留后后，朝廷因而授予其接替其父，担任平卢节度使。当初，李纳因棣州的蛤蟆（今山东省惠民县）产盐，就在那里修筑城池，控制了该地，又在德州以南的三汊城（今山东省陵县东南）驻兵，以保护与魏博镇之间的通道。棣州的盐池和蛤蟆城每年能出产数十万斛食盐，建中之乱中，李纳的棣州刺史李长卿曾率部投靠了朱滔，但蛤蟆城仍被李纳所控制，此后，王武俊因击破朱滔之功，朝廷将德州和棣州划给了他，但李纳仍然占据着蛤蟆城。同时，李纳的平卢军常常以三汊城为基地，侵扰王武俊的德州，因此，等李师古继位之后，成德的王武俊见李师古年少，没把他放在眼里，遂于贞元八年（公元792年）十一月出兵德州和棣州，对外声称将要夺取蛤蟃城和三汊城，实际上是打算吞并平卢军。李师古命令棣州降将赵镐率部抵御，王武俊命令其子王士清率军先渡河，可王士清营中突然失火，发生惊乱，这让王武俊心生犹疑，暂时下令停止前进。德宗得知成德军和平卢军行将打起仗来，赶忙派遣使者赶赴两军调停，李师古遵命毁掉了三汊城，王武俊也就此撤军了。李师古继任平卢节度使后，虽然表面上遵从朝命，但暗地里一直想扩大自己的地盘，召来各地的亡命之徒，那些得罪朝廷的人往往逃到他那里，他都予以重用；他派往外地或朝廷的人，都把这些人的妻子儿女扣作人质，有些人想归顺朝廷，事情一旦败露，李师古总会大开杀戒，将其家灭门。因此，在李师古的高压政策下，其部下也不敢心生异志。

在成德镇的王武俊与淄青镇李师古发生龃龉的同时，遥远的幽州镇内部也出现了矛盾。贞元元年（公元785年）刘怦去世时，长子刘济还在莫州，其弟刘澭（一说为异母弟）在父亲身边，当即以父亲之命把刘济召回身边，刘济也因之得以被授予节度使。刘澭喜爱读书，能文能武，轻财爱士，深得部下之心，过去就曾多次向朱滔讲述归顺朝廷的道理。刘济对刘澭非常感激，以其为瀛州刺史，并答应将来以他接替自己，但等刘济坐稳了节度使这把交椅后，就忘了昔日的承诺，把自己的儿子任命为副大使，等于剥夺了刘澭继任的可能，这让刘澭非常恼火。刘澭瞒着刘济，越级给朝廷上书，请求派遣一千人马来到京城防秋，刘济得知后勃然大怒，发兵进攻瀛州，将刘澭击败。到贞元十年（公元794年），在刘济的军事压力下，刘澭不得不放弃瀛洲，率领本部一千五百人、男女万余人直奔京师，途中，他们军纪严明，没有一人违反军令，胆敢劫掠百姓鸡犬。德宗对他非常赞赏，特意授予他为秦州刺史、陇右经略军使，以普润县（今陕西省麟游县西北）为治所。刘澭后来成为朝廷忠臣，他爱兵如子，军中不击木梆，不奏音乐；士兵患病，他必定亲自探视；士兵去世，也一定去哭吊。史称："其军蕃戎畏之，不敢为寇，常有复河湟之志，议者壮之。"

贞元八年，吐蕃人也没消停。继年初韦皋消灭了暗中投靠吐蕃的勿邓部落酋长苴梦冲之后，唐朝与南诏之间又恢复了联络。作为报复，吐蕃于同年四月二十八日，又进攻唐朝的灵武，攻克水口支渠，破坏唐军屯垦的农田。德宗下诏命令河东、振武镇的军队救援，又派遣神策六军两千人进驻定远（今宁夏回族自治区平罗县）和怀远（今宁夏回族自治区银川市）城，吐蕃人这才撤去。六月，吐蕃人一千多骑兵再次入侵，骚扰泾州，掳掠一千多名屯田士兵后撤离不及，韦皋在西南方向发起攻势，生擒其大将论赞热。此时，吐蕃与云南之间的关系进一步恶化，每次云南军队进驻边境，吐蕃人也会发兵，声称是相互协同，但实际上是防备南诏军。在这种情况下，韦皋再次给云南王异牟寻写信，建议两家一起偷袭吐蕃人，将他们赶出云岭（今云南省西北）之外，彻底铲平吐蕃人建造的防御堡垒，只在两国的边境上修筑一座大城，进驻军队，保持和平，永为一家。十月十九日，山南西道节度使严震上奏称在芳州（今甘肃省迭部县东南）和黑水堡（今甘肃省舟曲县西南）击败了吐蕃人。

本年度，岭南节度使李复（接替杜佑，由容管观察使升任）上奏称："近来，海外各国赶来贸易的商船，大多前去安南进行贸易，我打算派遣判官到安南那里征收交易税，请求陛下派遣中使一人一起前往。"德宗打算同意。陆贽上奏反对，称："远来商贩追求的是利益最大化。管理宽松，他们就会前来；盘剥严苛，他们就会离去。广州原本是各国船舶集中停靠之地，今天忽然移往安南，这说明，如果不是官府盘剥过度，就是朝廷保护不力，令他们投告无门。当地官员不仅没有内省自己的过错，反而上奏令陛下分心。况且，安南和岭南都是我大唐的领土，中使和外使也都是陛下的臣子，岂能相信岭南而怀疑安南、重视中使而轻看外使呢？他们的请求希望陛下不予批准。"至于德宗最终是否采纳了陆贽的建议，史无明文。不过，很快，朝廷就将李复调回，改任华州刺史，而将窦参一党的薛珏贬为岭南节度使了。

这一年还发生了一件虽然很小但影响深远的事。左神策军大将军柏良器原本是魏州人，其父柏造在安史之乱中为安禄山所杀，柏良器遂立志复仇，学习剑术，后被人推荐给李光弼，因战功被晋升为左武卫中郎将。后来，他又参加了镇压袁晁、方清起义，又率部击败过淮宁节度使李希烈，因功封为平原王，被图画于凌烟阁之上。作为饱经战阵的大将，柏良器见禁卫军人员素质参差不齐，打算整顿禁卫军，提高禁卫军的战斗力，就招募了一些才勇之士，淘汰那些靠贿赂挂名军籍而实际上却在外面做生意的人。这一举措断了监军窦文场的财源，令其大为恼火，正巧，柏良器妻子的一位家人因酒醉，就在宫中的值班室内住了一晚，窦文场抓住机会参了柏良器一本。十二月，德宗下令将柏良器贬为右领军（一说为左领军卫大将军。此时，卫军的地位已经衰落）。从此以后，宦官集团才真正完全掌握了禁卫军。

五〇二 进尽忠言（一）

陆贽拜相后，大唐帝国面临的仍然是老问题：吐蕃问题、南诏问题、藩镇问题、财赋问题以及人事等。

针对吐蕃问题，陆贽上奏认为唐朝在边境防御方面存在六个方面的大问题，主要是：措施不当；奖惩不明；兵多钱少；将多力分；不公生怨；遥制失机。他说道：“关东的士兵，水土不服，身处边地，内心愁苦，害怕敌人。朝廷对待他们像爱子一样优厚，对他们纵容如同娇贵的女婿一般，可是，他们不愿待在边地，屈指计算着回家的日期，每天只是张着嘴巴，等待人喂饭。有人甚至希望我军失败，他们可以趁机逃回关东老家；有人放弃驻地，动摇远近军民之心。非但没有好处，而且对朝廷是非常有害的。还有那些个因犯罪而被流放充军的，本来就是恶徒，再加上思乡之情，喜乱乐祸，比防秋兵们更甚。这些就是措施不当之处。

“自从权力下移之后，朝廷失去了昔日的权威，将帅们的号令很少在军中得到彻底的贯彻执行，朝廷的法律制度也难以在将帅们身上得到尊重，各方之间彼此姑息，迁就度日而已。想要赏赐一位有功人员，反倒要考虑无功之人的感受，害怕他们会因此而反叛；打算惩处一名有罪之人，还得担心他的同党心怀不安，于是，下级犯法，上级替其隐瞒；下级立功，上级又不愿赏赐，姑息风行，一至于此！那些舍生忘死、为国尽忠的人，会令同辈们耻笑；那些身先士卒、奋勇当先的人，会招致士兵们的怨恨；那些丢失防地的战败将领，不会感到羞愧、害怕；那些迟延救援、失去战机的人反而自以为高明！这正是忠义之士深感痛心、勇敢之人灰心丧气的原因啊！这就是我说的赏罚不明。

“敌人每次进攻，边将们总是相互推诿，不敢主动出击，只是夸大敌情，上报朝廷，称自己兵少不敌，而朝廷也未能明察，一味地调兵遣将，增兵备边，其实这毫无用处，反而徒增军费，导致百姓日益凋敝，朝廷征调日益繁重，把百姓倾家荡产的财物，再加上盐酒专卖得来的收入，全部用于边防。这就是我所说的国家的财产因兵多而匮乏的表现。

“吐蕃一国之兵加起来才不足中国十几个郡的数量，而敌人进攻起来，中国却害怕他们人多而不敢正面抵抗；他们停下来，中国却畏惧他们强盛而不敢主动采取行动，这又是为什么呢？其根本原因就在于中国军队指挥不统一，而吐蕃军队指挥统一啊。指挥统一，则人心划一；号令一致，进退齐整；快慢自如，不会失去战机；士气自然高涨，他们也因之而以少变多、以弱变强。开元、天宝年间，朝廷控制着西北的吐蕃和回纥，只设置了朔方、河西、陇右三个节度使，中兴以来，无暇对外作战，抵御这两个方向的也只有朔方、泾原、陇右和河东四个节度使而已。自从将朔方镇分割以来，将朔方镇分割为三个节度使，其余的镇军多达四十几个，这些将领均直接秉承陛下的指挥，各军均由朝廷派出宫中贵人监军，相互之间地位平等，互不统属。每当边境告急时，才令他们商议用兵，既然没有法定职权，相互之间也只是客客气气。军事行动，全靠气和势：气势聚拢，士气就高涨；气势涣散，士气就低落；兵力集中，就强大；兵力分散，就衰弱。如今的边防可谓是兵力衰弱，士气也低落，这就是我所说的将帅太多、力量分散的表现。

“治军的关键就在于根据各自的劳绩作为确定待遇优劣的标准，令有才能的人有所期盼，没能力的人放弃侥幸，待遇虽然有高有低，也无人心怀不满。如今，在遥远的边地，那些长期驻守的将士都是百战之后侥幸存活下来的，终年辛勤劳苦，然而朝廷发给他们的衣食，只够养活他们自己，而他们还得养活他们的妻子。因此，经常面带冻饿之色，而那些关东来的防秋兵，不敢迎敌，又害怕吃苦，朝廷送给他们的衣物却比常驻军多出数倍。还有那些原本是边防军的，将帅钻营拍马，谎称愿意隶属于禁卫军，只是更改一下番号，还驻扎在原地，而领到的军饷是原来的三倍。承担的任务并未改变，而得到的给养却有天壤之别，如果人们还有记性，谁能不心怀愤怒！这就是我所说的因不公而生怨的情形。

“凡是挑选将帅，一定要先考察其品行和才能：合格的就派遣；不合格的就斥退；可疑的不用；任用的不怀疑，所以，大将在军中，皇帝的命令也可以不听从。近期以来，边防军的调防、边将的任免全由陛下一人决定，陛下挑选武将，首选那些容易控制的，再分割其直接掌握的兵力，削弱其兵权，令其心生胆怯，即便陛下发出完全违背军情的错误命令，他们也是战战兢兢，俯首帖耳，听从命令。敌寇行动快如闪电，谍报送到朝廷，要等十天半月，前方将士才能接到陛下的命令；负责守边的将领因军队人少而不敢迎敌，各镇驻军将领因没有接到陛下的诏书而不肯出兵，他们所做的就是等敌人大肆劫掠一番、满载而归之后，才向陛下告捷。如果失利了，就把损失减去百分之九十九，只上报百分之一；如果战胜了，就把战绩扩大成百上千倍；将帅们暗自庆幸，指挥权在于朝廷，不会担心自己受到追究，而陛下也自以为大权在握，不再深究其中的原委。这就是臣所谓的战机因陛下遥控而丧失的情形。

"综上所述，臣认为：应该取消各道防秋体制，令各道只需向朝廷供应衣服粮食即可，朝廷则招募志愿军以及少数民族子弟，把这些衣服粮食给他们；另外，朝廷要大力鼓励屯田，朝廷予以收购，敌人入侵时，这些驻屯军就会人自为战，平时则在家种地，这与忽来忽往的防秋制度岂可同日而语！再者，还需要挑选文武能臣担任朔方、陇右、河东三个地区的元帅，分别统领边境各道的节度使，对于那些无关紧要的军镇，该合并的合并，该取消的取消。最后，取消各种巧立名目的开支，增加朝廷收入；确定各军的粮饷等级，增进士兵们团结；公开选用标准，令他们为国尽力；明确赏罚制度，考核他们的绩效，如此一来，敌人就会害怕，边境也就安定了。"德宗虽然没有全部采纳，但对陆贽的建议还是非常看重的。

德宗性格好猜忌，不信任臣下，不论大官小官，全是亲自挑选任用，宰相们推举的人选，德宗很少采纳；文武百官一旦因小错受到德宗的责备，往往终生不再任用；德宗还喜欢那些能言善辩的人，常被一些口才好的人迷惑，无视那些性情敦厚诚实的人。由于德宗把持着选人用人之权，而有机会接触德宗的人非常少，被挑剔的德宗赏识的人更是少之又少，这就导致了贞元中后期官员升迁很慢，很多有才能的人被压制埋没。对此，陆贽上书劝谏，他在奏表中写道："晋升是为了奖励功劳，贬谪是要惩罚罪过，二者交互使用，循环不息。提拔之后犯了错，就予以惩处；惩处之后改了错，可以再予以提拔，这样一来，既彰显了法律，又不浪费人才。如此，即便犯了一点小错也一定予以惩处，也不会因之而出现人才匮乏，更能够令贬谪之人努力工作，希望能够再度受到重用，也能让受到提拔的人兢兢业业，洁身自好，认真替朝廷办事，君王不再生疑，下属也不再埋怨……聪明的君王不会因为一个人的言辞而任用此人，也不会根据自己的喜好而挑选人才，如果仅仅根据个人好恶选人用人，只听其言而不察其行，晋升、贬斥就是一种爱憎的心理反应，亲近、疏远全看是否迎合自己，这是一种丢掉墨绳全凭个人心理来断定区直、不用天平用手掂量轻重的做法，就算很精确，也不能不出现错误。”又说：“中等以上才能的人各有长处，假设能够因人授官，他们就能发挥各自的才能，集合众人之力取得成功，这与挑选一个全才得到的结果又有什么不同？这全在于君王明察秋毫，又宽宏大量，能够领导有方啊！因一个人一句话让您满意，而不深入考察此人的真实才能，因一件事顶撞了陛下而不探究此人到底是忠是奸，那些令陛下满意的人，陛下往往破格提拔，而不考虑他是否能胜任；那些冒犯了陛下的人往往惩罚过重，而不宽恕他有确实办不到的客观情况，如此，官员们任职期间在陛下眼里往往没有成绩，君臣之间的关系也从不稳定。”但德宗看后，置若罔闻。

五〇三 进尽忠言（二）

针对朝廷日益严峻的财政状况，陆贽的建议还涉及财政政策。

在这方面，大致涉及六个方面的内容。第一是论述两税法的弊端，主要内容是：“传统的赋税办法，分为租庸调。壮年男丁由朝廷分配一百亩土地，每年交给朝廷两石粟米，这是地租；每户根据土地上种植的作物，分别交给朝廷或绢或丝等丝织品共两丈、棉花三两；不养蚕的地方改为上缴两丈五尺布、三斤麻，这称作调；每位成年壮丁每年还要向朝廷服劳役，但可以出绢代替，由朝廷再雇人，按每天三尺绢的标准，这称为庸。当时，天下一统，法制统一，就算想要迁徙，也无隙可乘，所以，人心稳定而事情都中规中矩。等到安史之乱之后，天下大乱，百姓流离失所，赋税制度也遭到破坏。建中初年，重建制度，宰相知道应该改革弊端，采取的措施却失去了旧制的本意；明白简明扼要的重要，可改革后的办法不得要领。凡是想要革除弊端，就必须先查明其产生的根源。若是时代造成的弊端，只需顺应时代的发展；若是法律本身的问题，就该全面废除原有的法律，这样就会处理得当，不会后悔。兵兴以来，朝廷增加了大量税赋，这是时代需要，而不是法律本身的问题，然而，突然改变租庸调法，派遣使者分赴各地，进行搜刮，翻查账簿，根据每州在大历年间收税最多一年所收的赋税作为该州两税法的定额。财赋出自人力，所以，先王制定的赋税制度是以壮年男丁为基础的：不因种植多而增加他应交的税赋，也不因其减种而减少其地租，如此一来，就鼓励了农业生产；不因其家富裕而增收赋税，也不因其迁徙流亡而免除其税负，这样百姓就会安居一地；不因其干活卖力而加重他的劳役，也不因其懒惰而减少其应缴的税金，百姓服劳役就勤勉。所以，人们安居乐业，各尽其力。执行两税法以来，只看一家人的财产，而不把一家人的壮丁人数作为基础。难道制定这一制度的人就没有看到：贵重财产可以藏在衣袖、箱子之中，就算价值连城，外人也无从发现；粮食堆积于仓库之内，虽然不值多少钱，但人人觉得这家非常富有。财货流通，数量虽少，却能每天计息；田产日用品，虽然加高却终年不会生息。类似情况，不胜枚举，却一概估价折算成钱，显失公平又助长诈伪之风，在所难免。也造成了人们都追求那些体积小、价值高的财物，并且，靠不断迁徙，逃避徭役，而那些敦厚本分、辛苦耕田的人却被沉重的赋税压得喘不过气来。这其实是在引诱百姓对上欺诈，驱赶百姓来逃避徭役，国家征召来服役的人越来越少，收入也越来越不足。再加上制定制度之初，没有考虑到公平原则，供应有繁有简，各地地方官员能力不一，各地赋税种类各异，派往各地的使者意见也不相同，一旦确定了数额，以后就有增无减。另外，大历年间供应军需、内廷的数额，已经算入两税之中了，如今在两税税额之外，又增加这两类，希望稍稍削减税额，以救百姓。”

第二，陆贽建议两税法改收布帛实物，不再折算成现金。具体内容是：“国家的赋税一定要根据人力的大小、土地适宜种植的作物进行征收，征收的品种不外乎棉布、麻布、缯（丝绸）、纩（丝绵）以及各类谷物。先王恐怕各地物价不同，人们交易困难，才制定了钱币法，以调控物价。掌握钱币的大权在于朝廷，绸缎等物品由民间生产，而货币则由官府掌握发行。因此，我朝命令田租征收的是谷物，庸征收的是绢，调征收的是缯、纩、布，岂有禁止民间铸钱而又要民间以钱币来交税的？如今的两税法则与过去完全不同，只评估一下各家的财产，定下等级，就定下钱谷的数额，临时再折合成杂物，每年折合成的物品各不相同，官府只管计算方便，而不考虑百姓购买是否困难。很多时候是：征收的物品不是农户生产的，农户生产的又不是官府征收的，百姓只好加价去买来自家没有的东西，降价卖掉自家生产的东西，这一增一减，就会吃很大的亏。希望陛下下令核算一下实施两税法之初各州所收的绢布总数，估算出当时的价格，再与时价相比，酌定一个合理的钱数，再折合一个应征布帛的数字。”又说：“土地产出的财物是有限的，适当耕种，节约使用，就会经常富足。取用无度，就会时常不足。农作物的产出常常在于上天，而使用财物则在人，因此，贤明的君王立下规矩，量入为出，虽然遭遇天灾，百姓仍然不致穷困潦倒。社会混乱以后，做法与此相反，往往是量出为入，不管人民的死活。夏桀把全天下的财物都搜刮到自己手里，仍然感到用度不足，商汤只拥有七十里的采邑，国用却绰绰有余，这就在于是否节约啊。”

第三，陆贽还建议将辖区户口增加、赋税增收、荒地增辟作为考核地方官吏政绩的重要指标。他说："地方官员很少能以忠恕之心，推己及人，尽忠为国，往往喜欢用一些小恩小惠，引诱一些无知小民来到自己辖区，把争夺邻境的人户当成自己的能耐，把招徕逃亡罪犯、地痞无赖当成自己教化的政绩。新迁来的人户往往免除税赋，搬来搬去的流民也一直受到各种优待，唯独那些老实本分、安土重迁的良民，加到他们头上的税负和差役却越来越沉重。这其实是让这些良民来代替那些奸民在交税，又与鼓动百姓迁徙、教唆他们欺诈有什么两样？这都是各地地方官员不通大道、只把眼光盯在自己辖区之故。"又说："制定法令，规范社会，执行时间久了，就会产生弊端。治理国家的人如果不知道因时制宜，就会出现诈伪，越是阻止越会恶化。希望下令有关部门制定详细的考核方案，对于各地地方官来说，如果辖区人数增加，按照原来核定的税率所收税额超过原定税额，在所收赋税总额不变的前提下，可以允许他们根据户口总数降低税率，并根据降低税率的幅度确定地方官员们的政绩；辖区所收税额总数通算下来，如果可以令每家每户降低十分之三的，核定该地方官政绩为上等，降低十分之二的为次等，降低十分之一的为三等。如果辖区的百姓流亡到外地，为保证税收总额不变，势必提高辖区现存百姓的税率，如果增加税率，对地方官员们的处罚也比照上述规定办理。"

第四，是收税期限问题。陆贽在上书中称："建立国家，设立官员，是为了养育百姓；征收赋税，是为了建好国家。圣明的君主不会为了建好国家而侵害百姓，所以，一定要先让百姓安居乐业，然后才使用他们闲暇之力，先令他们家给人足，然后才征收他们剩余的钱财……百姓刚刚忙着养蚕，朝廷就已经征收了丝绸税；农民们还在地里忙碌，官府就已经开始忙着收地租了。上级督察越是严厉，下级就越是残暴，家里有粮食的百姓忙着变卖粮食，换取现钱交税，不得不半价销售；家里无粮的百姓只得向人借贷交税，不得不负担成倍的利息。希望详细制定征收的期限。"

第五，陆贽还请求把新征收的茶钱，设置义仓，以备灾荒时赈济灾民。他说道："古书上对于国家的粮食储备有九年、六年之说，这些存粮救济的对象涵盖全国各阶层百姓，不只是各级官吏，还包括普通百姓。近来，有关部门上奏称征收的茶税，每年大约可达五十万贯钱，原来陛下的命令是存在户部，用来赈济饥荒中的百姓。如今改为设置义仓，储存粮食，也正符合陛下原来的旨意。"

第六，陆贽还指出，当今社会存在的问题是土地兼并，私人赋税远远高于国家的赋税。他说道："如今，京畿之内，百姓每耕种一亩地，要向官府缴纳五升地租，可是，贫民耕种地主的土地，地主所收的地租高达每亩一石，是国家赋税的二十倍。一般情况来说，私人地租也会收到半石（五斗）。全国的土地都是属于君王的，土地是农民耕种的，可是那些兼并土地之人坐收利润，牟取暴利。"又说："希望朝廷规定天下之人每人所占有的土地限额，并降低私人收租的租价，务必给穷苦百姓带来实实在在的好处。法律贵在执行，谨防过于严厉，制度宽厚是为了给百姓带来便利，严格执行是为了惩处违法者。稍微减少一点富人的利益，稍稍给穷人带来点好处；稍稍减少一点富人们的利益，并不会给他们带来多少损害，而稍稍给穷人们一点好处，却能让他们免受饥寒之苦，这是古人稳定富人、体恤穷人的好办法，不可丢弃啊！"

五〇四 迷惑君心

陆贽的话，德宗是否听从了，史无明文，显然，很多话德宗也只是看看而已，并未采纳。

这是因为，陆贽政论文写得很好，擅长长篇大论，往往是洋洋洒洒数千上万言，说得头头是道，振振有词，但仔细阅读他的文章，很多观点了无新意，也提不出切实可行的建议，给人以支离破碎的感觉。就拿他提出的关于赋税的问题来说，一方面，陆贽看似反对两税法；另一方面，又拿不出充分的理由说服德宗全面恢复租庸调制。这是因为，当时的社会现实是帝国直接控制区域大幅缩小、土地兼并不可逆转、流民问题严重等，已使得朝廷失去了恢复租庸调制的条件，所以，陆贽提出的建议都是一些诸如征税期限、重新核定税率等枝节问题，根本解决不了帝国面临的根本问题，也谈不上彻底的改革措施。

陆贽在奏表中提到的征收茶叶税，始于贞元九年（公元 793 年）一月二十四日。盐铁使张滂上奏称：“去年关东遭遇大水灾，灾区减税，朝廷供应不足，请求征收茶叶税以弥补财政缺口。从明年开始，所征收的茶税钱，令各地专门存贮，再遇到水旱灾害时，以取代百姓应缴的田租。”德宗采纳了张滂的建议，规定凡是生产茶叶的州县以及茶山通往外界的交通要道上，都设置征收点，根据茶叶产量征收十分之一的税。此后，朝廷每年可以从中征收四十万缗钱，但这笔钱作为朝廷的正常收入，并未用于水旱灾害时替代百姓的田租。张滂又上奏称：“奸诈之人熔化铜钱，铸造铜器，以赚取差价。建议彻底查禁铜器。铜矿可以由民间开采，但统一由朝廷收购，不得私下买卖。”

如今，在德宗的身上再也看不到继位之初那个“明君”的影子了：他变得不再相信宰相、不敢相信武将，也更加猜忌了；他变得不敢触动一点河朔藩镇利益，不仅如此，就连河朔藩镇之间发生矛盾和争斗，他也是充当一名和事佬的角色，积极地派员调停，只想太平度日了；他也变得更加贪财了。在这种心态下，陆贽提出的烦琐的以降低税率考核官员政绩等措施，想必德宗肯定会觉得是迂腐之论，根本不会采纳，相反，掌管财政大权的户部侍郎裴延龄却投其所好，逐渐取得了德宗的信任和宠爱。

作为把宰相窦参拉下台的人，裴延龄也是在德宗不顾宰相陆贽的强烈反对、好不容易才当上这个官的，所以，他上任之后，就千方百计地想要干出政绩，以赢得德宗的青睐。裴延龄原本对财政事务并不熟悉，为了让熟悉财政事务的户部具体办事人员出谋划策，他想了很多办法，让这些人给自己出主意，经过一番研究，他们搞出了一套将原有库房分成若干库房的办法，移花接木，让德宗觉得钱物似乎比以往增加了。裴延龄上奏称："天下每年出入钱物，一般都在六七千万贯，只设置一个仓库，经常出现差错，请求在左藏库中分别设置欠库、负库、耗库、剩库等以及季库、月库，储存各种钱物。"贞元九年（公元 793 年）七月二十七日，裴延龄上奏称："自从我负责度支以来，查出各州欠交赋税八百万缗，收缴欠交交易税三百万缗，欠交贡品三十余万缗，请求另行设置欠库、负库、耗库、剩库存放，丝绸则存放在月库中，逐月结算。"其实，各州所欠赋税，都是贫民拖欠无法上缴的，虽然各种库房名目繁多，但钱物的总额并未增加，只是一个数字罢了，交易税由各州征收，随收随用，根本没有上缴朝廷，至于贡品、丝绸原本就是左藏中的财物，裴延龄如此巧立名目，只不过增加了人手、浪费纸张文书而已，却骗过了德宗。当年，裴延龄还上奏请求命令京兆尹用两税收上来的青苗钱购买一百万围青草送入皇家园林之中。陆贽、赵憬商量后认为："如果要购买一百万围青草，京兆一府的百姓要从冬天一直忙活到夏天，既妨碍农业生产，又耽误其他劳役。请求改令各县根据情况购买两三万围，各自储存在本地，以后需要时再征用。"长安以西有数亩湿地长着芦苇，裴延龄上奏称："冬季到来以后，皇家马匹自然应该在苑中饲养，夏天后可以放牧。臣近日寻访到长安、咸阳两县交界地带有数百顷湿地，请求征收为皇家牧马之地，这里距离长安仅仅数十里，与皇家园林没什么两样。"德宗一开始信以为真，就问宰相们，宰相们却说："恐怕不会有这种地方。"德宗遂派人前去查看，果然裴延龄所说不实，这让裴延龄又羞又怒。左补阙权德舆上奏弹劾裴延龄，认为："裴延龄把正常税赋没有用完的当成自己查出的盈余，作为自己的功劳。朝廷原来购买的物品，再评估其价值，另行储存。边防军从今年春天以来就没有再支取粮食，怎有盈余的粮饷？陛下如果真的认为裴延龄是个忠臣，全是大家诬陷他，何不派人查验，查个水落石出，该赏的赏，该罚的罚。如今群情激愤，难道说整个京师的人都是朋党吗？陛下也该认真反思反思了。”但德宗不听。京兆尹李充非常能干，又是陆贽的人，裴延龄就诬蔑李充无中生有为百姓请求几年和市（官府与百姓议价购买货物）补贴，德宗也信以为真，下令京兆府填补缺口，称为“底折钱”。一次，裴延龄请求德宗，把往年积存下令的钱财充实国库，德宗很是奇怪，就问：“你说的往年积存的钱财是什么？”裴延龄回答：“开元、天宝时期，天下户口一千万，百官公务繁忙，但仍然有缺额，自从兵兴以来，天下户口少了一大半，所以，如今的一个官员可以兼管几个部门。请求从今往后，内外百官缺额，不必添补，把缺额官员的俸禄收归国库。”裴延龄还专拣德宗喜欢听的说，一次，德宗对裴延龄说：“朕居住的浴堂院宫殿内有一根大梁，因年代久了好像虫蛀损坏，想换掉却没有钱。”裴延龄当即回答说：“国家的事是大事，屋梁的事是小事。何况皇上自己有私房钱，用也用不完。”德宗吃了一惊，问道：“你说的私房钱指什么？”裴延龄回答：“这是经典上说的，平庸愚蠢的儒生是不知道的，皇上正该问到了我，只有我知道。根据《礼经》，全国赋税应当分成三份：一份供应宗庙祭品、一份招待宾客、一份供应国君的膳食。祭品是用来供宗庙祭祀的。现皇上祭祀宗庙，虽然恭敬严格，丰厚无比，但也没有用到三分之一的赋税。再说鸿胪卿招待宾客、各国使节，加上卖回纥马匹的钱，用三分之一的赋税也是绰绰有余。何况皇上膳食极其简朴，自己食用和分给百官的俸禄、伙食钱等，也远未用完三分之一，剩下的钱财还有很多，这都是皇上的私房钱。用这笔钱就算修建几十座宫殿也不用发愁，何况是换一根房梁？”德宗也感到裴延龄说得有些离谱，就追问道：“这是经书上说的吗？别人可是从来没有说过。”只是点点头，也没再说什么。

如果说裴延龄和陆贽之间有矛盾，这并不奇怪，其实，他与赵憬之间也有矛盾。《因话录》记载了一件事，就生动地描写了二人之间产生矛盾的详情：赵憬与王蒙二人是布衣之交，深知王蒙很有能力，等到赵憬拜相后，王蒙就从江西新淦县令免职后，前来求官。赵憬非常高兴，打算给王蒙一个御史的职位。当时，御史台的官员很少，德宗用人又慎之又慎，却对赵憬言听计从，王蒙也以为自己当上御史是早晚的事。一次，他偶然前去慈恩寺向一位算命很准的和尚询问前程，这位和尚却说：“我看你的脸色，毫无喜相，此后要经过若干年才能得一个边地的御史。”王蒙根本不信，大笑而去。数日后，宰相们到德宗面前奏事，赵憬趁机上奏说：“御史府缺员太多，朝中监察工作尤为要紧，臣打算挑选几个人。”德宗说道：“不是朕不想增补人员，只是这个官需要孤直实在的人充任，我想你选的恐怕是些轻薄后生、朝中子弟罢了，不如不选。”赵憬接着说：“臣的愚正与陛下相同，正想从录事参军、县令中选拔。”德宗大喜，说道：“如此甚好，你已经有了人选吗？”赵憬遂举荐了两人，其中就有王蒙。德宗说：“把他们的履历拿来。”赵憬退下后，正巧碰上裴延龄前来奏事，裴延龄问赵憬：“是什么事让相公这么高兴，一脸喜色？”赵憬没有理睬裴延龄。等赵憬远去后，裴延龄骂道：“你看这个老兵请示的事情能如愿不？”见到德宗奏完事情后，裴延龄就问德宗：“刚才赵憬对陛下所奏何事？”德宗说：“赵憬有一颗非常公正之心。”遂说起选拔御史之事。裴延龄说道：“这件事绝对不可，陛下为何要听信于他呢？赵憬身为宰相，怎么知道州县官员们的政绩？他举荐的这两个人从未有什么特殊的政绩，谁都没听说过他们，赵憬是怎么知道的？其中一定有私情。等他再来，陛下只需问他是怎么了解这两个人的，自然就水落石出了。”几天后，赵憬再次奏事，德宗就问他：“你是怎么了解这两个人的？”赵憬只好如实回答：“一个是旧友，一个与臣是远亲，所以臣对他们了解。”德宗听后，一阵沉默。又过几天，德宗对裴延龄说：“赵憬推荐的，果然如卿所料。”遂没有批准赵憬的请求。过了数年，王蒙才被一位边镇的将帅奏请担任从事，一切都与老僧所预测的相同。

五〇五 降服南诏

赵憬、陆贽拜相前后，由于吐蕃人与回鹘人为争夺北庭而展开了数次大战，无暇东顾，故而，虽仍不时骚扰唐朝边境，但未能大举入侵，这也给了唐朝以喘息的机会，得以在关中方向加强防御，在西南方向向吐蕃发起攻势。

盐州（今陕西省定边县）在贞元二年（公元786年）陷落之后，唐朝北部门户洞开，吐蕃军队以此为依托，切断了灵武与关中之间的联系，既可以向西北进攻灵武，又能向东南骚扰鄜州、坊州，闯入关中腹地。唐军于贞元八年收复盐州之后，贞元九年二月十二日，德宗下诏征调三万五千军队重修盐州城；与此同时，又下诏命令泾原镇、山南西道、剑南西川各发兵深入吐蕃境内，以牵制吐蕃军队，配合修筑盐州。经过二十天紧张的施工，唐军顺利完成了筑城任务，此后，德宗命令兼御史大夫纥干遂率领五千唐军与兼御史中丞、盐州节度使杜彦光的部队一起驻守在那里，又命朔方都虞候杨朝晟率军驻扎在木波堡（今甘肃省环县东南），自此，灵武、银州、夏州、河西一带才稍稍安定下来。

西南方向，韦皋派遣大将董勔、张芬等人率军进入成都以西的群山，击败吐蕃人，攻克了五十多座堡垒。此时，在韦皋的一再努力下，贞元九年（公元793年）四月，云南王异牟寻在与臣下商议之后，终于决定归附唐朝，他派遣三拨使者，赵莫罗眉从戎州（今四川省宜宾市）、杨大和坚从黔中（今贵州省一带），还有一批使者绕道安南（今越南河内），各自携带生金、丹砂送给韦皋作为信物。将此前韦皋送给异牟寻的信件一分为三，由三位使者携带作为凭据。三位使者还携带着异牟寻给德宗的奏表，他在奏表中表示愿意脱离吐蕃，归附唐朝，并给韦皋写信，自称唐故云南王孙、吐蕃赞普义弟、日东王。韦皋派人将三位使者都护送到了长安，并上表祝贺。三位使者来到长安之后，表达了异牟寻的意愿，并称：“异牟寻愿意归顺大国，永远作为唐朝的藩国。献上的生金表示我们归顺北方大王之心如金子一般，丹砂表示我们是一片赤诚。”德宗很高兴，遂给异牟寻颁布诏书，并命韦皋派使者赶赴云南国察看实情。同年十月十八日，韦皋派遣节度巡官崔佐时携带诏书前往云南，同时，韦皋自己也给异牟寻写了一封回信。

与此同时，西南各族少数民族也纷纷归顺唐朝，剑南西山的九个原本归降吐蕃的蛮族部落：羌族女王汤立志、哥邻王董卧庭、白狗王罗陀忽、弱水王董辟和、南水王薛莫庭及其侄儿薛尚悉曩、悉董王汤悉赞、清远王苏唐磨、咄霸王董邈蓬以及逋租王弟邓吉知，这些部落原本居住在今四川省西部大小金川及以西地区，如今也都率众归顺了唐朝。韦皋把他们安置在维州、保州和霸州（三州均在今四川省理县一带），发给他们耕牛、粮种。羌族女王汤立志、白狗王罗陀忽、弱水王董辟和又相继入朝拜见德宗，德宗将他们一一拜官，给予厚赏，又将他们送回。到贞元十年（公元 794 年）一月，又有两万多户剑南、西山羌族和其他少数民族归降。德宗加封韦皋为押近界羌、蛮及西山八国使。

当崔佐时来到云南国都羊苴咩城（今云南省大理市）的时候，已有数百吐蕃使团先期到达了这里。云南王异牟寻还不愿吐蕃人知道自己已经表示归顺了唐朝，就密命崔佐时对外宣称是牂牁（今贵州省德江县）使者，穿上牂牁人的衣服入城。崔佐时不肯，说道：“我乃大唐使者，岂能穿上小国蛮夷的服装！”异牟寻不得已，只好在夜里迎入崔佐时。崔佐时来到厅堂之上，大声宣布德宗皇帝的诏书，异牟寻唯恐被吐蕃人听见，吓得面如土色，不知所措。然而，既然已经归顺了唐朝，也没有退路了，犹豫再三，异牟寻终于叹息流泪，与群臣一起屈膝跪地，拜伏接旨。异牟寻命儿子阁劝（寻梦凑）及清平官等重臣与崔佐时在点苍山神庙中盟誓。盟书一式四份，一份藏在神庙、一份沉于西洱河、一份放于祖庙、一份带回唐朝。不久，宰相郑回秘密与崔佐时会面，对下一步行动一一指导，故此，崔佐时完全掌握了南诏国内的情况，遂劝说异牟寻将吐蕃使者全部斩杀，表示归顺唐朝的诚意；又劝说异牟寻去掉吐蕃所封封号，将吐蕃人送来的金印交给唐朝，恢复南诏旧称。崔佐时与南诏人盟誓后，又在南诏国待了二十六天才起程回国，临别时，王子寻梦凑赋诗送别。

因吐蕃人与回鹘人在北庭大战中死伤惨重，这一次派使团就是为了向南诏国征兵，需要一万人。异牟寻归顺唐朝之后，遂打算趁机打吐蕃人一个措手不及，他故意派人对吐蕃人说：“我们的军队素来不足，只能调派三千人。”吐蕃人还嫌少，要求南诏出兵五千，异牟寻故意迟疑了半天才勉强答应。异牟寻在杀掉吐蕃使团之后，遂派遣五千人马赶赴吐蕃境内，然后，亲自率领数万人马紧随其后。南诏大军昼夜兼行，突然出现在吐蕃人驻扎的神川（今云南省丽江市一带金沙江），大破吐蕃军队，然后，砍断铁索桥，占领铁桥等十六座城池，俘虏吐蕃五位王爷，俘虏十余万吐蕃军队。异牟寻派人向唐朝告捷，并让韦皋派员前来验视，又派遣弟弟湊罗栋向唐朝进献地图、土特产以及吐蕃送给的金印，正式请求恢复南诏国号。此前，韦皋上奏，南诏派来的湊罗栋、清平官尹仇宽献上的吐蕃人送的五颗印，有两颗是金印，请求赐给南诏的印也用金子，以示重视，可以令其传之无穷，德宗采纳了韦皋的建议。贞元十年六月二日，德宗以祠部郎中袁滋为册南诏使，赏赐给银座金印，铭文为“贞元册南诏印”。八月，南诏使者湊罗栋、清平官尹仇宽来到长安，献上南诏兵器铎槊、浪人剑及吐蕃印八纽，德宗给他们赏赐了很多财物，又封尹仇宽为检校左散骑常侍、高溪郡王。袁滋来到南诏国后，异牟寻面北跪地，接受诏书和金印，行叩头大礼，又设宴款待唐朝使者。宴席上，拿出两件唐玄宗赏赐的镶嵌花纹马头盘给袁滋看，又指着一个年迈的吹笛乐师、一个老歌女，对袁滋说道：“这是皇帝赏赐的‘龟兹乐团’，如今只剩下他们两人了。”袁滋说道：“南诏君臣要深思祖宗的良苦用心，子子孙孙效忠唐朝啊！”异牟寻叩头说道：“怎敢不谨遵使者的命令！”

南诏归附唐朝，极大地削弱了吐蕃的实力，改善了唐朝与吐蕃斗争的战略态势，此后，在西南方向，吐蕃一直处于下风。在南诏军队大破吐蕃人前后，韦皋军又攻下了峨和城和通鹤军（两地确址不详），吐蕃南道元帅论莽热率众来援，又被唐军击破，唐军杀伤数千敌人，并乘胜焚烧了廉故城。到贞元十一年（公元795年），南诏派遣清平官尹辅酋随袁滋来朝，并送还了过去没于南诏的唐将卫景升、韩演等人，还将南诏俘获的一百余吐蕃将帅送到了长安。在此期间，南诏军队继续对吐蕃人发起攻势，他们向北渡过金沙江，攻克了吐蕃人占领的昆明城（今四川省盐源县），又俘虏了施、顺两位蛮王，极大地配合了唐军西南战区的作战，改变了唐军西南战局。

五〇六 李晟之死

降服南诏，是陆贽为相期间的一件大事，但此功只能记在韦皋的头上。

陆贽从贞元八年（公元 792 年）四月拜相到贞元十年十二月罢相，担任宰相仅两年零八个月，帝国千头万绪，上有刚愎自用的德宗，下有相互掣肘的裴延龄等人，也确实做不出什么事来。陆贽拜相的次年，诛杀了窦参，五月，又以中书侍郎、同平章事赵憬为门下侍郎、同平章事，以义成节度使贾耽为尚书右仆射，以尚书左丞卢迈守本官，二人均为同平章事；同时将门下侍郎、同平章事董晋罢相，贬为礼部尚书。至此，德宗组织起了陆贽、赵憬、贾耽、卢迈四人新的宰相集团，在这个集团里，陆贽和赵憬是核心，贾耽、卢迈是辅佐。卢迈是德宗兴元元年（公元 784 年）到贞元二年宰相卢翰的同族侄儿，《旧唐书》称其是范阳人，是前宰相崔祐甫的堂外甥，而《新唐书》却说："卢迈，字子玄，是河南人，以明经及第，历任太子正字、河南主簿、集贤校理、右补阙、吏部员外郎、滁州刺史、谏议大夫。"他因多次上书指出社会弊端，被德宗晋升为给事中。不久，年终考核，卢迈以自己任职不满一年，坚决推辞被评定的上等政绩，深受大家的好评，改任尚书右丞（《资治通鉴》称左丞，似误）。卢迈为人孝顺友爱，所得的赏赐均用于赈济亲朋好友；他再婚无子，有人劝他纳妾，他却说："兄弟的儿子也是自己的儿子，可以作为后代。"遂不纳妾。

四人组合，体现了德宗重用陆贽，但又不想专任陆贽的心态，也体现了德宗偏重于使用可靠之人的用人特点。贾耽和卢迈都是厚道人，贾耽担任山南东道节度使时，正值朱泚之乱，德宗逃难梁州，贾耽就派行军司马樊泽赶赴梁州问安，结果等樊泽返回襄阳不久，德宗就以樊泽取代了贾耽，山南东道自来瑱、梁崇义以来一直桀骜不驯，当得知此情后，军中都愤愤不平，觉得樊泽出卖了贾耽，但贾耽毫无怨言，当天就离开了襄阳。贞元二年接任义成军节度使后，他又恩威并用，使得淄青镇的李纳不敢乱动，稳定了东方的局势，史称："耽性长者，不喜臧否人物。自居相位，凡十三年，虽不能以安危大计启沃于人主，而常以检身厉行以律人。每自朝归第，接对宾客，终日无倦。至于家人近习，未尝见其喜愠之色，古之淳德君子，何以加焉！"卢迈也是个老实人，史称："时大政决在陆贽、赵憬，迈谨身中立，守文奉法而已。"然而，这次调整，令赵憬、陆贽二人的关系出现了裂痕，史称："憬与陆贽同知政事。贽恃久在禁庭，特承恩顾，以国政为己任，才周岁，转憬为门下侍郎。憬由是深衔之，数以目疾请告，不甚当政事，因是不相协。"赵憬认为，陆贽自恃德宗的恩宠，想独揽大权，才把自己从中书省排挤到门下省，心中一直愤愤不平，此后，经常称病，不再过问政事。四人为相后，百官奏事，四人都相互退让，不肯表态。贞元九年七月，大家上书建议按照至德年间的做法，由各位宰相轮流值班处理国政，每十天一更换，德宗表示同意，后来由每十天一轮换又改为每天一换。

贞元九年八月四日，一代名将、太尉、中书令、西平忠武王李晟去世，终年六十七岁。奉天之难中，如果没有李晟，很难说事态会怎么发展下去，德宗能否返回长安、李唐朝廷还能不能继续延续下去，也都在未定之天。然而，等德宗返回长安、时局稍稍稳定以后，他就夺去了李晟的兵权，让他靠边站了。史称，"晟为相，每当上所顾问，必极言匪躬。尽大臣之节。性沉默，未尝泄于所亲。临下明察，每理军，必曰某有劳，某能其事，虽厮养小善，必记姓名。尤恶下为朋党相构，好善嫉恶，出于天性。尝有恩者，厚报之……理家以严称，诸子侄非晨昏不得谒见，言不及公事"。李晟去世后，德宗给予其最高的礼遇，废朝五天，命百官到李晟家中吊唁，京兆尹李充监护丧事，朝廷发给下葬用品，这与郭子仪的待遇相同。也许是出于愧疚，等李晟大殓时，德宗亲自写信，送到李晟的灵柩之前，他在信中写道："皇帝遣宫闱令第五守进致旨于故太尉、中书令、西平郡王、赠太师之灵曰：'天祚我邦，是生才杰，禀阴阳之粹气，实山岳之降灵。弘济患难，保佐王室：扫荡氛昆，廓清上京。忠诚感于人神，功业施于社稷，匡时定乱，实赖元勋。洎领上台，克谐中外，讦谟帝道，叶赞皇猷。常竭嘉言，以匡不逮，情所亲重，义无间然。方期与国同休，永为邦翰。比婴疾恙，虽历旬时，日冀痊除，重期相见，弼予在位，终致和平。岂图药饵无征，奄至薨逝，丧我贤哲，亏我股肱，天不慭遗，痛惜何极，呜呼！大厦方构，旋失栋梁；巨川未济，遂亡舟楫。君臣之义，追恸益深，循省遗章，倍增感切。卿一门胤嗣，朕必终始保持。

况愿等弟兄，承卿教训，朕之志义，岂忘平生？纵卿不言，朕亦存信。比者卿在之日，却未见朕深心，今卿与朕长乖，方冀知朕诚志。无以为念，发言涕零，是用躬述数行，贵写所怀得尽。临纸遣使，不能饰词，魂而有知，当体朕意。'"“卿一门胤嗣，朕必终始保持”，表达了自己一定会照顾好李晟的儿子们，这是说给李晟的儿子李愿等人听的；“比者卿在之日，却未见朕深心”，则说明李晟在世时，对德宗让自己靠边站还是愤愤不平的，二人之间关系并不融洽。李晟去世后，德宗追赠其为太师，谥号忠武，也与郭子仪的谥号相同。史称，后来，德宗确实没有食言，经常派中使去李晟府中安抚李晟的儿子们，“教戒备至，闻愿等有一善，上喜形于色。眷遇终始，无与晟比”。

陆贽当上宰相的第二年，即贞元九年，除了征收茶税、重修盐州、窦参被杀、委任四相、李晟去世等大事外，在这一年的十二月，德宗还为皇孙、广陵王李淳（后改名李纯，即后来的唐宪宗）迎娶了驸马都尉郭暧的女儿郭氏为妻。李淳是太子李诵的长子，其母为李诵的王良娣，生于大历十三年二月，时年十五岁。他六七岁的时候，德宗把他放在膝盖上，逗他说：“你是谁的儿子？怎么坐在我的怀里？”李淳回答：“我是第三天子。”王良娣出身官宦世家，曾祖父王方庆，任武周时期宰相；祖父王难得是员猛将，在玄宗时期曾任河源军使，曾临阵斩杀吐蕃赞普之子、骁将郎支都，后任白水军使；肃宗在灵武继位后，王难得拿出家财助军，任兴平及凤翔节度使，又追随郭子仪参加了相州之战，后任英武军使，拜为琅邪郡公。王氏之父王子颜，为检校卫尉卿。王氏以良家子被选入宫中，为才人，德宗见其年幼，就把她赏赐给了儿子李诵，为王孺人，生下李淳后，被册封为良娣。李淳所娶的郭氏，是郭子仪的孙女，其母升平公主，是代宗的嫡长女，德宗的大姐，地位非常尊贵。从辈分上说，郭氏还比李淳高一辈，后来，郭氏生下宪宗第三子李恒，后为唐穆宗。

五〇七 宣武兵变

贞元九年（公元 793 年），在地方上也发生了两件不大不小的事。

第一件，还是上一年王武俊与李师古过节的延续。王武俊与李纳的矛盾始于贞元六年。当年，棣州刺史赵镐最先投降了王武俊，继而又在田绪的挑拨下改降了李纳。后在德宗的调停下，李纳才勉强把棣州还给了王武俊，但二人由此结下了梁子，去年，王武俊更是趁着李纳去世，发兵企图侵吞李纳的领地。海州（今江苏省连云港市）刺史张升璘是定州刺史、义武军节度使张茂昭（即张升云，张孝忠之子）的弟弟，又是李纳的女婿，因参加亡父两周年祭奠，回到了定州（今河北省定州市）。张升璘对王武俊趁李纳去世企图侵占淄青镇的土地非常气愤，在大庭广众之下，对王武俊破口大骂。王武俊听说后，即向朝廷禀报，要求德宗对张升璘予以惩处。贞元九年四月，德宗下诏将张升璘免职，并派遣中使将张升璘杖打一顿，囚禁起来。定州之地十分富庶，王武俊早就想吞并义武军。张升璘辱骂正好给王武俊一个借口，他趁机派遣袭占了义丰（今河北省安国市），劫掠安喜（今河北省定州市郊区县）、无极（今河北省无极县）一万余百姓，将他们迁往德州和棣州。张茂昭闭城自守，屡屡派人谢罪，王武俊这才罢手。

第二件大事发生在年底。去年四月，宣武节度使刘玄佐去世后，其子刘士宁发动兵变，德宗无奈只好任命其为节度使。刘士宁当上宣武节度使后，军中很多将领都不服气，而刘士宁不仅没有安抚军心，反而淫乱残忍，为非作歹史称：“或弯弓挺刃，手杀人于杯案间，悉烝父之妓妾，又强取人之妇女，好倮（裸）观妇人。”他还经常出城游猎，一去就是几天不回，弄得随行将士们是苦不堪言。都知兵马使李万荣是其父刘玄佐的同乡，两人从小就是好朋友，他为人宽厚，很得人心，刘士宁对他很是猜忌，夺去了他的兵权，只令其暂时管理汴州州务，这让李万荣非常恼火，一直伺机赶走刘士宁。

贞元九年十二月十日，刘士宁又率领两万军队出城打猎，刘士宁清晨出城后，李万荣即进入节度使府邸，对刘士宁留下的一千多名亲兵说："皇帝诏命征召大夫入朝，以我担任留后，你们每人赏赐三十串钱（一说三千贯）。"众人信以为真，纷纷倒地下拜；李万荣又将外营士兵们召入城内，对他们也宣布了这一命令，外营士兵们也都从命。于是，李万荣下令关闭汴州各个城门，然后派人对刘士宁说："朝廷下令征召大人入朝，你要速速动身，稍有拖延，我将取下你的人头献上！"刘士宁知道自己已成孤家寡人，只好率领五百骑兵逃归京师。走到中牟，随从已散去大半，行至洛阳，身边只剩下几十名奴仆、姬妾。回到京师后，德宗命其回到府邸，给其父服丧，并禁止其出入。淮西节度使吴少诚听说宣武军发生了兵变，想趁火打劫，发兵进驻郾城（今河南省漯河市郾城区），派使者询问原因，并请战。李万荣用调侃的口吻回复，吴少诚羞愧而去。

德宗听说宣武军发生兵变后，就问陆贽该怎么应对。陆贽上奏认为，如今汴州已经稳定，应该派遣使者前去安抚，查明真相，以免出现差错。他在奏表中说："如今刘士宁被驱逐，虽然是众人的意愿，但李万荣主持军务，不是朝廷的意思。这是安危强弱的关键时刻，希望陛下认真思考，慎之又慎。"德宗又让人问陆贽："如果再拖延下去，恐怕不妥。如今，我打算任命一个亲王担任节度使，暂时令李万荣担任留后，命令马上从宫中发出。"陆贽又上奏，称："臣虽然不堪临阵杀敌，但在庙堂上出谋划策或许还能胜任。引导国家步入安定或陷于危急，这全靠如何利用形势，任官用人能否胜任则全在于是否使用了贤才。形势如同器皿，就看放到什么位置上：放到平地上，就安稳。贤才就仿佛背东西，就看背的东西有多重：背的东西太重，就会跌倒。李万荣所奏，有些夸大，只想向朝廷索要官爵，毫无谦让之意，就看他这种浮躁之情，也不是什么善类。我又听说他是滑州人，只对本州出身的将士们优待，真正替他卖命的也不过区区三千人，其他各营之兵对他已非常怨恨。看他这种处事心态，我判断他也绝不是大将之才，如果授予他留后之职，要么他骄傲自满，犯上作乱，要么在与敌人交战中也会失败，给朝廷造成损失。"

陆贽又说："强行索要官位，这是对上不顺；勉强授予他，这是对下不诚，君臣之间势必产生隔阂。与其等到他实力强大以后再拿下他，倒不如在事情萌芽之前予以阻止……为国之道，以大义教育万民，要教育大家对君主尽忠，就需要先令他们顺从上级……如今，方镇大员们大多专横跋扈，要想在他们头上安一个罪名，谁不能安上？如果那些擅自夺占其职务的人都能受到朝廷的认可，有利益在前，人人都会生心，一旦开了这个头，将来一定会招致大祸，这不仅会滋生祸乱，还会滋生谋反之心……驱逐刘士宁，事发突然，宣武各郡守将并未与李万荣同谋，就算汴州城内的士兵们也不全是他的同党。他们各自判算成败之势，不知该怎么做才是顺是逆，岂肯与其卖命、甘愿陷于叛逆？陛下只用挑选一名文武全才担任节度使，并下诏书安抚军队；褒奖李万荣有稳定军镇之功，另行授予他一个官职；奖励将士们安定和睦之义，给予优厚的赏赐，如此一来，军镇理应会稳定下来。就算李万荣不从，又能有什么作为？假如出现什么差错，我甘愿受罚。”但德宗不从。

十二月十七日，德宗下诏任命第三子、通王李谌为宣武军节度大使，以李万荣为留后。

转眼就到了贞元十年（公元794年），二月二十二日，义成军（今河南省滑县）节度使李融去世。二十四日，德宗任命华州刺史李复担任义成军节度使。李复是李唐宗室，其父李齐物是淮南王李神通的孙子，曾任河南尹、京兆尹。李复以门荫入仕，担任江陵司录参军，受到荆南节度使韦伯玉的赏识，被推荐为江陵令，其后，历任饶州、苏州刺史、容管招讨使、岭南节度使。史称：他“复更方镇，所在称治，然颇嗜财，为世所讥”。李复被调任义成军节度使后，又推荐河南尉卢坦担任自己的判官。卢坦，字保衡，洛阳人。他担任河南尉期间，河南尹杜黄裳曾对他说：“某官家子弟与一个恶人相善，你去调查一下。”卢坦却不以为然，说道：“凡是当官清廉的，就算当上朝廷重臣也没有多少积蓄，这家人能积累如此多的财产，一定是盘剥下属得到的。如果他们家子孙能守住这笔财产，那是上天让不道之家富裕，不如顺其自然，让他们的不义之财返归他人。”杜黄裳对卢坦能说出这种话感到非常震惊，从此对他刮目相看。卢坦担任义成军判官后，监军薛盈珍屡屡插手军政，他每次都是据理力争，让薛盈珍无话可说，常常对人说：“卢侍御所说的话都是公理，我自然不会违背。”义成军中有一个擅长吹笛的艺人，与军中大将们的关系都很好，这些将领就请求李复给这个艺人一个官职。卢坦听了，哈哈大笑，说道：“各位将军长期在军中服役，立下汗马功劳才得以升任高官，你们为何如此自贱，心甘情愿与一个吹笛少年当同僚呢？”众将听了一脸羞愧，赶忙向卢坦道歉，再也不提此事了。

贞元十年四月二十八日，宣武军再次发动兵变，留后李万荣发兵扑灭了叛乱。

去年年底，李万荣赶跑刘士宁后，又斩杀了刘士宁的心腹将领辛液、白英贤二人，拿出二十万钱赏赐给士兵们，德宗又下诏查抄了刘士宁的家财赏赐给大家。宣武军有三百名亲兵，平素非常骄横，令李万荣非常忌惮，他心生一计，命令他们赶赴京西防秋，这让亲兵们是牢骚满腹。大将韩惟清、张彦琳趁机引诱亲兵们作乱，进攻李万荣，却被李万荣击败。亲兵们大肆劫掠一番，四散而逃，不少人逃到了宋州。宋州刺史刘逸准是刘士宁的人，把这些亲兵保护了起来，对他们很是优待。韩惟清逃到了郑州，张彦琳逃到了洛阳。李万荣将参与兵变的士兵们的妻子儿女数千人全部斩杀。有数名士兵在汴州的街道上高喊："今晚朝廷大兵将至，城要沦陷了！"李万荣将这些人逮捕斩杀，上奏称是刘士宁指使的。五月，德宗下诏将刘士宁流放到了郴州。

五〇八 昭义内乱

贞元十年（公元 794 年）六月一日，昭义节度使李抱真也去世了。

贞元元年以来，德宗对朝廷不能直接控制的藩镇父死子继、军中推举的做法予以了默认：贞元元年朱滔去世、刘怦继任，不久刘怦去世，其子刘济继任；贞元二年，淮西镇陈仙奇杀李希烈，继而吴少诚又杀陈仙奇；贞元四年，横海节度使程日华去世，其子程怀直继任；贞元七年，易定节度使张孝忠去世，其子张升云继任；贞元八年，平卢节度使李纳去世，其子李师古继任。这些藩镇父死子继的做法都得到了朝廷的认可，而德宗对朝廷直接控制的藩镇企图效仿河朔藩镇的做法则予以了抵制：贞元二年，义成军节度使李澄去世，其子李克宁杀死司马铉，企图继任节度使，宣武军节度使刘玄佐出兵，迫使李克宁放弃了野心，朝廷最终以东都留守贾耽接任；贞元八年，山南东道节度使曹王李皋去世，军中叛乱，朝廷以荆南节度使樊泽继任；贞元十年义成节度使李融去世，华州刺史李复继任。只是贞元八年宣武镇的变换是个特例，宣武节度使刘玄佐去世，其子刘士宁发动兵变，在窦参的建议下，德宗承认了这一现实，一年之后，李万荣又以下犯上，驱逐了刘士宁，德宗同样予以承认，任命李万荣为留后。德宗对宣武镇的处理影响很坏，昭义镇（今山西省长治市）的李抱真去世后，其子殿中侍御史李缄也想效仿。

李抱玉、李抱真兄弟一直忠于朝廷，在四王二帝之乱中立下了汗马功劳，也是朝廷赖以对付河朔藩镇的重要力量。不过，贞元年间以来，天下无事，李抱真也失去了进取之心，逐渐开始安于享乐起来，晚年他又醉心于求仙问道，希冀长生不老。有一个叫孙季长的人谎称可以给李抱真炼金丹，骗他说："吃了我这金丹就可以长生不老。"李抱真竟然信以为真，多次对幕僚们说："这金丹连秦皇汉武都弄不到，只有我有幸得到，来年我白日飞升，到上清宫，就不再与尔等为伍啦！”还梦见自己骑着白鹤上天，醒来就让人雕木为鹤，身穿道士的衣服，练习驾鹤技术。几年下来，李抱真一共吃了两万粒金丹，弄得肚子肿胀，无法进食，行将死去。在道士牛洞玄的调理下，身体才慢慢复原，孙季长却说：“都快要成仙了，为何要放弃呢？”又让李抱真吃了三千粒金丹，不久，李抱真就死了，终年六十二岁。

李缄找到李抱真的堂外甥元仲经商量，打算秘不发丧，接管军镇。次日，二人召集众将，元仲经拿出伪造的李抱真的命令，对大家说：“我病情加重，不能履职，如今命令李缄掌握军政，各位尽心辅佐。”节度副使李说等众将均表示从命，接着，李缄盛装而出，众人均下拜，李缄下令拿出仓库财物赏赐给将士们。幕僚卢会昌又伪造李抱真的奏表，请求朝廷把职务授予李缄；次日，李缄又命令众将联名上书，请求以李缄接管军镇。

李缄又命人模仿李抱真的笔迹，给王武俊写信，派裨将陈荣到王武俊那里借钱。王武俊怒道：“我与你父私交很好，一起辅佐朝廷，岂能与你同流合污！我听说你父已经去世，你竟敢不等朝廷之命自立，又胆敢骗我，还向我借钱！”令陈荣回去，带回自己的原话。在昭义镇内部，也并非铁板一块。昭义步军都虞候王延贵，字君佐，素来忠义，武艺高强。大历中，曾在汝州刺史李深手下任职，后李抱真以厚礼将他招至门下，担任兵马使押衙。建中初年，李抱真奉命讨伐河北藩镇，王延贵在双冈、水寨营等战役中都立下了大功，被晋升为步军都虞候，实封一百户。李缄妄图接管军镇后，王延贵在众人中正色说道：“军州是天子的军州，将帅空缺，理当等待朝廷之命，岂能趁乱妄生异意！”军中也都觉得他说得有理，才没有大乱。

德宗已经风闻李抱真已死，且已听说了王延贵之言，遂派遣中使第五守进前去调查，并指示第五守进到昭义镇后，将军务交给王延贵。第五守进来到昭义后，李缄谎称李抱真病重，不能接见。第五守进待了三天，李缄才戒备森严与之相见。第五守进对李缄说道：“朝廷早已知道先公已经去世了，令王延贵暂时掌管军务，侍御史应当立即发丧改穿丧服！”李缄顿时张口结舌，仓皇退下。见到众将，李缄对大家说：“诏命不让我掌管军事，各位有什么意见？”众将无一人说话。李缄见大家都默不作声，这才害怕起来，赶忙派人把官印和仓库钥匙交给了监军，当天，李缄下令发丧，哭丧。第五守进召来王延贵，传德宗的口谕命其接管军镇，催促李缄赶快离开军镇，回到洛阳。元仲经逃出军镇，王延贵派人将其逮捕杀掉，此后，又将罪过都推到他的身上，卢会昌得以免死。德宗下诏正式任命王延贵暂时掌管昭义镇军务。七月一日，德宗任命王延贵为昭义留后，赐名王虔休。

昭义行军司马、摄洺州刺史元谊对王虔休很不服气，当他听说王虔休当上了留后，心中十分不满，上书请求把磁州、邢州、洺州另外划作一个军镇。昭义镇的精兵都在太行山以东这三地，元谊拿出丰厚的财物赏赐军队，以期得到将士们的支持。德宗屡屡派遣中使前去说服，但元谊始终不从。临洺（今河北省永年县）守将夏侯仲宣举城归降了王虔休，王虔休命令磁州刺史马正卿派遣部将石定蕃等将率领五千人马进攻洺州。石定蕃来到洺州城下，临阵率领两千人马投奔了元谊，马正卿只好撤离了洺州。德宗下诏调任元谊为饶州刺史，但元谊不从。王虔休亲自率部进攻洺州，挖开洺水灌城。九月，王虔休击破元谊的洺州军，并乘胜攻克了鸡泽。

王虔休与元谊之间的洺州大战一直持续了近两年。贞元十年十二月，王虔休率部趁洺州壕沟结冰，向洺州发起猛攻。元谊也不示弱，出其不意，率军打开了城门，率军迎击。经过一番激战，王虔休战败，日暮河冰融化，王虔休的士兵无法撤退，被守军杀死了一多半。

次年闰八月，元谊以洺州诈降。王虔休不知是计，派遣部将率领两千人入城，结果元谊将这两千人全部杀死。然而，毕竟以洺州一城当昭义一镇，众寡不敌，到贞元十二年年初，眼看已无法继续坚守洺州，元谊与石定蕃等人率领五千洺州兵以及家眷一万余人突围，逃往了魏州，投奔魏博节度使田绪。德宗也得过且过，不再深究，命田绪好好安顿他们。至此，这场因李抱真去世而引发的昭义镇内乱才告平息。

就在李抱真去世之前，遥远的岭南也发生了民变。贞元十年五月，钦州山蛮酋长黄少卿率众造反，包围了州城，邕管经略使孙公器奏请调派岭南军队前来镇压，但德宗幻想着采取安抚手段解决，没有同意，派遣中使前去劝说。德宗的绥靖政策让唐军丧失了有利战机，黄少卿的实力进一步增强，到七月，他接连攻克了钦州（今广西壮族自治区钦州市）、横州（今广西壮族自治区横县）、浔州（今广西壮族自治区桂平市）和贵州（今广西壮族自治区贵港市）等州，并向孙公器驻守的邕州（今广西壮族自治区南宁市）发起了进攻。

由于李唐朝廷内忧外患频仍，根本无暇顾及遥远的西南边陲，唐军在岭南的兵力有限，因此，黄少卿的这次民变断断续续一直持续到晚唐。这场声势浩大的民变在历史上又与此前发生的黄乾曜民变并称为“黄峒蛮变”。在唐代，西原是对今广西壮族自治区左右江一带的统称，其中，左江一带的宁明、龙州、崇左、扶绥等地被称为黄峒地，右江的天等、靖西等地被称为侬峒地。由于安史之乱，唐朝朝廷征调大量壮族军队进入中原平叛，结果令壮族战士死伤很多，激起了当地百姓的不满，在至德元载就爆发了黄乾曜、真郁崇等人领导的民变。据《新唐书》记载：“至德初，首领黄乾曜、真郁崇与陆川、武阳、东兰洞蛮皆叛，推武承裴、韦敬简为帅，僭号中越王，廖殿为桂南王、莫浔为拓南王，相支为南越王，梁奉为镇南王，罗诚为戎成王，莫浔为南海王，合众二十万，绵地数千里，署置官吏，攻桂管十八州……更四岁不能平。”当时，黄乾曜占据的地盘有数千里，人数几十万，声势浩大。到乾元初年，这次民变被镇压，但此后，这里一直不很太平，这次黄少卿的起兵再次动摇了唐朝朝廷在岭南的统治。

五〇九 陆贽罢相（一）

陆贽执政的两年里，李唐局势可谓是喜忧参半。

喜的是：南诏开始归顺唐朝，吐蕃方面的压力顿减。忧的是：岭南黄少卿兵变，朝廷鞭长莫及；国内藩镇相互倾轧，尤其原本是朝廷直接控制的宣武军、昭义军也试图效仿河朔藩镇，说明了朝廷对这些藩镇的控制有进一步下降的趋势，与此同时，朝廷内部的政治斗争也到了白热化的程度。

陆贽拜相时年仅三十九岁，是四位宰相中年纪最轻的。陆贽拜相之后，一共上书二十五篇，可惜的是，德宗采纳的却少之又少。陆贽四月拜相，五月就与赵憬一起奏请各部长官各自举荐部属，五月十四日，德宗批准，但仅仅三天过后，德宗就以“近闻外议”为由给陆贽发密旨，打算收回成命。陆贽又上书申辩，但德宗不从。虽然如此，此时，德宗与陆贽并无矛盾，只是在选拔任用人才时，德宗还是只相信陆贽等有限的几人，而不信各部长官。但二人之间的矛盾是慢慢积累起来的。仅仅一个月后，就发生了岭南节度使请求朝廷派遣中使在安南设置市舶使司的事，德宗批准了，但陆贽予以驳回，他以为：“远国商贩，惟利是求，缓之斯来，扰之则去。广州素为众舶所凑，今忽改就安南，若非侵刻过深，则必招携失所，曾不内讼，更荡上心。况岭南、安南，莫非王土，中使、外使，悉是王臣，岂必信岭南而绝安南，重中使以轻外使。所奏望寝不行。”判词说得义正词严，让德宗非常难堪。接着，班宏去世，陆贽推荐杜佑、卢徵、李衡、李巽四人，德宗认为杜佑担任淮南节度使，位置重要不可轻动；卢徵刚刚担任同州刺史，也不适宜，陆贽就建议，在李衡进京之前，由李巽暂时管理度支，德宗也答应了。但仅仅一天之内，德宗就出尔反尔，只授予李巽给事中，要让裴延龄负责度支。陆贽大吃一惊，连忙上书指斥裴延龄是个奸邪小人，不可任用，还请求等赵憬休假上朝后再议，但德宗未予理睬，当即就任命了裴延龄。七月，关东遭受水灾，德宗却只想着敛财，不想散财，他认为水患不大，不必赈济，可陆贽又上书反对，德宗只好听从，可又觉得淮西不缴纳贡赋，不派人前去。陆贽再次上书提出，帝王之道，与敌国不同，怀柔万邦，唯德与义，德宗不能不听。同月，陆贽又撰写了《请减京东水运收脚价于缘边州镇储蓄军粮事宜状》，提出减少漕运，帮助边镇储粮的办法，德宗也予以采纳。贞元九年二月，德宗命翰林学士顾少连密谕陆贽，说了三件事，一是交代陆贽凡是遇到重大事务，不要给赵憬说，直接秘密上奏；二是说苗晋卿摄政时曾有不臣之言，且其子名字大多与古代帝王相同，应将他们外派任职，且不要接近兵镇；三是说陆贽清慎太过，不合情理，各道送的马鞭、靴子之类，接受也无妨。其实，德宗是想向陆贽传达善意的，他让顾少连传话，原话是："每次在延英殿上与爱卿相对，因有别人在一旁，不要把话说得太明白。去年冬天，爱卿推荐人，实在是有赵憬在边上，我没有同意，并非有意拒绝爱卿。以后再遇到重要的事，你自己密奏给我。爱卿又屡次请求给苗粲升官，我也是一再没有答应，恐怕爱卿也不知朕意。此人就是苗晋卿的儿子。苗晋卿当年执政时曾有不臣之言，他的几个儿子苗丕、苗发（大历十才子之一）、苗坚、苗垂等都取了古帝王之名，用意很不善。这当然不是儿子们的过错，不能公开贬斥，但终究不宜让他们久在朝廷，爱卿应当体会朕的心思。苗粲兄弟均应外派到一个偏僻之处担任闲职，并且不得靠近军镇。"这是德宗的一贯做派，总是密旨给某人称某人不可信云云，又密旨给另一人称某事别让某人知道等，看似对人亲信，却是鬼鬼祟祟，心底阴暗，这大约就是后世说的帝王心术吧。陆贽是一个致力于把君王打造成尧舜的人，他以王道和君道衡量，对德宗的这种做法很不以为然，遂上书德宗认为，自己和赵憬都是陛下的心腹大臣，也是陛下的手足，在我们之间不该再有所怀疑，"于心膂之内，尚有行迹之拘，迹同事殊，鲜克以济"，我们的职责相同，如果陛下再对待不同，这不符合王道。对于苗粲兄弟之事，陆贽认为，"赏赐人的时候一定要在朝廷之上公开进行，惩处人的时候也一定要拉到街市上明正典刑。赏罚都唯恐万民看不见，君王做出的赏罚无愧于心，百姓听到后也毫无疑义，接受赏赐的人没有羞愧之色，遭到惩处的人也没有怨言，这就是圣王之所以要颁布法律，与天下人共同遵守。凡是诬陷他人之词，大多是虚假的，只会在背地里恶意中伤，而不敢拿到桌面上公开辩论：他们也许会说，岁月太长，无法查实；或者说，影响不好，应该隐忍；或者说，行迹未露，应找个借口处置；或者说，只需不用此人，何必公开罪状，进行羞辱？这些话看似敦厚，但其实包藏祸心，伤害善良之人，达到其奸诈的目的，再没有比这种办法更卑鄙的了！如果苗晋卿父子确实犯了大罪，就该公开审判，明正典刑；如果是被人诬陷的，岂能令其兄弟莫名其妙地受到贬谪。审理案件，一定要查个水落石出，令嫌疑人理屈词穷，再加以惩处，这样天下就没有蒙冤之人，君王也不会听信谗言了。”对于德宗劝他接受鞭靴之事，陆贽亦说道：“对于官员接受贿赂，即使是一尺布，根据法律也要受到惩处。对于下级官吏尚且如此规定，身居高位的大官，引领着社会风尚，岂能宽纵？一旦开始贪污，就会一发而不可收，先是鞭靴，接着就会接受金玉。眼里看到想要的东西，怎能保证内心不乱？一旦与行贿之人建立了私交，又怎能拒绝其下一步的请求？一点点积累下来，就会泛滥成灾的……如果我接受某人的东西，拒绝了另一人的东西，那么遭到拒绝的人就一定会心存疑虑，如果一概予以拒绝，大家都认为这很正常，就不会有什么担心了。”在德宗看来，自己完全是出于对陆贽的关心才说的，而陆贽却毫不领情，甚至让自己感到非常尴尬。接着就发生了李巽上告窦参交通刘士宁之事，德宗打算诛杀窦参，并没收其家产，陆贽则一再上书回护，但德宗不听。

贞元九年五月，陆贽起草了《论沿边守备事宜状》，提出了备边六失及应对之策，已见前述。其中说到的“力分于将多”和“机失于遥制”，要求德宗设置统兵元帅，德宗肯定是不会接受的。同年夏秋，京兆受灾，豌豆全损，京兆尹李充奏请百姓以大豆充当豌豆上缴，德宗原已批准，但度支裴延龄上奏请求将豌豆折价由百姓上缴。陆贽认为，豌豆受灾，原本应予全免，但因系马匹饲料，改由大豆，也是不得已从权的做法，而裴延龄却建议用豌豆应缴数折价由百姓上缴金钱，更是伤害百姓的事，“伤风得财，非谓理道”，予以批驳。此后，德宗与陆贽在处理刘士宁和李万荣一事上也意见相左，陆贽认为不可再行姑息，而德宗却无视宰相的意见，任命李万荣为宣武留后。贞元十年年初，德宗与陆贽又因左降官沾恩量移一事意见不合。贞元九年是德宗即位十五年纪念，冬至时，德宗下诏大赦，并规定对于左降官和流人在两个月内办理好从边地调往近处事宜，对于已经调往近处的左降官恢复爵位。这本来是件好事，但德宗出尔反尔，故意拖延，诏书颁布近半年毫无进展。陆贽遂接连递交三篇奏章，要求尽快办理。德宗派人对陆贽说：“根据旧例，左降官遇到大赦予以量移，不过三五百里，如今所规定的似乎有所突破，又接近于兵马驻屯之地以及交通要道的郡县，事情恐怕不妥。”陆贽又上书，称：“王者，以诚心待人，虽然对臣下可以责罚，也可以恼怒，却不可以猜忌、嫌弃、记仇。将臣下贬谪到远地是为了惩罚他们没有尽职，赦免他们是为了让他们改过自新。如果没有惩罚，就会令国家丧失威信；如果没有勉励，就会令人自甘堕落。虽然有晋升有贬谪，但这都不是出于君王的个人爱憎。执行法律将其暂时贬谪，爱惜人才则又将其逐渐升迁，人人知道会被重新任用，谁不加倍努力？何必担心他们会破坏制度？又何必害怕他们会心怀怨恨？假如认为他们自从受到贬谪，就会心怀怨恨，处处防备，始终不再重用，就会造成改过的人无法补救昔日的过错，才能无法施展。人之常情就是：穷则思变，走投无路时或许会喜乱乐祸。如今如果仅仅迁移三五百里，还没有离开本道，所迁之地甚至比原来的地方还恶劣，白白增加了迁徙之苦。另外，当前郡县一般都拥有郡兵，各地很少没有驿站的，如果把他们猜忌到如此地步，只能显示陛下胸怀太狭隘了。”

在用人方面，陆贽与德宗也说不到一块去，德宗为人好猜忌，以爱憎用人，就连中下级干部的用人权都牢牢攥在自己手里，陆贽认为德宗的用人存在“因人废官”“不考实”“求精太过”“嫉恶太甚”“程试乖方”“取舍违理”“循故事而不择可否”七大弊端，但德宗根本不听。

五一〇 陆贽罢相（二）

德宗向来取舍任意，大约到贞元十年（公元 794 年）年中，他已经对陆贽感到厌烦，按照他一贯因人废言的做派，自然不会再听陆贽的长篇大论了，而这时，陆贽又写了那篇长达万字的《均节赋税恤百姓六条》。在该奏疏中，他提出自从两税法实施以来，百姓更加穷困，请求朝廷再次核实百姓的家产，不再折算现钱，改为收取实物等，但德宗看后，不置可否，予以搁置。

陆贽自以为与德宗君臣相得，知无不言，言无不尽，遇到自己认为不好的事，一定会据理力争，他往往站在道德的高度，引经据典，侃侃而谈，说得德宗很没面子。陆贽的亲信们也规劝过他，告诫他说话要讲究方式方法，陆贽却说：“我对上不辜负天子，对下不辜负平生所学，至于其他因素，不在我的考虑范围。”在四相中间，卢迈是敦厚长者，贾耽则是钟情地理学的学者，二人都明哲保身；赵憬则能言善辩，又懂得察言观色，因此深得德宗的喜爱。赵憬当初也知道裴延龄之奸，当裴延龄诬陷穆赞、韦武、李宣、卢云时，也曾极力保护，但当他被改任门下侍郎之后，就怀疑是陆贽从中捣的鬼，开始盘算着要对陆贽落井下石了。

贞元十年九月，裴延龄上奏称朝廷官员太多，从今往后官员缺额后，就不必再补充了，将缺额官员的俸禄收归国库。德宗打算重修神龙寺，需要五十尺长的松木，却没有找到。裴延龄又大言不惭地说：“臣近期看见同州有一个山谷，长了数千棵松木，都有八十多尺高。”德宗很是怀疑，就问：“开元、天宝年间，在近畿寻找大的木料还没能找到，如今怎么会有？”裴延龄回答：“上天所生的珍贵木材，只有等到圣明的君主在世时才出现，开元、天宝年间岂能找到？”说得德宗心里美滋滋的。接着，裴延龄又上奏道：“左藏库房里失落很多财物，近期我命人复查，从粪土之中找到了十三万两银子，丝绸及杂物上百万，这些都是过去遗弃的东西，现在找到了就算盈余，请求全部交付杂库，由陛下开支。”太府少卿韦少华不以为然，上书称："这些财物都是每月上报的现存财产，请求陛下下令予以核实。"陆贽等人请求德宗命令三司详察，但德宗不许，也不惩处韦少华。诸如此类的话，裴延龄在德宗面前总是信口开河，说的都是些其他人不敢说，德宗闻所未闻之事。德宗也明知裴延龄所云荒诞，但因其伪装得很好，表现出一副敢作敢为的架势，总是敢于诋毁他人，德宗也想听到朝廷外面的事情，因此，对他很是亲近宠爱。朝廷群臣大多不愿卷入朝廷内部的政治斗争，唯独盐铁使张滂、京兆尹李充、司农卿李铦的本职工作，往往涉及裴延龄所说事项，不时出头证实其所说虚妄，而陆贽则始终认为裴延龄是个奸邪小人，不可重用，经常在德宗面前反复强调。

贞元十年十一月三日，陆贽写了一篇长达六千字的《论裴延龄奸蠹书》。写好这篇奏疏之后，陆贽把奏疏先拿给赵憬看，约定二人面见德宗时，一起弹劾裴延龄，而阴险的赵憬却将奏疏中所涉及的七件事暗中告诉了裴延龄，裴延龄得以做好准备，在德宗面前提前一一替自己辩解。被蒙在鼓里的陆贽还是照旧提交了奏疏，他在奏疏中称裴延龄有七大罪状，大致内容为：其一，裴延龄担任度支数月，就谎称查出二十万贯，储存在别库，作为盈余之财由皇上使用，而皇上信以为真，认为找到了胜任之人，有了这批财产，欲望逐渐增多，要求也越来越多。裴延龄迎合陛下之意，查出的钱本来就是虚妄，无钱交差，就勒索商户，巧取豪夺，以致京城之内商店白天关门罢市，弄得怨声载道，引发陛下的贪欲，令百姓怨恨。其二，裴延龄以府库原本就有的财物当成"羡余"，韦少华提出核实，陛下既不令三司查问，又对韦少华委任如初。裴延龄以国库现存财物，当成自己的政绩；把正常的赋税，作为盈余。欺君罔上，无所顾忌，大言不惭。其三，裴延龄把国库分为六个库，其目的就在于另行储存盈余，以满足陛下的私欲。他难道不知道，君王以天下为家，国家不够用的时候，就取之于民；百姓穷困的时候，就由国家予以赈济。钱财在国家就是国财，在百姓手里就是私财，盈余是什么东西，还需要另行储存？这要么是巧立名目将国家钱财转变来的，要么就是从百姓身上勒索的，除此之外，他又是从哪里弄来的呢？"延龄以冒取折估为公忠，苟得出估为胜利，所谓失人心而聚财贿，亦何异割支（肢）体以徇口腹哉。殊不寤支体分披，口安能食；人心离析，财岂能存。"化无为有，巧取豪夺。其四，平凉、盐州是非常重要的边镇，朝廷命平凉盐州分别存储一年和半年的粮食，近来两地却称断粮了，裴延龄矢口否认，陛下反而认为是边镇将士们在说谎，派遣使者查验，确实断粮。裴延龄如此欺君罔上，确实是闻所未闻。其五，裴延龄身为朝廷大臣，却违法乱纪，懒散暴虐，随心所欲，作威作福，比杨国忠还坏。其六，裴延龄不懂财赋，把度支事务都交给小吏处理，需要发放财物的，如果不给他们行贿，就拒不发放；应当征收的，给他们行贿，就被免除义务。货贿公行，败坏风气。其七，朝廷以礼让为先，而裴延龄却随意诋毁他人。度支部门盘剥军镇，致使军镇时常缺粮，将帅们派人申辩，裴延龄却对他们肆意羞辱，无所忌惮。除了这七条之外，陆贽还举出裴延龄耗损军运车辆牲畜、贻误宫中供给这两件事，说明其日常行事大多是"所减者则奏以为利，所费者则隐而不论"。最后，陆贽将裴延龄比作指鹿为马的赵高，隐约指出德宗甚至连昏庸的秦二世都不如，他还回顾了泾原兵变和奉天之难，提出之所以能中兴帝业，就在于德宗"有侧身修励之志，有罪己悔惧之词，罢息诛求，敦尚节俭，涣发大号，与人更亲"。劝说德宗以天下之心为心，以天下之耳目为耳目，不要把与自己意见相同的人当作忠臣，要听其言而观其行，确认到底是忠是奸，并哀求德宗为了江山社稷采纳自己的意见。

裴延龄早已在德宗面前给自己开脱了，因此，当德宗看了陆贽的奏疏之后，认为陆贽是在排挤异己，顿时感到很不高兴，对裴延龄更加信任，反而觉得陆贽是个小人。德宗这样认为也有他的道理：当时就有风言风语，说陆贽是与吴通玄兄弟争宠，才引发了吴通玄等人反击，此后窦参罢相、被杀，无不与陆贽有关；另外，陆贽还嫉贤妒能，将自己曾经的同僚、同样非常有才的于邵、于公异二人打压下去。史称："前知制诰于邵，当时大诏令，皆出于邵……贞元初，除原王傅，后为太子宾客，与宰相陆贽不睦。八年，出为杭州刺史。""于公异者……文章精拔，为时所称。建中末，为李晟招讨府掌书记……公异初应进士时，与举人陆贽不协；至是贽为翰林学士，闻上称与，尤不悦。时议者言之，公异少时不为后母所容，自游宦成名，不归乡里；及贞元中陆贽为宰相，奏公异无素行，黜之……人士惜其才，恶贽之褊急焉。"虽然于公异有陆贽掌握的把柄，但舆论普遍认为，陆贽罢黜二人还是有私心的，这些风言风语不可能不会传入德宗的耳中。

见德宗对自己的奏疏不置可否，陆贽约好赵憬面见德宗，当面揭发裴延龄的恶行，赵憬假装答应。二人见到德宗后，陆贽侃侃而谈，说得德宗勃然大怒，而赵憬却在一旁，沉默不语。十二月二十三日，德宗下诏将陆贽罢相，贬为太子宾客。对于德宗的昏庸，《旧唐书》史臣在赞中，感慨地说道："德宗之不亡，顾不幸哉！在危难时听贽谋，及已平，追仇尽言，怫然以谗幸逐，犹弃梗。至延龄辈，则宠任磐桓，不移如山，昏佞之相济也。世言贽白罢翰林，以为与吴通玄兄弟争宠，窦参之死，贽漏其言，非也。夫君子小人不两进，邪谄得君则正士危，何可訾耶？观贽论谏数十百篇，讥陈时病，皆本仁义，可为后世法，炳炳如丹，帝所用才十一。唐祚不竞，惜哉！”

五一一 陆贽罢相（三）

在德宗看来，陆贽不仅不是为了江山社稷，反而是在结党营私。

陆贽并没有大的过错而被罢相，所以改为同为正三品的太子宾客，从形式上来说，并未贬职。史称："贽性畏慎，及策免私居，朝谒之外，不通宾客，无所过从。"但即便如此，裴延龄也不放过陆贽。他又在德宗面前进谗言，称京兆尹李充、卫尉卿张滂、前司农卿李铦与陆贽是一党，德宗遂将三人一律贬职。德宗喜欢打猎，长安周围有很多围场。裴延龄为了满足德宗的需要，曾奏请用京兆府的青苗钱买百万围草料以备马饲料，还谎称长安、咸阳有很多湿地可供放牧。贞元十一年（公元 795 年）年初，关中出现旱灾，野外没有青草，百姓没有粮食，加上度支克扣边镇军粮，军民怨恨不已。裴延龄为了转移矛盾，并将陆贽等人置于死地，趁机上奏称："陆贽等人被贬职以后，心怀不满，四处散布流言，称：'天下大旱，百姓流离失所，度支拖欠各军镇军粮草料，军中将士马匹都没有吃的了，这该怎么办呢？'他们是想煽动军心，其险恶用心可不只是要陷害微臣啊！"

数日后，德宗又在围场里打猎，正巧有几名神策军将士跪在德宗马前，申诉称："度支不给我们发放军粮、草料。"恳请皇帝下令发给。德宗听了，不仅没有追究度支的责任，反而认为正与裴延龄所说一致，他感到问题非常严重，也许陆贽等人确实在酝酿一场兵变？早已被朱泚之乱吓破了胆的德宗赶忙调转马头，火速回宫，下诏严厉斥责陆贽、李充等人，当时德宗还打算杀掉陆贽等人，这令朝廷内外一片震恐。

处士阳城，字亢宗，自幼好学，无书不读，中进士后弃官不仕，隐居于中条山中。贞元四年，在李泌的推荐下，德宗征召他为谏议大夫。阳城久负盛名，未到京师之前，各界人士都期待一睹其风采，纷纷说道："阳城一来，必定会尽忠职守，知无不言，以死强谏的。"当时，谏官们经常拿一些鸡毛蒜皮的琐事劝谏，让德宗非常头疼，而阳城来到后，整日与两个弟弟和客人们喝酒，根本不提朝中之事，令人感到这个阳城也是浪得虚名，进士韩愈还曾经专门写了一篇《争臣论》嘲笑阳城，阳城看后，丝毫不以为意，依然故我，任职五年，无一言劝谏。有些正直之士看不过眼，亲自造访阳城，打算问个究竟，阳城一见便知来意，总是拉来人坐下，强迫他喝酒。有时，客人先已喝醉，倒在席子上酣睡，没机会说话；有时候，阳城先喝得烂醉，睡在客人怀里，听不见客人的言语。

等到陆贽等人受到德宗斥责后，朝廷群臣无不替他们捏一把汗。阳城听了，拍案而起，说道："我不能让天子信用奸臣，杀害无罪之人！"当即，他率领拾遗王仲舒、归登（天宝中四门博士、代宗时期工部尚书归崇敬的儿子）、右补阙熊执易、崔邠等人守在延英门外，上书指斥裴延龄是奸佞小人，陆贽等人无罪。德宗大怒，打算惩处阳城等人。太子李诵极力援救，德宗这才稍稍消气，令宰相们将他们劝说回家。当时，金吾将军张万福已经八十余岁了，听说谏官们守在延英门强谏，也从家中赶到延英门，连连高喊："朝廷有正直之臣，天下将要太平了呀！天下将要太平了呀！"又一一向阳城等人叩头拜谢，呼喊道："太平万岁！太平万岁！"

经过这一番折腾，德宗也不得不承认陆贽等人罪不至死，贞元十一年四月二十五日，下诏将陆贽贬为忠州别驾，李充为涪州长史，张滂为汀州长史，李铦为邵州长史。

当时，大家都揣测德宗很快就会任命裴延龄为宰相。回到家中的阳城说道："假如任命裴延龄为宰相，我将把诏书撕毁，在朝廷上大哭。"阳城打算将裴延龄的罪恶全部写下来，上呈德宗。阳城与李泌是故交，李泌的儿子李繁是个品行不端之人，后来他写了《邺侯家传》，记载其父李泌生前的一些事迹，很多内容都是虚构不实的。但当时阳城对李繁这个人的人品并不十分了解，只是觉得他是李泌的儿子，就把他当成自己的心腹，让他把自己草写的奏疏抄录一遍，准备第二天呈上。谁知李繁记忆力非常好，他抄写一遍后，当晚就跑到裴延龄家中，把阳城奏疏的内容向裴延龄和盘托出。裴延龄一听当即吓出一身冷汗，赶忙连夜入宫面见德宗，把阳城奏疏中所提及之事一一解说。等到阳城的弹劾奏疏呈给德宗后，德宗以为阳城所言都是些捕风捉影之词，毫无价值，就置之不理了。七月，德宗下诏不再让阳城担任谏官了，改任他为国子司业，令德宗耳根大为清净。

陆贽贬至忠州后，一直深居简出，唯恐授人以柄。史称："贽在忠州十年，常闭关静处，人不识其面，复避谤，不著书。家居瘴乡，人多疠疫，乃抄撮方书，为《陆氏集验方》五十卷，行于代。初，贽秉政，贬驾部员外郎李吉甫为明州长史，量移忠州刺史。贽在忠州，与吉甫相遇，昆弟、门人咸为贽忧，而吉甫忻然厚礼，都不衔前事，以宰相礼事之，犹恐其未信不安，日与贽相狎，若平生交契者。贽初犹惭惧，后乃深交。时论以吉甫为长者。后有薛延者，代吉甫为刺史，延朝辞日，德宗令宣旨慰安。而韦皋累上表请以贽代己。"

即便如此，得势的裴延龄依然想置陆贽于死地。他下令逮捕了李充的心腹下属张忠，严刑拷打之下，张忠屈打成招，按照裴延龄的意思，称：自己"前前后后贪污了五十多万钱，米麦也有这么多，这些钱物都用来结交权贵，李充的妻子经常用牛车把金银财宝送给陆贽的妻子"。张忠的妻子、母亲在光顺门鸣冤，德宗下诏命御史台重新审理，当晚即得出实情，张忠无罪释放。裴延龄又上奏京兆府浪费钱粮，因比部郎中崔元曾被陆贽贬斥，就请崔元负责审查，德宗同意后，崔元经过核查，也没有查出什么。这样一来，裴延龄既没有当上宰相，又没能害死陆贽，恼羞成怒的他变得更为失态，"尤好慢骂，毁诋朝臣，班行为之侧目"，心理失衡的他终于在陆贽等人被贬的次年，即贞元十二年九月得病而死，终年六十九岁。裴延龄死后，朝野纷纷庆贺，唯独德宗痛惜不止，下诏追赠其为太子少保。

陆贽谪居忠州十年。十年后，德宗去世，顺宗李诵继位，即下诏召回陆贽等人，但陆贽没能等到诏书就去世了，终年五十二岁。顺宗追赠其为兵部尚书，谥号宣，故后人尊称陆贽为陆宣公。陆贽有子陆简礼，进士及第后，未在朝廷任职，只在地方上当了节度使的幕僚。

后世对陆贽给予极高的评价。很多人把他比作才华横溢而又壮志未酬的贾谊，对德宗的昏庸给予无情的鞭挞；权德舆哀叹道："吾唐不幸，复摈弃于陆公……说者又以房、魏、姚、宋，逢时遇主，克致清平。陆君亦获幸时君，而不能与房魏争烈，盖道未至也。"苏轼赞叹道："伏见唐宰相陆贽，才本王佐，学为帝师。论深切于事情，言不离于道德。智如子房而文则过，辩如贾谊而术不疏，上以格君心之非，下以通天下之志。但其不幸，仕不遇时。德宗以苛刻为能，而贽谏之以忠厚；德宗以猜疑为术，而贽劝之以推诚；德宗好用兵，而贽以消兵为先；德宗好聚财，而贽以散财为急。至于用人听言之法，治边驭将之方，罪己以收人心，改过以应天道，去小人以除民患，惜名器以待有功，如此之流，未易悉数，可谓进苦口之乐石，针害身之膏肓，使德宗尽用其言，则贞观可得而复！”叶梦得认为：“唐人房乔、裴度优于德量，宋璟、张九龄优于气节，魏郑公、陆贽优于学术，姚崇、李德裕优于才能，姚崇蔽于权数，德裕溺于爱憎，则所胜者为之累也。”洪迈评价说：“德宗辅相之贤，如崔佑甫、李泌、陆贽，皆身没则已，而独于汤、杞二人惓惓如此，是可叹也！若唐宰相三百余人，自房、杜、姚、宋之外，如魏徵、王珪、褚遂良、狄仁杰、魏元忠、韩休、张九龄、杨绾、崔佑甫、陆贽、杜黄裳、裴垍、李绛、李藩、裴度、崔群、韦处厚、李德裕、郑畋，皆为一时名宰，考其行事，非汉诸人可比也。”王夫之在评价唐朝宰相时认为：“其后如陆贽、杜黄裳、裴度，立言立功，赫奕垂于没世，而宁静淡泊，固非其志行之所及也。”纪昀认为陆贽的文章：“虽多出于一时匡救规切之语，而于古今来政治得失之故，无不深切著明，有足为万世龟鉴者，故历代宝重焉。”曾国藩也推崇陆贽说：“陆敬舆事多疑之主，驭难驯之将，烛之以至明，将之以至诚，譬若御驽马登峻坂，纵横险阻，而不失其驰，何其神也！”

五一二 陆贽去后（一）

陆贽对德宗的性格实在是太了解了。

德宗颇有文才，也读过一些书，琴棋书画都有涉猎，同时，他还“好用兵”，有了这些本事，他也颇为自负，“好与人较量理体”，以显示自己的才能。朱泚之乱后，他变得非常贪财，喜欢外官的进奉，对裴延龄将国库的公款化为皇帝的私房钱，更是睁一只眼闭一只眼；他大权独揽，谁都不相信，把朝廷大小官员的任免权都牢牢地掌握在自己手中；他猜忌成性，个性极端，一个时期信任一两个人，一旦这一两个人失宠，就永远打入地狱，要么被杀，要么被贬，终生不再任用。显然，朱泚之乱让他觉得人性无常，害怕那些曾经受到冷落的人会对自己怀恨在心，兴风作浪，其实，这一切归根结底还是德宗自大和自卑心理在作祟。对比唐太宗，我们就会发现，伟大的君王往往能化敌为友，用个人魅力征服那些曾经的敌人，身边聚集的都是忠臣良将，一起完成伟大的事业，像彪炳青史的名臣魏徵、秦叔宝、尉迟敬德等都是昔日的对手，最终心甘情愿地辅佐太宗，开创一代盛世。反观德宗这种平庸之辈，才会产生这种匪夷所思的想法，最终让自己成为真正的独夫寡人，身边聚集的都是些奸佞、无能之徒，不亡国就已经是侥幸万分了。

德宗继位以来，杀刘晏、杀杨炎、杀崔宁、杀窦参，一旦他觉得此人得罪了自己，就一定要千方百计予以诛杀，这都是陆贽亲眼所见。陆贽被贬之时，也一定感到自己的命运是凶多吉少，如果不是裴延龄早死、朝中阳城等人极力谏诤，更重要的是如果没有手握重兵、在吐蕃前线屡屡获胜又每天进奉贡品博取德宗欢心的西川节度使韦皋的回护，陆贽极有可能会步前四人的后尘。

陆贽贞元十一年（公元795年）四月被贬，到八月十七日，三公之一的司徒、兼侍中、北平王马燧去世，终年七十岁。德宗废朝四日，下诏以京兆尹韩皋监护丧事，追赠为太尉，谥号庄武王。马燧是德宗朝与李晟、浑瑊齐名的名将，史称，其"雄勇强力，常先计后战，又善誓师，将战，亲自号令，士无不慷慨感动，战皆决死，未尝折北，谋得兵胜，冠于一时"。他在讨伐田悦时原本能彻底消灭田悦，却未能取胜，导致了王武俊和朱滔加入叛军；又收受不义之财，相信吐蕃的谎言，力促平凉之会，致使朝廷蒙羞，这两件事也是他人生的最大污点。马家富甲天下，马燧有马汇、马畅两个儿子，马燧死后，马畅继承了家业。朝廷亲贵、幸臣、宦官经常巧取豪夺，到马畅晚年家产荡尽，马畅死后，其子竟然无房居住，经常忍饥挨饿。

次年，即贞元十二年（公元 796 年）八月，赵憬去世，终年六十一岁。陆贽罢相后，朝中宰相只剩下赵憬、贾耽和卢迈三人。贞元十二年年初，贾耽、卢迈休假，只有赵憬一人在延英殿向德宗汇报工作。德宗问："近日起居注都记载了什么事？"赵憬回答："古代，左史记载皇帝的话，君王的一举一动，说的一些有意义的话，都随时记录，这就是所谓的起居注。我朝永徽年间，负责起居注的史官只能参与公开场合，听不到皇帝与重臣私下的密谋，所以，起居注只是编纂一些诏书而已。因此，长寿年间，姚𪩘执政时就曾建议由宰相记录军国政事，称之为时政记，每月抄送给史馆，但不久，时政记也停止了。"德宗说："君王的一举一动都必须记载下来，是为了对将来有所劝诫。既然过去就有时政记，那么宰相也该予以恢复。"但数月后，赵憬就死了，此事也就不了了之了。史称，赵憬"特承恩顾，性清俭，虽为宰辅，居第仆使，类贫士大夫之家，所得俸入，先置私庙，而竟不立第舍田产"。德宗废朝三日，追赠其为太子太傅。其子赵元亮官至左司郎中，次子赵全亮官至桂管防御判官。

赵憬去世时，卢迈也中风了，而另外一位宰相贾耽又遇上父祖逝世纪念日请假在家，朝中没一个宰相，德宗只好命宦官把主书（从八品上到从七品上）召来，由皇帝当面给主书安排工作。九月十八日，户部尚书、判度支裴延龄也去世了，终年六十九岁。听说裴延龄死了，朝野人士一片欢腾，唯独德宗深感惋惜，追赠其为太子少保。同年，德宗的另外一个幸臣、礼部尚书李齐运也死了，终年七十二岁。史称，李齐运"无学术，不知大体，但甘言取信而已"。他曾经推荐李锜为浙西观察使，收受了李锜数十万贿赂，但德宗对其依然非常信任。李齐运卧病在家，德宗还经常派人到家中征求他的意见。

陆贽罢相后数年间，唐朝朝中重臣分别为：

贞元十一年，司徒马燧（八月去世）；侍中浑瑊；同平章事赵憬、贾耽、卢迈；度支使裴延龄；盐铁使王纬（去年十一月以浙西观察使兼任）；监神策左厢兵马使窦文场；监神策右厢兵马使霍仙鸣。王纬，字文卿，太原人，是王之涣的同族兄弟。王纬以明经及第，历任长安尉、金部员外郎、剑南租庸使、检校司封郎中、彭州刺史、检校庶子、兼御史中丞、西川节度营田副使。大历年间，路嗣恭为江西观察使，陷害判官李泌，要杀掉李泌，经王纬搭救，李泌才逃过一死。等到贞元三年李泌为相后，就破格提拔王纬为给事中，仅仅过了几天，就又把他提拔为润州刺史、兼御史中丞、浙江西道都团练观察使。贞元十年，加御史大夫，兼诸道盐铁转运使。史称，“纬性勤俭，历官清洁，而伤于苛碎，多用削刻之吏，督察巡属，人不聊生”。属于一个严苛之吏，贞元十四年去世，终年七十一岁。

贞元十二年，侍中浑瑊（二月加封为中书令）；同平章事赵憬（八月去世）、贾耽、卢迈、谏议大夫崔损、给事中赵宗儒；度支使裴延龄（九月去世），以户部侍郎苏弁继任；盐铁使王纬（去年十一月以浙西观察使兼任）；左神策护军中尉窦文场；右神策护军中尉霍仙鸣。贞元十二年年初，德宗为了取悦各地节度使，给大家普遍加官晋爵。在加封浑瑊为中书令的同时，也晋封王武俊为中书令；又加封山南西道节度使严震、魏博节度使田绪、卢龙节度使刘济、剑南西川节度使韦皋为同平章事；各地节度使、观察使全部加封检校官。六月六日，德宗下令任命监句当左神策窦文场、监句当右神策霍仙鸣均为护军中尉，又以监左神威军使张尚进、监右神威军使焦希望均为中护军。最初，德宗设置了六个统军，职位与六部尚书相同，均为正三品，用来安置撤换下来的各地节度使，根据惯例，朝廷的委任状都是写在麻纸上，以示尊荣。至此，窦文场暗示宰相在发布中尉诏书时，也比照统军使用麻纸。翰林学士郑絪上奏称：“根据惯例，唯独封王、命相用麻纸，如今任命中尉用麻纸，不知陛下仅仅是因宠爱窦文场才破格的，还是要重新设置一项新的制度呢？”德宗这才对窦文场说道：“武德、贞观年间，宦官最多不过当上员外将军同正罢了，穿四品、五品红袍的寥寥无几。自从李辅国以来，制度败坏，朕今日重用尔等，不能不说是出于私心。如果再用麻纸颁布诏书，公之于天下，天下万民一定会说是你胁迫我的。”窦文场听后赶忙跪下叩头谢罪，德宗遂下令销毁了原来的麻纸诏书，命从今往后，连统军的任命诏书都交由中书省颁布诏命。次日，德宗对郑絪说：“宰相们不敢违背宫中宦官们的意思，朕听了爱卿之言才有所醒悟啊！”当时，窦文场和霍仙鸣二人权倾内外，藩镇将帅大都出自神策军，甚至朝廷各部的清要之官也出自二人之门。郑絪，字文明，是翰林学士郑余庆的叔父辈，擅长写文章，所交结的都是天下名士。张延赏担任剑南西川节度使时，征辟其为书记，后入朝担任起居郎、翰林学士、中书舍人，宪宗即位后，他被拜相。

赵憬、李齐运、裴延龄相继去世，卢迈中风，贾耽沉溺于写作地理著作，德宗急于挑选宰相，遂在十月十七日，任命正四品下的谏议大夫崔损和正五品上的给事中赵宗儒担任了宰相。崔损，字至无，博陵人。大历末进士及第，登博学宏词科，授秘书省校书郎、咸阳尉。崔损的岳父是京兆尹王翃（卢杞一党、激起泾原兵变的那位），改大理评事，累迁兵部郎中。贞元十一年，晋升为右谏议大夫。史称，崔损性格“龌龊谨慎”，素来与裴延龄关系很好，等赵憬去世、卢迈中风后，裴延龄就向德宗推荐了崔损。史称，崔损既没有名望，又没有什么才能，“南北两省清要，损皆历践之，在位无称于人者”，没有做出一点政绩。任命诏书下发之后，“中外失望”，果然，在他拜相之后，尸位素餐，每当在延英殿讨论政事，“未尝有言”。他的母亲去世后，长期殡于野外，姐姐落发为尼，去世后，也不去凭吊。其人为人过于谦恭，与人见面点头哈腰，在德宗面前更是如此，毫无一点节操可言。德宗也听说外面对其评价甚低，但对于其溜须拍马很是受用，对他“怜而厚之”，建中以来，德宗任命的宰相大多数年就被罢免了，唯独这个尸位素餐的崔损却当了八年宰相，直到贞元十九年去世。赵宗儒，字秉文。进士及第，历任弘文馆校书郎、陆浑主簿、右拾遗充翰林学士。当时，他的父亲赵骅为秘书少监，父子二人同在近职，一时传为佳话。此后，他又历任屯田员外郎、司门、司勋二员外郎、考功郎中、吏部郎中。贞元十一年，晋升为给事中。

五一三 陆贽去后（二）

到贞元十三年（公元 797 年）九月，中风的中书侍郎同平章事卢迈被免相，改任太子宾客，朝中宰相只剩下了崔损和赵宗儒二人。但仅仅过去数月，到了次年的七月，赵宗儒又被罢相，改任为太子右庶子，德宗又以工部侍郎郑余庆为中书侍郎、同平章事。

郑余庆，字居业，荥阳人。他的祖父、国子司业郑长裕及其弟弟中书舍人郑少微，都是当时的名士；其父郑慈也官至太子舍人。郑余庆从小勤学，擅长写文章，大历中进士。建中末，山南节度使严震辟为从事，后历任殿中侍御史、左司、兵部员外郎，库部郎中，贞元八年，选为翰林学士。贞元十三年，晋升为工部侍郎，知吏部选事。郑余庆是位学者型官员，个人品行也非常好。史称，他“通究《六经》深旨，奏对之际，多以古义傅之……砥名砺行，不失儒者之道；清俭率素，终始不渝”。

在陆贽被罢相后的三四年间，德宗的宰相走马灯似的换来换去，到贞元十四年（公元 798 年），就形成了崔损和郑余庆二相共治的局面。贞元十二年四月十九日，德宗生日。根据惯例，这一天由和尚、道士在麟德殿讲经说法，此日，德宗特意命令儒生也讲论儒家经典。当天，四门博士韦渠牟与给事中徐岱、兵部郎中赵需、礼部郎中许孟容与渠牟及道士万参成、沙门谭延等十二人一起，讲论儒、道、释三教，他口齿伶俐，旁征博引，引起了德宗的注意，数日，转为秘书郎，韦渠牟又上呈感恩诗，十余日又被提拔为右补阙、内供奉，受到德宗的宠爱。

史称，陆贽去后，德宗对宰相之权严格控制，自御史、刺史、县令以上的任命，全部由自己选任，中书省只是遵照皇帝之命行文而已，毫无实权。德宗深居皇宫，只宠信裴延龄、李齐运、户部郎中王绍、司农卿李实、翰林学士韦执谊和韦渠牟，这些人都是权倾宰相，家里热闹非凡，聚集了一大批趋炎附势的人。

韦渠牟，京兆万年人。史称，他“少慧悟，涉览经史”，当过道士、和尚。兴元中，韩滉镇守浙西，奏授试秘书郎，累转为四门博士。韦渠牟被晋升为右补阙、内供奉后，到年底就再次被晋升为右谏议大夫。史称，当时德宗召见朝廷重臣商议政事，每次一般只有半小时的样子，唯独接见韦渠牟时往往持续一两小时。德宗与其相谈甚欢，韦渠牟也是举止轻佻，德宗与其说些轻浮之言，二人真是臭味相投。

王绍，原名王纯，因与后来的唐宪宗重名，到宪宗即位后改为王绍。王绍年轻时就受到颜真卿的赏识，举荐为武康县尉。萧复担任常州刺史时，王绍被征辟为从事；包佶担任租庸盐铁使时，以王绍为判官。朱泚之乱中，德宗避难梁州，王绍奉命将江淮赋税送至梁州，解决了朝廷的燃眉之急。贞元中，王绍被晋升为仓部员外郎，后历任户部侍郎、判度支、户部尚书。史称，“德宗临驭岁久，机务不由台司，自窦参、陆贽以后，宰臣备位而已。德宗以绍谨密，恩遇特异，凡主重务八年，政之大小，多所访决。绍未赏泄露，亦不矜炫”。

李实，道王李元庆（李渊第十六子）的玄孙。以门荫入仕，历任潭州司马、嗣曹王李皋判官、蕲州刺史。李皋去世后，李实处置不当，激起了襄阳兵变，李实逃归京师，被任命为司农卿。李实为政严苛暴虐，刚愎自用，对下巧取豪夺，一心只想投德宗所好，史称，其“为政猛暴，方务聚敛进奉，以固恩顾，百姓所诉，一不介意”，丝毫不顾及百姓的疾苦。

韦执谊，京兆人。自幼聪明，进士及第，又应制策举，以高分及第，被拜为右拾遗，召入翰林为学士，时年才二十多岁。德宗对其刮目相看，时常与他作诗唱和，与裴延龄、韦渠牟等人出入皇宫大内，侍从德宗身边。德宗生日时，太子李诵进奉一座佛像，德宗命韦执谊撰写赞文，又命太子赏赐给韦执谊丝绸答谢。韦执谊到东宫谢恩时，太子趁机对他说：“学士认识王叔文吗？此人可是个大才啊。”由此，韦执谊遂与王叔文过从甚密，成为朋友。

在德宗宠信的这些人中间，裴延龄、李齐运、李实、韦渠牟的口碑都不好。史称，裴延龄、李实“奸欺多端，甚伤国体”；韦渠牟则名位很轻，他趁德宗宠信之际，极力推荐人士，以扩大自己的势力，茅山处士崔芊、山人郑随、醴泉令冯伉等人都受到了他的推荐，而德宗又是偏听偏信，一些轻浮之徒更是竭力巴结韦渠牟，韦家也是门庭若市；李齐运则是“无学术，不知大体，但甘言取信而已”；只有王绍明哲保身，“无所发明”；韦执谊则整日与德宗诗文唱和，是陪着德宗舞文弄墨的主。

陆贽被罢相后的这几年里，朝廷再无革新措施，对地方上德宗也是得过且过，姑息纵容，对于各节度使，只要还活着，一般情况下，德宗都不会替换，即便是朝廷直接控制的军镇节度使也成了终身制。

贞元十一年五月，河东节度使李自良去世。监军王定远上奏推荐行军司马李说为留后。李说是唐初淮安王李神通的五世孙，父亲李遇在天宝年间担任御史中丞。李说以门荫入仕，一直担任节度使的幕僚。马燧任河阳三城、太原节度使时，都征辟李说为从事，后为汾州刺史。河东节度使李自良上任后，又奏请李说担任了太原少尹。河东都虞候张瑶素来很得人心，李自良去世前，张瑶请假回家给父母迁坟，但李自良没有同意。李自良去世后，李说与监军王定远答应了张瑶的请求，张瑶回家后，二人就以大将毛朝阳取代了他，然后派人向朝廷报告。中使第五国珍出使云州、朔州，返回时途经太原，听说李自良病重的消息，立即返回了京师，比李说的使者先到。德宗遂下诏以次子、通王李谌为河东节度大使，以李说为行军司马，充节度留后、北都副留守，又派第五国珍携带三十余张委任状前往太原安抚。李说对王定远非常感激，就请求朝廷给监军铸造官印，德宗同意了，从此监军才有了官印。然而，不久李说与王定远二人之间就发生了矛盾。王定远自恃对李说有功，想把持河东的军政，大肆提拔自己的亲信，很快就引起了李说的不满。同年七月，王定远任命虞候田宏为列将，取代彭令茵。彭令茵不服，扬言道："破格提拔列将，必须有军功，田宏有什么功劳，敢代替我！"王定远闻言，心中大怒，但他隐忍不发，将彭令茵骗来杀死，将尸体埋在马粪之中。彭令茵的家人请求王定远归还尸体，但王定远就是不给，三军将士听了，个个义愤填膺。李说将王定远的所作所为，一一向德宗进行了汇报，德宗因王定远有扈从奉天之功，赦免其一死，但暂停了他的职务。王定远在京城里有很多耳目，德宗的诏书还没颁布，内容就传到了王定远的耳中，他来到李说家中，还没等李说坐下来，王定远就抽出佩刀，一刀向李说砍来，李说吓得匆忙逃脱，接着，王定远飞马来到衙门，召集众将，指着箱内的二十多份委任状，对大家说："皇帝诏命：任命李景略担任留后，征召李说回京，诸位都有升赏。"众人都跪下叩拜。大将马良辅偷偷看了一眼箱子，看到这些所谓的委任状都是朝廷先前授予王定远的，遂对大家高喊："箱子内的都是监军过去的委任状，并非皇帝给我们的恩命，不可接受，大家还是做好戒备，以免发生不测！"王定远知道事情败露，逃到乾阳楼上，召集自己的部下，但无人响应。等夜幕降临，王定远翻城逃走，失足坠下，被树杈刺伤而死。一说没死，流放崖州。大将高迪等人都是王定远的同党，李说将他们全部斩杀。李说担任河东节度使六年，起初尽心尽职，后来得病，言语行动都非常困难，河东军政都交给监军处理；孔目官宋季等人又欺上瞒下，河东军政大坏。

德宗虽然不敢在各镇节度使活着时替换他们，但他亲自给各镇挑选行军司马，把自己信得过的人安插到各镇里，等节度使去世后，这些行军司马就顺理成章地成为新的节度使了。河东镇的行军司马就是李景略，他是武曌时期的契丹名将李楷固之后，其父李承悦曾任澶州刺史、密云军使。大历年间，李景略游学河中，闭门读书。朔方节度使李怀光将其招入幕府，后李景略被征召入朝，担任了大理司直、监察御史。李怀光阴谋造反，李景略反复规劝，李怀光不从，李景略只好辞职退隐。此后，灵武节度杜使希全听说李景略的名声，又把他延入幕府，不久，升任殿中侍御史兼丰州刺史、西受降城使。丰州北扼回纥，回纥使者来中国，必然由此经过，回纥使者大多骄横不法，李景略到任后，守法不屈，回纥人也非常害怕，不敢再违法乱纪了。此后，杜希全也开始忌惮李景略，上表诬陷，李景略被德宗贬为袁州司马，杜希全死后，李景略又被调回长安，担任了左羽林将军。德宗把李景略调任河东行军司马，其目的就是将来取代李说，这引起了李说的猜忌。回鹘（也作“回纥”）梅录前往长安进贡，路过太原，李说设宴款待。梅录争抢座位，李说无力制止。李景略见状，厉声呵斥，梅录听出了李景略的声音，跪拜道：“莫非是丰州李端公吗？很久没向大人叩拜了，如今怎么瘦成这样了？”遂顺从地坐在了下首。一座之上的人都对李景略刮目相看，李说却认为李景略抢了自己的风头，遂送给窦文场很多金钱，请求把李景略免掉。正巧，传言回鹘骑兵将南侵，德宗十分担忧，以丰州地理位置非常重要，考虑合适的守将。窦文场趁机推荐了李景略，德宗遂以李景略为丰州刺史兼御史大夫、天德军西受降城都防御使。丰州系边塞苦寒之地，土地贫瘠，李景略到任后，与士兵们同甘共苦，勤俭节约，两年后，军粮、辎重完备，超过其他北方边镇。

五一四 陆贽去后（三）

河东军镇刚刚恢复稳定，横海军镇又出了问题。

横海节度使程怀直，不关心士兵们的疾苦，只知道打猎取乐，弄得将士们怨声载道。程怀直每次打猎都是数日不归，他的堂兄程怀信担任兵马使，借众人的不满，关闭城门，赶走了程怀直。程怀直逃归长安，十月，德宗以程怀信为横海留后。德宗赏赐给程怀直安业里一所宅邸、一名伎女。

德宗忙着处理河东、横海两镇事变的同时，昭义镇的王虔休还在组织大批士兵围困着洺州的元谊和石定蕃，到次年年初，二人才逃到了魏博的田绪那里。为了安抚动荡的各镇，二月，德宗普遍加封了各地节度使，到了该年四月，田绪突然死亡，终年三十三岁。田绪自兴元元年（公元 784 年）杀害堂兄田悦继位，至今已担任魏博节度使十三年，次年，即贞元元年，德宗把十妹嘉诚公主（原封武清公主）嫁给了他，加驸马都尉。不久德宗又晋封他为检校左仆射，封常山郡王，食邑三千户，后改封雁门郡王，食实封五百户，如今又加同平章事。田悦生前非常勤俭，而田绪当上节度使后却纵情声色，奢侈无度。田绪有田季和、田季直和田季安三个庶子，其中，田季和担任澶州刺史，田季直担任衙将，田季安年纪最小，嘉诚公主将其收为养子，任副大使。田绪死的时候，田季安才十五岁，遂以其为魏博留后，德宗任命其为左金吾卫将军，兼魏州大都督府长史、魏博节度营田观察处置等使。史称：“幼守父业，惧嘉诚之严，虽无他才能，亦粗修礼法。及公主薨，遂颇自恣，击鞠、从禽色之娱。其军中政务，大抵任徇情意，宾僚将校，言皆不从……性忍酷，无所畏惧。”

田绪去世后不久，宣武节度使李万荣也中风了，昏聩不能处理政务。霍仙鸣向德宗推荐宣武押牙刘沐，德宗遂以其为宣武行军司马。贞元九年年底，刘士宁被李万荣赶出宣武镇，德宗以李万荣为留后，十年四月，宣武军中刘士宁的旧部发动叛乱，李万荣顺利将其平定，十一年五月，德宗正式任命李万荣为宣武节度使。仅仅过去一年，李万荣就得了重病，以其子李迺为兵马使。十二年六月二十五日，李迺召集众将，斥责大将李湛、伊楼说、张丕三人不尽职责，将三人贬斥至外县。德宗听说李万荣病重的消息后，就派遣中使第五守进来到了汴州，安抚将士。第五守进刚刚宣布完诏书，十几个将士就大声嚷嚷道："兵马使辛勤劳苦，朝廷却不给赏赐，刘沐是个什么东西，竟然当上了行军司马！"刘沐听后，吓得魂不附体，假装中风，一头栽倒在地，众人将他抬回了家。士兵们又高呼："仓官刘叔何徇私舞弊，发放粮饷短缺！"遂一哄而上，把刘叔何杀了，并吃掉。乱兵们又想趁机砍死第五守进，李迺赶忙下令制止了。刘迺又杀了伊楼说和张丕二人；李湛行至尉氏，镇将郝忠节不肯杀李湛，李湛侥幸活了下来。邓惟恭既是李万荣的同乡，又是心腹，李迺也把他当作自己的依靠。见李迺不从朝命，邓惟恭遂与监军俱文珍密谋，逮捕了刘迺，将其押送到了长安。

贞元十二年七月六日，德宗任命东都留守董晋为同平章事，兼宣武军节度使，以李万荣为太子少保，将李迺贬为虔州司马。次日，李万荣病死。邓惟恭逮捕李迺之后，就暂时掌管了宣武军军政大权，自以为朝廷会以其为留后，拒不派人迎接董晋。董晋接到诏书后，当即只带了十几个随从赶赴汴州上任，也没带军队护卫。行至郑州，没见一个赶来迎接的宣武军的人，董晋的随从以及郑州的官吏都替董晋捏了一把汗，有人劝说他暂时停下来，观察一下事态的发展再说；有一个从汴州逃出的人对董晋说："千万不可进入汴州！"但董晋一句话也不说，命令大家整装出发。邓惟恭没有想到董晋这么快就到了，根本没有想好应对之策，等到董晋行至距离汴州十余里的地方时，他才匆匆忙忙地率领宣武镇众将出城迎接。董晋神态安详，语气温和，命邓惟恭不要下马，邓惟恭见状，这才放下心来。入城之后，董晋将汴州军务全都交给邓惟恭处理。过去，刘玄佐担任节度使的时候，把汴州军队扩充至十万，对士兵们很是优厚，等到李万荣、邓惟恭继任后，更是靠赏赐笼络军心，因此，宣武军士兵非常骄横。为防不测，宣武主帅又另行挑选一批亲信组成亲兵，驻扎在府邸走廊之下，携带武器，随时防备兵变，经常赏赐给他们酒肉。董晋上任的次日，就解散了这批亲兵。二十三日，德宗下诏，以宣武军将士们有逮捕李迺之功，一一进行封赏；对于那些受到李迺胁迫、威胁朝廷使者的，一概不予追究。

八月十八日，朝廷又以汝州刺史陆长源为宣武行军司马。朝廷方面认为董晋过于柔弱，担心其无法驾驭宣武军，遂以陆长源前去辅佐。陆长源，字泳之，开元、天宝中尚书左丞、太子詹事陆余庆的孙子。他擅长书法，又会作诗，经常与孟郊相唱和，《玄林禅师碑》是其行书的代表作。历任建、信二州刺史，浙西节度使韩滉的转运副使、都官郎中、万年县令。陆长源性格刚强严苛，来到汴州后，打算以严刑峻法，惩处骄兵悍将，遂更改了宣武军的很多传统，董晋则性格宽和，“事务因循，以收士心”。陆长源提出的很多建议，董晋往往先答应下来，等到方案出台之后，又下令停止实施，因此，宣武军的军心才稍稍安定了下来。虽然如此，但宣武都虞候邓惟恭始终内心不安，到了年底，他暗中联络了两百多名将士，企图发动兵变。结果，事情败露，董晋派人逮捕了邓惟恭及其同党，将这两百多人全部斩杀，把邓惟恭送往长安。德宗下诏免其一死，送至汀州安置。

在魏博、宣武两镇发生变化前后，邠宁节度使张献甫以及宣歙观察使刘赞也相继去世了。邠宁镇监军杨明义奏请以都虞候杨朝晟担任留后，德宗遂以其为邠宁节度使。刘赞去世后，判官严绶暂时掌管留后事务，他把仓库内的所有财物都拿出来进贡给德宗，德宗大喜，遂将其征召入朝，担任刑部员外郎。严绶是四川人，大历进士，历任节度使幕僚。贞元中，以侍御史充任宣歙团练副使，深得观察使刘赞的赏识。严绶为人恭谨有余，智略不足，为政务求宽柔，对家人和下属都很好，为时人所称颂，但他依附于宦官，善于见风使舵。德宗经历奉天之难后，意识到钱财的重要性，刻意聚敛天下财货。各地藩镇纷纷投其所好，竞相进奉以换取德宗的青睐，这些正常税收之外的进奉或被称为“税外方圆”，或被称为“用度羡余”。其实，各地节度使自己又不会生钱，这些都是各地从正常赋税中划出来的，或者是向百姓加收的，或者是克扣下属俸禄得来的，或者是贩卖蔬菜水果换来的，他们中饱私囊，进奉给德宗的也不过只有他们贪污总数的十之一二而已。李兼在江西担任观察使，每月都会给德宗进奉，号称“月进”，剑南西川节度使韦皋更会巴结，他每天都会给德宗送去钱物，号称“日进”，此后，常州刺史裴肃也开始直接给德宗送钱，因此而被晋升为浙东观察使。裴肃也开了刺史一级的向德宗进奉的先河，到严绶进奉，又开了刺史幕僚直接向皇帝进奉的先例。

贞元十一、十二年，唐朝国内相继发生陆贽被贬、马燧去世、赵憬去世、崔损、赵宗儒拜相以及河东镇、魏博镇、横海镇、邠宁镇、宣武镇、宣歙镇等地人事变化，国外也发生了一系列的变故。

首先是渤海国。武曌时期，高句丽旁支大祚荣因契丹李尽忠叛唐，组织部众自卫，此后，唐军在消灭李尽忠之后，欲乘胜消灭大祚荣，反为所败。中宗、睿宗即位后，相继派人招降大祚荣，封其为渤海王，以牵制契丹。玄宗开元七年，大祚荣去世，玄宗册立其子大武艺为渤海王，以其地为忽汗州。开元十四年，因黑水靺鞨打算归唐而引起武艺的不满，派遣弟弟门艺率军进攻黑水靺鞨。门艺不从，逃归唐朝，从此，武艺开始与唐朝为敌。开元二十五年，武艺去世，玄宗册封其子钦茂为左骁卫大将军、渤海郡王、忽汗州都督，此后，钦茂一直向唐朝朝贡，大历十二年还给代宗进贡了十一名日本舞女。钦茂去世后，因其子宏临早死，由族弟元义继位。元义为人猜忌暴虐，为国人所杀，拥立了宏临的儿子华屿，改元中兴。华屿去世后，国人又拥立了钦茂的幼子嵩邻，是为渤海康王，改元正历。嵩邻的父亲钦茂在开元中继承了父亲大祚荣的渤海郡王、左金吾大将军之位，后又被唐朝相继晋升为特进、太子詹事、太子宾客、渤海国王、司空、太尉。嵩邻继位后，唐朝只授予他渤海郡王和左金吾大将军，于是派人前往唐朝，请求加官晋爵。贞元十一年二月，德宗下诏册封其为渤海王、忽汗州都督。

其次是北边的奚人和回鹘。贞元十一年年初，幽州上奏称击破奚王啜利等六万余众；在此前后，回鹘奉诚可汗去世。五年前的贞元六年，忠贞可汗去世后，其幼子阿啜继位，被唐朝封为奉诚可汗，如今，时年二十岁的奉诚可汗又死了。因奉诚可汗年幼无子，国人就拥立了掌握兵权的国相骨咄禄为可汗。骨咄禄并非回鹘宗室，他本姓跌跌氏，有勇有谋，从天亲可汗时期就掌管兵马了，回鹘国内文武大臣都对其畏惧顺服。骨咄禄当上可汗后，就谎称自己也是回鹘皇室药葛罗氏，把回鹘宗室子孙全都软禁在内廷，并派人向唐朝告丧。五月，德宗派遣秘书监张荐出使回鹘，册拜骨咄禄为怀信可汗。

最后是吐蕃。在这两年里，吐蕃与唐朝之间的战事断断续续。贞元十一年，南诏攻克了吐蕃的昆明城，次年三月，韦皋上奏称招降西南蛮族高万唐等两万余众。同年九月，吐蕃人又出兵骚扰了庆州。

五一五 宫市之弊

贞元十三年（公元 797 年）一月十五日，吐蕃派人请求和亲，德宗以吐蕃屡屡撕毁合约，没有答应。

此时的吐蕃赞普仍然是赤松德赞。赤松德赞从唐玄宗天宝十四载（公元 755 年）继位，至今已经在位达四十二年之久。历史有时候就是这么有趣：天宝十四载，正是导致大唐由盛转衰的转折点，这一年，安禄山从范阳起兵，也正是从这一年开始，四十年来，唐朝一直内乱不断，而恰恰是这一年，吐蕃赤松德赞继位，让吐蕃逐步走向了强盛，而他的长期在位又保持了吐蕃政局的稳定。如果说这四十年，是大唐最难熬的四十年，那么，一盛一衰，吐蕃帝国则是最辉煌的四十年。期间，吐蕃逐渐蚕食了唐朝河西、陇右、西域之地，又西进与大食相争，南下印度，成为盛极一时的大帝国。然而，物极必反。由于长年穷兵黩武，吐蕃国内矛盾开始激化，加之灾荒不断，社会随之动荡，吐蕃开始由盛而衰，到赤松德赞晚年，他将王位传给了儿子足之煎，自己则退居二线。到德宗贞元十三年，赤松德赞病情加重，也许正是看到国内矛盾日益激化，父王一旦去世，政局将更加不稳，足之煎这才派人向德宗释放善意。

与此同时，凤翔节度使邢君牙上奏请求在陇州以西七十里修筑城池，以备吐蕃，命名为永信城。德宗也认为方渠（今甘肃省环县）、合道（今甘肃省环县西南）、木波（今甘肃省环县东南）三地都是通往吐蕃的交通要道，打算在这三地再修筑城池，遂派人征求邠宁节度使杨朝晟的意见，看需要多少军队。贞元九年朝廷重修盐州时，杨朝晟就曾率部驻守木波，对该地地形十分熟悉，他回答德宗道：“邠宁镇所部军队就足够了，无须麻烦其他道了。”德宗又派人询问：“上次修筑盐州，用兵七万，也刚刚够用，如今，这三个据点离敌人更近，按理说所需军队要多出一倍，为何反而减半呢？”杨朝晟回答：“修筑盐州时，敌人提前已经知道了。如今，调派本镇之兵，不出十天即可来到边境，出其不意修筑城池，而敌人会判断我们的军队当不下七万，他们的大军尚未集中起来，边防军不敢轻易来犯，不出一个月，我们即可修好城池，留下守军，就算敌人来了，也无能为力了。这三地附近没有水草，敌人也难以久留，等敌人撤离之后，我们再运送粮食、草料，供应守军，这是万全之策。臣的辖区逼近敌人，如果调集大批军队前来，需要一个多月才能进抵边境，届时，敌人也会大举前来，双方忙于会战，我们也无暇筑城了。”德宗答应了。

贞元十四年二月，杨朝晟分军为三，令其各修筑一座城池。一部来到方渠，发现没有水源，军队一片恐慌。军吏禀报：“方渠没有水源，不可以驻军。”判官孟子周说道：“和平年代，方渠是一个大集市，要是没水，岂能聚人？”忽然，一条青蛇从高处蜿蜒而下，人们顺着蛇行留下的痕迹，发现了水源，遂开挖水井，得到一处甘泉。杨朝晟命令部队环绕甘泉扎营，并上报此事，德宗下诏在此地修建了一处庙宇祭祀。三月，三座城池全部建成。四月五日，杨朝晟所部返回，行至马岭（今甘肃省庆阳市西北），吐蕃大军这才赶来，两军相持数月，吐蕃人才撤离。杨朝晟趁机又在马岭修筑了一座城池，而后撤回。此次筑城，共开拓三百里边境，完全如其最初所料。

五月十七日，吐蕃在剑山、马岭三处开路，多路向剑南发起进攻，一个月后已进逼台登城（今四川省西昌市北泸沽）。嶲州（今四川省西昌市）刺史曹高任率领诸军将士以及东蛮子弟与敌人苦战，从早上一直激战到中午，大破敌人，生擒敌大笼官七人，临阵斩杀敌人三百人，打伤敌人不可胜数，缴获马匹牲畜五百余头、武器两千余件。

在此前后，吐蕃赞普赤松德赞终于病死，其子足之煎继位。在足之煎之前的赞普世系，如前所述，为松赞干布、芒松芒赞（松赞干布之孙）、器弩悉弄（芒松芒赞之子）、尺带珠丹（器弩悉弄之子，娶妻金城公主）、赤松德赞（一说为尺带珠丹与金城公主之子），但从足之煎继位后，唐朝史书对吐蕃赞普记载不详，也大约是两国互为敌国、吐蕃内乱不已之故。参考汉藏史料，足之煎在位一年零九个月。足之煎的父王赤松德赞晚年笃信佛教，朝政混乱，外戚专权，以宰相尚结赞为代表的赤松德赞的母亲一族那囊氏与赤松德赞王后蔡邦萨一党斗争激烈，到足之煎继位后，很快就与母后蔡邦萨产生冲突，结果于贞元十四年被生母毒死。由于当时吐蕃政局动荡，对外匿丧数年，所以唐书才记载足之煎死于贞元二十年。

赤松德赞与蔡邦萨有足之煎、牟笛赞普、赤德松赞（和他父亲的名字非常近似）三个儿子，牟笛赞普在赤松德赞生前，就曾经杀死尚结赞之子，结果被流放。足之煎死后，蔡邦萨打算召回牟笛赞普，结果被尚结赞一党杀死。牟笛赞普死后，在大僧人娘·定埃增桑布等僧俗势力的一致拥护下，蔡邦萨的第三子赤德松赞继位。赤德松赞从贞元十四年继位，到唐宪宗元和十年（公元815年）去世，在位十七年。他继位后，与各个势力集团进行盟誓，缓和统治阶级内部矛盾，同时进一步提高佛教地位，向唐朝提出了和好的意愿，为以后两国恢复和平奠定了基础，这是后话。

回到唐朝。昏庸贪财的德宗不仅让节度使、刺史，甚至是刺史的幕僚给自己进贡，还利用所谓的宫市盘剥百姓财物。过去，宫中所需之物都由有关部门负责购买，公平交易，宦官们见这是一个肥差，就让德宗把这个差事交给了他们，由宦官们负责向百姓采购，这些人打着皇宫采办的名义，到市场上横行霸道，低价购买财物，闹得是民怨沸腾。再往后，宦官们也不拿皇帝的诏书，干脆找几百个“白望”（左顾右盼、白取民物之人，被人称为白望）穿梭于集市之中，只要看到他们想要的东西，就号称宫市，货主只好拱手相送，根本不敢分辨真假，也不敢讨价还价。这些人往往用几百钱买下人家价值数千钱的财物，即便如此，他们还不给人家现金，把旧衣服、旧绸缎染成紫红色，撕成一尺一寸大小充当现金抵账，更有甚者，他们还向货主索要进奉钱和运费钱。不少商人把货物拉到市场上，遇到这帮人往往是空手而归，名义上是宫市，其实完全就是白昼抢劫。很多商人有好的东西，都不敢再拿到市场上卖了，一听有宦官们出宫，就连卖茶水、炊饼的这些小贩也都吓得关门的关门、撤摊的撤摊了。韩愈在《顺宗实录》中对此有过生动的记载，称：曾经有一个卖柴的农夫，遇见宦官口称宫市要买下木柴，只给了农夫几尺绢，还要农夫再上缴进宫的门户钱，又让农夫用拉柴的驴子把木柴送入宫去。农夫吓得当时就哭了起来，把手里的绢又还给宦官，可是，宦官不接，坚持说：“必须用你的驴把柴送到宫内！”农夫一再哀求，但那位宦官就是不听，最后，农夫被逼无奈，说道：“我家里有父母妻子，全靠这头驴过活。如今，我把柴白白送给你，你尚且不肯，我也只有一死而已！”遂把宦官痛打了一顿。巡街小吏把农夫抓了起来，上报给了德宗，德宗问明情况后，下诏免除了那位宦官宫市之职，赏赐给农夫十匹绢。然而，德宗偏袒宦官，宫市也一直没有取消，谏官们屡屡上书劝谏，但德宗就是不听。贞元十三年十二月，徐州节度使张建封入朝，将宫市之弊详详细细地禀报给了德宗，德宗看后颇为赞赏，就问户部侍郎判度支苏弁的意思。苏弁虽然是位能臣，他取代裴延龄担任度支后，曾化繁为简，赢得人们的称赞，但当时宦官势力太大，他也不敢得罪宦官集团，只好对德宗说："京师游手好闲的人有一万多家，他们没有土地财产，全靠宫市才能生存。"德宗信以为真，以后再有说宫市弊端的，就一概不听了。京兆尹吴凑就曾屡屡上书批评宫市，请求交给州县负责。宦官们在德宗面前说，吴凑之所以屡屡称宫市的坏处，都是右金吾都知赵洽、田秀嵓二人的主意，贞元十四年（公元 798 年）八月二十九日，德宗下令将二人流放到了天德军（今内蒙古自治区乌拉特前旗一带）。

五一六 日渐昏聩

从贞元十三年到十五年这两年里，唐朝国内大抵平静，但朝廷以及各道也发生了一些小小的变化。

贞元十三年九月，中书侍郎、同平章事卢迈因病罢相，改为太子宾客，朝廷上的宰相只剩下了崔损和赵宗儒二人；次年七月，德宗又将赵宗儒罢相，改为太子右庶子，而以工部侍郎郑余庆担任中书侍郎、同平章事。八月，设置左右神策军统军。当时，凡是驻守边镇的禁军待遇都非常好，很多边将都自愿隶属于神策军，号称神策军行营，均划归神策军中尉统领，一时间神策军高达十五万人。

贞元十三年，德宗已经五十五岁，他已经在位十八年了，但也变得越来越昏聩了。该年，因国子司业阳城的学生薛约上书言事，触怒了德宗，被流放到连州。临行之际，阳城前往城外相送，小肚鸡肠的德宗一直对阳城耿耿于怀，借此称阳城与罪犯一党，十二月将阳城贬为道州刺史。阳城来到道州后，兢兢业业，爱民如子，道州的赋税未能按时收齐。观察使派人前来斥责，阳城给自己打分说：“治理百姓非常尽心，但征收赋税没有达标，政绩为下下。”观察使派来判官督促税收工作，阳城先把自己囚禁到监狱里，判官来到后大惊失色，在狱中拜谒阳城说：“使君有什么罪过！我只是奉命前来向您问安而已。”判官在道州滞留了一两天，阳城也没有回家。馆驿门外有一扇旧门横在那里，阳城白天黑夜都睡在上面，判官非常不安，只好告辞而去。观察使又另外派来了一位判官前来督察，这位判官不愿诬陷阳城，半路上携带妻子跑了。

光禄少卿同正张茂宗是义武军（今河北省定州市）节度使张茂昭的弟弟，德宗曾答应把第三女义章公主嫁给他。还未成婚，恰巧张茂昭的母亲去世了，其母临死前，上书德宗请求办完婚礼，德宗答应了。贞元十三年八月二十日，德宗下诏命令张茂宗停止守丧，担任左卫将军同正。左拾遗蒋乂上书劝谏道：“战争时期，自古以来就有身穿丧服出征的，但从未听说过驸马停止守丧来迎娶公主的事。”德宗派宦官给蒋乂解释，但蒋乂拒不让步，德宗只得在延英殿召见蒋乂，当面对他说：“民间也有很多借吉成婚的事，爱卿为何如此固执？”蒋乂回答：“婚姻、丧事，是人间最重要的事，吉凶不可相互冒犯。民间小民无知，孤女无依无靠，可能存在丧事期间出嫁的，但也没听说过男子在守丧期间娶妻的事。”太常博士韦彤、裴堪也上书劝谏。德宗根本听不进去，很不高兴，反而下令有关部门赶快选定婚期，八月二十八日，二人成婚。

到贞元十五年（公元 799 年）十二月二日，中书令、咸宁王浑瑊病逝于河中。德宗追赠其为太师，谥号忠武，废朝五日。浑瑊忠诚勤勉，谨慎小心，在藩镇时，每年向朝廷进贡，他一定会亲自查看贡品；皇帝有所赏赐，也如同皇帝就在眼前那样恭恭敬敬地拜受。浑瑊奏事，每当遇到德宗不予批准时，他总会暗中高兴，说道：“陛下对我没有猜疑啊！”虽位极将相，但德宗对他并不猜忌，舆论将其比作西汉时期的名臣金日磾。浑瑊有三个儿子：浑练、浑镐、浑鐬。浑镐后任延州、唐州刺史；浑鐬后任丰州刺史、诸卫大将军等职。

在地方上，贞元十三年四月十五日，义成（今河南省滑县）节度使李复去世。二十五日，德宗以陕虢观察使姚南仲接任。姚南仲是华州下邽人。乾元初，制科登第，授太子校书，历任高陵、昭应、万年三县尉。迁右拾遗、右补阙。大历十三年，贞懿皇后独孤氏去世，代宗悼惜不已，下令在长安城边修建陵墓，以便能天天望见。姚南仲上书劝谏，说得有理有据，代宗非常赞赏，赏赐给他绯鱼袋，加五品阶。后来，因其与宰相常衮是一党，常衮被贬后，他也受到牵连，被贬为海盐县令。浙江东、西道观察使韩滉征辟其为推官，不久，又被召回朝廷，历任左司兵部员外、郎中、御史中丞、给事中、同州刺史、陕虢观察使。

消息传来，义成军监军薛盈珍正在大宴宾客，听后，他一脸不屑，说道：“姚大夫只是个书生，岂是一位将才！”判官卢坦私下对人说道：“姚大夫表面上虽然柔弱，内心却非常刚强，监军如果冒犯他，他肯定是不会相让的，义成军军府的灾祸就要发生了，如果我还继续留在这里，恐怕会受到牵连。”遂护送李复的灵柩回到了洛阳，被朝廷改任为寿安县令。果然，后来薛盈珍和姚南仲二人不和，幕府之中不少人受到牵连，甚至有人因之被杀。

贞元十四年闰五月，德宗任命神策军行营节度使韩全义担任夏州、绥州、银州、宥州节度使。韩全义当时率部驻扎在长武城（今陕西省长武县），士兵们认为夏州是沙漠之地，又正值盛夏，都不愿移防。十五日，军中发生兵变，乱兵们杀死了大将王栖岩等人，韩全义翻越城墙逃走。城内都虞候高崇文率众诛杀了领头的，军队才稳定下来，二十七日，德宗派遣中使传达口谕，任命高崇文为长武城都知兵马使。高崇文出自渤海高氏，他质朴寡言，从小参加了平卢军队。贞元中，随韩全义镇守长武城，五年夏，三万吐蕃军队进攻宁州，高崇文率领三千甲士救援，佛堂原一战，大破敌军，后来，高崇文成为一代名将，其孙高骈为唐末名将。九月，德宗以陕虢观察使于頔为山南东道节度使。于頔，字允元，是北周太师燕文公于谨之后。以门荫入仕担任千牛，调任华阴尉，后历任黜陟使刘湾判官、充入蕃使判官、司门员外郎、入西蕃计会使、长安县令、驾部郎中、湖州刺史、苏州刺史。其在任期间，虽然有些政绩，却非常横暴，观察使王纬上奏德宗，但昏庸的德宗不仅没有追究，反而给于頔接连升官，于頔也是得意扬扬，给王纬写信道："一蒙恶奏，三度改官。"后，于頔由大理卿又升为陕虢观察使，他更加作威作福，对下属非常严厉。掾姚岘不堪其暴虐，与弟弟一起坐在船上，投河而死。

十月二十四日，夏州节度使韩全义上奏称在盐州西北击破了吐蕃的入侵。该月，明州镇将栗锽杀死刺史卢云，联络山越叛乱，攻陷了浙东数个州县。这场叛乱很快就被唐军平定了，次年二月，浙东观察使裴肃在台州生擒栗锽，送往长安斩首。

回过头来再说义成镇。薛盈珍自恃受到德宗的宠信，根本不把姚南仲放在眼里，总想越俎代庖，独揽义成军的军政大权。姚南仲也不是吃素的，不买他的账，二人很快就产生了矛盾。薛盈珍先是诬陷姚南仲的亲信幕僚马总，德宗不辨真假，就将马总贬为泉州别驾。福建观察使柳冕为了巴结薛盈珍，就想加害马总，派幕僚薛戎接管泉州事务，命其罗织马总的罪名。谁知薛戎却是个非常正直的人，到泉州以后，上报柳冕坚称马总无罪，柳冕大怒，将薛戎召回，打入了大牢，指使狱卒肆意羞辱、折磨薛戎。如此数月，柳冕又派人劝诱薛戎诬陷马总，但薛戎始终不从，柳冕无奈只好作罢，马总遂躲过了一劫。柳冕，字敬叔，与柳宗元是同族同辈，他的父亲柳芳在肃宗时期担任史官，曾撰写《国史》一百三十卷。柳冕此人博学多才，父子二人都曾在集贤院任职，德宗继位之初，召为太常博士。他是韩愈、柳宗元所倡导的古文运动的先驱，强调"文章本于教化"（《与徐给事论文书》），主张"陈诗以观人风"（《答杨中丞论文书》），"文生于情，情生于哀乐，哀乐生于治乱"（《与滑州卢大夫论文书》），在文学史上有一定的地位。但是，此人性格偏激、急躁，巴结宦官，不是一个良善之辈。

赶走了马总，薛盈珍又屡屡在德宗面前说姚南仲的坏话，说得德宗也疑神疑鬼起来。到贞元十六年年初，薛盈珍又派遣小吏程务盈乘坐驿马车赶往京师，诬陷姚南仲。恰巧，义成军的一名叫曹文治的牙将也奉命前往京师汇报工作，得知此情后，他昼夜兼行，在长乐驿站追上了程务盈，二人就住在了一起。半夜，曹文治杀死了程务盈，将薛盈珍的奏表扔了厕所之中，而后，他又写了一道奏疏，替姚南仲申冤，并自首擅自斩杀程务盈的罪过。写完后，他又给姚南仲写了一封书信，把事情的前因后果说了一遍，做完这一切之后，曹文治就拔刀自杀了。第二天一大早，二人房间的门一直没开，驿馆的人们把门打开后，只见满屋是血，程务盈和曹文治均已死去，并在曹文治的身边发现了那些奏疏和书信，赶忙向德宗禀报。德宗听说后，大吃一惊，征召薛盈珍回朝。姚南仲担心薛盈珍入朝后会变本加厉地迫害自己，也上表请求入朝。

贞元十六年（公元800年）四月八日，姚南仲来到长安，待在金吾监狱里等待皇帝降罪。德宗下诏赦免了他，召其觐见。德宗见到姚南仲后，问道："薛盈珍是不是干扰你的工作了？"姚南仲回答："薛盈珍没有干扰我，只是败坏了陛下的法律而已。况且，全天下像薛盈珍之流的人实在是太多了，就算羊祜、杜预这样的名将再世，也不能推行善政、建立大功啊！"德宗听后，哑口无言，却并没有加罪于薛盈珍，还让其掌管朝廷机密事务。薛盈珍又在德宗面前进谗言，说："姚南仲的恶政，全都是幕僚马少微出的主意。"德宗下诏将马少微贬到了江南，并派遣宦官押送，途中将其推到江中淹死了；姚南仲也被调回了朝廷，改任尚书右仆射。

五一七 讨伐淮西（一）

陆贽罢相以来，唐朝中央朝廷直接控制的藩镇老的节度使相继去世，每当一个节度使去世，就会引发一场不大不小的动荡。先是河东节度使李自良去世，李说继任后，与监军王定远产生矛盾，河东镇内乱，李说被征召回京，李景略继任留后；接着，横海镇又发生内乱，原节度使程怀直被其族兄程怀信驱逐；继而，魏博镇田绪去世，幼子田季安继任；再后来，宣武节度使李万荣去世，宣武镇再度发生内讧，其子李迺企图继任留后，受到都虞候邓惟恭的抵制，结果失败，朝廷以同平章事董晋接管了宣武镇，不久，邓惟恭又为董晋所杀；贞元十三年，义成节度使李复去世，继任节度使姚南仲与监军薛盈珍产生矛盾，义成镇内部又发生了一场内讧。

到贞元十五年二月，担任宣武镇节度使两年有余的董晋去世了，朝廷以其行军司马陆长源继任节度使。陆长源为人刻薄急躁，恃才傲物，而判官孟叔度则轻佻淫荡，对将士们也是非常傲慢，经常羞辱大家，长期以来一直桀骜不驯的宣武镇将士们对二人都非常怨恨。董晋在世时，陆长源就一直想把宣武镇治理得服服帖帖，但董晋深知这绝非易事，等董晋死后，陆长源担任留后后，终于可以大干一场了，他对外扬言道：“宣武镇将士们纪律松弛很久了，我将以法好好整顿一番！”众人听了都心生畏惧。有人劝说陆长源犒赏三军，陆长源却说：“我岂能效仿河北贼人，花钱换取人心来购买节度使？”宣武镇有条不成文的规矩：节度使去世后，要发给将士们白布缝制丧服，为节度使服丧，陆长源下令不再发给白布，以白布的价格发成现金。判官孟叔度提高食盐的价格，降低白布的价格，人们得到的现金只能买来两三斤食盐，于是军中将士非常气愤，叛乱一触即发，而陆长源却不以为意，丝毫没有戒备。贞元十五年二月十一日，宣武镇再度发生兵变，愤怒的将士们逮捕了陆长源和孟叔度二人，将其千刀万剐杀死，从二人身上割下肉来，一会儿就吃光了。监军俱文珍因宋州刺史刘逸准是宣武镇的老将，暗中写信召其前来。刘逸准接到命令后，立即率军进入汴州，汴州这才恢复了秩序。十五日，德宗下令任命刘逸准为宣武节度使，赐名为刘全谅。三月十四日，昭义镇节度使王虔休也去世了，朝廷又以河阳怀州节度使李元淳继任昭义节度使。

唐朝直接控制的藩镇内讧，进一步削弱了朝廷的威信，蠢蠢欲动的淮西节度使吴少诚一直是看在眼里。曾几何时，淮西镇也非常辉煌，李希烈一度向北占领了汴州、向西北兵锋直至洛阳、向西南威胁襄州、向南打到长江北岸，如今却局促于申州、光州、蔡州一隅，这让吴少诚心有不甘。自从贞元二年继任以来，十余年见，吴少诚一直卧薪尝胆，对内“善为治，勤俭无私，日事完聚，不奉朝廷”，为的就是要进一步扩大自己的地盘，形成一个与河北藩镇一样的独立王国，经过长期的准备，如今的吴少诚感到时机已经来临了。

早在贞元十三年陆贽被贬不久，吴少诚就擅自下令开挖刀沟（今河南省舞阳县东北）入汝河。德宗听说后，赶忙派宦官前去制止，但吴少诚不听。德宗再派兵部郎中卢群前去责问，吴少诚回答：“开挖此河，对百姓很有好处。”卢群说：“君令臣行，虽然有好处，但人臣怎能擅自做主？大人接到皇帝的命令却不服从，将如何让下属听命于你呢？”吴少诚这才下令停工。次年，为了安抚吴少诚，德宗又于二月下令将其统领的军镇［申州（今河南省信阳市）、光州（今河南省潢川县）、蔡州（今河南省汝南县）］更名为彰义镇。然而，此举并没有起到应有的效果，到九月，吴少诚还是派兵劫掠寿州霍山（今安徽省霍山县），杀死了镇遏使谢详，侵吞了二十余里的土地，派兵镇守。

贞元十五年二月宣武节度使董晋去世后，三月，吴少诚又派兵偷袭唐州（今河南省泌阳县），杀害监军邵国朝、镇遏使张嘉瑜，劫掠一千多百姓而去。对此，朝廷方面不得不做出相应的预防措施，先是任命于頔为山南东道节度使，继而又任命猛将、安州刺史伊慎为安州、黄州等地节度使。然而，不幸的是，到了八月，一向忠于朝廷的陈许（今河南省许昌市）节度使曲环又去世了，朝廷围堵淮西的包围圈的北面又出现了一个缺口。

看到有机可乘，吴少诚遂于同月二十四日派兵北上，劫掠临颍（今河南省临颍县），陈州（今河南省淮阳县）刺史上官涚接任陈许镇留后，派遣大将王令忠率领三千人马赶赴临颍救援，结果战败，被吴少诚生擒。九月五日，德宗正式任命上官涚为陈许节度使，但就在同日，吴少诚乘胜包围了许州（今河南省许昌市）。

上官涚打算弃城而逃，营田副使刘昌裔劝阻道："城中守军足以抵敌，只需闭城固守，不出几天，敌人一定会士气低落，我以万全之势对付疲敝之敌，一定能够取胜。"吴少诚率部不分昼夜连续向许州发起猛攻，刘昌裔招募一千敢死队在城墙挖洞出城，出敌不意，大破敌军，许州城遂得以保全。刘昌裔，太原阳曲人。年少时游历蜀地，正值杨子琳之乱，刘昌裔劝说其归顺了朝廷，等到杨子琳被授予洺州刺史，刘昌裔就当上了他的从事。此后，杨子琳去世，后来刘昌裔又追随曲环，当了他的判官，逐渐晋升为营田副使。

陈许都知兵马使安国宁素来与上官涚不和，阴谋翻城响应吴少诚，刘昌裔设计将其诛杀，而后，又召来安国宁的部下一千余人，每人赏赐两匹细绸缎。等这些人满心欢喜地拿着绸缎回家时，刘昌裔早已在要道上埋下了伏兵，见到凡是拿着绸缎的全部砍死，无一人漏网。吴少诚见强攻徐州不下，只好撤去，转兵东南，改向西华（今河南省西华县）杀来，陈许镇大将孟元阳又将其击退。九月九日，刚刚继任宣武节度使的刘全谅又去世了，宣武军中将士追思刘玄佐，一起推荐其外甥都知兵马使韩弘担任留后。韩弘一直追随刘玄佐，刘玄佐死后，其子刘士宁被驱逐，韩弘也率领刘玄佐的旧部投靠了刘逸准（刘全谅），韩弘在军中颇为厚道，所以被军中推为留后。吴少诚在发兵许州之前，就曾派遣使者来到汴州，想趁着曲环去世之际联合刘全谅，瓜分陈许，约定事成之后，把陈州让给宣武镇。正巧刘全谅也死了，朝廷见宣武镇推举了韩弘，赶忙顺水推舟，正式任命其为宣武节度使。韩弘没有想到朝廷直接就任命自己为节度使，遂决心与吴少诚决裂。当时，吴少诚的几个使者还滞留在汴州的馆驿之内，韩弘下令将他们全部拉出去斩首，而后挑选了三千名精兵赶赴许州增援。

进入贞元年间十余年来，德宗对国内藩镇一味姑息退让，这一次，吴少诚却是变本加厉，公然挑战朝廷的权威，德宗意识到，如果再继续下去，各道势必纷纷效仿，连这种姑息之政也将走到末路了。于是，他不得不下决心讨伐吴少诚，给他一点颜色。贞元十五年九月十五日，德宗下诏剥夺其官职爵位，命令各道军队一起会攻淮西。承担这次讨伐任务的主要是山南东道于頔、安黄节度使伊慎、知寿州事王宗和陈许、宣武的军队，吴少诚没有想到德宗会一改姑息，竟然真的下令各道讨伐自己，一时间有些措手不及，屡屡被官军击败。十一月十二日，于頔上奏称山南东道的军队攻占了吴少诚的吴房（今河南省遂平县）、朗山（今河南省确山县）二地。

然而，这场突如其来的战役对于德宗而言，也是临时起意，并非蓄谋已久，因而一切都没有经过周密计划。各道军队虽然在战役之初，趁吴少诚准备不足取得了一些进展，然而，相互之间各自为战，没有良好的协同，而且，军中都是些不懂军事的宦官监军，每次出战，各道都有各自的算盘，利则战，势头不妙就退，进退不一，等吴少诚惊魂甫定，唐军就显现没有统一指挥的弊端了。当时，各路唐军与吴少诚的叛军在小溵水对峙。溵水，称沙河，发源于伏牛山区的鲁山境内，流经平顶山、漯河、周口，在安徽境内汇入颍河，为淮河的支流。小溵水，系溵水支流，流经今河南省漯河市郾城区北。十二月二十六日，各军不战自溃，丢弃大批武器装备、辎重，这些军用物资全部为吴少诚所得。

五一八 讨伐淮西（二）

小溵水之败后，朝廷开始商议设置淮西招讨使，统一指挥各道讨伐军。

贞元十六年（公元800年）一月六日，继小溵水之败后，恒冀（成德军王武俊所部）、易定（义武军张茂昭所部）、陈许（上官涚部）、河阳四军再次与吴少诚叛军交手，但又一次失利而退了。

就在前线节节败退、朝廷忙着物色平叛统帅之际，刚刚经历过一番动荡的宣武军和义成军仍然是暗流涌动。宣武军自刘玄佐去世之后，迄今已有八年，却发生过五次兵变，士兵们日益骄纵，轻视主帅。韩弘继任宣武节度使之后，暗中排查出这些叛乱的主谋，其中郎将刘锷经常是幕后的策划者。三月，韩弘在衙门布下重兵，将刘锷及其同党三百多人召来，斥责道："你等屡屡发动兵变，还自以为有功！"说完，将这群人全部斩杀，血流遍地。在韩弘的严管之下，到他贞元二十一年入朝，宣武军士兵无一人胆敢在城内大呼小叫。

在韩弘整顿宣武军的同时，义成军的监军薛盈珍与节度使姚南仲的矛盾却开始激化，二人闹到德宗那里，最后，德宗双双将二人召回，改任卢群担任了义成节度使，又处死了姚南仲的幕僚马少微了事，此事已见前述。卢群仅仅上任数月就去世了，到了该年九月，德宗又以尚书左丞李元素继任。宰相贾耽说道："凡是提拔本军将领当节度使的，难免会有爱憎向背，军中高兴和担心的各占一半，所以会引起军中不安。从今往后，但愿陛下只从朝廷大臣中选拔合适的人选继任，这样一来，就不会发生动荡了。"德宗认为他说得有理。

回过头来说朝廷究竟选择了谁来当这个讨伐军统帅。此时的德宗朝中陆贽被逐，李晟、马燧、浑瑊相继凋落，可谓是内无良相，外无良将；虽有宰相，德宗也不重用，可谓是朝廷昏暗，宦官跋扈，百姓困苦；上有昏庸猜忌的君主，下有碌碌无为得过且过的群臣；德宗一心聚敛财物，各镇专门以奉迎巴结为能事，他的身边都是些目光短浅、溜须拍马之人，哪里还有治国之能臣！湖南观察使吕渭上奏称永州刺史阳履贪污受贿，而阳履却上奏称自己聚敛的财物都进奉给了皇帝。德宗把阳履召回长安，命三法司联合审讯，调查其财物的开支到了何处。阳履回答："都用于购马进奉朝廷了。"法官们又问："卖马的人是谁？马的年龄多大？"阳履回答："卖马的东南西北的都有，现在也找不到了。根据《礼记》规定：'询问君王马的年龄，也属于不敬，当诛。'所以，我不知道马的年龄。"阳履说把这些钱都用来进奉了，德宗听了很是受用，就下令仅仅将他免官，予以释放。像如此糊涂的君王，只能培养出更多贪官污吏，另据《大唐传载》记载，杜亚担任淮南节度使时，组织大规模的龙舟采莲比赛，龙舟上都装饰着华丽的丝绸，耗费数千万；于頔担任山南东道节度使时，在山上点灯，一次上油两千石；李昌夔担任荆南节度使时，举办盛大的围猎活动，其妻独孤氏也率领两千妇女参加，每人都身穿红紫锦缎花袄。百姓困苦，外患不已，内忧不断，可是这些达官显贵依然过着骄奢淫逸的生活，整个朝廷难见忧国忧民之臣，这仗咋能打胜！

夏州绥州节度使韩全义原本就是靠巴结宦官爬上来的，根本没有什么才能，只是因为他出身于神策军，又深得神策军中尉窦文场的宠爱，于是，在德宗为挑选讨伐军统帅犯难之时，窦文场就向德宗推荐了他，德宗也全无知人之明，就任命韩全义为蔡州四面行营招讨使，以上官涚为副使，把讨伐吴少诚的十七道军队全都交由其指挥。

军中主帅是这个样子，接下来的战事就可想而知了。韩全义全无谋略，什么都听那些宦官监军的，而这些无知小人总喜欢标新立异，显示各自所谓的能耐，每次讨论下一步行动时，几十个人在大帐里总是争吵得不可开交，最终也是莫衷一是，定不下来。叛军早有内线，得知了唐军的情况，遂屡屡请战，当时，双方在广利城（今河南省项城市一带）遭遇，而天气已经逐渐炎热，唐军驻扎在潮湿之地，很多将士都得了疾病，韩全义却从不存恤，致使军心不战而早已瓦解了。

贞元十六年（公元 800 年）五月十三日，唐军与吴少诚的部将吴秀、吴少阳等人在溵水以南的广利原交战。两军刚一接触，唐军就四散而逃了，吴秀等人率领叛军乘机追杀，把唐军打得落花流水，韩全义等人一路溃逃，退守五楼（今河南省上蔡县东北）。叛军得胜之后，又跟踪追击，七月，吴少诚率领叛军再次进抵五楼，与唐军交战，唐军再一次大败，韩全义趁夜而逃，又与监军贾英秀等人逃到了溵水（今河南省商水县）。

三战三捷。

九月十八日，吴少诚再次率领得胜之军进逼溵水，在城外数里安营扎寨。早已是惊弓之鸟的韩全义等人一见叛军来到，吓得是屁滚尿流，魂不附体，赶忙率领残兵败将弃城而逃，再次逃到了陈州（今河南省淮阳县）。主帅不战而逃，宣武军和河阳军也擅自脱离战场，逃归本镇，只有陈许军大将孟元阳和神策军大将苏光荣还率领各自的军队坚守在溵水城。二十四日，孟元阳等人与叛军苦战，首次取得胜利，杀死叛军两千余人。

韩全义自己无能，却会嫁祸于人。战败之后，他设计欺骗昭义镇的将领夏侯仲宣、义成镇将时昂、河阳将权文变、河中将郭湘等人，将他们全部斩首，打算借此树立自己的威信，然而，根本不起作用。韩全义等人来到陈州城下时，陈州刺史刘昌裔登上城楼，对其说道："天子命令大人前去讨伐蔡州，如今你却来到此地，我不敢让你们入城，请你们就驻扎在城外吧！"不久，刘昌裔就派人从城内送去很多美食犒劳这些残兵败将，韩全义是又惊又喜，内心对刘昌裔很是佩服。

经过几次较量，吴少诚已经对韩全义的两下子摸得一清二楚了，他情知韩全义已经对自己构不成什么威胁了。在溵水城又得不到好处，吴少诚见好就收，到了十月就率军返回了蔡州，不仅如此，他还派人给监军送去书信，婉言谢过，请求朝廷饶恕自己。虽然前线打得火热，可是，那些宦官一起替韩全义遮掩，德宗就像是一个瞎子和聋人一般，对唐军的败绩竟然一无所知。在德宗任命韩全义之前，剑南节度使韦皋听说唐军失利的消息，就曾上书德宗说："请求以浑瑊（其实当时浑瑊刚死，韦皋还不知）、贾耽统领各军，如果觉得让元老重臣麻烦过意不去，则臣愿意率领一万精锐东出三峡，取道荆襄消灭叛军。如果不行的话，趁其请罪之际，也可下诏赦免，撤回两河讨伐军，令公私得以休息，这也算是一条可行之法。以后如果吴少诚恶贯满盈，被部下杀死，朝廷再把他的爵位封给此人，这是除掉了一个吴少诚，又会生出一个吴少诚，如此一来就后患无穷了啊！"在前线作战期间，贾耽也曾经向德宗建议说："叛党大约也想让朝廷饶恕他们，恐怕还是给他们开一条生路的好。"德宗算是接受了。

当前线送来吴少诚的悔过书后，德宗也是顺水推舟，于贞元十六年十月二十三日下诏赦免了吴少诚以及彰义军的全体将士，恢复了吴少诚等人的官爵，这场持续了一年多的平叛战争就这样草草收场了。

贞元十七年（公元801年）一月二十一日，败军之将韩全义回到了长安。朝中有窦文场在德宗面前掩饰其败绩，因此，德宗还以为他是凯旋的，对其非常礼遇，赏赐给他很多财物。韩全义唯恐事情败露，不敢面见德宗，就谎称得了脚病，不能觐见，派遣司马崔放入宫汇报。崔放替韩全义谢罪，称师出无功，可是，昏庸的德宗不以为然，还振振有词地说道："韩全义身为招讨使，能招降吴少诚，他立下的功劳可是很大啊，何必非要杀了多少人才算是立下战功了呢？"闰一月十一日，韩全义返回了驻地夏州。

当时的人们都痛恨德宗昏庸，以致像窦文场、韩全义之类的小人才得以横行无忌。德宗的长孙、广陵王李纯（后来的唐宪宗）对韩全义非常痛恨，后来，等到他继位后，韩全义非常害怕，主动请求入朝退休。韩全义的儿子给唐宪宗送上八名美貌的歌女，宪宗一口拒绝道："我正要以俭朴治国，要这些干什么！"

五一九 讨伐淮西（三）

贞元十六年（公元 800 年）这场虎头蛇尾的平叛战争，以唐军屡战屡败、吴少诚见好就收、向朝廷低头、朝廷多少挽回一点颜面而草草收场。

一方面，贞元以来，朝廷已无心削平跋扈藩镇，不仅默认了河朔藩镇的特殊地位，而且就连直接控制的藩镇，朝廷也基本上认可了军中推举节度使的惯例，并在节度使生前一般不予替换，这当然是朝廷的无奈之举，但在一定程度上也缓和了朝廷与藩镇之间的关系，暂时淡化了双方之间的冲突。德宗决定讨伐吴少诚以来，包括河朔三镇在内的大多数藩镇节度使都积极派遣军队参与平叛，加上一贯骄横的宣武镇也站在了朝廷一边，这都是吴少诚所没有想到的。虽然由于朝廷主帅无能，导致讨伐军连连战败，但以一镇之兵独挡一国军队，显然是自取灭亡，这是吴少诚见好就收的根本原因。另一方面，德宗年事已高，日渐昏聩，得过且过，再无进取之心，对各地藩镇采取的姑息政策已经执行了十余年，让建中年间带来的灭顶之灾逐渐得到平复，李唐政权也是转危为安。德宗讨伐吴少诚并不意味着要在政策上改弦易辙，要不是吴少诚闹得太不像话，德宗根本无意下令讨伐。由于准备不足，战事毫无进展，如今吴少诚既然表示愿意改过自新，德宗也乐于接受，这大约是朝廷方面赦免吴少诚的主要原因。

当然，贞元十六年帝国各地的形势也不容德宗像建中平叛战争那样把战事继续拖下去。

首先是山南东道出现了问题。山南东道节度使于頔自从吴少诚叛乱之后，率兵进入唐州，相继收复了吴房、朗山二县，又在濯神沟击败叛军。有了这些功劳，于頔野心开始膨胀，他借机大肆扩充军队，招募将士，打造兵器，屯聚军粮，对部下稍不如意，就军法从事，肆意诛杀，俨然有割据汉南之志。他还上书德宗，请求把襄州升格为大都督府，与割据的郓州和魏州相同，这显然已经暴露了他的不臣之心，德宗正忙于平定吴少诚，不得不答应。此后，于頔得寸进尺，无理要求一个接着一个，朝廷也只能同意，这反而更让于頔觉得朝廷软弱可欺，遂欺凌朝廷，威服下属。

邓州刺史元洪看不惯他的这一套，于頔大怒，就诬陷元洪贪污，要求朝廷予以惩处。德宗无可奈何，只好将元洪流放到端州，并派中使一路押送。谁知于頔却认为朝廷对元洪的惩处太重了，当元洪一行行至枣阳县时，他派遣部将率领数百人马赶上，擅自把元洪强行劫持到了襄州。中使逃回京师，德宗勃然大怒，下令将其重打了数十棍，然后，德宗又派中使景忠信赶赴襄州向于頔解释，又根据于頔的意思把元洪贬为吉州长史。于頔又厌恶判官薛正伦，上书请求将其贬为峡州长史，可是，等到朝廷根据他的意思颁布诏书之后，于頔又不生薛正伦的气了，上书请求让其官复原职，如此儿戏，朝廷方面也不得不忍气吞声，一一照做。后来，薛正伦去世，于頔派兵把薛家团团围住，逼迫薛家的嫡女嫁给自己的庶子。户部侍郎、判度支于頎是于頔的哥哥，中书侍郎、同平章事郑余庆与其私交很好，于頎上报的事情，郑余庆往往劝说德宗批准，自从于頔失欢于德宗以来，德宗就找个借口把于頎贬为泉州司户。德宗知道郑余庆和于頎的关系，只是苦于没有借口加罪于他，正巧当年发生了旱灾，百姓饥荒，德宗与宰相们商议打算赈济禁卫军，但还没有正式发布命令，中书省的人就泄密了，这给了德宗一个很好的借口，遂于贞元十六年九月将郑余庆贬为郴州司马。郑余庆于贞元十四年接替赵宗儒担任宰相两年后被罢相，德宗又任命太常卿齐抗接替了他，担任中书舍人、同平章事。齐抗就是曾任凤翔节度使张镒的判官、张镒为李楚琳所杀后奔赴奉天的那位。

除了山南东道，还有徐州也让德宗挂心。

徐州地理位置十分重要，它既是江淮漕运北上的枢纽，又是监视淄青镇的据点，还是屏护江淮、中原的门户。贞元四年，在李泌的建议下，将濠州和泗州划归徐州，任命张建封为徐州、濠州、泗州节度使。张建封到任以来，没有辜负朝廷的重托，他事必躬亲，宽严得当，忠心报国，在镇十余年，将徐州治理得井井有条。贞元十三年年底，他还入朝觐见，痛陈宫市之弊，德宗虽然昏庸，但对张建封的忠心还是认可的，并且，张建封与德宗还有共同爱好，二人都喜欢舞文弄墨，秦系、于良史、韩愈等都是他的门客或幕僚，时相唱和，权德舆也称其“歌诗特优，有仲宣之气质，越石之清拔”。次年上巳节，德宗赏赐群臣在曲江亭饮宴，特意令张建封与宰相们坐在一席吃饭。贞元以来，凡是藩镇节度使入朝返回的，即便是像马燧、浑瑊、刘玄佐、李抱真、曲环这些重臣，德宗也从未亲自作诗送别，但这次张建封返回时，德宗亲自作诗送别，诗云：“牧守寄所重，才贤生为时。宣风自淮甸，授钺膺藩维。入觐展遐恋，临轩慰来思。忠诚在方寸，感激陈清词。报国尔所尚，恤人予是资。欢宴不尽怀，车马当还期。谷雨将应候，行春犹未迟。勿以千里遥，而云无己知。”还命中使把自己经常用的马鞭赠送给张建封，并传话说：“因爱卿忠贞节义，岁寒不移，这条马鞭是朕经常用的，赏赐给你，以表彰你的忠节。”张建封也回诗表达了自己的忠心。

德宗对张建封厚爱有加，当然与张建封本人的忠诚有关，但也与徐州重要的地位不无关系，可是，就在平叛战争正酣之际，张建封得了重病，他接连紧急上书朝廷，请求朝廷赶快任命新的节度使。贞元十六年五月十四日，德宗任命韦执谊的从祖兄、苏州刺史韦夏卿为徐泗濠行军司马。诏书送到徐州时，张建封就已经死了，徐州判官郑通诚暂时代理留后。像宣武镇等军镇一样，老节度使去世，马上就会面临老节度使的儿子或者亲信，与朝廷将要任命的新节度使之间权力的争斗。如果老节度使的儿子觊觎节度使之位，就会发生兵变，要么成功成为新的节度使，要么失败，被军镇内部的另一股势力诛杀，胜利者则成为被朝廷认可的新节度使，张建封死后的徐州同样也面临这一问题。郑通诚暂时管理事务之后，正巧一部浙西兵经过徐州、赶赴平叛前线，为了避免出现徐州城内在韦夏卿尚未到任的空当里出现大乱，郑通诚就打算让浙西兵入城来恐吓本镇军队，维持秩序。谁知，恰恰是这一点让阴谋家们抓住了把柄，他们制造流言，煽起徐州士兵们的怒火，五月十五日，数千徐州乱兵砍开武器库库门，取出铠甲兵器，包围了徐州内城，劫持张建封的儿子、前虢州参军张愔为知军府事，杀了郑通诚以及大将段伯熊等几人，囚禁了监军。

消息传来，德宗赶忙以吏部员外郎李鄘担任徐州宣慰使赶赴徐州。李鄘径直来到军中，召集将士们宣布诏书，告诉众人利弊祸福，下令打开监军的枷锁，恢复其职务，徐州乱兵不敢再动。张愔上书自称兵马留后，李鄘说这不是朝廷之命，拒绝接受，张愔不得已去掉了这一称呼，李鄘这才接下回京复命。李鄘，字建侯，是北海太守李邕的侄孙，曾任李怀光幕僚，李怀光之乱中，他机智地让老母脱离了河中；李怀光死后，他又相继被马燧、曹王李皋征辟为从事，后入朝担任吏部员外郎。

五二〇 讨伐淮西（四）

西面吴少诚节节取胜，徐州又发生了兵变，一旦淄青的李师古再起异心，整个东南局势将不堪设想。

为了安抚淄青的李师古以及淮南的杜佑，德宗赶忙派人加封李师古和杜佑为同平章事，同时，德宗还交给杜佑一个任务，那就是命其兼任徐濠泗节度使，率部前去讨伐张愔。杜佑是个大学者，也是个文臣，却不是一位能征惯战的将才，他所依靠的是淮南的大将孟准。杜佑接到朝廷的命令后，即征调大批战舰，以孟准为先锋，领兵渡过淮河，向徐州挺进，结果孟准却被张愔击败。孟准战败后，杜佑拥兵淮南，再也不敢渡淮了；泗州刺史张伾也出兵，进攻埇桥（今安徽省宿州市），但也被徐州军队打得大败。

在这种情况下，德宗只好委曲求全，任命张愔为徐州团练使，以张伾为泗州留后，濠州刺史杜兼为濠州留后，加淮南节度使杜佑兼管濠州、泗州观察使。

这等于朝廷与张愔均选择了妥协：朝廷方面取消了徐泗濠节度使，把张愔直接控制的徐州交给了他，以换取张愔对朝廷的效忠。这番变故之后，朝廷只好改任韦夏卿为吏部侍郎。韦夏卿是位文人，也是位能臣、名人，个人品行很好，结交的都是一时名士。杜兼是贞观宰相杜正伦的五世孙，内心阴险，残忍强狠。贞元时期，德宗对藩镇一味姑息，甚至对于那些拥兵的州郡刺史，也不敢轻易撤换。杜兼敏锐地觉察出德宗这一弱点，就组织起了一支三千人的精锐军队，故意让德宗知道，好让朝廷对自己有所忌惮，在自己肆意妄为时不敢随意惩处。果然，不久之后，杜兼就诬陷录事参军韦赏和团练判官陆楚，德宗果然就依从了杜兼，派人将二人杖杀。韦赏是进士及第，陆楚是陆象先之孙，都是出身名门，二人无罪被杀，濠州大小官吏无不吓得不敢出声，对杜兼侧目而视。

听说张建封病重，杜兼也有自己的小算盘，他赶忙从濠州赶到了徐州。徐州从事李藩与同僚们一起探望张建封，出来后突然看到杜兼，他哭着对杜兼说道：

“仆射公（指张建封）病情到了这种地步，大人应该在州里警戒，如今却突然到此，意欲何为？还不快回！要不然，我将要向朝廷禀报了！”杜兼没有想到李藩会说出这番义正词严的话来，一时间竟然哑口无言，只好怏怏而归。等到张建封死后，杜兼一无所得，对李藩是恨之入骨，必欲置之死地。李藩在徐州兵变后也回到了扬州，杜兼就诬陷徐州兵变完全是李藩在暗中捣鬼。德宗大怒，密诏杜佑杀掉李藩。

这个李藩也是来头不小，他的曾祖李至远、祖父李畲都名重一时，父亲李承曾任湖南观察使，也非常有名，曾劝说德宗提防李希烈，并在李希烈消灭梁崇义后接任山南东道节度使。李藩自幼好学，恬淡自适，举止优雅，杜亚担任东都留守时，因与李藩之父是好友而将其征辟为从事，后改任为张建封的从事。据《两京杂记》记载，李藩客居洛阳时已年近三十，却默默无闻，妻子是崔构的庶女，李藩就寄居在岳父崔家，不受崔家人待见。有个算命的，只要听见人的声音就知道人的贵贱，此人好喝酒，谁找他算命，必须带一壶酒，所以人称其为胡芦生。当时，李藩心情郁闷，携家打算离开洛阳前去扬州，就与崔家两兄弟去拜访胡芦生。崔氏兄弟先到，胡芦生当时已经喝醉了，见到二人也不起身，只是打个手势让二人坐下。李藩后到，还没进门，胡芦生就对仆人说：“来贵人了！”赶忙让仆人打扫庭院。刚打扫完，李藩就到了，还没从驴上下来，胡芦生就笑着迎上前去，握着李藩的双手，说道：“郎君是贵人啊！”李藩回答：“我又穷又生病了，全家又将迁至千里之外，有什么贵不贵的？”胡芦生说道：“纱笼中人，还怕这点挫折？”李藩一直追问是什么意思，胡芦生就是不说。后来，李藩当上了张建封的从事，一次，一个深通相术的新罗和尚来到徐州，张建封就问他自己能不能当上宰相，这和尚说不能，张建封听后非常失落。就把自己的幕僚全都叫到庭院里，让他看看谁能当上，和尚看了半天，回答：“一个也没有。”张建封听后更不高兴了，说道：“还有没进院子的吗？”侍从回答：“李巡官（指李藩）没来。”张建封命令赶快让李藩赶来。不一会儿，李藩来了，和尚赶忙走下台阶迎接，对张建封说道：“这位李巡官就是纱笼中人，您也比不上。”张建封大喜，遂问纱笼中人是什么意思。和尚说道：“凡是宰相，阴间必定会用纱笼罩着，以免为异物所害，其余官员没有这种待遇。”直到这时，李藩才明白胡芦生所说的话。此后，李藩在宪宗元和初年拜相。

杜佑素来就非常敬重李藩，怀揣诏书迟迟不忍拿出执行，十余日后，他找到李藩，对他说道："佛说有因果报应，这是真的吗？"李藩回答："是真的。"杜佑接着说："既然你明白这一点，遇到什么事情就不必惊慌了。"遂拿出德宗的诏书给李藩看。李藩看后，神色不变，说道："这的确是我与杜兼之间的报应。"杜佑安慰他说："切勿再说，我已经暗中替你申辩，以全家人的性命在皇上面前给你担保了。"虽然德宗接到了杜佑的保证，但仍然是余怒未消，下令杜佑速速将李藩送往京师论罪。可是，等德宗见到李藩后，立刻为其优雅的仪容所倾倒，说道："这岂是作恶之人的样子？"顿时心中释然了，当即任命李藩为秘书郎。

徐州军乱引出了杜兼、李藩的恩怨，话说远了，回过来继续说平定淮西时德宗面临的局势。

山南东道自来瑱以来，在相当长一段时间内也处于半割据状态，且其地位又比淮西要重要得多，如今，德宗识人不明，竟然挑选了一个如此跋扈的于頔，一旦与淮西的战事拖延下去，难保于頔不会成为第二个吴少诚。西有日益跋扈、野心勃勃的于頔，东有刚刚兵变的张愔，除此之外，唐军还在北南两个方向不时与吐蕃军队发生摩擦，而帝国不少地方也不太平。比如，黔中观察使韦士宗政令严苛，弄得民怨沸腾，贞元十六年四月，牙将傅近等人趁机将其驱逐，韦士宗逃奔到了施州，此后不久，虽然韦士宗又返回了黔中，大开杀戒，但这也说明当时的各地很不稳定。再加上北面是刚刚稳定的昭义军、宣武军、义成军和自顾不暇的河阳军，再就是割据的河朔三镇以及淄青镇了，一旦讨伐吴少诚的战事拖延下去，届时，建中之变势必重新上演，这才是德宗最为担忧的，也是吴少诚表示归顺就令他心满意足的根本原因吧。

韦士宗再回黔中之后，弄得人心惶惶，到贞元十七年三月，他再次逃离黔中，四月，德宗任命右谏议大夫裴佶担任黔州观察使。裴佶，字弘正，是开元宰相裴耀卿的孙子。进士及第后，历任校书郎、蓝田县尉。德宗逃难梁州时，裴佶赶赴行在，被拜为拾遗、补阙。德宗返回长安后，裴佶又历任吏部员外郎、驾部兵部郎中、谏议大夫。裴佶到任后，黔中逐渐恢复了稳定。

朝廷刚刚与吴少诚和解，关中又差一点闹出乱子。

贞元十七年五月二十四日，朔方邠州、宁州、庆州节度使杨朝晟在宁州去世。杨朝晟病重期间，对幕僚们说："我此病一定不会好转了，我们朔方军的将帅大多出自本军，这种做法虽然顺应军心，却违背了国体。宁州刺史刘南金熟悉军旅，可以由他暂时负责军务，再等朝廷另行挑选将帅，军中就会无事了。"又亲笔写下遗嘱，交给监军刘英倩，刘英倩上报给了朝廷。军中将士们私下商议：“朝廷任命将帅，我们也接受，就算任命了刘南金，我们也从命；可是，假如任命的节度使是出自其他军队的，他一定会率领麾下一起接管我们，到时候我们就要靠边站了，我们一定要拼命抗拒！”五月二十八日，德宗派遣中使赶到军中察看军情，军中将士们大多拥护刘南金。

河中节度使浑瑊生前曾经派遣兵马使李朝寀率部镇守定平（今甘肃省宁县东南），浑瑊去世后，李朝寀上书请求以本军隶属于神策军，德宗下诏答应了。虽然邠宁庆将士们都想让刘南金当节度使，但在德宗和神策军头领们看来，已经隶属神策军的李朝寀是更为合适的人选，起码在李朝寀接管了邠宁庆之后，神策军的实力就得到进一步地加强了。

五月三十日，德宗再派高级别宦官薛盈珍来到宁州。六月三日，薛盈珍来到宁州后，宣布德宗的命令：“李朝寀所部原本属于朔方军，如今，朕打算让他们与你部合并，以壮声势，加大对吐蕃方面的压力，因此，朕决定以李朝寀为节度使，刘南金为副使，军中将士们觉得怎么样？”众将也都不敢提出异议。然而，到了五日，都虞候石经在军中挑拨道：“李大人命令收缴我们的弓箭、大刀，还命我们给其送去两千副铠甲。”军士们听了，都十分气愤，说道：“李大人打算派来两千人，我等妻子儿女还保得住吗？”当晚，大家都找到了刘南金，打算拥立他当节度使。刘南金隔着大门推辞道：“我当然想当这个节度使，然而如果不是天子任命的，我是不会做的，你们想拥立，军中难道没有别的将领了吗？”大家说道：“弓箭大刀都被没收，只有你这里还有武器，我们想以此起事。”刘南金说道：“你们不想让李朝寀当节度使，就该告知中使，如果动刀动枪，那就是抗命。”遂紧闭大门，不让大家入内。士兵们又去兵马使高固家，高固藏匿起来，被士兵们搜出。高固说：“你们愿意听从我的命令，我就同意。”大家纷纷表示：“愿意从命。”高固说道：“不得杀人，不得劫掠财物。”众人均说：“同意。”于是，大家簇拥着高固一起面见监军，请求监军上奏朝廷。而后，众人又说：“刘南金既然已经被朝廷任命为副帅，肯定会破坏我们的计划。”遂谎称监军之命召唤刘南金，等刘南金到来，就把他杀了。

七日，德宗正式任命李朝寀为邠宁庆节度使，但同日，宁州兵变的消息就传到了朝廷，德宗赶忙派人追回了诏书，又派遣薛盈珍赶赴宁州察看。十一日，薛盈珍来到军中，军中将士们表示拥立高固，薛盈珍遂以朝廷之命令高固暂时主持军务。与此同时，一些野心家又把德宗六月七日任命李朝寀为节度使的诏书内容在邠州散布，邠州将士们顿时心生疑窦，无所适从，这些野心家伺机发动兵变。留后孟子周把精锐部队全部调至总部，每天设宴款待士兵们，安抚将士，阻吓奸党，确保了特殊时期邠州军队的安定。十八日，德宗正式任命高固担任邠宁庆节度使。高固是员老将，为人宽厚，深得众心，杨朝晟对他很是忌惮，只给他个闲差，同僚们还时常瞧不起他，可等他当上节度使后，一个都不报复，邠宁庆军心这才安定了下来。

五二一 贞元末年（一）

从贞元十七年到贞元二十年（公元 804 年），是德宗在位的最后几年。

德宗晚年，进取心早已消磨殆尽，他优游卒岁，得过且过，俨然一副太平天子模样。德宗原本就喜欢舞文弄墨，《唐语林》等书记载："德宗晚年绝嗜欲，尤工诗句，臣下莫可及。每御制奉和，退而笑曰：'排公在。'俗有投石之两头置标，号曰排公，以中不中为胜负也。"《唐诗纪事》记载，德宗写的《章敬寺诗》中有句："松院静苔色，竹房深磬声。"深为当时之人所称道。《说郛》记载，杜佑在淮南时，曾给德宗送上崔叔清的上百首诗，德宗看后说："这都是些恶诗，送来干啥？"《唐诗纪事》又称："帝善为文，尤长于篇什，每与学士言诗于浴堂殿，夜分不寐。贞元中，昭义节度李抱真荐贝州宋庭芬之女若昭，召入禁中试文，帝咨美。帝每与侍臣赓和，若昭姊若华等五人皆预，呼学士。"《韩林志》也记载："德宗雅尚文学，注意是选。乘舆每幸学士院，顾问锡赉，无所不至。御馔珍肴，辍而赐之。又尝召对于浴堂，移院于金銮殿，对御起草，诗赋唱和，或旬日不出。"

除了吟诗作文，附庸风雅之外，德宗还非常奢靡，自奉甚厚。据《开城录》记载，德宗的曾孙唐文宗后来提到德宗的奢靡时就说过："朕听宫中的老宫女们说过，每次引来泉水，都要先在水池地上铺上锦缎。"王建的《宫词》："鱼藻宫中锁翠娥，先皇行处不曾过。如今池底休铺锦，菱角鸡头积渐多。"说的就是此事。《清异录》记载，赵宗儒在翰林时，曾听中使们说："今天早餐时的玉尖面，用消熊、栈鹿做馅，皇上非常喜欢吃。"赵宗儒问什么是玉尖面，才知道就是民间的尖馒头。又问什么是消熊和栈鹿，中使回答："消熊就是非常肥的熊，栈鹿就是用饲料精养的鹿。"《刘宾客嘉话录》记载，王承升有个妹妹，非常漂亮，德宗将其纳入后宫，可是这个王美人一点都不喜欢宫中生活，这让德宗怀恨在心，说道："这就是个穷命的女人。"遂把王氏放出了宫，还下令王家不得将王氏嫁给进士出身的朝廷命官，只能嫁给出身低微的军将，后来，王氏嫁给了元士会，生活颠沛流离。民国时期的徐啸天在他的《唐代宫廷艳史》中，把王氏演绎成一个不羡宫中生活、甘愿嫁为贫民妇的奇女子。

德宗如此，整个朝廷风气也好不到哪去。贞元十七年，宰相是贾耽、崔损和齐抗，度支使王绍，盐铁转运使李锜，左右神策军中尉分别是孙荣义和第五守亮。八年前的贞元九年，贾耽以六十四岁高龄拜相，他原本就是一个"温克长者"，又酷爱地理学，兼善弹琴和赏花（分别见《南部新书》和《海棠记》），史称，他"性长者，不喜臧否人物。自居相位，凡十三年，虽不能以安危大计启沃于人主，而常以检身厉行以律人"。也就是说，他是一个有个人爱好，却身居宰相之位，不能行宰相之事的老好人。贾耽这样还好些，另外两个宰相崔损（贞元十二年命）和齐抗（贞元十六年命）就不用提了，史称"损、抗之比，夫何足云，遽汙（污）台槐"。崔损原本就是裴延龄的同党，为人"性龌龊谨慎，每延英论事，未尝有言……南北两省清要，损皆历践之，在位无称于人者"。又经常卧病在家，此人不仅无才，又无德。身为宰相，母亲去世后，长期殡于旷野，不提择日安葬的事；姐姐出家为尼，身死之后，他也始终不去哭吊。可是，德宗就是喜欢这种会溜须拍马的人，虽然他也知道舆论对崔损评价极低，却出于可怜或者是怜爱，对其非常厚待，崔损窃据宰相之位八年之久，始终未被免职。与崔损相比，齐抗稍稍好些，但也不是当宰相的料，"虽读书，无远智大略，凡为官，必求至精，末乃滋彰，物论薄其隘刻"。

三个宰相都是这副德行，难怪德宗不再依靠他们，"德宗临驭岁久，机务不由台司，自窦参、陆贽已后，宰臣备位而已"。（《王绍传》）很多朝廷大事，德宗就找度支使王绍（贞元十六年命）商量。王绍这人还是可以的，史称："德宗以绍谨密，恩遇特异，凡主重务八年，政之大小，多所访决。绍未赏泄露，亦不矜炫。"另外一个掌管财政大权的李锜就不咋样了。李锜出身李唐宗室，是唐初淮安王李神通的六世孙，其父李若幽（后改名李国贞）历任剑南节度使、河中等州观察使等职。李锜因巴结李齐运而升职，又看准了德宗贪财的本性，大肆搜刮民财进奉，令德宗非常满意，晋升其为润州（今江苏省镇江市）刺史兼盐铁使（贞元十五年命）。李锜掌握了财政大权之后，一方面给德宗进贡；另一方面给朝中权贵贿赂，打点上下，令朝廷君臣都心满意足，全都对他交口称赞。李锜恃宠而骄，肆无忌惮，在地方上是为所欲为，公然盗取公家财物，稍稍看不惯部下，就大开杀戒，肆意诛杀。浙西百姓崔善贞出于义愤，不远千里来到长安，上书德宗指斥李锜的罪恶，兼论宫市、进奉和盐铁的弊端。谁知，德宗君臣原本就是一丘之貉，德宗看了崔善贞的奏表，不仅没有为民做主，惩处李锜，反而很不高兴，下令把崔善贞装入囚车，送给李锜处置。李锜原来还有些许不安，但听说德宗把崔善贞送回来了，不禁大喜，残暴的他下令在路边挖了一个坑，贞元十七年六月八日，押送崔善贞的囚车到了，李锜当即下令连人带车一起投入坑中，将崔善贞活埋而死。远近之人听说此事后，都不寒而栗，对无道的德宗君臣切齿痛恨。李锜还为了自卫，不断扩充军队，挑选神射手组成一支军队，号称“挽硬随身”营，又招募胡人组成一营，号称“蕃落健儿”营，给予他们很优厚的待遇。转运判官卢坦屡屡劝谏，但李锜根本不听，依然我行我素，最后，卢坦和幕僚李约等人都弃官而去。

掌握军权的左右神策军护军中尉，如今也变为孙荣义和第五守亮。左神策军护军中尉原为窦文场，本年退休，由孙荣义接替；右神策军护军中尉原为霍仙鸣，贞元十四年去世，由第五守亮继任。孙荣义出身宦官家族，其父亲孙知古就是个大宦官，被封为开府仪同三司、行右领军卫大将军、知内侍省事、上柱国、魏国公，其叔父孙常楷也是个大宦官（内常侍、修功德使）（并见《内侍省内常侍孙常楷神道碑》《唐故右神策护军中尉、右街功德使……孙公神道碑铭并序》），孙荣义在至德中在内廷任职，历任掖庭局监、掖庭局丞、宫闱局令、内谒者监等职。第五守亮，原名第五守进，《册府元龟》卷665《内臣部·恩宠》：“第五守进为内侍省内常侍，贞元十四年为神策中尉，赐名守亮。”霍仙鸣死于贞元十四年，窦文场贞元十七年才致仕，因此，第五守亮继任的只能是右神策军护军中尉。贞元十七年六月，也许是邠州事件影响到了第五守亮，德宗下令免去了他的职务，改命杨志廉继任右神策军护军中尉。《杨志廉墓志铭》记载，其父杨延祚，任内常侍。

如今，宦官集团已经成为一个势力庞大的集团。《旧唐书·宦官传》称：贞元“十五年以后，杨志廉、孙荣义为左右军中尉，亦踵窦、霍之事，怙宠骄恣。贪利冒宠之徒，利其纳贿，多附丽之”。唐朝宦官之所以能够长期得以生存，主要在于：一是宦官集团本身人数较多。唐代宦官之数在玄宗时，“品官黄衣已上三千人，衣朱紫者千余人”。元和、长庆时，“是时高品白身之数，四千六百一十八人”（《旧唐书·宦官传》）。此后还有所增加。二是宦官们采取相互联姻的手段加强内部团结。根据出土的墓志可知，宦官家族之间相互联姻的情况非常普遍，比如，《仇文义妻王氏墓志铭》记载：王氏共收养了六个女儿，其中就有五个嫁给了其他宦官家族，而王氏本人也出身于宦官家族，她的二哥王元宥在唐宣宗时任枢密使，丈夫仇文义为忠武军监军使。又比如，杨志廉的夫人刘氏是内常侍刘守忠之女（见《全唐文补遗》第 2 辑《唐故忠武军监军使……仇公夫人王氏墓志铭》《唐故左神策军护军中尉……仇公夫人王氏墓志铭》《唐故左神策军护军中尉……杨公故夫人赠鲁国夫人刘氏墓志铭》），而杨志廉的侄女杨珽则又嫁给了左神策中尉副使刘英润（大宦官刘光琦之子）。这种联姻，无疑使得宦官家族“家声赫奕，枝派蝉联”。三是宦官们还大肆收养养子、养女，以扩大家族实力。唐代宦官养子成风，这一风气一直延续到宋朝初年。四是长期把持军政等手段不断巩固自己的地位。神策军一直是宦官们的禁脔，由各大宦官家族子弟世袭，比如，杨志廉的儿子杨钦义大中朝为神策中尉，杨钦义的儿子杨玄寔乾符中为右军中尉，孙子杨复恭唐末为右军中尉、枢密使。除此之外，宦官们的养子还染指神策军之外的其他军镇大权，这一点到唐末尤其突出，比如《旧唐书·宦官传·杨复光传》记载：杨复光“诸假子：守亮，兴元节度使；守宗，忠武节度使；守信，商州防御使；守忠，洋州节度使；其余以守为名者数十人，皆为牧守将帅”。

五二二 贞元末年（二）

贞元末年的李唐朝廷可以概括为：君王昏庸，臣下无能，宦官跋扈，藩镇割据，强征暴敛，政治黑暗，这仿佛又回到了代宗大历末年。

在内政方面，晚年的德宗可谓是乏善可陈。除了纵容宦官、宫市之外，还继续纵容贪官污吏。浙东观察使裴肃（其第二子裴休为唐宣宗时宰相，据说，金山寺的法海就是裴休之子）以进奉而被升官，其判官齐总代为负责留后事务。上行下效，这个齐总在盘剥百姓、巴结上级方面比起裴肃来，有过之而无不及。贞元十八年（公元 802 年）三月十七日，德宗下诏晋升齐总为衢州刺史，给事中许孟荣将诏书驳回，称："过去，陛下因为战事，不得已破格提拔了一些官员，如今，衢州并没有发生大的事变，齐总又没有什么特殊的政绩，陛下突然下诏破格提拔此人，令满朝文武都非常惊骇。齐总只是个浙东判官，令其担任留后、代理团练副使，已经是前所未有之事了，又下此诏，尤其不妥。假如一定要提拔齐总，就请将其政绩公布天下，然后破格晋升，方能令众人解除心中的疑虑。衢州是浙东一个大郡，齐总以大理评事（从八品下）兼监察御史（正八品上）之职授予此官（大州刺史从三品、中州刺史正四品上、下州刺史正四品下），令远近之人心有不甘，口出恶言。"德宗这才收回成命。四月十三日，德宗召见许孟荣，予以褒奖，说："如果百官都像你这样尽心尽职，朕还有什么忧虑的呢？"

许孟容，字公范，长安人。其父许鸣谦是位《易》学家，官至抚州刺史。许孟容进士及第，为秘书省校书郎。赵赞为荆、襄等道黜陟使，征辟为判官，又担任曹王李皋的判官、徐州节度使张建封的从事，后被德宗征召入朝，担任礼部员外郎。有个公主的儿子想进入弘文、崇文馆上学，许孟容根据规定不同意，公主就到德宗那里告状，德宗命中使查问，但许孟荣据理力争，德宗觉得许孟荣说得有理，就把他提拔为礼部郎中，贞元十四年，转为兵部郎中。不到一年就又晋升为给事中。

德宗虽然褒奖了许孟荣，但由于其本人的私心，再加上用人不明，所用之人很多是贪婪苛暴之徒，而且在大多时候，他听信的是这些人的话，而不是像许孟荣之类正人的话。贞元十九年（公元 803 年）三月二十四日，德宗提拔司农卿、嗣道王李实为京兆尹。如前所述，李实为政严苛暴虐，为了投德宗所好，对百姓是巧取豪夺，与裴延龄是一类人，而德宗恰恰就是打心眼里喜欢这类人。当上京兆尹后，李实更是自恃有德宗这个靠山，刚愎自用，无法无天，史称，其“为政猛暴，方务聚敛进奉，以固恩顾，百姓所诉，一不介意”。又称，其“陵轹公卿百执事，随其喜怒，诬奏迁逐者相继，朝士畏而恶之”。根据惯例，在路上相遇，府官是要回避台官的，而李实遇到侍御史王播，却不回避。王播质问李实的随从，李实怀恨在心，上奏将王播调任为自己的下属三原令。王播上任时，到李实那里道谢，被李实骂得狗血喷头。又诬陷万年令李众，上奏德宗将李众贬为虔州司马，把自己的亲信虞部员外郎房启提拔为万年令。李实明目张胆地逼迫选曹赵宗儒、礼部侍郎权德舆提拔自己的人，开列一个二十人的名单，威胁权德舆说：“你就按这个名单录取，如若不然，我一定会把你弄出京师，到时候后悔也来不及了！”权德舆虽然不从，但从内心深处还是担心受到他的诬陷。王播，字明敭，原籍太原（今太原），其父王恕，曾任扬州仓曹参军，遂以扬州为家。王播还有一段非常著名的“饭后钟”的故事。《唐摭言》记载，王播幼年就成了孤儿，非常贫寒，只好到扬州惠昭寺木兰院的僧寮里借读。寺院规定一天三餐吃饭时间都在寺僧敲钟之后，王播也听着钟声去吃饭了，但不久之后，他就发现再听到钟声，寺院的和尚们已经吃完了！他在寺院墙壁上题写了一首诗后愤然而去。二十年后，到文宗时期，王播已当上宰相，他故地重游，令他感慨万千，又续写两首：“二十年前此院游，木兰花发院新修。而今再到经行处，树老无花僧白头。”“上堂已了各西东，惭愧阇黎饭后钟。二十年来尘扑面，如今始得碧纱笼！”然后，怅然离去。

贞元十九年，天下大旱，从正月一直到七月，关中地区没有下一滴雨，百姓非常困苦。

给事中许孟荣上书称：“臣听说陛下数月以来，为百姓着想，吃斋减膳，还命百官体察民情，又向上天祈祷，却密云不雨，这是什么原因呢？臣考察历代发生天人交感之事，都是解决了百姓和国家最急切的大事才发生的。京师是天下的根本，强干弱枝是自古以来的惯例。其一，今年的赋税大致有一百万贯，臣请求陛下即刻下令予以免除；其二，如果不能做到，就把三分之二的赋税免除。这样一来就可以让百姓免于流亡，如果百姓无法耕种，再征收如常，势必造成百姓纷纷逃亡。户部收的钱在度支正常收入之外，本来就是为了应急的，如此严重的灾害，陛下应当下令让户部拿出一百万钱，以代替京兆百姓一年的赋税，则全天下之人将歌颂陛下的仁爱。另外，陛下还应审查是否存在冤狱，令有关部门三日内奏闻，如果存在，即刻予以昭雪。”因贞元年间受到裴延龄、李齐运等人的陷害，流放的官员很多，而德宗又素来担心曾经流放的人内心深处不会再效忠自己，长期不按条例“量移”，所以许孟荣借旱灾又提及此事。

看了许孟荣的奏疏，德宗就召见李实询问旱情。李实却说：“今年虽然闹了旱灾，但田里的庄稼长得很好！”德宗也乐于听到这种话，就没有采纳许孟荣的建议，不再减免关中百姓当年的赋税。摊上了这种君王，穷苦百姓求告无门，只能拆掉房屋，把砖瓦木材卖掉，或者抵押麦苗换钱交给官府。一位名叫成辅端的正直优伶写了数十篇诗文，描写关中百姓的苦难，一篇云：“秦城城池二百年，何期如此贱田园。一顷麦苗五硕米，三间堂屋二千钱。”李实听了勃然大怒，上奏称成辅端诽谤朝政，德宗下令将成辅端立即用棍棒活活打死。此后，朝廷下令免除京畿内百姓拖欠的赋税，但李实违背诏书，继续征收，致使百姓非常困顿，收不上赋税的官吏屡屡受到鞭打、责罚，聚敛了三十万钱。

监察御史韩愈上奏，以为：“京畿百姓穷苦困顿，应当将今年没有征收上来的赋税以及草粟等钱，等到明年蚕事以后或者小麦收割时再补收。”但是，昏庸的德宗将韩愈贬为山阳令。史称：“愈发言真率，无所畏避，操行坚正，拙于世务。调授四门博士，转监察御史。德宗晚年，政出多门，宰相不专机务。宫市之弊，谏官论之不听。愈尝上章数千言极论之，不听，怒贬为连州山阳令，量移江陵府掾曹。”

虽然朝中有许孟荣、韩愈这些名士、诤臣，德宗在明面上也不得不有所掩饰，但其内心亲近的是李实这种聚敛之臣，根本没有把百姓的疾苦放在心上，韩愈被贬，而许孟荣不久也因“以讽谕太切，改太常少卿”。

淮南节度使杜佑后期在淮南治理得并不理想，判官南宫僔、李亚、郑元均等人争权夺利，把淮南军政搞得一塌糊涂，德宗知道后，将三人都贬到了岭南，此后，杜佑屡屡上表请求入朝，贞元十八年十月，德宗任命刑部尚书王锷担任淮南副节度使兼行军司马，次年二月二十三日，杜佑入朝，三月一日，德宗任命其为检校司空、同平章事，以王锷为淮南节度使。同年七月十一日，中书侍郎、同平章事齐抗因病被免为太子宾客。闰十月十日，门下侍郎、同平章事崔损去世。十二月十三日，德宗任命太常卿高郢担任中书侍郎、同平章事；吏部侍郎郑珣瑜担任门下侍郎、同平章事。高郢长期在朔方军中担任幕僚，身陷李怀光叛军中，却一直心向朝廷，李怀光被杀后，马燧又征辟为掌书记，不久，被德宗召入朝廷，历任刑部郎中、中书舍人、礼部侍郎、太常卿。史称，高郢为人刚正，在他主管选举之后，注重举子们的真才实学，狠刹请托之风，考风为之一变。另称："郢性恭慎廉洁，罕与人交游，守官奉法勤恪，掌诰累年，家无制草。或谓之曰：'前辈皆留制集，公焚之何也？'曰：'王言不可存私家。'时人重其慎密。"郑珣瑜，字元伯，郑州荥泽人，是前宰相郑余庆的堂兄弟。大历中入仕，历任大理评事、阳翟丞、万年尉、左补阙、泾原军判官、侍御史、刑部员外郎、饶州刺史、谏议大夫、吏部侍郎、河南尹。他个性严肃，沉默寡言，从未因私事向人请托，别人也不敢因私事向他说情。当时韩全义率军与吴少诚作战，屡屡向河南索取财物，除了诏书明令之外，郑珣瑜一概不予理睬。有人劝他，他却说："武将领兵，多恃此向州县索要财物，朝廷一旦降罪，地方官也会受到牵连，无论如何，我也不会让万千百姓破产的！"当时人们把他比作前河南尹张延赏，而认为他厚重严正又超过张延赏。郑珣瑜拜相后，曾当面质问京兆尹李实："京兆府留下的钱帛都有定数，其他的要上交度支，而你如今的进奉钱又是出自何处？"李实只得如实道出，因其受到德宗的宠幸，才蒙混过关，未被惩处。

五二三　贞元末年（三）

在地方上，这几年来也发生了一些变故。

贞元十七年六月二十六日，继邠宁庆节度使杨朝晟去世之后，成德节度使王武俊也去世了，终年六十七岁。德宗废朝五日，群臣前往延英门凭吊，如浑瑊去世时那样。德宗下诏追赠其为太师，赏赐送丧布帛、粟米等。太常拟定谥号为威烈，德宗说：“王武俊竭忠奉国，宜赐谥忠烈。”王武俊有子四人：王士真、王士清、王士平、王士则。长子王士真嗣位。王士真从小就勇冠三军，为李宝臣帐中亲将，李宝臣把女儿嫁给了他。李宝臣临死前大肆杀戮手下大将，幸赖王士真暗中结好李宝臣身边亲信，王武俊才得以幸免。王武俊继位节度使后，以王士真为副大使，德宗返京之后，晋升王士真为检校兵部尚书，充德州刺史、德棣观察使，封清河郡王。七月二十一日，德宗下诏任命王士真为左金吾卫大将军同正、恒州大都督府长史，充成德军节度、恒冀深赵德棣等州观察等使，不久，又加封其为检校尚书左仆射。王士真辅佐其父立下汗马功劳，辛苦备尝，继位后，能遵守善道。虽然擅自任命辖区官吏，也不向朝廷进贡赋税，但每年都会以进奉之名向朝廷进贡大批财物，数额也高达数十万钱，与幽州和魏博二镇相比对朝廷更为恭顺。

王武俊刚死，河东节度使郑儋也突然去世了。郑儋自称白云翁，荥阳人。大历四年进士及第，后历任高陵尉、大理丞、太常博士、起居郎、吏部郎中，贞元十六年由河东行军司马晋升为节度使。次年八月去世，终年六十一岁。据韩愈所写神道碑文称，郑儋喜欢与人喝酒，每次都喝得大醉，还经常与人投壶游戏，常常通宵达旦。郑儋突然死亡，来不及交代后事，河东军中顿时骚动不安，行将生变。当天深夜，众将命令十余名士兵持刀喊来掌书记令狐楚，在军营门前命他起草郑儋的遗表，在众人环绕之中，令狐楚从容不迫，提笔一会儿就写好了。令狐楚自称唐初十八学士之一的令狐德棻的后裔，贞元七年进士及第，他才华横溢，入仕后一直担任几任河东节度使的从事。德宗也喜欢作文，对令狐楚的文章也颇为欣赏，每当河东送来奏表，他能分辨出是否出自令狐楚之手。八月二十八日，德宗下令以河东行军司马严绶接任河东节度使。严绶谦恭有余，而智略不足，与众人保持一团和气，又巴结宦官，开幕僚进奉之先河。

到贞元十八年十月二十六日，鄜坊节度使王栖曜也去世了。中军将领何朝宗阴谋作乱，深夜派人在军中纵火。都虞候裴玢偷偷躲藏起来，不去救火，次日清晨，他派人逮捕了何朝宗，将其斩首。朝廷遂以同州刺史刘公济为鄜坊节度使，以裴玢为行军司马。

贞元十九年二月六日，德宗下诏将安黄军（今湖北省安陆市）改名为奉义军。十八日，安南道（今越南河内市）牙将王季元驱逐安南观察使裴泰，裴泰逃奔朱鸢（今越南河内市东南）。次日，左兵马使赵匀领兵诛杀了王季元及其同党，又把裴泰迎回了军府。

六月，陈许节度使上官涚去世，其女婿田偁阴谋胁迫其子袭位，他担心监军范日用不从，打算设伏兵杀死范日用。牙将王沛是上官涚的另外一个女婿，得知此情后，偷偷告诉了范日用，范日用下令将其逮捕。十六日，朝廷下令任命陈许行军司马刘昌裔担任节度使，以王沛为行军司马。王沛是许昌人，作战勇敢。刘昌裔接任后，奏请朝廷授予王沛监察御史，德宗下令让王沛护送上官涚的灵柩回到长安，并召见了王沛。德宗嫌刘昌裔给王沛请求的官职太小，对王沛说："我觉得这很不够，你回去吧，我让他另行奏报。"王沛还未回到许州，德宗就授予他开府仪同三司兼御史中丞。

盐夏节度使判官崔文先暂时负责盐州军政事务，他为政苛刻。贞元十九年闰十月，盐夏镇部将李庭俊作乱，诛杀崔文先，并将其肉切块吃掉。左神策兵马使李兴干驻扎在盐州，发兵又杀死了李庭俊，并向朝廷报告。十一月，德宗以李兴干为盐州刺史，授予其直接向朝廷奏事的权利，从此以后，盐州就脱离了夏州的统辖。

孙荣义和杨志廉分别担任神策军中尉之后，宦官的地位得到进一步的加强，他们招权纳贿，身边笼络了一大批人，形成了一股很大的势力。建中时期，德宗曾经下令御史每季度要到京城各个节度使以及府县，对于所有的囚犯进行复审，一旦发现冤案要禀报朝廷。自从宦官势力增强以来，没有人敢去巡视其所掌管的北军，每次都是北军向御史台送去一封公函，称所在没有发现冤案，就算了事。

监察御史崔薳办事认真，又对下级严苛，有人就想暗中陷害他，把他带到了右神策军。崔薳进入军中后，军中将吏大为恐惧，军使直接向德宗禀报。德宗闻听后勃然大怒，下令将崔薳棍打四十，流放到崖州。

贞元二十年（公元 804 年）一月，天德军都防御团练使、丰州（今内蒙古自治区五原县）刺史李景略去世，终年五十五岁。李景略虽为契丹人，却忠于朝廷，他受到宦官排挤，被远调到丰州苦寒之地，但他丝毫没有怨言。在丰州期间，与士兵们同甘共苦，派人开通了咸应、永清二渠，灌溉良田数百顷，公私受益；他储备物资，整修武器，防御回纥，号令严明，令回纥人非常忌惮，不敢轻易进犯。李景略生前，有一次宴请部下，判官任迪简迟到，被罚了一大杯酒，可是，斟酒的人误把醋当成酒倒给了他。任迪简是位忠厚长者，他知道李景略非常严厉，唯恐给斟酒的人招致杀身之祸，就勉强把醋喝了下去，结果，回到家里，他非常难受，以致口吐鲜血。士兵们听说后，都感动得流下了热泪。等到李景略去世后，大家一致推举任迪简为节度使。监军把任迪简送到一处藏匿起来，士兵们强行打开门锁，将他迎接出来。监军无奈，只好上报朝廷，德宗下诏以其为节度使。任迪简，万年人，进士及第。

贞元二十年四月，德宗下诏将陈许军更名为忠武军。左金吾大将军李升云领兵镇守咸阳，四月，一病不起，其子李政諲与虞候上官望等人阴谋效仿山东藩镇，让将士们推举自己代理留后。六月九日，李升云去世。十一日，德宗下诏削夺李升云的官职，将其抄家。同月，昭义节度使李长荣去世。德宗派遣中使携带手诏赶赴军中，将将士们推举的军中大将就地任命为节度使。当时，昭义军大将来希皓深得军心，中使就把委任状交给了他。可是，这个来希皓对大家说："从军中挑选长官，自然非我莫属，但叫我当节度使，我不愿意。就算朝廷拿来一捆草当节度使，我也心甘情愿地从命。"中使说："陛下当面叮嘱我，只能从本军中挑选节度使，朝廷不从其他地方派员。"但来希皓坚决推辞。兵马使卢从史在军中只排在第四位，但此人善于钻营，他见来希皓是真心推辞，就暗中巴结监军，从队列中站了出来，对中使说道："如果来大夫不肯接受，我愿意暂时管理本军。"监军也随声附和，说道："卢中丞既然如此，这也符合圣旨的要求。"中使就从怀中取出诏书，交给了卢从史。卢从史接到诏书，行三跪九叩大礼。来希皓赶忙回到部署行列，与众将一起向卢从史道贺，然后召集全军将士，众人均无异议。八月十七日，德宗正式下诏任命卢从史为昭义节度使。卢从史，出身名门，其父卢虔曾任江州刺史、秘书监等职。卢从史自幼习武，深受李长荣的器重，被任命为昭义军大将。

五二四　贞元末年（四）

再说说这些年来唐朝与吐蕃之间的关系。

伴随着南诏逐渐向唐朝靠拢，吐蕃分别于贞元十五年、十六年相继组织了针对南诏和巂州的攻势，其战略目的就是要切断唐朝与南诏之间的联系。然而，在唐朝和南诏联军的打击下，吐蕃这两次大规模的攻势损兵折将，接连受挫，就连吐蕃的智将马定德也投降了韦皋。

不甘心失败的吐蕃人在南线得不到好处的情况下，决定改变思路，在北线进攻唐朝的盐州、麟州等地，以缓解南线的压力。面对咄咄逼人的吐蕃人，唐德宗不敢轻敌，在官军接连战败、无法彻底消灭吴少诚的情况下，草草结束了平叛战争，将韩全义的主力部队调回关中。韩全义刚刚回到夏州，到了贞元十七年七月，北线吐蕃军队就对唐朝边境发起了攻势。

该年七月十八日，吐蕃军队入侵盐州。二十九日，攻陷麟州（今陕西省神木市），杀掉唐朝麟州刺史郭锋，捣毁麟州城池，劫掠麟州军民和当地的党项部落而去。郭锋是郭子仪的长子郭曜之子。吐蕃军队回到盐州以西九十里的横槽烽安营扎寨，其军中大将徐舍人召来被俘的和尚延素等七人，延素来到帐中，近前一看，只见那位大将身高六尺余，大眼睛，红胡子。徐舍人命令解下延素等人的枷锁，命其坐下，说道："师父不要害怕。我本是汉人，乃英国公徐世勣的第五代孙，武后时，我的高祖徐敬业起兵失败后，子孙流落到异国他乡，至今已经三代了。虽然世代位居高位，掌握兵权，但思乡之情从未忘却，只因宗族太大，不能脱身归国。这里是番汉边境，再行九十里就到安乐州了，那时师父就无法东归了。"延素悲不自胜，苦苦哀求。徐舍人说道："我奉命率军防御边境，趁便搜寻粮草，因而进入唐朝境内，辗转东进，来到麟州。麟州守军没有防备，又无援军，我才得以攻陷城池。我也知道郭使君是功臣之后，不忍加害，可不幸的是他竟然为乱兵所杀。”正说着，有一名骑兵赶来，说道：“术士告知有变，召军队速速返回。”徐舍人遂率军而去，而将延素放回。

为了缓解北线压力，德宗下诏命令剑南节度使韦皋在南线出击。韦皋接到命令后，立即部署军队投入战斗，他兵分九路朝吐蕃境内杀来：一路，镇静军兵马使陈泊等人率领一万人马从三奇路出兵；二路，威戎军使崔尧臣率兵一千出龙溪石门路南；三路，维保二州兵马使仇冕、保霸两州刺史董振等人率兵两千进逼吐蕃维州城（今四川省理县）；四路，北路兵马使邢玭、各州刺史董怀愕等人率兵四千进攻栖鸡、老翁等城（今四川省茂县西北）；五路，都将高倜、王英俊等率兵两千进逼故松州（今四川省松潘县）；六路，陇东路兵马使元膺以及部将郝宗等人分兵八千出南道雅（今四川省雅安市）、邛州、黎州、嶲州等路，邛州镇南军使、御史大夫韦良金率领镇兵一千三百随后进发；七路，雅州经略使路惟明与三部落酋长赵日进等人率兵三千进攻逋租、偏松等城；八路，黎州经略使王有道率三部落酋长郝金信等人率领两千人渡过大渡河深入吐蕃境内；九路，嶲州经略使陈孝阳与行营兵马使何大海、韦义等人以及磨些蛮三部落酋长苴那时率兵四千进攻昆明、诺济城。

唐军攻势迅猛，九月，韦皋上奏，在雅州（今四川省雅安市）大破吐蕃军队。韦皋所部一路转战上千里，屡屡击破吐蕃军队，一共攻克敌城七座，军镇五座，焚烧堡垒一百五十个，斩首一万余人，俘虏六千余人，招降三千余户百姓，并乘胜包围了维州和昆明城（今四川省盐源县）。南诏国王异牟寻也配合唐军作战，在战斗中俘虏了大批敌人，德宗派遣中使前去安抚、慰问。

十月十一日，德宗加封韦皋为检校司徒兼中书令，赐爵南康王。二十九日，盐州刺史杜彦先不能抵抗吐蕃军的压力，弃城逃奔庆州（今甘肃省庆阳市西峰区）。

维州危急。

吐蕃赶忙将北线军队撤回，组织起一支十万人的大军，并派遣大相兼东部五道节度使论莽热统领，火速南下，以解维州之围。得知吐蕃援军赶来，韦皋率领一万余军队依托险要设下伏兵，以逸待劳。吐蕃大军来到后，韦皋命令一千人出来挑战，论莽热见唐军人数稀少，遂决心一口吃掉唐军，指挥全军全力追杀唐军。唐军边打边撤，将敌人引入了预设的包围圈中，见敌人完全进入囊中，韦皋立即下令伏兵从四面八方杀出，顿时万箭齐发，吐蕃军队陷入唐军的重重包围，土崩瓦解，主帅论莽热临阵被活捉，敌人大败，死伤了一多半。打败吐蕃援军之后，维州、昆明城的吐蕃守军依托险要仍然负隅顽抗，唐军无力继续进攻，只好撤离。论莽热是唐朝与吐蕃两百年战争中俘获的官爵最高的吐蕃将领，韦皋将论莽热献给朝廷，德宗下令赦免了他，并在崇仁里分给他了一处宅院。

唐军取得维州大捷之前，贞元十八年一月，骠国（今缅甸）国王摩罗思那听说南诏已经归附了唐朝，十分仰慕，也派遣儿子悉利移携带贡品来到唐朝，并献上本国的乐器。

经过了贞元末年的大战，吐蕃高层已经意识到自己根本无法吃掉唐朝，并且，此时回鹘与吐蕃为争夺安西四镇，还在接连交战，黑衣大食也是动荡不安，直接影响到了当地的吐蕃藩属国，吐蕃有必要在东线与唐朝保持和平，以转兵应付西线和北线。贞元十九年（公元 803 年）五月二十六日，继位五年的吐蕃赞普赤德松赞主动示好，派遣大臣论颊热来到长安，商量两国会盟之事。如今的德宗也非往日可比，他也不想再起干戈，就答应了吐蕃的请求，于六月十三日派遣右龙武大将军薛伾兼御史大夫，出使吐蕃。

贞元二十年（公元 804 年）三月，吐蕃派人告丧，德宗下令废朝三日，命工部侍郎张荐前去吊唁。四月，赤德松赞派遣河南观察使论乞冉及僧人南拨特计波等五十四人出使唐朝。赤德松赞继位后，给予自己的老师、僧人娘·定埃增以崇高的地位，任命其为钵阐布（吐蕃宰相沙门），僧侣集团已经在吐蕃上层成为一股举足轻重的势力。以钵阐布为首的僧侣集团，倾向于与唐朝实现和解，两国之间的和平也符合两国的根本利益，然而，一旦实现和平，对于吐蕃拥有一定自主权的边将而言，就失去了财源。因而，也引起了他们对吐蕃上层僧侣集团的强烈不满，吐蕃与唐朝两国之间的和平也非常脆弱。

不过，总而言之，毕竟在德宗晚年，两国之间实现了短暂的和平。

五二五 贞元末年（五）

贞元二十年（公元 804 年）时的德宗已经六十二岁，而此时的太子李诵也已四十三岁了。

李诵是德宗长子，大历十四年代宗去世后，六月被晋封为宣王，十二月立为皇太子。他为人谦恭，见到师傅总是先下拜；他文武双全，擅长隶书，每当德宗作诗赏赐群臣时，常令李诵抄录；在泾原之变中，李诵还经常“执弓矢居（德宗）左右”，并“身先禁旅，乘城拒战”。

然而，似乎德宗对他这位长子并不十分喜爱，很早的时候，他就非常喜爱侄儿李谊，还把他过继为次子，并委以重任。贞元三年，郜国公主巫蛊之事发生，作为郜国公主女婿的李诵也承受了空前的压力，几乎被德宗废黜，幸赖李泌的保护，李诵才得以幸免，此后李诵更加小心谨慎，很少公开表达自己的观点。贞元中期以后，德宗逐渐得过且过，日益变得贪婪、猜忌、享乐，无视混乱的朝政、专权的宦官、跋扈的藩镇和苦难的黎民百姓，这也让李诵看在眼里，痛在心里。据《唐会要》（四）记载，当裴延龄和韦渠牟当权时，陆贽、李充相继被贬，令朝野人士切齿痛恨。李诵不顾个人安危，趁面见父皇之际，极力阻止德宗拜裴延龄等人为相，最终德宗勉强采纳了李诵的意见。此后，德宗曾经在鱼藻宫边泛舟，与宫人们嬉戏，宫女们个个衣着华丽，龙舟装饰得金碧辉煌，船上用具金光闪闪，鼓乐齐鸣，宫女们齐声歌唱。玩到开心之处，德宗也让李诵上船，对他说：“今天玩得如何？”李诵不敢扫兴，只得说道：“非常盛大。”然而，等退下后，以《诗经》上的“好乐无荒”之句劝谏德宗，德宗听了很不高兴。从这两件事可以看出，李诵是一个充满了忧患意识的太子，对现实是忧心忡忡，也是打算有所作为的。

李诵虽然夹着尾巴做人，但面对年迈的父皇，他也在不露声色地培植着自己的势力。据《山海经后序》称，李诵非常喜欢下棋，当时有吉达、高鈛、崔同、杨同愿、窦深、崔长孺、甄偶、独孤文德等人经常与太子下棋。显然，李诵下棋只不过是一个障眼法，一方面表现出自己不插手朝政的态度；另一方面则可以通过与这些人的交往，了解外界的情况，甄别合适的人才。

天长日久，李诵身边就逐渐形成了一个以翰林待诏王伾和棋待诏王叔文为核心的若隐若暗的政治集团。王伾，杭州人，以翰林待诏，不断晋升为正议大夫、殿中丞、皇太子侍书。王伾为人庸碌卑下，相貌猥琐，是李诵的弄臣之流。王叔文，越州山阴人，通诗书，有大志，喜欢谈论治国理政之道，经常给李诵谈及民间的疾苦，为李诵所敬重，但亲密程度则不如王伾那样可以随意出入太子宫内。一次，李诵与众侍臣谈及宫市之弊，太子说道："我正要面见皇上竭力反对！"众人皆交口称赞，唯独王叔文默默无言。等到大家退下后，李诵把王叔文单独留了下来，问道："刚才唯独你不表态，难道有什么说的吗？"王叔文回答："叔文蒙太子厚爱，心中有什么，怎敢不说给太子您？皇太子侍奉陛下，除了照顾皇上的饮食起居之外，不该过多干预外事。皇上在位时间已长，如果有小人从中离间，说殿下在收揽人心，殿下将用什么办法辩解呢？"李诵听后，不禁大惊失色，感动得流下了眼泪，说道："要没有先生，寡人不会想到这一点！"遂把王叔文作为自己的心腹，宫中之事，全靠与他来商量解决。王叔文遂暗中对李诵说："某人可以当宰相，某人可以当大将，希望将来重用他们。"遂暗中结交翰林学士韦执谊和当时朝中名士陆淳（后因避讳唐宪宗李淳之名而改名陆质）、吕温、李景俭、韩晔、韩泰、陈谏、柳宗元、刘禹锡等十几个人，定为生死之交，凌准、程异也随后加入，十几个人经常搅在一起，行动诡秘。地方上的一些藩镇大员，也有人偷偷送来贿赂，希望能加入。

韦执谊，京兆人。他从小就非常聪明，进士及第，被拜为右拾遗，召入为翰林学士，时年二十余。德宗对他非常看重，经常与裴延龄、韦渠牟等人一起在宫中作诗唱和。德宗生日，李诵献上佛像，德宗命韦执谊替佛像撰写赞，又命太子赏赐给他丝绸答谢。韦执谊来到太子宫道谢，始终不多说话，李诵说道："学士认识王叔文吗？那可是个大才啊。"在李诵的引见下，韦执谊与王叔文开始交往，并成为密友。

陆质，字伯冲，吴人，是韦执谊的密友。他深通《春秋》，陈少游镇守淮南时，曾将他纳入幕府，后推荐到朝廷，被任命为左拾遗，历任左司郎中、信州、台州刺史。

吕温，字和叔，又字化光，河中人。贞元十四年进士，次年又中博学宏词科，授集贤殿校书郎。贞元十九年，在王叔文的推荐下，担任左拾遗。次年夏，以侍御史的身份担任入蕃副使出使吐蕃。

李景俭，字宽中，汉中王李瑀之孙，贞元十五年进士及第。他个性俊朗，博闻强记，博览前史，自负有王霸之略。韦执谊、王叔文对他尤其看重，目之为管仲、诸葛亮之类的人。

韩晔是韩滉的同族侄儿，也是个很有才华的人，累迁尚书司封郎中。

韩泰，字安平，能决断大事，深为王伾和王叔文所倚重，担任户部郎中。

陈谏，记忆力超群，治下的账簿往往是过目不忘，任河中少尹。

凌准，与王叔文是旧友，是位史学家，曾撰写《邠志》两卷。贞元二十年以浙东观察判官召入，引为翰林学士，转员外郎。

程异，长安人，以父亲病中能尽力侍奉而闻名，明经及第，为扬州海陵主簿，后授予华州郑县尉。他精通吏职，廉洁奉公，非常能干，贞元末年，授予监察御史，虞部员外郎，充盐铁转运、扬子院留后。

柳宗元，唐宋八大家之一。字子厚，河东人。曾伯祖柳奭，为高祖朝的宰相；父亲柳镇为太常博士、侍御史。柳宗元从小就聪慧绝伦，尤其精通诗歌，下笔如神。他进士及第，历任校书郎、蓝田尉，贞元十九年，担任监察御史。

刘禹锡，字梦得，彭城人。父祖均担任县令僚佐，世代以儒学著称。刘禹锡以贞元九年擢进士及第，又登博学宏词科。他精通古文，擅长五言诗，担任过淮南节度使杜佑的记室，杜佑对他非常厚待。杜佑入朝担任宰相后，也把刘禹锡带到了朝廷，担任监察御史。刘禹锡与韦执谊私交很好，因此结识王叔文，深为王叔文叹赏，以宰相之才看待他。

贞元十九年，补阙张正一因上书言事得到德宗的召见，王仲舒、韦成季、刘伯刍、裴茝、常仲孺、吕洞等人既是张正一的同僚，又是好友，见德宗召见了他，都纷纷前去张家道贺。有人对韦执谊说："张正一等人上书，在说大人与王叔文结成朋党之事。"韦执谊遂趁面见德宗之际，上奏道："韦成季等人聚集在一起，图谋不轨。"德宗命令金吾秘密探查，果然发现这几个人曾经多次聚会，在一起饮宴，于是，德宗下令将这六七个人全部逐出了朝廷，当时外人都不知其中的缘由。

驱逐韦成季等人事件已经隐隐透出朝中各个政治势力之间激烈的斗争，人们都在揣测后德宗时代将出现什么样的变故，难怪史书称，郑珣瑜拜相之后，不仅毫无喜色，反而满脸忧愁（本传“珣瑜自受命，忧形颜色。”）。而恰恰在这时，贞元二十年九月，皇太子李诵却莫名其妙地中风，竟然不能开口说话了！一向健康的李诵突然中风，这究竟是正常生病，还是别有隐情？虽然李诵不显山露水，但诸如宦官集团等既得利益者肯定会敏锐地察觉出他的政治态度，如今李诵又笼络了一大批朝中名士，背后也许还有宰相杜佑的支持，在错综复杂的政局中，既得利益集团会不会采取非常手段加害李诵？这不是没有可能。

五二六 顺宗即位

公元 805 年，贞元二十一年，这一年后来改元为永贞元年，注定是一个不同寻常的年头。

这一年，德宗已六十三岁（虚岁六十四岁），正月初一，诸王以及各位皇亲国戚入宫给德宗祝贺元旦，而太子李诵却因重病无法入宫，德宗不禁悲从中来，老泪纵横，非常伤感，当天就落下了病根，此后一病不起，一天一天严重起来。一连二十余日，宫内宫外消息断绝，大家都不知道皇帝和太子是否平安。

贞元二十一年一月二十三日，德宗在会宁殿去世，终年六十四岁。唐德宗在位二十六年，是整个唐朝除了唐玄宗、唐高宗之外在位时间最长的皇帝。德宗是个非常复杂的人物，他性格的最大特点就是猜忌、急躁、智略不足、做事虎头蛇尾，除此之外，在某些方面，他也是个重情重义的人，也有一些亲民爱民的表现，同时，他还多才多艺，作诗、作文、作曲无不通晓，还对医学颇有研究。总体而言，后世对他的评价大多是负面的，在其统治后期出现的诸如悬索、宫市、进奉、五坊小儿（雕坊、鹘坊、鹞坊、鹰坊、狗坊，为皇家狩猎队）等弊政，可以说是祸国殃民，还有他任用奸臣，听不进一点忠言等，因此，后世甚至有人觉得他根本不配德宗这个谥号。

说到他的最大特点猜忌，德宗长期以来被后世作为一个猜忌皇帝的典型来说事，比如，王安石曾对宋神宗说："陛下（宋神宗）能为尧、舜、禹、汤、文、武所为，即髃臣自当同心同德，若与汉元帝、唐德宗同道，即不须怪人臣多乖戾不忠信也。"把唐德宗作为一个反面典型。王夫之在《读通鉴论》中更是一针见血地指出："德宗始召叛臣之乱，中徇藩镇之恶，终授宦竖之权，树小人之党，其不君也足以亡，而不亡者，幸也。乃夷考其行，非有征声逐色、沈（沉）溺不反之失也，非有淫刑滥杀、暴怒不戢之恶也，亦非有闻善不知、遇事不察之暗也；

疑其可进中主而上之，以守成而保其福祚；然而卒为后世危亡之鉴者，论者以为好疑之过，是已。虽然，好疑者、其咎之流也，非其源也；穷本探源，则好谀而已矣。”说德宗不过是因为喜欢被人拍马屁，所以才特别多疑，特别猜忌。他继续说道：德宗“于卢杞则信，于裴延龄则信，于窦文场、霍仙鸣则信，于韦渠牟则信，败而不怒，贬而不释，死而犹追念之，推心置腹，群言交击，而爱之益坚……卢杞诸奸，岂有别术以得当哉？无宫壶之援，无中涓之助，唯面柔口泽，探意旨而不相违拂耳”。相反，德宗对陆贽、李晟等忠臣良将却不然，虽然他们立下大功，却因为不会巴结而受到德宗的猜忌。王夫之进而分析道：“夫人之多所疑也，皆生于不足。智不足，则疑人之己诳；力不足，则疑人之己凌。”说凡是人多疑，根源在于本人的能力不足，没有足够的分析判断能力，才不能准确地分析臣下的忠奸，更由于自身心灵深处的不自信，转而喜欢与拍自己马屁的人搅在一起。“故德宗之失，失于信也。好谀而信之，虽圣哲痛哭而不救其败。纣之恶无他，好谀而信飞廉、恶来者深也。”宋祁在《新唐书·陆贽传》中评价道：“德宗之不亡，顾不幸哉！在危难时听贽谋，及已平，追仇尽言，怫然以谗幸逐，犹弃梗。至延龄辈，则宠任磐桓，不移如山，昏佞之相济也。”把德宗比作昏君，把裴延龄等人视为佞臣，所谓是昏君和佞臣各得其所，也是另类的“君臣相得”！欧阳修评价道：“德宗猜忌刻薄，以强明自任，耻见屈于正论，而忘受欺于奸谀。故其疑萧复之轻己，谓姜公辅为卖直，而不能容；用卢杞、赵赞，则至于败乱，而终不悔。及奉天之难，深自惩艾，遂行姑息之政。由是朝廷益弱，而方镇愈强，至于唐亡，其患以此。”清赵翼在他的《二十四史札记》中，在列举了德宗间架税、重用裴延龄、进奉、宫市、五坊小儿等之后，总结说：“德宗非甚暗，乃纵其下虐民至此，盖由于天资好利而喜昵小人，其流毒遂至于此也。”清乾隆皇帝在他的《御制乐善堂全集》中评价道：“世之论德宗者，以为有三失焉：一曰事姑息，二曰任阉宦，三曰好聚敛。而不知其致乱之由，则在于用小人，而忌君子也。观其即位之初，用崔佑甫为相，而天下清宁，屡有善政。却李正己之币，而赐其本军，非务姑息也。杖中使邵光超，非任阉宦也。诏罢四方贡，献非好聚敛也。故翕然称治，仿于贞观。而卢杞一用，三者皆反之，驯致泾原之乱，岂非治乱兴衰之明验与！在奉天时，朱泚围城，救兵不至。于是始信陆贽，言听计从，下罪己之诏，而军士感泣。怀光再叛，帝幸梁州，中路失贽，至于痛哭，用其谋社稷复安。至于复国之后，鸟尽弓藏，以谗见远。惧藩镇之祸，而继以姑息。念窘穷之敝，而加以好货。中使用事，天下衰微，是犹弱病方愈，而惩其不能饮食，加之以饱食酣饮，岂不殆哉！原其本末，则始之清明，由用崔佑甫；其乱，由用卢杞；其复故都，由信任陆贽；其后复防至于乱，由不卒用陆贽而贬斥之。一人之身，所为如是，盖能戒之于有事之日，而不能谨之于无事之时也。其致乱，顾不宜哉！”今人柏杨评价道，德宗其实是一个运道很好的皇帝，文有李泌、陆贽辅佐，武有李怀光、李晟、浑瑊、马燧用命，这些人都有经天纬地之才，如果德宗能做到阿斗的十分之一，唐朝就有可能重新振兴。然而，他以猜忌闻名于世，并且，他猜忌的都是不该猜忌的人，信任的都是本该猜忌的人，对那些曾经伤害他的奸邪之人，他却信任得如醉如痴，原因就在于，这些奸邪之人拍的马屁让他舒服，也只有在这些马屁精面前，他才能找回一些自信。唯有智者才能接受批评，愚蠢之人听到批评就会发火，所以孔子才说唯上智与下愚不移。甚至他连隋炀帝杨广都不如，杨广敢于赤裸裸地说出自己不喜欢听批评的话，是个十足的小人，而德宗却是个典型的伪君子，只能在黑暗中憎恨正直和智慧。

德宗去世当天，仓促之间，宫中召入翰林学士郑絪、卫次公等人到金銮殿起草遗诏。当权宦官对他们说：“宫中还未决定拥立何人为帝！”众人无人敢说话。卫次公立刻反驳道：“皇太子虽然患病，却是嫡长子，中外一致拥护。万不得已，也当拥立广陵王（李诵长子李淳），不然的话，天下必然会大乱！”郑絪等人才随声附和，宦官们理屈词穷，只好答应下来。卫次公，字从周，河东人。年少进士及第，补崇文馆校书郎，调任渭南尉。卫次公擅长弹琴，京兆尹李齐运让儿子与其结交，目的是想让卫次公教其子弹琴，卫次公不从，并终生不再弹琴。后山南西道节度使招其为从事，贞元八年，朝廷征入任命其为左补阙，不久兼翰林学士。郑絪，字文明，他从小就胸怀大志，好学不倦，擅长作文。大历年间，他深受张参、蒋乂、杨绾、常衮等儒学前辈的赏识，进士及第，又中博学宏词科，被授予秘书省校书郎、鄠县尉。张延赏镇守西川时，征辟为书记，后入朝担任补阙、起居郎，兼任史官，不久又被提拔为翰林学士，转司勋员外郎、知制诰。郑絪在贞元年间担任内职十三年，小心谨慎，德宗对他非常看重。郑絪和卫次公二人久在内廷任职，私交很好。

当天（一月二十三日），太子李诵得知人心不稳，遂身穿紫衣，脚蹬草鞋，抱病登上九仙门，召见京城各位军使，稳定京师人心。次日，在宣政殿宣布德宗的遗诏，太子李诵身穿丧服接见百官。二十五日，李诵在太极殿登基即皇帝位。

宫中卫士们还心怀疑虑，个个伸长脖子，踮起脚瞭望，见是李诵，都喜极而泣，说道："是真太子啊！"

五二七 永贞革新（一）

登基的唐顺宗李诵，生于唐肃宗上元二年（公元761年），时年四十五岁。

他于去祖父代宗大历十四年被封为宣王，其父德宗即位之初的建中元年（公元780年）被册封为皇太子。李诵二十岁被封为皇太子以后，一直熬了二十五年，可还没等父皇去世，他自己倒是莫名其妙地得了“风病”，无法说话，大唐帝国再次面临一场巨大的危机。唐顺宗即位后，病情并没有一丝一毫的好转，仍然口不能言，更无法处理繁杂的政务，所居住的宫中经常垂下帘帷，唯有其亲信宦官李忠言和牛昭容在其身边侍候。百官奏事，唐顺宗就在帘帷里面做出决定，而外人却无法见其真容，由李忠言和牛昭容传达，这些命令是否真的出自唐顺宗，就无法考究了。唐德宗进入弥留之际时，殿中丞、翰林待诏王伾就提前进入宫中，以皇帝之命将王叔文召入宫中，留在翰林院一起裁决政务。军国大事都先由王叔文拿主意，然后王伾进宫给李忠言说，李忠言再以唐顺宗的名义下诏，颁布天下，一开始，外面的人对此毫不知情。因唐顺宗在服丧期内，他们就以唐顺宗的名义命令以检校司空平章事杜佑摄冢宰兼山陵使，御史中丞武元衡为副使，宗正卿李纾为按行山陵地使，刑部侍郎郑云逵为卤簿使；又命中书侍郎平章事高郢撰哀册文，礼部侍郎权德舆撰谥册文，太常少卿许孟容撰谥议文，具体负责处理德宗的丧事。此后数日，群臣一再上书请求唐顺宗以日易月，停止服丧，处理朝政，直到二月三日，唐顺宗才在紫宸门接见百官。杜佑率领群臣请求一睹顺宗容颜，侍从拿起顺宗的帽子，群臣再次下拜，并请求顺宗注意身体。六日，顺宗下诏罢翰林阴阳、星卜、医、相、覆、棋等各类翰林待诏三十二人。王叔文出身棋待诏，如今他得志之后，却憎恶昔日的同僚，这才下令把这些人都打发回家。九日，加义武节度使张茂昭为同平章事。十一日，晋升吏部郎中韦执谊为尚书左丞、同平章事。

唐朝进入中后期以来，翰林学士的地位逐渐重要起来，他们负责起草诏令，又参决军政机密事务，分割了宰相部分职权。宦官掌管北衙禁卫军，与宰相掌管的南衙十二卫相互制约，二者要想让自己的意图合法化，就必须由翰林学士进行草制宣诏，这就是翰林学士地位提高的根本原因。唐玄宗时最初设置翰林待诏，成立了翰林院，后又设立翰林学士，分割了中书省起草诏敕文告的一部分职权，成立了学士院。像王伾、王叔文担任的翰林待诏与起草诏命的翰林学士是两个完全不同的职位，有着天壤之别。

德宗在泾原兵变逃难梁州时，是翰林学士地位提升的关键时期，彼时，患难之际，德宗宠信翰林学士陆贽，“虽有宰臣，而谋猷参决，多出于贽，故当时目为内相”。此后，翰林学士就从草拟诏命逐渐发展到了参决政务的层面。尤其是如今，唐顺宗病重无力处理政务，军国事务大多由王叔文、王伾与宰相韦执谊主持政事，而且“每事先下翰林，使叔文可否，然后宣于中书，韦执谊承而行之”。史称，王叔文想把持朝政，提出以韦执谊为宰相，自己在内廷决策，交付外廷韦执谊执行，二人遥相呼应。韦执谊被任命为宰相以后，朝中宰相就变成了五位：司空兼同平章事杜佑（依例由司空晋升为检校司徒，时年七十一岁）、贾耽（依例由尚书右仆射晋升为尚书左仆射、检校司空，时年七十六岁）、中书侍郎同平章事高郢（时年六十六岁）、门下侍郎同平章事郑珣瑜（时年六十八岁）、尚书左丞同平章事韦执谊。

在王叔文和韦执谊掌权之后，就开始了所谓的永贞革新。这一次革新，他们大致做了六件事情：第一件就是前述的取消了翰林阴阳、星卜、医、相、覆、棋等各类翰林待诏三十二人，如果忽略王叔文假公济私、公报私仇的话，勉强也可以把这一件算成一件新政。第二件，二月二十一日，唐顺宗下诏历数京兆尹、道王李实的罪过，将其贬为通州长史。德宗晚年，围绕着是否给京兆百姓减免赋税，各个政治势力明争暗斗，京兆尹李实称虽然天旱，但农业生产并未受到影响，德宗去世后，李实继续强力追讨欠赋，对欠债百姓严刑拷打，在京兆府内就杖毙几十人。京兆尹地位特殊，李实原本就不是李诵的人，德宗去世后，其地位已岌岌可危，但此人对此丝毫没有察觉，如今，其所作所为早已令朝野上下切齿痛恨，所以，唐顺宗及其亲信顺势将其贬官。诏书下发后，京城很多百姓都怀揣砖头瓦块，准备趁其离京之际，痛打他一顿。李实听说后，从小路仓皇逃出了长安，此后，死在了贬所。第三件，二月二十四日，唐顺宗驾临丹凤门，宣布大赦天下，百姓各种欠税一律取消；各地除去正规进贡之外的其他杂项一律停止；取消宫市和五坊小儿。过去，五坊小儿在长安一带横行乡里，对百姓巧取豪夺，令百姓苦不堪言。有时，他们在百姓家门口布下罗网，不让百姓出入，有时，又在水井上布网，不让百姓打水，一旦有人靠近，他们就喝道："你把我供奉的鸟雀吓跑了！"遂把此人痛打一顿，被打之人不仅不敢反抗，还得拿出钱财谢罪，才能脱身而去。这些人经常三三两两到酒店里大吃大喝，吃饱喝足之后就扬长而去，有的店家不知道他们的身份，上前问他们索要酒钱，往往被他们拳脚相加。有时候，他们会留下一布袋毒蛇抵押，还说道："这可是皇家用来捕获鸟雀的，现在留在你这里，你可要好好饲养，别让它渴了饿了！"店家这才知道他们是五坊小儿，只好百般哀求，请他们把蛇带走。唐顺宗对此早有耳闻，因此才下令予以禁止。第四件，二月二十五日，取消盐铁使每月的进奉钱。过去，盐铁使每月都会向皇帝进贡所谓的"盈余款"，其实，这些钱都是出自正常的赋税，不过是巧立名目送入皇帝个人腰包，正常赋税也越来越少了，唐顺宗取消这一项进奉，也是拨乱反正之举。第五件，三月一日，释放三百名宫女以及六百名掖庭教坊女。第六件，三月二日，下诏追还德宗时期被贬的忠臣忠州别驾陆贽、郴州别驾郑余庆、杭州刺史韩皋、道州刺史阳城。德宗末年，十年间一直不曾对"罪臣"赦免，群臣一旦因一些小错被驱逐，一律不再重新起用。至此，才得以根据各自的年限、资历酌情迁往条件较好的地方。可惜的是，陆贽和阳城二人都还未接到诏书，就已经去世了。

这就是所谓的永贞革新。

其实，这六项措施的意义和影响非常有限，可以说很多措施不过是新君例行的公事而已，比如，高宗、中宗、睿宗、玄宗等在即位之初，都曾大赦天下，作出一些减轻百姓负担、缓和社会矛盾的姿态，德宗在即位之初也曾"令放荆山之阳，五坊鹰犬皆放之，出宫女百余人"，甚至中宗还下诏"诏九品以上及朝集使极言朝政得失，兼举贤良方正直言极谏之士"。由此可见，就积极采纳谏言方面，唐顺宗走得并不远。当然，历代新君在作出这些姿态的同时，更重要的是在清除旧臣，提拔亲信，以便更好地掌控政局，因此，在新旧交替之际，也是高层权力斗争最为激烈的时期。

如今的唐顺宗君臣在这场斗争中虽然占据优势，却有着先天的不足。这主要体现在：一是唐顺宗本人执政能力缺失。唐顺宗作为新君是新朝的核心，其本人却在前一年突然中风，不能言语，其执政能力就大打折扣。二是以王叔文和韦执谊为首的王韦永贞集团也存在先天不足。王韦永贞集团的形成是一个长期的过程，一直到贞元末年才逐渐走上前台，即便如此，他们的行动也非常隐秘，以免被猜忌成性的德宗觉察而受到打击，其核心成员们虽然都很有抱负，但他们的地位普遍较低，且多有文人气质。地位低，在晋升时不可避免地就会触及旧官僚们的既得利益；文人气质浓，就会有一些恃才傲物的举动，不利于团结大多数人。贞元十九年，王叔文一党打击张正一、王仲舒、刘伯刍等人就是一个例子，据《王仲舒墓志铭》记载："同列有恃恩自得者，众皆媚承，公疾其为人，不直视，由此贬连州司户。"《刘伯刍传》称："以过从友人饮噱，为韦执谊密奏，贬虔州掾曹。"隐约可以看出，当时王叔文一党的对立面似乎也在逐渐形成一个集团，但很快就被王叔文等人打压了下去。

五二八 永贞革新（二）

由于永贞集团先天不足，他们必须尽快掌握政权、财权和军权。

除了以韦执谊为宰相外，贞元二十一年（公元805年，该年八月，在宪宗李纯即位时，改元为永贞元年）二月二十二日，顺宗下诏晋升殿中丞王伾为左散骑常侍，保留翰林待诏；以苏州司功王叔文为起居舍人、翰林学士；三月二日，又晋升王伾为翰林学士。这段时期的军国大事基本运作方式是这样的：王叔文依靠王伾，王伾依靠李忠言，而李忠言听牛昭容的；每件事先在翰林院由王叔文斟酌可否，由王伾去柿林院禀报牛昭容和李忠言，再以皇帝的名义交给中书省，由宰相韦执谊执行。王叔文在宫外的党羽韩泰、柳宗元、刘禹锡等人主要负责采听外事，一时间，他们日夜商议，相互提携，得意扬扬，如痴如狂，自比于伊尹、周文王、管仲、诸葛亮，认为除了他们几个之外，天下没有什么人才了。他们随心所欲，提拔或者打压一个人都是仓促之间决定的，也不顾及朝廷的规矩；素来与他们有来往的人都相继被升了官，甚至一天之内能提拔数人。他们一党的人只要有人说："某人可以当某官。"不出几日，那人就会如愿以偿。王叔文及其党羽十余家经常是高朋满座，车马盈门，等候拜见王叔文和王伾的人甚至于一连几天都无缘得见，留宿到临近的烧饼店或酒店里，一人一晚需要一千钱。

抓来了政权，还得抓到财权。王叔文与其同党商议，以为只有抓到了财权，才能笼络朝中权贵，稳定军心，巩固自己的权力，但又担心骤然提拔到如此高位，会人心不服，而杜佑又素来以懂经济而闻名，已官居高位，肯定要明哲保身，容易控制，遂决定以杜佑兼管财权，王叔文作为他的副手。三月十七日，唐顺宗下诏任命杜佑兼任度支及诸道盐铁转运使，十九日，又以王叔文为度支、盐铁转运副使。王叔文当上了副使，其目的就是想借此拉拢权贵，根本不在乎国家目前的财政状况，也从来不查看各种账簿，只是日夜与同党秘密商议，外人也不知道他们究竟想干什么。

也有一些士大夫对他们的做派很是反感，但大多数选择了缄口不言。

武元衡，字伯苍，河南缑氏人。曾祖武载德是武曌的堂弟，官至湖州刺史；祖父武平一官至考功员外郎、修文馆学士；父亲武就为殿中侍御史。武元衡进士登第后，官至监察御史，后为比部员外郎、左司郎中；贞元二十年，被晋升为御史中丞。一次，在延英殿奏事后，德宗看着他的背影，对左右说："武元衡真是个宰相之才啊！"王叔文一党大多担任监察御史，是武元衡的部下，武元衡看不起这批人，对他们很不礼貌。王叔文等也想拉拢武元衡，但武元衡严词谢绝。当时，武元衡被任命为山陵仪仗使，王叔文同党、监察御史刘禹锡想当仪仗使的判官，但武元衡不答应。当时，"（王叔文）引禹锡及柳宗元入禁中，与之图议，言无不从"，而"宗元素不悦武元衡"，数日后，就把武元衡贬为太子左庶子（一说右庶子）。

侍御史窦群，字丹列，扶风平陵人。他"性狠戾，颇复恩雠，临事不顾生死"。贞元中，在京兆尹韦夏卿的举荐下，被德宗任命为左拾遗，后晋升为侍御史。柳宗元和刘禹锡都对窦群傲慢无礼，窦群也不买账，王叔文一党想将窦群贬官，韦执谊制止了。一次，窦群拜谒王叔文，作揖说道："很多情况还难以逆料。"王叔文问道："你是指什么？"窦群回答："去年，李实恃宠而骄，权倾一时，那时大人侧着身子走在路边，不过是一个江南小吏而已。如今，大人已经居于李实的位置上了，又岂能不考虑路边还有那些像当年大人您那样的人呢？"窦群还弹劾刘禹锡败坏朝纲，不宜留在朝廷。王叔文一党想把窦群贬官，韦执谊以其享有倔强正直之名而没有答应。

其实，窦群已经看出局势的难测了。唐顺宗失去执政能力，这就意味着还没有坐稳的王叔文一党失去了最大的靠山，朝中各个政治势力势必寻找一个新的靠山，而这个新的靠山就是顺宗的长子——李淳。唐顺宗李诵在长达二十五年的太子生涯里，一直夹着尾巴做人，把主要精力都用在了繁育后代上。他的父亲德宗名义上有十一个儿子，但其实第二子李谊是他的侄儿，第六子李源是顺宗的儿子、他的孙子。到顺宗即位时，只剩下舒王李谊、通王李谌、虔王李谅（老五肃王李详、老六邕王李源已死、老七资王李谦可能已死、老八代王李諲早死）、李诚（贞元二十一年封王）这四个大一点的弟弟，还有两个未封王幼弟：李谔、李諴（一记作李诚）。而顺宗却一口气生下了二十七个儿子，四个早死，剩下二十三个儿子，分别是：长子广陵王李淳（二十八岁，王良娣所生）、建康王李经（张昭训生）、洋川王李纬、临淮王李纵、弘农王李纾、汉东王李绸、晋陵王李总（王昭仪生）、高平王李约（王昭仪生）、云安王李结（赵昭仪生）、宣城王李缃、德阳王李绿、河东王李绮、李绚、李纁、洛交王李缮、李绾（王良娣所生）、李纮、李绲（王昭仪生）、李绅、李纶、李绰、李缉、李绩。

李诵原来是有正妻的，他的太子妃就是郜国公主的女儿萧氏。贞元三年因郜国公主巫蛊之事，李诵害怕受到牵连，自请与萧氏离婚，此后，郜国公主去世，李诵又一病不起，德宗遂下令杀了萧氏以挡灾，此后，李诵就一直没有正妻。李诵的儿子多，内宠就多，内宫的争斗就复杂，没了嫡庶之辨的宫斗就更为激烈。李淳的母亲王氏的祖父王难得是河源军使，代宗时，王氏以良家子被选入后宫，封为王才人，代宗因王氏年纪太小，就把她赏赐给了孙子李诵，为王孺人，生下李淳。李诵当上太子后，王氏也被封为良娣。李淳的优势是：自己的长子身份，母亲年龄较大，地位较高，但这种优势并不明显。其母出身一般，已年老色衰（时年四十二岁），虽然《旧唐书·顺宗庄宪皇后王氏传》中称："后性仁顺，宫中化其德，莫不柔雍。顺宗即位，疾已绵顿，后侍医药不少怠。将立后，会病棘而止。"但从牛昭容控制了唐顺宗这一点来看，显然唐顺宗跟前最受宠爱的人是牛昭容而非李淳的母亲王良娣。

顺宗一月二十六日登基，二月十一日晋升韦执谊为宰相，二十一日将京兆尹李实贬官，二十二日提拔王叔文、王伾，二十四日大赦，取消宫市、五坊小儿等，三月四日给陆贽等人平反召回，十九日，任命王叔文为度支盐铁转运副使。王叔文等人试图掌握政权、财权，进而掌握军权，最终控制朝廷，然而，由于唐顺宗一直病重，没有好转的迹象，只是隔三岔五地被人搀扶着驾临金銮殿，让群臣看看自己而已，没人向皇帝禀报政务，也听不到皇帝的指示。在这种情况下，王叔文一党的对立面就开始推动册立太子一事了，而他们选定的太子人选就是顺宗的长子李淳。

虽说目前王叔文等人还未触及一些人的根本利益，但权力本身的魔力自然会引起他人的巴结、艳羡、嫉妒、争斗。首先，像俱文珍、刘光琦、薛盈珍等这些大宦官，都是德宗一朝的老人，如今，顺宗即位，顺宗身边的像李忠言这样的宦官成了朝中的新宠，假如顺宗执政能力正常的话，这些老人体面地退出权力中枢也就罢了，而如今顺宗是这个样子，他们自然不愿意自主让位；其次，王叔文一党成员不拘小节，也得罪了朝中很多人；最后，顺宗后宫斗争激烈，广陵王李淳虽然年长，但顺宗还有很多儿子，其中不少与李淳年纪相仿，而李淳聪明睿智，牛昭容等人出于种种原因不愿立其为太子——说李淳聪明睿智自然是冠冕堂皇的话，个中原因恐怕摆脱不了新宠（牛氏）与旧人（王氏）之间争风吃醋的套路。牛昭容和李忠言等人既然站在了李淳的对立面，依附于二人的王叔文、王伾等人也只能硬着头皮反对早立太子了。此外，王叔文等人是顺宗的心腹，与李淳没有多深的交情，一旦李淳上位，朝中就正式形成两个权力核心，自己尚未巩固的权力势必受到冲击，然而，王叔文等人的这一态度彻底得罪了李淳，此后为自己招致杀身之祸。假如王叔文能看清形势，转投李淳门下，也许将来也不会输得那么惨……

五二九　永贞革新（三）

也许窦群是在提醒王叔文，但王叔文没有觉察。

就在王叔文被任命为度支盐铁转运副使的同时，一场册立太子李淳的行动正悄无声息地在暗中进行着。显然，明眼人都看准了牛昭容与李淳母子之间的矛盾，而要想把王叔文一党打压下去，进而保住自己的权势，就只有拥立李淳为太子。于是，多种因素促成了王叔文的异己势力加快了鼓动顺宗册立太子的步伐。宦官掌握着北衙禁军，拥有巨大的权力，老宦官俱文珍、刘光琦、薛盈珍等人遂把另一部分翰林学士拉拢到了自己的阵营，以顺宗之命把翰林学士郑絪、卫次公、李程、王涯召到金銮殿上，要求他们起草册立太子的诏书。李程，字表臣，是襄邑王李神符（唐高祖李渊的堂弟、淮安王李神通的弟弟）的五世孙。贞元十二年进士及第，又登博学宏词科，后担任地方节度使的幕僚，贞元二十年入朝担任监察御史，同年秋，任翰林学士。顺宗即位后，李程也是王叔文打压的对象，被免去了翰林学士一职。史称，李程“辩给多智算，能移人主之意……艺学优深，然性放荡，不修仪检，滑稽好戏”，是个性格随意、滑稽活泼之人。《唐摭言》记载，李程考进士那一年，写的是《日五色赋》，破题两句为“德动天鉴，祥开日华”，出场后，学者兼名臣杨於陵（韩滉的女婿）看了他的草稿，大加赞赏，说：“你一定是今年的状元。”结果放榜之后李程却落榜了。杨於陵愤愤不平，把李程的卷子混入以往的试题内，找到了主考官，说:“你今年的试题为何用以往的卷子？”主考官大吃一惊，一看李程所作的赋，深为叹赏。杨於陵接着说道：“这次考试如果有人能写出这样的赋，你将怎么对待？”主考官回答：“没有就算了，如果真有，肯定是状元了！”杨於陵说道：“真这么说，大人就是遗漏了贤才啊！这篇赋是李程所作。”遂将李程的试卷找出，结果一字不差，主考官就重新放榜，将李程改为状元。王涯，字广津，太原人。贞元八年进士及第，又登宏词科。入仕担任蓝田尉。从贞元二年十一月，他就被召入朝廷，担任翰林学士，此后一直在内廷任职，曾经历任右拾遗、左补阙、起居舍人等职。郑絪这些人要么是在翰林院任职多年，要么是受到王叔文的打压，他们都面临着生存危机，自然而然地就走到了一起。

郑絪等人来到后，看到顺宗被俱文珍等人簇拥着，也不再向顺宗请示，直接写了“立嫡以长”四个字，交给了顺宗。宦官们把这张纸拿过来让顺宗过目，顺宗看了一眼，微微点了点头。三月二十四日，也就是在王叔文拿下财权的第六天，就像是在赛跑一样，在宦官和另一派翰林学士的合作下，神不知鬼不觉地拿到了顺宗“同意”册立太子李淳的意见。当天，“顺宗”下诏决定册立长子广陵王李淳为太子，并将李淳改名为李纯——此事已成既成事实，只等另择日期举行册立仪式了。

显然，这一举动打了王叔文等人一个措手不及，王叔文像热锅上的蚂蚁一样心急如焚，苦苦思索着能否有一个回天之术。四天后，三月二十八日，着急忙慌的王叔文匆匆来到中书省，要见韦执谊商议。当时，各位宰相都在中书省吃饭，根据惯例，宰相们吃饭的时候，是不允许百官打搅的。值班官员对王叔文说了这个惯例，可是，王叔文勃然大怒，将值班官员痛骂一顿，值班官员只好入内禀报韦执谊。韦执谊听后，也是左右为难，一时间面红耳赤，最终只好起身迎接王叔文，把王叔文带到自己的办公室内密谈了很久。杜佑、高郢、郑珣瑜三位宰相出于礼貌，都放下筷子，等着韦执谊。等了良久，侍臣进来禀报道：“王叔文已命我们送去饭菜，韦丞相已与他在办公室一起吃上了。”杜佑和高郢内心也非常不满，但又畏惧王叔文和韦执谊，忍忍也就算了，而郑珣瑜却咽不下这口气，他叹息一声，说道：“我岂能再坐此位！”回头命侍从牵来马，径直返回家中，从此称病不来上班了。此前，贾耽也看不惯王叔文等人得志猖狂的样子，已称病不上班了，并屡屡上书请求退休。贾耽和郑珣瑜都是名重天下的老臣，二相相继称病不朝，其实已说明了王叔文等人不懂得团结人，可是，他们反而认为是件好事，没有这些老臣碍手碍脚，他们更可以无所忌惮了，这让很多人都为帝国的前途深感担忧。

册立太子一事既然已经提上了日程，在册立太子之前，册封诸王也是应有之义了，一切都在紧锣密鼓地进行着。四月三日，顺宗下诏册封尚未封王的两个弟弟李谔为钦王，李诚为珍王；又改封十一个儿子的封号，分别是：建康王李经为郯王、洋川王李纬为均王、临淮王李纵为溆王、弘农王李纾为莒王、汉东王李绸为密王、晋陵王李总为郇王、高平王李约为邵王、云安王李结为宋王、宣城王李缃为集王、德阳王李绿为冀王、河东王李绮为和王；加封八个儿子为王，分别是：李绚为衡王、李纁为会王、李绾为福王、李纮为抚王、李绲为岳王、李绅为袁王、李纶为桂王、李绰为翼王。还剩下三个儿子未封王：第十五子李缮、第二十二子李缉、第二十三子李绩。

三天后，即四月六日，唐顺宗登上宣政殿，举行册封太子仪式。百官退下后，看到太子李纯仪表堂堂，都非常高兴，甚至有人喜极而泣，人人都面露喜色，唯独王叔文深感忧虑，不敢作声，只是吟咏杜甫《蜀相》中的诗句："出师未捷身先死，长使英雄泪满襟！"听说的人不禁哑然失笑。

既然没有成为太子李纯的佐命功臣，既然李纯已经当上了太子，就该面对现实，寻找出路。韦执谊的岳父、太常卿杜黄裳，目光如炬，建议韦执谊率领百官请求太子李纯监国。杜黄裳可不是一般人，他也是进士及第，当过郭子仪的幕僚，在朔方军中有一定的影响，其后又入朝任职；过去在他担任黄门侍郎时，裴延龄的儿子裴操应博学宏词科，向其请托，遭到了他的严词拒绝；裴延龄受宠后，一直打压杜黄裳，十年之内一直得不到升迁，直到女婿韦执谊拜相后，他才因之晋升为太常卿。据《幽闲鼓吹》记载：潘孟阳初为户部侍郎，夫人忧惕，谓曰："以尔人材而在丞郎之位，吾惧祸必之至也。"户部解喻再三，乃曰："不然，试会尔同列，吾观之。"因遍招深熟者，客至，夫人垂帘视之。既罢会，喜曰："皆尔之俦也，不足忧矣。末座惨绿少年何人也？"答曰："补阙杜黄裳。"夫人曰："此人全别，必是有名卿相。"

虽说王叔文与韦执谊走得很近，但杜黄裳始终不登王家大门。杜黄裳的建议其实是韦执谊保命、保官之计，老到的杜黄裳已经觉察出朝局的诡秘和险恶，只有极力讨好太子李纯，才有可能将功补过，把女婿从王叔文一党中剥离开来。然而，站在另一阵营的韦执谊根本想不到这一层，或者根本不愿意如此匆忙地让太子掌握实权。理由很简单：在没有把握得到太子李纯原谅的情况下，让李纯当上实际的皇帝，等于将自己一派人的性命送到人家的手中。

因此，当他听说岳父此言之后，不禁大吃一惊，责备岳父道："岳父大人刚刚得了一个官，为何要开口谈论禁中之事呢！"杜黄裳一听，顿时勃然大怒，说道："我受到三朝皇帝的恩德，岂是给我一个官就收买得了我的！"遂拂袖而去。

也许是杜黄裳的话稍稍触动了韦执谊，也让他多少反思了一下自己的处境。四月九日，在他的运作下，朝廷下令以他的亲信陆淳担任太子侍读，并改名为陆质，其目的就是担心太子会讨厌自己，令陆质暗中观察太子李纯，从中化解隔阂。然而，李纯是个爱憎分明之人，一次，陆质刚刚提及韦执谊作为的缘由，就被李纯打断，呵斥道："陛下命先生来给寡人讲解经文的含义，为何要插手其他！"陆质顿时吓得魂不附体，狼狈退去。

显然，李纯的态度表明：他选择了不原谅，不妥协！

五三〇　永贞革新（四）

与太子李纯之间的和解已不可能，在历经十余天的研判之后，王叔文一党决定必须掌握兵权，唯其如此，才能确保腰杆挺起来。

王叔文预感到形势不妙，想夺取宦官们的兵权，决定在朝中寻找一位老将统领长安京畿的所有神策军。五月三日，顺宗下诏任命右金吾大将军范希朝担任左右神策京西各城镇行营节度使（《旧唐书》称，左神策、京西诸城镇行营节度使，镇奉天），六日，王叔文以顺宗名义又任命亲信、度支郎中韩泰担任范希朝的行军司马。范希朝，字致君，河中虞乡人。建中年间，他在邠宁节度使韩游瑰手下任职，等到德宗逃难奉天时，范希朝因战功被晋升为宁州刺史；韩游瑰入朝述职，担心范希朝趁机取代自己，想要借机杀了他，范希朝得知后吓得逃到了凤翔。德宗听说后，将其召到京师，安置在左神策军中任职，此后，范希朝被任命为振武节度使。范希朝在振武镇十四年，威震边塞，贞元末年，他自请回京。当时各地节度使从无自愿回京的先例，接到范希朝的奏表后，德宗大喜，遂拜其为检校右仆射，兼右金吾大将军。史称："希朝近代号为名将，人多比之赵充国。"王叔文的打算是，范希朝名气很大，又年迈容易控制，以其为京西神策军的统领，不会引起宦官集团的警觉，再以韩泰为其行军司马，等范希朝去世后，韩泰就顺理成章地掌握了京西神策军的兵权，以增加自己的政治筹码。

在王叔文积极行动的同时，俱文珍等人也没有闲着。他们一旦与翰林院的另外一部分翰林学士结成同盟，就掌握了部分诏书的起草权，可以以此对付王叔文等人。于是，他们以明升暗降的办法，于五月二十三日，以顺宗之名任命王叔文为户部侍郎、度支、盐铁转运副使，取消了他的翰林学士一职。王叔文看到诏书之后，不禁大惊失色，说道："我每天都要去翰林院商议公事，如今没了这一职务，就没办法再去了！"王伾当即上书请求改变任命，但未获批准。王伾不死心，再次上书恳请，最终，顺宗才答应王叔文每三五天可以到翰林院一次，但还是去掉了他的学士之名。王叔文这才感到害怕了。

紧接着，又发生了宣歙巡官羊士谔公然挑战王叔文权威事件。局势进一步恶化。羊士谔，泰山人，贞元元年进士，诗人。羊士谔因公回到长安，公开与人谈论王叔文的错误，王叔文大怒，想以顺宗的名义下诏将其斩杀，韦执谊觉得不妥；王叔文又说如果不公开斩杀，也得将羊士谔用棍棒打死，韦执谊又没有答应，最终，将其贬为汀州宁化县尉。正因为此事二人的意见不同，王叔文与韦执谊的关系开始产生了裂痕，令往来于二人门下的同党们非常担心。剑南西川节度使韦皋命剑南支度副使刘辟向王叔文求官，说："太尉命我向大人带来诚意，如果大人能将三川［西川（治所在今四川省成都市）、东川（治所在今四川省三台县）、山南西道（治所在今陕西省汉中市）］都交给太尉，太尉将以死协助大人；要是不给的话，太尉也会用其他办法报复您的。"韦皋的话充满了威胁，这让王叔文是勃然大怒，也想将刘辟斩杀，而韦执谊坚决不同意。羊士谔事件发生时，刘辟尚在长安，听说朝廷将羊士谔贬官的消息后，刘辟见事态不妙，赶忙逃归了成都。韦执谊实际上是为了帮王叔文，以免其树敌太多，然而王叔文不明就里，韦执谊是王叔文引荐、提拔的，他知恩图报，一直对王叔文十分感激，等到当上宰相后，出于策略上的考虑，想掩饰自己与王叔文过于亲近，再加上很多事情又顾及舆论压力，往往与王叔文意见相左，但私下里又派人向王叔文道歉，说："某不敢违背盟约，只是采取曲线策略来成就老兄的大事啊！"而王叔文却认为韦执谊是个忘恩负义的小人，根本不信，破口大骂，二人遂真的成了仇人。

刘辟回到成都后，将王叔文的态度给韦皋一汇报，韦皋立马站在了王叔文的对立面。威震西南、屡立大功又掌握兵权的韦皋在朝廷上还是有很大的影响力的，德宗就一直对他非常倚重，此时，韦皋果然没有食言，遂上书极力指斥王叔文是个奸臣，称："陛下悲痛过度，以致染病，又日理万机，所以才一直未见痊愈，请求陛下下令权且让太子处理朝政，等陛下痊愈之后，再回东宫。臣位居将相，今日所说，正是我的职责所在。"他又给太子李纯写信，认为："圣上效法高宗（商武丁），居丧不言，将政务托付臣下，然而，托付的人不合适。王叔文、王伾、李忠言等人，一旦担当重任，就随意赏罚，败坏朝纲。擅自把国库的财物拿出来，贿赂朝中权贵；培植心腹，全都安排在显要的岗位；暗中拉拢皇上的亲随，我担心大祸就出自萧墙之内。我担心这些人会倾覆太宗创立的基业，危害殿下的家国，希望殿下即日上奏，驱逐这帮小人，令权柄重回到君王手中，如此一来，四海就会恢复安定了。”韦皋自恃国家重臣，又远离朝廷，王叔文不能拿他怎么样，遂极力称其是个奸邪之臣，不久，荆南节度使裴均、河东节度使严绶也向朝廷送来奏表，内容大致与韦皋的相同，朝廷内外以他们三人作为靠山，王叔文一党都非常害怕。裴均的高祖是唐高宗时期的大将裴行俭，曾祖是玄宗时期的宰相裴光庭，祖父裴稹开元末年任祠部员外郎，父亲裴倩代第五琦担任度支郎中。裴均的字君齐，明经及第，担任诸暨尉，大历十才子之一的卢纶与他是姨表兄弟。裴均靠巴结宦官当上了高官，他与崔太素都投靠到宦官窦文场的门下，裴均还成了窦文场的养子。崔太素曾被许可进入窦文场的卧室，自以为窦文场对自己很是优厚，可他定睛一看，窦文场的卧榻后面又有一双腿，原来裴均就睡在窦文场的床上。显然，韦皋开了个头，严绶和裴均二人虽非宦官，却是宦官集团内的士人，他们的奏表意味着宦官集团开始向王叔文一党发起正面攻势了。

一月前，王叔文任命范希朝和韩泰统领京西神策军时，宦官们尚未意识到王叔文的目的是要夺取宦官们的兵权，如今，边镇的领兵官们纷纷向神策中尉递交辞别信，信中说明各部队将要划给范希朝统领了。这时，宦官们意识到自己的兵权已经被王叔文剥夺了，遂大怒道：“如果接受王叔文的安排，我等一定会死在他的手里。”暗中派人到各镇对诸将说：“不得把军队交给他人。”范希朝来到奉天，各镇诸将无一人前来报到。韩泰飞马返回长安，向王叔文禀报，王叔文无计可施，只会说：“怎么办呢？怎么办呢？”不久，王叔文的母亲也病入膏肓了。

在这种情况下，王叔文企图与宦官集团实现和解，六月十九日，他在翰林院安排下丰盛的宴席，请各位翰林学士以及宦官李忠言、俱文珍、刘光琦等人喝酒。席间，王叔文对大家说：“叔文的母亲病重，以担当国家重任之故，不能亲自侍奉汤药，如今我将请假回家伺候母亲。前段时间，我不避危难，竭尽心力，都是为了报答朝廷之恩。一旦我离开朝廷，各种诽谤就会纷至沓来，谁能体谅我的苦衷，替我说句好话呢？”王叔文每说一句，俱文珍就要反驳一句，弄得王叔文非常尴尬，只好倒满酒，频频劝酒，几杯过后，就不欢而散了。六月二十日，王叔文的母亲去世，王叔文离职服丧。《新唐书·宦官传》对这一段有一个回顾，称：“会顺宗立，淹痼弗能朝，惟李忠言、牛美人侍。美人以帝旨付忠言，忠言授之王叔文，叔文与柳宗元等裁定，然后下中书。然未得纵欲，遂夺神策兵以自强，即用范希朝为京西北禁军都将，收宦者权。而忠言素懦谨，每见叔文与论事，无敢异同，唯贞亮（俱文珍）乃与之争。”

王叔文守丧以后，韦执谊更不听他话了。王叔文也更为恼火，日夜与其党一起策划重回朝廷，并决定先诛杀韦执谊，再杀尽异己分子。听到这一消息的人，都非常害怕。王叔文离开朝廷后，王伾更是不知该如何是好，每天都去找宦官们和宰相杜佑那里，请求晋升王叔文为宰相，并让他统领北军，显然这是天方夜谭了；没有回音，王伾又请求让王叔文担任威远军使、平章事，但仍然没有结果。其党羽个个都感到朝不保夕。这一天，王伾独自坐在翰林院内，接连上了三篇奏表，但都没有得到答复，遂知道已无力回天了，晚上行将休息时，突然大叫一声，说道：“我中风了！”次日，派人用担架抬回了私宅，从此杜门不出了。

王叔文和王伾离开朝廷之后，异己势力对王叔文等人就开始清算了。七月二十二日，朝廷下诏任命仓部郎中、判度支案陈谏为河中少尹，开始将王叔文的党羽贬出京师。二十八日，顺宗下诏称：“病体一直未康复，军国政事，暂且交给皇太子李纯处理。”俱文珍屡屡在顺宗面前请求以太子李纯监国，顺宗也厌倦了处理政务，且厌恶王叔文专权，遂答应了。又以太常卿杜黄裳为门下侍郎，左金吾大将军袁滋为中书侍郎，并同平章事。俱文珍等人因二人是老臣，所以才起用了二人。袁滋，字德深，蔡州朗山人，是元结的内弟。德宗初年被推荐，担任校书郎，后历任侍御史、工部员外郎，并奉命出使南诏。后晋升为尚书右丞，外派为华州刺史，在任有政绩，被召入担任左金吾卫大将军。又以郑珣瑜为吏部侍郎，高郢为刑部尚书，二人均被罢相。太子李纯在东朝堂接见百官，百官拜贺，太子哭泣，并不答拜。

五三一　永贞革新（五）

此时，太子李纯已经完全控制了朝廷。

在他监国之后仅仅六天，顺宗就下诏称：“命令太子继皇帝位，朕称太上皇，制敕称诰。”次日，顺宗被迁往兴庆宫，诰改年号为永贞，立李纯之母王良娣为太上皇后。这在历史上被称为永贞内禅。

李纯即位的第二天就着手处置王伾和王叔文。他下诏将王伾贬为开州司马，将王叔文贬为渝州司户。王伾很快就死于开州，次年，李纯又将王叔文赐死。

八月九日，李纯在宣政殿即位，史称唐宪宗。唐宪宗即位后，除了处理其他军国事务之外，将清除王叔文一党当作一件大事来抓。九月十三日，唐宪宗下诏将神策行军司马韩泰贬为抚州刺史，将司封郎中韩晔贬为池州刺史，将礼部员外郎柳宗元贬为邵州刺史，将屯田员外郎刘禹锡贬为连州刺史；十一月七日，又将中书侍郎、同平章事韦执谊贬为崖州司马。因韦执谊是新任宰相杜黄裳的女婿，又在政见上与王叔文不同，所以才最后被贬。朝中舆论认为，王叔文一党有的是从员外郎贬为刺史，惩处太轻。十一月十四日，唐宪宗又下令将韩泰贬为虔州司马，韩晔贬为饶州司马，柳宗元贬为永州司马，刘禹锡贬为朗州司马，河中少尹陈谏贬为台州司马，和州刺史凌准贬为连州司马，岳州刺史程异贬为郴州司马。这就是历史上有名的“二王、八司马事件”。后人考证，“二王、八司马”实际执政时间只有短短的一百四十六天。

如前所述，王叔文一党存在先天不足和后天失误，其失败是必然的，主要在于：一是投靠的总后台顺宗病入膏肓，这本身就是大错。依靠一个中风后哑巴的顺宗，企图长期把持朝廷大权，势必引起朝野人士普遍的不安，令人怀疑王叔文等人的用心。二是不以江山社稷为己任，审时度势主动迎立太子李纯，是错上加错。从李纯即位后的表现来看，的确是聪明睿智，“刚明果断”，在顺宗失语的情况下，王叔文等人就应该抛开个人进退得失，以社稷为重，请太子监国、即位。相反，王叔文等人却出于个人考虑，站在了李纯的对立面，这也直接导致了宦官集团、朝臣集团与太子一党联起手来，将王叔文等人打压下去。三是王叔文一党势单力薄，又不善于团结大多数，且涉嫌贪污受贿等劣迹，没有号召力。虽然像柳宗元、刘禹锡等人都胸怀抱负，也有一定的才能，但他们普遍官位较低，年纪也很轻（像柳宗元年仅三十三岁等），在盘根错节的朝廷上显得势单力薄，与多数朝臣都很疏离。同时，他们大多文人习气浓厚，自视甚高，突然进入朝廷中枢，参议国事，必然引起其他人的侧目。四是王叔文和韦执谊的决裂也加速了王叔文一党的覆灭。王叔文性格急躁冒进，韦执谊已预感到该党处于孤立无援的险境，所以在很多事情上采取与其他朝臣一致的意见，不料却得罪了王叔文，再加上王叔文之母去世，其离职服丧，也加速了该党的失败。

柳宗元在谪居永州时期，对自己的所作所为进行了深刻的反省，他在《寄许京兆》中承认，自己“年少气锐，不识几微，不知当否，但欲一心直遂，果陷刑法，皆自所求取得之”。在《与萧翰林俛书》中也有类似的看法。他又写下了《惩处赋》以警醒自己。与柳宗元不同的是性格更加奔放的刘禹锡，他始终认为自己是被另一派打压下去的，元和十年（公元 815 年），在宰相裴度的争取下，刘禹锡得以入京，打算让他进入朝廷中枢任职，然而，刘禹锡写了一首《玄都观看花》：“紫陌红尘拂面来，无人不道看花回。玄都观里桃千树，尽是刘郎去后栽。”这首诗说白了，意思就是：你们这群新贵也不过是我老刘走后新提拔上来的，有什么了不起的？自己的命运掌握在人家手里，还如此讥讽人家，这难道不是作死？结果，不但刘禹锡自己未能留在朝中，还连累了柳宗元等人，一并未能重新受到重用。十四年后，到大和二年（公元 828 年），在裴度的斡旋下，刘禹锡又自和州刺史召回担任主客郎中，他又写了首《游玄都观诗》：“百亩庭中半是苔，桃花净尽菜花开。种桃道士归何处？前度刘郎今又来。”他还在这首诗之前写了诗序，大意是：贞元二十一年我做屯田员外郎，当时这个观里没有花。那年贬我出去做连州刺史，不久又贬为朗州司马。过了十年，召我回京，人人都说有道士亲手栽植了仙桃，满观如红霞，于是才有前首诗以记一时之事。接着又派出做刺史，现在十四年了，我又回来做主客郎中。重游玄都观，空空荡荡的连一株树也没有了，只有兔葵燕麦在春风中摆动。刘禹锡对武元衡和李逢吉非常怨恨，诗序说的就是当年迫害我的那些人，如今要么死了，要么失势了，只有我还能来再游玩此地。裴度虽然对刘禹锡比较有好感，原本裴度给他安排的职位是知制诰，这是进入权力中枢的必由之路，与中书舍人一步之遥；然而，朝中各种政治势力纷繁复杂，即便一些人已经失势，但也不宜旧话重提，正是因为这一首诗，刘禹锡一直未受重用。

旧史对王叔文等人看法一直不好，认为他们是小人得志，而对柳宗元和刘禹锡这种奇才陷于王叔文一党都深感痛惜。比如，王安石在《读柳宗元传》中写道："余观八司马，皆天下奇才也，一为王叔文所诱，遂陷入于不义。"柳宗元到永州后，身体情况恶化，到元和十四年去世，终年四十七岁，而刘禹锡却熬过了唐宪宗、唐穆宗、唐敬宗、唐文宗，一直到唐武宗会昌二年去世，终年七十一岁。直到近代，人们开始对"二王、八司马事件"重新进行的审视，把王叔文等人的一系列改革，称为永贞革新，极力加以推崇，甚至有人认为，这次革新的失败使唐朝失去了最后一次复兴的机会。通过我们的了解，显然，这种看法过于偏颇，把王叔文等人例行性的革新措施拔得过高了。

值得一提的是，韩愈对这次革新的态度。韩愈与柳宗元是世交，而柳宗元与刘禹锡是同年进士，三人原本关系颇好。韩愈就曾在《赴江陵途中寄赠三学士》中写道："同官尽才俊，偏善柳与刘。或虑语言泄，传之落冤仇。"在贞元十九年三人都就职于御史台，但韩愈在该年因得罪京兆尹李实而被贬出京师。在韩愈看来，刘禹锡和柳宗元应该能在王叔文面前说上话的，然而，他们没有伸出援手，这让韩愈心里很不是滋味，也对王叔文一党很是不满，在其后来撰写的《顺宗实录》中都有所体现。不过，随着时间的流逝，柳宗元去世，刘禹锡远离朝廷，韩愈和二人也逐渐冰释前嫌了。

五三二 大历诗坛

说到了柳宗元和刘禹锡，也说完了永贞革新，在刚刚登基的唐宪宗还在忙着巩固自己的地位之时，我们回顾一下代宗、德宗两朝的文化。

这一时期的文学特点大致相似，其间涌现出来的诗人们在历史上也往往被并称为大历贞元诗人。随着安史之乱和其后政局的动荡，盛唐时期人们的自信已看不到了，盛唐诗人逐渐零落，盛唐之音走向消亡。大历诗人们生在乱世，对盛唐时代鲜有记忆，所作诗歌内容单一，意境狭窄，诗风“气骨顿衰”，多推崇六朝时期的清丽之风，显得凄清、萧瑟。大历文坛和其后的贞元文坛是盛唐之后，中唐白居易、韩愈等大家出现之前一个承上启下的阶段，这一时期较为著名的诗人就是被称为大历十才子的创作群体和在地方上的刘长卿、李嘉祐、韦应物等，他们的诗歌多写个人经历，游宴唱酬，思想不高，“气骨顿衰”，苏雪林的《唐诗概论》认为：“大历诗人不为不多，不过天才都算在第二三流以下，其作品婉转清扬纤绵秀丽如春鸟秋虫，幽花野草，令人可爱，但只能说是‘优美’而不能说是‘壮美’。”

据姚合《极玄集》和《新唐书》称：大历十才子为李端、卢纶、吉中孚、韩翃、钱起、司空曙、苗发、崔洞（一作峒）、耿湋、夏侯审。他们大都以谢朓、王维为宗，寄情山水，歌咏自然，作品格律归整、字句精工，时有惊人之句，往往虽有警句而全篇欠佳。

李端，字正已，赵州（今河北省赵县）人。少居庐山，师事诗僧皎然。大历五年进士，曾任秘书省校书郎、杭州司马。晚年辞官隐居湖南衡山，自号衡岳幽人。诗歌大多消极避世，个别写闺情的诗较为清丽，今存《李端诗集》三卷，其风格与司空曙相似。《闺情》：“月落星稀天欲明，孤灯未灭梦难成。披衣更向门前望，不忿朝来雀喜声。”

卢纶，字允言，河中蒲州（今山西省永济市）人。屡试不第，大历六年，经宰相元载举荐，授阌乡尉；后由宰相王缙荐为集贤学士，秘书省校书郎，升监察御史。出为陕州户曹、河南密县令。元载、王缙获罪，他也受到牵连。德宗时复为昭应县令，出任河中元帅浑瑊府判官，官至检校户部郎中，不久去世。留有《卢户部诗集》，但已散佚，明代有人编辑有《卢纶集》。卢纶的诗歌大多为送别酬答之作，也有一些反映军中生活的诗歌，成就较高。比如他的《塞下曲六首》（其二）就非常有名："林暗草惊风，将军夜引弓。平明寻白羽，没在石棱中。"（其三）："月黑雁飞高，单于夜遁逃。欲将轻骑逐，大雪满弓刀。"他的《晚次鄂州》写得也很好："云开远见汉阳城，犹是孤帆一日程。估客昼眠知浪静，舟人夜语觉潮生。三湘衰鬓逢秋色，万里归心对月明。旧业已随征战尽，更堪江上鼓鼙声。"

吉中孚，鄱阳人，与卢纶、钱起等齐名。初为道士，后还俗。进士及第，授万年尉，除校书郎。又登宏词科，为翰林学士。历任谏议大夫，户部侍郎，判度支事。如今仅存诗一首《送归中丞使新罗册立吊祭》："官称汉独坐，身是鲁诸生。绝域通王制，穷天向水程。岛中分万象，日处转双旌。气积鱼龙窟，涛翻水浪声。路长经岁去，海尽向山行。复道殊方礼，人瞻汉使荣。"其妻张氏也擅长作诗。

韩翃，字君平，南阳（今河南省南阳市）人，天宝进士，后官至中书舍人。其名诗有《寒食》："春城无处不飞花，寒食东风御柳斜。日暮汉宫传蜡烛，轻烟散入五侯家。"据《本事诗》记载，唐德宗非常喜欢韩翃的这首诗，为此特意提拔他为驾部郎中知制诰，当时还有个同名的韩翃担任江淮刺史，德宗专门写下此事，批道："与此韩翃。"《宿石邑山中》："浮云不共此山齐，山霭苍苍望转迷。晓月暂飞高树里，秋河隔在数峰西。"孟棨《本事诗·情感一》记载，天宝年间，韩翃滞留长安，与李生友善。李生的爱姬柳氏，"艳绝一时，喜谈谑，善讴咏"，柳氏仰慕韩翃的才华，李生遂将柳氏赠给了韩翃，次年，韩翃及第，回家省亲，将柳氏暂时留在长安。不幸安史之乱爆发，两京沦陷，柳氏剪发避难法灵寺。当时，韩翃已经被淄青节度使侯希逸辟为书记。等到唐肃宗收复长安，韩翃就派人暗中寻访柳氏，并写下一首《章台柳》："章台柳，章台柳，昔日青青今在否？纵使长条似旧垂，也应攀折他人手。"相赠。柳氏接到此诗后，答赠一首《杨柳枝》："杨柳枝，芳菲节，所恨年年赠离别，一叶随风忽报秋，纵使君来岂堪折！"不久之后，柳氏被番将沙吒利抢去，等韩翃随侯希逸入京方知此事，肃宗知道后，下诏将柳氏判给了韩翃，夫妻二人才得以破镜重圆。

钱起，天宝进士，他是著名书法家怀素和尚的叔父，官至考功郎中，后任翰林学士，被誉为大历之冠，与郎士元齐名，号称钱、郎。又被人称为“前有沈宋（沈佺期、宋之问），后有钱郎”。较为著名的诗有《省试湘灵鼓瑟》：“善鼓云和瑟，常闻帝子灵。冯夷空自舞，楚客不堪听。苦调凄金石，清音入杳冥。苍梧来怨慕，白芷动芳馨。流水传潇浦，悲风过洞庭。曲终人不见，江上数峰青。”《归雁》：“潇湘何事等闲回，水碧沙明两岸苔。二十五弦弹夜月，不胜清怨却飞来。”《暮春归故山草堂》：“谷口春残黄鸟稀，辛夷花尽杏花飞。始怜幽竹山窗下，不改清阴待我归。”郎士元不在“大历十才子”之列，但与钱起齐名，官至郢州刺史。其诗主要有：《柏林寺南望》：“溪上遥闻精舍钟，泊舟微径度深松。青山霁后云犹在，画出西南四五峰。”

司空曙，曾入剑南节度使韦皋的幕府，官至虞部郎中，他是另一位大历才子卢纶的表兄，二人关系密切。其诗有名的有：《江村即事》：“钓罢归来不系船，江村月落正堪眠。纵然一夜风吹去，只在芦花浅水边。”《云阳馆与韩绅宿别》：“故人江海别，几度隔山川。乍见翻疑梦，相悲各问年。孤灯寒照雨，湿竹暗浮烟。更有明朝恨，离杯惜共传。”《喜外弟卢纶见宿》：“静夜四无邻，荒居旧业贫。雨中黄叶树，灯下白头人。以我独沉久，愧君相见频。平生自有分，况是蔡家亲。”

苗发，潞州壶关人，初为乐平令，授兵部员外郎，迁驾部员外郎，仕终都官郎中。存诗很少。有诗《送司空曙之苏州》：“盘门吴旧地，蝉尽草秋时。归国人皆久，移家君独迟。广陵经水宿，建邺有僧期。若到西霞寺，应看江总碑。”

崔洞，登进士第，大历中曾任拾遗、补阙等职。现仅存诗一卷，其中晚年所写《书情寄上苏州韦使君兼呈吴县李明府》较好：“数年湖上谢浮名，竹杖纱巾遂性情。云外有时逢寺宿，日西无事傍江行。陶潜县里看花发，庾亮楼中对月明。谁念献书来万里，君王深在九重城。”《送韦员外还京》：“十年离乱后，此去若为情。春晚香山绿，人稀豫水清。野陂看独树，关路逐残莺。前殿朝明主，应怜白发生。”

耿湋，字洪源，河东人，宝应元年登进士第，官至右拾遗。他的诗歌不事雕琢，较为平淡，现存诗一百余首。如《送王秘书归江东》：“回首望知音，逶迤桑柘林。人归海郡远，路入雨天深。万木经秋叶，孤舟向暮心。唯余江畔草，应见白头吟。”

夏侯审，建中元年，试“军谋越众”科及第。授校书郎，又为参军。仕终侍御史。其诗传世甚少。《全唐诗》存其诗有《咏被中绣鞋》：“云里蟾钩落凤窝，玉郎沈（沉）醉也摩挲。陈王当日风流减，只向波间见袜罗。”

除了大历十才子之外，活跃在大历贞元诗坛的还有元结、刘长卿、戴叔伦、韦应物、李益、顾况、于鹄、孟郊、权德舆、唐德宗、章八元以及皎然、法振、灵澈等江南诗僧。元结和刘长卿，我们在盛唐诗人中已经说过，在此不再赘述。钱起（贞元元年卒）、李端（贞元二年卒）、韩翃（约贞元三年卒）、刘长卿（贞元四年卒）、戴叔伦（贞元五年卒）、司空曙（贞元六年卒）、韦应物（约贞元七年卒，但其晚年佳作很多），因此，我们只将戴叔伦作为大历诗人予以介绍，而将韦应物作为贞元诗人对待。

戴叔伦，字幼公，润州金坛（今属江苏省）人。他出身于隐士家庭，曾任抚州刺史、容管经略使。他的诗，体裁形式多样，五言七言，五律七律，古体近体，皆有佳作；内容也十分丰富，有反映社会疾苦的，也有表现隐逸生活的。比如，《女耕田行》：“无人无牛不及犁，持刀斫地翻新泥……姊妹相携心正苦，不见路人唯见土。”写尽农家妇女劳作之苦；《边城曲》：“人生莫作远行客，远行莫戍黄沙碛。黄沙碛下八月时，霜风裂肤百草衰。”《调笑令·边草》：“边草，边草，边草尽来兵老。山南山北雪晴，千里万里月明。明月，明月，胡笳一声愁绝。”写边城士兵的艰辛；《除夜宿石头驿》：“旅馆谁相问？寒灯独可亲。一年将尽夜，万里未归人。寥落悲前事，支离笑此身。愁颜与衰鬓，明日又逢春。”写羁旅之愁的；《三闾庙》：“沅湘流不尽，屈子怨何深！日暮秋风起，萧萧枫树林。”则是借凭吊屈原，抒发自己内心的感伤，含蓄隽永，寄情于景，耐人寻味。

五三三　贞元诗人（一）

到德宗贞元年间，诗坛又与大历年间稍有不同。

唐人李肇的《唐国史补》卷下称："大历之风尚浮，贞元之风尚荡，元和之风尚怪也。"贞元诗歌，是风骨顿衰的大历诗风到百舸争流的元和诗风的转折点，其创作内容开始转入世俗生活，写出不少反映民间疾苦的诗作，他们对待生活的态度也逐渐由冷转热，在审美趣味上也显现出一种疏荡奇崛的独特风貌。在诗歌创作中，贞元诗人引入的新的创作技巧，比如以俚语俗词入诗、有意识地吸收古诗风格、追求清丽精巧语言表达等，都对元和诗歌产生了潜移默化的影响，像韩愈、李贺奇崛瑰丽的歌行；元稹、白居易平易流畅的乐府；刘禹锡、柳宗元充满情趣的民歌体；姚合、贾岛精雕细琢的五律，就是对此的继承和发展。贞元二十年间，大历十才子和其他大历诗人相继凋零，方外诗人主要是顾况、皎然；台阁诗人主要是包佶、权德舆；江南清雅诗风的则是以皎然、韦应物为代表；李益以多变的诗风名满天下；作为韩孟诗派先驱的孟郊也在贞元后期脱颖而出。贞元诗人承上启下，贞元十一年至贞元十六年间，孟郊、韩愈、张籍、李翱等先后在汴州和徐州会合，作为此后元和诗坛两大派别之一的韩孟诗派初步形成，而元和诗坛的另一派——元白诗派（白居易、元稹）要形成得更晚一些，而刘禹锡、柳宗元等人也是到元和年间才大放异彩，暂且不提。

贞元时期"尚荡"的诗风，与这一时期的社会风气有一定的关系。李肇的《唐国史补》对此说道："长安风俗，自贞元侈于游宴。其后，或侈于书法图画，或侈于博弈，或侈于卜祝，或侈于服饰，各有所弊矣。"此外，贞元之后，禅宗盛行，对当时的士人也有很大影响，以致不少人在言行举止方面都显得很反常，颇有魏晋风度的味道。比如，《北梦琐言》记载，顾况晚年隐居茅山，一位秀才边走边吟诗："驻马上山阿。"想了很久，却想不起下一句。顾况听后，接道："为什么不说'风来屎气多'呢？"秀才喝道："休得无礼！"顾况这才报上自己的名字，那人一听是大名鼎鼎的顾况，不禁一脸羞愧。《国史补》记载，韩愈喜欢猎奇，一次他与客人一起登上华山之巅，却没有办法下来了，遂大声痛哭，写下遗书。所幸经过华山县令的百般营救，才得以脱身。另外记载，崔膺也是个狂士，曾在张建封的幕府中，深夜惊扰军中，令全军切齿痛恨，都想杀了他，但张建封把他藏匿了起来。次日，军中设宴，监军对张建封说："我与您约定，谁都不能违反。"张建封答应了。监军遂说："我请您把崔膺交出来。"张建封只好说："行。"不一会儿，张建封也说："我也有个请求。"监军说："行。"张建封遂说："请你把崔膺交出来。"监军只得也答应道："行。"一座欢笑，崔膺也因之幸免。

顾况，字逋翁，号华阳真逸（或华阳真隐），晚年自号悲翁，苏州海盐横山（今在浙江省海宁）人。他一生官位不高，曾任著作郎，因作诗嘲讽权贵，被贬为饶州司户参军，晚年隐居茅山。

顾况不仅是一位诗人，还是一位著名的画家，他流传下来的逸事很多，《幽闲鼓吹》记载他与年轻时的白居易的一件趣事："白居易应举，初至京，以诗谒著作顾况。况睹姓名，熟视白公曰：'米价方贵，居亦弗易。'乃披卷，首篇曰：'离离原上草，一岁一枯荣。野火烧不尽，春风吹又生。'却嗟赏曰：'道得个语，居即易矣。'因为之延誉，声名大振。"

《古今诗话》记载的"桐叶题诗"也出自顾况。说的是：一次，顾况在洛阳宫苑游玩，在水上得到一片大桐树叶子，上面有诗云："一入深宫里，年年不见春。聊题一片叶，寄与有情人。"顾况在上面也题了一首诗，称："花落深宫莺亦悲，上阳宫女断肠时。帝城不禁东流水，叶上题诗寄与谁？"然后跑到上游送入水中。又过了几天，一位客人在春苑中游玩，又在那片叶子上得了一首诗，交给了顾况，诗云："一叶题诗出禁城，谁人酬和独含情？自嗟不及波中叶，荡漾来春取次行。"据说，此后，安史之乱，顾况趁乱找到了那位宫女，二人喜结连理。此后，有唐一代还有几个"红叶传情"的故事，与顾况的情况类似。

顾况写得较好的诗主要有：《过山农家》："板桥人渡泉声，茅檐日午鸡鸣。莫嗔焙茶烟暗，却喜晒谷天晴。"《听角思归》："故园黄叶满青苔，梦后城头晓角哀。此夜断肠人不见，起行残日影徘徊。"《宜城放琴客歌》："佳人玉立生此方，家住邯郸不是倡。头髻鬖髿手爪长，善抚琴瑟有文章。新妍笼裙云母光，朱弦绿水喧洞房。忽闻斗酒初决绝，日暮浮云古离别。巴猿啾啾峡泉咽，泪落罗衣颜色暍。不知谁家更张设，丝履墙偏钗股折。南山阑干千丈雪，七十非人不暖热。人情厌薄古共然，相公心在持事坚。上善若水任方圆，忆昨好之今弃捐。服药不如独自眠，从他更嫁一少年。”

韦应物，长安人，为文昌右相韦待价的曾孙。年少时以三卫郎侍奉唐玄宗，其后，曾历任滁州、江州、苏州刺史，故称韦江州或者韦苏州。他的诗歌成就很高，五律情文相生，耐人寻味；五、七绝清韵秀朗，《滁州西涧》中的“春潮带雨晚来急，野渡无人舟自横”句，写景如画，为后世以“王（王维）、孟（孟浩然）、韦（韦应物）、柳（柳宗元）”并称；以五古成就最高，风格冲淡闲远，语言简洁朴素，有“五言长城”之称。

他最著名的诗当数《滁州西涧》：“独怜幽草涧边生，上有黄鹂深树鸣。春潮带雨晚来急，野渡无人舟自横。”其他也有不少诗很有名。《寄全椒山中道士》：“今朝郡斋冷，忽念山中客。涧底束荆薪，归来煮白石。欲持一瓢酒，远慰风雨夕。落叶满空山，何处寻行迹？”《秋夜寄邱员外》：“怀君属秋夜，散步咏凉天。空山松子落，幽人应未眠。”《寺居独夜寄崔主簿》：“幽人寂无寐，木叶纷纷落。寒雨暗深更，流萤渡高阁。坐使青灯晓，还伤夏衣薄。宁知岁方晏，离居更萧索。”《寄李儋元锡》：“去年花里逢君别，今日花开又一年。世事茫茫难自料，春愁黯黯独成眠。身多疾病思田里，邑有流亡愧俸钱。闻道欲来相问讯，西楼望月几回圆？”

韦应物的妻子元苹是北魏宗室之后，早于韦应物去世，年仅三十六岁。韦应物亲自给爱妻撰写墓志，其文感人至深，表达了对亡妻深深的思念之情。“……乌呼！自我为匹，殆周二纪，容德斯整，燕言莫违。昧然其安，忽焉祸至，方将携手以偕老，不知中路之云诀。相视之际，奄无一言。母尝居远，永绝□恨，遗稚绕席，顾不得留。况长未适人，幼方索乳。又可悲者，有小女年始五岁，以其惠淑，偏所恩爱，尝手教书札，口授《千文》。见余哀泣，亦复涕咽。试问知有所失，益不能胜。天乎忍此，夺去如弃。余年过强仕，晚而易伤。每望昏入门，寒席无主，手泽衣腻，尚识平生，香奁粉囊，犹置故处，器用百物，不忍复视。又况生处贫约，殁无第宅，永以为负。日月行迈，云及大葬，虽百世之后，同归其穴，而先往之痛，玄泉一闭。一男两女，男生数月，名之玉斧，抱以主丧。乌呼哀哉！景行可纪，容止在目，瞥见炯逝，信如电喻。故知本无而生，中妄有情，今复归本，我何以惊……”

五三四 贞元诗人（二）

李益，字君虞，凉州人。唐肃宗宰相李揆的同族侄儿，大历进士，起初因仕途不顺，弃官客游燕赵，后官至礼部尚书。他的诗歌风格多样，尤其以边塞诗最为著名，长于七绝，诗歌音律优美，为当时乐工所传唱。李益并非大历十才子，只是在洪迈的《容斋随笔》中才误将李益列为大历十才子之一，由此造成了一定程度的混乱，大约是其将李端和李益弄混淆了。

唐代文学家蒋防的名作《霍小玉传》，写的就是李益与霍小玉的爱情故事。说的是：在李益二十岁的时候，高中了进士，次年结识了霍小玉。霍小玉原本是霍王之女，长得非常美丽，因其母低贱，霍王去世后，诸兄弟分给她们母女一些钱财，将其赶出家门，沦为歌姬。良宵一度，李益与霍小玉海誓山盟，相处了两年，此后，李益被授予官职，不久回家省亲，其母决定将表妹卢氏嫁给李益，李益不敢违抗，只好从命，而霍小玉还在长安苦苦等待，竟染上重病。再后来，霍小玉得知李益已与卢氏定下婚约，更是悲愤交集，含恨去世。霍小玉去世后，李益受到当时舆论的普遍谴责，家中也经常出现怪事，以致他对于自己的妻妾都非常猜忌，甚至于自己每次出门都要把爱妾用木桶扣在床上，加上封条才罢。《旧唐书》也说，李益从小就有“痴病”，对妻妾百般防备，有时把草木灰撒在门窗之上，提防妻妾偷情，当时的人们把过分嫉妒称为“李益病”。

李益的诗歌比较著名的有：《江南曲》：“嫁得瞿塘贾，朝朝误妾期。早知潮有信，嫁与弄潮儿。”《夜上受降城闻笛》：“回乐峰前沙似雪，受降城下月如霜。不知何处吹芦管，一夜征人尽望乡。”《喜见外弟又言别》：“十年离乱后，长大一相逢。问姓惊初见，称名忆旧容。别来沧海事，语罢暮天钟。明日巴陵道，秋山又几重。”《汴河曲》：“汴水东流无限春，隋家宫阙已成尘。行人莫上长堤望，风起杨花愁杀人。”《送同落第者东归》：“东门有行客，落日满前山。圣代谁知者，沧洲今独还。片云归海暮，流水背城闲。余亦依嵩颍，松花深闭关。”《春夜闻笛》：“寒山吹笛唤春归，迁客相看泪满衣。洞庭一夜无穷雁，不待天明尽北飞。”《扬州送客》：“南行直入鹧鸪群，万岁桥边一送君。闻道望乡闻不得，梅花暗落岭头云。”《行舟》：“柳花飞入正行舟，卧引菱花信碧流。闻道风光满扬子，天晴共上望乡楼。”《上黄堆烽》：“心期紫阁山中月，身过黄堆烽上云。年发已从书剑老，戎衣更逐霍将军。闲庭草色能留马，当路杨花不避人。”

孟郊，字东野，湖州武康人。年少时隐居嵩山，年近五十才中进士，任溧阳县尉。李翱在洛阳任职期间，将其推荐给东都留守郑余庆，郑余庆征辟其为幕僚。孟郊生性孤僻，经常落落寡合，然而，韩愈一见之下引为知己，二人遂成为挚友。孟郊的诗在用词造句上狠下功夫，拒绝平庸、浅显，在古朴中营造出新意，他与其后的贾岛齐名，被人称为“郊寒岛瘦”；他还有“诗囚”之名，用死、剪、烧、骨、录、折、断、攒等狠字，以“峭风”“老虫”“病骨”“铁发”“怒水”“劲飙”“黑草”等险怪、艰涩的词语，营造一种不同凡响的奇崛感受，表现出自己彷徨苦闷的心境，给人留下深刻的印象。

孟郊最著名的诗莫过于《游子吟》了。“慈母手中线，游子身上衣。临行密密缝，意恐迟迟归。谁言寸草心，报得三春晖。”他的《登科后》也脍炙人口：“昔日龌龊不足夸，今朝放荡思无涯。春风得意马蹄疾，一日看尽长安花。”一首诗就给我们贡献了“春风得意”和“走马看花”两个成语。其他的还有：《怨诗》：“试妾与君泪，两处滴池水。看取芙蓉花，今年为谁死！”《巫山曲》：“巴江上峡重复冲，阳台碧峭十二峰。荆王猎时逢暮雨，夜卧高丘梦神女。轻红流烟湿艳姿，行云飞去明星稀。目极魂断望不见，猿啼三声泪沾衣。”《古怨别》：“飒飒秋风生，愁人怨离别。含情两相向，欲语气先咽。心曲千万端，悲来却难说。别后唯所思，天涯共明月。”《洛桥晚望》：“天井桥下冰初结，洛阳陌上人行绝。榆柳萧疏楼阁闲，月明直见嵩山雪。”《游终南山》：“南山塞天地，日月石上生。高峰夜留日，深谷昼未明。山中人自正，路险心亦平。长风驱松柏，声拂万壑清。即此悔读书，朝朝近浮名。”

由于唐德宗喜欢舞文弄墨，正如赵翼所称：“唐诸帝能诗者甚多，如太宗、玄宗、文宗、宣宗皆有御制流传于后，而尤以德宗为最。”宋之问之后宋庭芬有宋若莘、宋若昭、宋若伦、宋若宪、宋若荀五个女儿，都非常聪慧，尤其以老大、老二文章为最。贞元四年，昭义节度使李抱真上书推荐，德宗将五女全部纳入宫中。德宗对五女另眼相看，称为“学士先生”，每次与群臣唱和，也令五女一起作诗。

唐德宗现存诗歌十七首，他的诗精工雅正，他自己也号称“排公”，将自己的诗作为好坏的标准，他本人所作的“松院静苔色，竹房深磬声”之句，尤为当时所传颂，像韩翃、卢纶等人，也都是因为诗作得好，才得以升官。在德宗的影响下，贞元诗坛中的台阁诗人也非常活跃，主要以包佶和权德舆为代表。

包佶，字幼正，润州延陵（今江苏省丹阳市）人，天宝六年进士，累官至谏议大夫，刘晏罢官后，包佶充任诸道盐铁轻货钱物使，后晋升为刑部侍郎，改任秘书监，封丹阳郡公。包佶与哥哥包何俱以诗扬名，时称“二包”。他比较有名的诗是《再过金陵》：“玉树歌残王气收，雁行高送石城秋。江山不管兴亡事，一任斜阳伴客愁。”

权德舆，字载之，天水略阳人，系五胡十六国后秦尚书权翼之后。他四岁就能写诗，十五岁写下数百篇文章，编为《童蒙集》十卷，由此知名。贞元年间，德宗听说其名，召为太常博士，转任左补阙。十年，晋升为起居舍人，兼任知制诰。十七年，知贡举，转任户部侍郎。史称，他“性直亮宽恕，动作语言，一无外饰，蕴藉风流，为时称向。于述作特盛，《六经》百氏，游泳渐渍，其文雅正而弘博，王侯将相洎当时名人薨殁，以铭纪为请者什八九，时人以为宗匠焉。尤嗜读书，无寸景暂倦”。他比较有名的诗有：《岭上逢久别者又别》：“十年曾一别，征路此相逢。马首向何处？夕阳千万峰。”《玉台体十二首》之十一：“昨夜裙带解，今朝蟢子飞。铅华不可弃，莫是藁砧归。”

这一时期还有一些不太出名的诗人。

章八元，字虞贤，少喜作诗，人称“章才子”。大历六年进士，贞元中调句容主簿，后升任协律郎。他存诗六首，有名的是：《酬刘员外月下见寄》：“夜凉河汉白，卷箔出南轩。过月鸿争远，辞枝叶暗翻。独谣闻丽曲，缓步接清言。宣室思前席，行看拜主恩。”《题慈恩寺塔》：“十层突兀在虚空，四十门开面面风。却怪鸟飞平地上，自惊人语半天中。回梯暗踏如穿洞，绝顶初攀似出笼。落日凤城佳气合，满城春树雨濛濛。”

于鹄，久居长安，应举不第，后隐居汉阳。贞元中历任山南东道、荆南节度使的幕僚。其诗语言朴实生动，清新可人。代表作有：《巴女谣》：“巴女骑牛唱竹枝，藕丝菱叶傍江时。不愁日暮还家错，记得芭蕉出槿篱。”《江南曲》：

"偶向江边采白苹，还随女伴赛江神。众中不敢分明语，暗掷金钱卜远人。"《惜花》："夜来花欲尽，始惜两三枝。早起寻稀处，闲眠记落时。蕊焦蜂自散，蒂折蝶还移。攀著殷勤别，明年更有期。"

诗僧除了皎然之外，还有法振法师、灵澈法师等。法振，生平不详，代表作为：《题天长阮少府湖上客归》："孤棹移官舍，新农寄楚田。晴林渡海日，春草长湖烟。卧对闲鸥戏，谈经稚子贤。佳期更何许，应向啸台前。"灵澈，本姓杨，字源澄，越州会稽人。与刘禹锡、刘长卿、吕温交往甚密，互有赠诗，享誉诗坛。代表作有：《听莺歌》："新莺傍檐晓更悲，孤音清泠啭素枝。口边血出语未尽，岂是怨恨人不知。不食枯桑葚，不衔苦李花。偶然弄枢机，婉转凌烟霞。众雏飞鸣何跼促，自觇游蜂啄枯木。玄猿何事朝夜啼，白鹭长在汀洲宿。黑雕黄鹤岂不高，金笼玉钩伤羽毛。三江七泽去不得，风烟日暮生波涛。飞去来，莫上高城头，莫下空园里。城头鸱乌拾膻腥，空园燕雀争泥滓。愿当结舌含白云，五月六月一声不可闻。"《归湖南作》："山边水边待月明，暂向人间借路行。如今还向山边去，只有湖水无行路。"

五三五　唐代制度（一）

写到了中唐，我们有必要将唐代的政治制度、经济状况、文化成就、社会生活做一简要的叙述。

政治制度。

首先是政体。唐朝沿袭隋朝，建立了一套完善的三省六部制。

在这套体制中，权力最大的是中书省，它负责起草皇帝的诏书，属于决策机构，类似今天的党委。高宗时称为西台，武曌时改为凤阁，玄宗时恢复旧称。

皇帝的诏书分为七类：

一是，册立皇后、太子、诸王等的，叫做册书；

二是，宣布大赦及重要人事任命的，叫做制书；

三是，褒奖的，叫做慰劳制书；

四是，废置郡县、增减官员、发兵、免除或者授予六品以上官员的，叫做发敕；

五是，百官奏请而施行的，叫做敕旨；

六是，诫勉臣下的，叫做论事敕书；

七是，依照旧规，因事发布的，叫做敕牒。

该省一把手为中书令，员额两人，职级正二品；副手为中书侍郎，员额两人，职级正三品；下面对应尚书省的六部设置了六位中书舍人，正五品上，严禁违犯四大错误：一是泄露机密、二是办事拖沓、三是违背上级本意、四是丢三落四。其中一位负责中书省的日常事务，称为阁老，另一位负责起草诏书，称为知制诰，这两位地位特殊，可以在政事堂用餐、办公，其余四位则在本单位办公。下面还有主书、主事各四人，还有更小的官：令史（二十五人）、书令史（五十人）、能书（四人）、翻译（十人）等小吏。安史之乱后，翰林学士负责“内命”（皇帝直接发出的命令），而“外命”（经过外朝商议由皇帝认可后发出的命令）往往又由兼任知制诰的官员负责起草，所以，中书舍人的权力被大大削弱了。

中书省还设置了负责劝谏皇帝的右散骑常侍、右谏议大夫、右补阙、右拾遗等官；设置负责记录皇帝行动和国家大事的起居舍人（又称右史）以及通事舍人（十六人，朝会时引导百官，将士出征后，每月慰问将士家属）；设置集贤院（有学士、直学士、侍读学士、修撰官，还有校书、正字、孔目官、书直等小官）、史馆（有修撰，还有令史、写国史楷手、楷书手等小官）、翰林院，一个是国家图书馆，一个是国史馆，一个是智囊团。

另外还下辖：内教坊（歌舞团）、习艺馆（内廷学习班）、秘书省（有秘书监、秘书少监、秘书郎、校书郎等职，下辖著作局、司天台）、殿中省（下辖尚食局、尚药局、尚衣局、尚乘局、尚舍局、尚辇局）、内侍省、内官、宫官等机构。

皇宫的马厩左叫奔星，右叫内驹。下面又有六厩：左飞、右飞、左万、右万、东南内、西南内。武曌时期，又增加了六闲：飞龙、祥麟、凤苑、鹓鸾、吉良、六群，也称为"六厩"它他以宦官担任内飞龙使，此后，殿中监就靠边站了，下辖的尚乘局也就名存实亡了。闲厩使还管理雕坊、鹘坊、鹞坊、鹰坊、狗坊，为皇帝出行游猎提供服务。内侍省，有内侍监两人（从三品）内侍少监两人、内侍四人，均为从四品上，下面有内常侍六人，负责后宫日常事务；内给事十人，分别管理分项事务；内谒者监十人，类似通事舍人；依次还有内谒者十二人、内寺伯六人、寺人六人。下设掖庭（负责宫女人事、女工考核）、宫闱（侍奉皇后、宫门开关）、奚官（负责宫女、宦官疾病死亡处理）、内仆（负责安排后宫车辆）、内府（负责宫内财物）、太子内坊（负责东宫事务）六个局。

皇宫内官主要是指贵妃、惠妃、丽妃、华妃各一人，正一品；宫官包括尚宫局（两尚宫，正五品，宫人人事档案，下辖：司记、司言、司簿、司闱，每个部门都有两个典记、两个掌记，下同，一共有二十四典、二十四掌，另有女史不等）、尚仪局（二尚仪，负责内廷礼仪，下辖：司籍、司乐、司宾、司赞）、尚服局（二尚服，负责服饰等，下辖司宝、司衣、司饰、司仗）、尚食局（二尚食，负责饮食，皇帝吃饭先尝，下辖司膳、司酝、司药、司饎）、尚寝局（二尚寝，负责皇帝睡觉，司设、司舆、司苑、司灯）、尚功［二尚功，下辖司制（缝制衣服）、司珍（保管金银珠宝）、司彩（保管丝织品）、司计（发放衣食）］，另有宫正一人，正五品；司正二人，正六品；典正二人，正七品。负责宫内纠察。

太子宫中的内官主要有：良娣两人，正三品；良媛六人，正四品；承徽十人，正五品；昭训十六人，正七品；奉仪二十四人，正九品。

另有司闺（管辖掌正、掌书、掌筵）、司则（管辖掌严、掌缝、掌藏）、司馔（管辖掌食、掌医、掌园）。

其次是门下省。中书省起草的诏命，交给门下省复核、把关，认为可行才交由尚书省负责执行，类似今天的人大。下级向上级汇报的公文主要有六种：奏钞（以支度国用、授六品以下官、断流以下罪及除免官）、奏弹、露布、议、表、状。对于奏钞、奏弹、露布这三种文件，由侍中审核把关，然后上奏皇帝定夺；对于议、表、状这三种，侍中可以自行决定，交付尚书省执行。皇帝出行时，侍中携带玉玺跟随、自行审核决定六品以下官员等。

一把手为侍中两名，正二品；副手为黄门侍郎，又称门下侍郎两名，正三品；其下是给事中，四人，正五品上。给事中拥有驳回诏书大权，其重要性与中书省的中书舍人大致相当。对应中书省，门下省也设置了谏官，不过他们分别是左散骑常侍、左谏议大夫、左补阙、左拾遗、典仪、城门郎、符宝郎等；也设置了史官，称为起居郎（左史），负责记录皇帝的言语；还设立了弘文馆，是国立贵族大学，内设学士、校书郎等。

最后是尚书省。尚书省是国家政令的执行机构，类似今天的国务院。尚书省一把手为尚书令一人，正二品，总领百官；副手为左右仆射，从二品。但因太宗皇帝任过尚书令，臣下不敢居此，有唐一代遂虚设不授。左右仆射成为尚书省的实际一把手，而尚书左右丞成为实际的二把手，负责尚书省的具体事务，权力很大。左丞掌管吏部、户部、礼部；右丞掌管兵部、刑部、工部。左右司郎中和员外郎则协助左右丞管理事务，其下还有办事员：都事各六人，主事各六人。

尚书省处理的公文主要分为三大类十五种，第一类是上对下的公文，分为：制、敕、册（这三种是皇帝使用的）、令（皇太子用）、教（亲王、公主用）、符（省下于州，州下于县，县下于乡所用）；第二类是下级禀报上级的公文，也有六种：表、状、笺、启、辞、牒；朝廷各部门相互之间来往的公文有三种：关、刺、移。

尚书省下设置吏、户、礼、兵、刑、工六个部，各部部长称为尚书，副职为侍郎，每个部以下都设了四个司，司长称为郎中，副司长称为员外郎，一共有二十四个司。其中，吏部、兵部最重要，为前行；刑部、祠部次之，为中行；最后是工部和礼部。每个部都以本部为头司，负责本部的总务。吏部为六部之首，下设吏部司（头司，负责百官的选拔任用）、司封司（负责封爵）、司勋司（负责勋官）、考功司（负责考核），负责六品以下官员的选拔、封赏、考评（五品以上由中书、门下负责）；户部下设户部司、度支司、金部司、仓部司，分别管理户籍、税收、保管等事务，安史之乱以后，度支司的权力膨胀，兼并了金部司和仓部司的职权。礼部负责文教、外交、礼仪等事务，下设礼部司、祠部司、膳部司、主客司，分别负责礼仪制度、科举选官（称知贡举）、祭祀、祭品、外国使者朝见等事务；兵部，下设兵部司（兵部事务）、职方司（掌握地图等）、驾部司（掌握车马等）、库部司（掌握武器等）；刑部下设刑部司（掌管刑部事务）、都官司（掌管监狱）、比部司（类似审计署）、司门司（掌管关卡）；工部，下设工部司、屯田司、虞部司（林渔业）、水部司（水利）。

除了三省六部之外，还有御史台、九寺、五监。

御史台是监察机关，一把手是御史大夫，副职为御史中丞，其下有侍御史、主簿、殿中侍御史、监察御史等。

九寺分别为太常寺、光禄寺、卫府寺、宗正寺、太仆寺、大理寺、鸿胪寺、司农寺、太府寺。

太常寺，长官为太常卿，副职为太常少卿，管理礼乐、祭祀，下设八个署，分别为：郊社、太庙、诸陵、太乐、鼓吹、太医、太卜、廪牺。

光禄寺，长官为光禄卿，副职为光禄少卿，下设太官署、珍羞署、良醖署、掌醢署。

卫尉寺，长官为卫尉卿，副职为卫尉少卿两人，下设武库署、武器署、守宫署。

宗正寺，也是卿和少卿，下设崇玄署。

太仆寺，下设乘黄署、典厩署、典牧署、车府署、上牧监、中牧监、下牧监、沙苑监。

大理寺，负责重刑复核以及会商法官人选。

鸿胪寺，下设典客署、司仪署。

司农寺，下设上林署、太仓署、钩盾署、导官署、太原永丰龙门诸仓监、司竹监、温泉监、京都苑总监、京都苑四面监、诸屯监、九成宫总监。

太府寺，下设两京都市署、平准署、左藏署（钱粮）、右藏署（金玉）、常平署。

五监分别为国子监、少府监、将作监、军器监、都水监。

国子监，长官为国子祭酒，副职为国子司业。下设六学：国子学、太学、四门、律学、书学、算学。日常事务是国子丞、国子主簿等处理，学业有国子博士、国子助教、太学博士、太学助教、四门博士、四门助教、律学博士、律学助教、书学博士、算学博士、《五经》博士、广文馆博士等教授。

少府监，下设中尚署、左尚署、右尚署、织染署、掌冶署、诸冶监、北都军器监、甲坊署、弩坊署、诸铸钱监、诸互市。

将作监，长官为将作大匠，副职为将作少匠。下设：左校署、右校署、中校署、甄官署、百工、就谷、库谷、斜谷、太阴、伊阳等监。

都水监，长官为都水使者。下设舟楫署、河渠署、诸津。

五三六 唐代制度（二）

前述的还只是文官、内廷官，还有武官、太子官、王府官、地方官。

唐朝沿袭隋制，采取中央卫府统率、地方府兵番上的军事制度，武装力量大致分为五个部分：一是“南衙十六卫”，指的是驻防于宫城南面的皇城内、归尚书兵部直辖的十六卫；二是“北衙”禁军，指驻防于皇城北面宫城和禁苑中归皇帝直接掌握的禁卫军，到德宗时期发展成北衙十军；三是太子宫卫队；四是边防军；五是地方军队。

一、南衙十六卫。唐初并无南、北衙军之分，十六卫身兼二职，既是宿卫皇帝的禁军，又是对外征战的主力作战部队。各地折冲府（外府）士兵从驻地前往西京长安服役，称为“番上”，平时府兵在家，自给自足，同时，也避免了将领拥兵自重的危险。全国的折冲府分为三等，上府一千二百人，中府一千人，下府约八百人，每府统兵官为折冲都尉，副手为果毅都尉。全国折冲府六百三十多个，其中长安所在关内道就有二百六十多个，占全国府兵总数四成以上。

南衙十六卫的名称曾多次更改，直到玄宗朝才完全固定下来：左右卫、左右骁卫、左右武卫、左右威卫、左右领军卫和左右金吾卫这十二卫统率折冲府兵，左右监门卫和左右千牛卫不领外府折冲而只率领部分内府府兵。其中，左右卫名义上是各卫的统领，各领六十个折冲府，其他十卫各领四十至五十个折冲府。

十六卫每个卫均设置上将军一人，从二品；大将军一人，正三品；将军两人，从三品；长史一人；录事参军一人；仓曹参军两人；兵曹参军两人；骑曹参军一人；胄曹参军一人等。

除了十二卫统领外府折冲兵之外，相对于外府兵，唐朝还设置了内府兵，从功臣、贵族和关中良家子弟中选拔的卫士，号称“三卫五府”，即亲卫府一个、勋卫府两个、翊卫府两个，每个府首长为中郎将，副职为左右郎将，五府共计四千九百六十三人，主要是为皇帝提供仪仗警卫和侍从服务。

二、北衙禁军。高祖李渊起义时最初的义军，到唐朝建立之后，这些元从部队尚留有三万人不愿返乡，就被保留了下来，号称“元从禁军”，屯驻于宫城北玄武门外，此后子承父业、代代相传，成为“父子兵”。由于南衙卫士更换频繁，很难保证对皇帝的完全忠诚，所以，从唐太宗时起，就不断扩大皇帝直属的禁卫军。太宗在贞观初年挑选善射者一百人，分为两组，在北门值班，号称“百骑”，后改名“飞骑”，直到中宗时扩大为“万骑”，玄宗时正式改为左右龙武军，与左、右羽林合称“北门四军”。

随着均田制的破坏和北衙禁军的发展，到玄宗时期，南衙十六卫已形同虚设，无兵可领，开元十一年，根据宰相张说的建议，采取招募的形式，招募长安近郊的年轻人送入十六卫，每卫大约有兵一万人，成为常备军，号称“长从宿卫”。后年，改称“彍骑”，与此同时，北衙禁军则得到长足的发展，玄宗时期又以闲厩中之飞龙厩侍者组建了一支内飞龙兵，均由高力士统领；安史之乱爆发后，唐肃宗以跟随自己的亲信子弟组建了左右神武军，军号“天骑”，北衙禁军成为左右羽林（飞骑）、左右龙武（万骑）和左右神武（天骑）六军，此外，肃宗又增置了殿前射生左右厢，初时兵员大约千人，后来扩编并改名为左右英武军、宝应军、殿前射生左右军、左右神威军、天威军。在平叛过程中，西北边境一支精锐部队神策军被宦官鱼朝恩掌管，成为禁卫军。到德宗时改为左右神策军，使北衙禁军最终发展为十军。神策左右两军主将为护军中尉、副将为中护军，均由宦官担任要职，由此确立了宦官统领神策军的制度。由于神策军待遇好，又为皇帝所信任，边镇驻军自愿投到神策军名下，号称神策行营。随着边境驻军的大量加入，神策军最终竟有十五万人。

三、东宫卫队。称为东宫十卫率，即太子左右卫率（军号“超乘”）、太子左右司御率（军号“旅贲”）、太子左右清道率（军号“直荡”）、太子左右监门率和太子左右内率。其中前六率各领三至五折冲府，后四率只领内府兵。

四、边防军。自睿宗景云二年起，唐朝又采取了节度使制，在边疆设立了十个军事重镇。这些边疆军镇的统兵将领不仅掌握和指挥军队，而且兼管当地行政、财政大权，相当于皇帝授予旌节管理当地军政事务的全权大使。节度使在原则上可以报请中央朝廷招募扩充军队，可以经朝廷批准更换任免下属将领、官员，在地方上有生杀便宜之权，所以权势很大。

五、地方守备部队。

太子官：

太子太师、太傅、太保各一人，从一品。辅导皇太子。“每见，迎拜殿门，三师答拜，每门必让，三师坐，太子乃坐。与三师书，前名惶恐，后名惶恐再拜。太子出，则乘路备卤簿以从。”

少师、少傅、少保各一人，从二品。把“太师、太傅、太保”的德行告诉皇太子。

太子宾客四人，正三品。侍从规谏。

太子宫中下设：1. 詹事府，设置太子詹事一人，正三品；少詹事一人，正四品上。下有丞、主簿、录事、令史、书令史、司直、亭长、掌固。2. 左春坊，设置太子左庶子两人，正四品上；太子中允两人，正五品下。下有司议郎、左谕德、左赞善大夫、录事、主事等。3. 右春坊，设置太子右庶子，类似朝廷上的中书令，中舍人类似中书侍郎。4. 崇文馆，学士两人，掌经籍图书，教授诸生，课试举送如弘文馆。校书郎两人，有馆生十五人，书直一人，令史两人，书令史两人，典书两人，拓书手两人，楷书手十人，熟纸匠一人，装潢匠两人，笔匠一人。5. 司经局，太子洗马两人，从五品下。掌经籍，出入侍从。下有文学、校书、正字，等等。6. 典膳局，有典膳郎、书令史、书吏、主食、典食（两百人），掌固。7. 药藏局。8. 内直局。9. 典设局。10. 宫门局。11. 家令寺。12. 食官署。13. 典仓署。14. 司藏署。15. 率更寺。16. 仆寺。17. 厩牧署。18. 太子左右率府。19. 太子左右司御率府。20. 太子左右清道率府。21. 太子左右监门率府。22. 太子左右内率府。都有若干官吏。

王府官：

傅一人，从三品；咨议参军事一人，正五品上；友一人，从五品下；侍读，无定员。文学一人，从六品上；东、西阁祭酒各一人，从七品上。上述几人是朝廷命官。下面的是王府的官：长史一人，从四品上；司马一人，从四品下；掾一人；属一人，正六品上，掌通判兵曹、骑曹、法曹、士曹事；主簿、记室参军、录事参军，皆从六品上；录事一人，从九品下……

地方上：

高祖武德元年，改郡为州，天宝元年，改州为郡，至德二载又改了回来，有唐一代，称郡的仅十五年，然虽然称州，其实就是古代的郡。州的长官为刺史，副职为别驾、长史、司马等，称为上佐。县的长官是县令，副职是县丞。贞观十年，唐太宗将全国分为十道，玄宗开元二十一年又增至十五道。各道设置巡察使、黜陟使、按察使或者采访处置使等。《旧唐书·职官志》称：“至德后，中原置节度使，又大郡要害之地，置防御使治军事，刺史兼之。不赐旌节。上元后，改防御使为团练守捉使，又与团练兼置防御使名。”又称：“百户为里，五里为乡。两京及州县之郭分为坊，郊外为村。里及坊、村，皆有正以司督察。四家为邻，五邻为保，保有长以相禁约。”

官员待遇：《通典》云：“京官正一品，米七百石，钱六千八百。从一品米六百石。正二品米五百石，钱六千。从二品米四百六十石。正三品米四百石，钱五千一百。从三品米三百六十石。正四品米三百石，钱四千二百。从四品米二百六十石。正五品米二百石，钱三千六百。从五品米一百六十石。正六品米一百石，钱二千四百。从六品米九十石。正七品米八十石，钱二千一百。从七品米七十石。正八品米六十七石，钱一千六百。从八品米六十二石。正九品米五十七石，钱一千三百。从九品米五十二石。外官各降一等。一品以五十石为一等，二品、三品以三十石为一等，四品、五品以二十石为一等，六品、七品以五石为一等，八品、九品以二石五斗为一等。其干力及防、庶仆并别给。内外文武官，自一品以下，并给职田。京官诸司及郡县，又给公廨田。并有差。”《新唐书·食货志》记载：“太皇太后、皇太后、皇后缌麻以上亲，内命妇一品以上亲，郡王及五品以上祖父兄弟，职事、勋官三品以上有封者若县男父子，国子、太学、四门学生、俊士，孝子、顺孙、义夫、节妇同籍者，皆免课役。凡主户内有课口者为课户。若老及男废疾、笃疾、寡妻妾、部曲、客女、奴婢及视九品以上官，不课。”

五三七 唐代制度（三）

选举制度。

唐代选举人才的途径主要有三条：一是科举考试、二是门荫、三是流外。

唐代科举考试分为常举和制举两种情况。常举每年举行一次，一般于当年十月报名，次年三月放榜，考试科目主要有秀才、明经、进士、明法、明书、明算六种，其中秀才设置时间不长，明法、明书、明算属于专门考试，影响不大，只有明经和进士这两种最为重要。进士科要考试诗赋，录取的人数又很少，一旦录取升迁很快，因此人们蜂拥而至，有“三十老明经，五十少进士”一说。

常举考试原由吏部员外郎主持，后改由礼部侍郎主持。考生来源主要有两个：一个是学校毕业的学士，称为生徒；另一个是乡贡，即由州县推荐的人。常举的考试方法主要有帖经（填空题）、墨义（口试）、策问（命题作文）、诗赋。唐代常举每年都有数千举子应试，明经录取人数为十之一二，而进士的录取人数则仅百分之一二。长安二年，武曌又首创了武举科，由兵部主持。考试科目有马射、步射、马枪、平射、举重等。

制举则是由皇帝或者皇帝指派的官员主持的考试，考试地点在中书省或者皇帝封禅、巡幸之地，武曌时期改在殿庭，“贡士殿试自此始”。制举考试参加人员很多，有及第的进士，也有在任官员，还有平民百姓。考试方法主要是对实务的对策，也是命题作文，此后又加试了诗赋。制举及第的，可以直接得官，也有极少数的仅仅给予出身。

门荫入仕是对科举制度的补充，对象主要是皇亲国戚、五品以上官员子弟、公主、郡主之子等，他们通过担任一定时期的亲卫、勋卫、翊卫以及斋郎、挽郎之后，即可当官。

流外入仕，是各级官府聘用服役的胥吏以及专门人才，在服役一定时期以后，即可获得当官的资格。

科举及第、门荫入仕和流外入仕的人，要想最终获得官职，还得经过吏部主持的铨选考试，考试内容有身（体貌丰伟）、言（言辞辩正）、书（楷法遒美）、判（文理优长），只有这四项达标，才能被授予六品以下的官，不达标的，回去待选。五品以上的官则由宰相提名，皇帝任命。

法律制度。

唐代法律主要包括律、令、格、式四种。律是“正刑定罪”，令是“设范立制”，格是“禁违止邪”，式是“轨物程事”。唐初，唐高祖以《开皇律》为基础，修成了唐朝第一部法律《武德律》，太宗即位后，又修成了《贞观律》，唐高宗即位后，对《贞观律》逐条进行解释，修成了现存我国古代最完整的法典《唐律疏议》。该书三十卷，分十二篇，律文五百零二条。

唐代最高司法机构是刑部、御史台和大理寺。大理寺主要负责朝廷百官的犯罪和京畿徒刑以上的案件审批；刑部负责司法政令，还复核大理寺审理的流刑以上和全国徒刑以上的案件；御史台掌管纠察弹劾，遇有重大疑难案件参与会审。唐律还规定了回避制度等，内容周密完备，对后世以及外国都产生了深远的影响。

经济制度。

武德七年，唐高祖李渊下令颁布均田令。唐朝朝廷将男子分为黄（1—3 岁）、小（4—15 岁）、中（16—20 岁）、丁（21—59 岁）、老（60—）五个等级，唐玄宗又将中改为 18—22 岁，丁改为 23—49 岁。

均田制规定：丁男和中男（16 或 18 岁以上、60 岁以下的男子）授田一顷，其中二十亩是永业田，八十亩是口分田；老男以及残疾的授田四十亩；寡居的妻妾授田三十亩，这些人如果是户主，也可以授田五十亩；道士、僧人授田三十亩，女道士、尼姑授田二十亩；官奴婢授田减百姓之半；凡是一家三口的人家给园宅地一亩，每增加三口加一亩；奴婢五人给园宅地一亩，五口增加一亩。百姓的口分田死后交还国家，永业田可以传给子孙，但是，永业田必须每亩种桑树五十棵，榆树、枣树各十棵，三年要种完。

官吏授田的规定：官职越高授田越多，一品官可以授田六十顷，八品、九品可以授田两顷，这是永业田，可以传给子孙；在职官吏还可以获得一定的职分田，作为俸禄的补充，离任之后交还给朝廷。各级朝廷部门也可以得到数量不一的田地，以地租收入作为办公经费之用。

唐朝前期的赋税制度是租庸调制，也颁布于武德七年，内容是：每丁每年向国家缴纳租粟两石，调帛两丈、绵三两，或者麻布两丈五尺、麻三斤。每丁每年服役二十天，如果无事时，也可以折合成三尺绢或者三尺七寸五的布缴纳，这就是庸。如果增加劳役，超过十五天的话，免除当年应缴的调；超过三十天，免除当年应缴的租和调。如果遇到自然灾害，收成减少十分之四的，免去调；减少十分之六以上的，租、调全免；减少十分之七以上的，租庸调全免。

到玄宗时期，土地兼并愈演愈烈，摧毁了唐朝的统治基础，均田制已彻底崩溃，取代均田制的是地主庄园经济，进而租庸调制也走到了尽头。德宗在建中元年不得不采纳了杨炎的建议，颁行两税法。两税法主要是根据占有土地的数量确定税负，改变了租庸调制以丁口征税的办法，适应了社会发展的需要，在一定程度上缓和了社会矛盾。两税法已经说过，不再赘述，由于两税法“唯以资产为宗，不以丁身为本，资产少者则其税少，资产多者则其税多”，比起原来按丁口征收的租庸调制较为合理。

唐代农业、手工业和商业是经济的三大支柱。唐代生产力得到进一步的发展，在长期的实践中，唐代发明了一种轻便的曲辕犁，便于耕作，此外，唐代农民还广泛使用了立井式水车、筒车等各种水车。另外，在唐代水利也得到很大的发展，两百多年间一共兴修了两百多处水利工程，扩大了耕地面积。凡此种种，使得唐代农业得到很大发展，粮食产量进一步提高，有的亩产量达到了“一钟”。

唐代手工业也十分发达，各种手工作坊遍布全国各地，从事手工业生产的主要有：工匠（终身身份不变，并世代相袭）、官奴婢（长年服役，地位最低）、番户（经过赦免一次的官奴婢）、杂户（经过两次赦免的官奴婢）和刑徒。同一手工业行业都有“行”以组织进行管理，行有行头，管理本行业的经营，并负责协助官府征收赋税。唐代手工业大致有印刷、纺织、采矿、制瓷、造纸、造船、印染等多种行业。

唐代的商业也很繁荣，出现了很多商业都市，其中以长安、洛阳、扬州、成都、广州等地最为著名，这些商业城市内大多专门设立有商业市场，比如，长安就有东西两市场，商行数百家，西市还有很多胡人商行。安史之乱后，南方经济得到进一步发展，扬州和成都更加繁荣，谚语有“扬一益二”之说。唐朝朝廷在每个市场内都设置有市令，负责管理市场，征收商业税；市场内的交易都在一定的时间内进行，市场四面都有大门，按时开关；在市场内进行的交易都要限价买卖，不得随意哄抬或者压低物价。

五三八 唐代文化

宗教。

唐代宗教非常兴盛，道教和佛教得到很大发展，还传入了景教、摩尼教、伊斯兰教等宗教。

道教尊老子李耳为始祖，而唐朝皇帝姓李，故此对道教大力尊崇。唐太宗明确规定道士排列在僧尼之前，玄宗时期还一度将《道德经》列为科举考试的内容。安史之乱后，唐朝皇帝一方面推崇佛教，为来世修福；另一方面又服食道士所炼的丹药，以求长生不老。

佛教在唐朝得到进一步发展。唐太宗和唐高宗曾撰写《大唐三藏圣教记》和《序记》，以弘扬佛教。武曌更是迷信佛教，大力推崇佛教，修建了大量佛像和佛教建筑。安史之乱后，唐肃宗和代宗都曾在宫内设置道场，请僧人诵经祈福。在唐代，各类佛教宗派相继产生，比如天台宗、华严宗、法相宗、三论宗、禅宗、律宗、密宗、净土宗等都是在唐代出现的，与此同时，唐代翻译的佛教典籍的数量也大大增加，还出现了玄奘、僧一行、鉴真等很多高僧。

史学。

唐朝建立之后，唐高祖就采纳了令狐德棻的建议，下令为前朝修史，贞观三年，唐太宗再次下令继续修撰，一直到高宗显庆元年才修成。这就是流传至今的《晋书》《周书》《齐书》《梁书》《陈书》《隋书》，再加上李延寿父子修撰的《南史》《北史》，一共是八部史书，完整地保留了近三百年的两晋南北朝的珍贵史料。

除此之外，唐代还出现了两部很有影响的史学著作，一部是刘知几撰写的《史通》；另一部是杜佑撰写的《通典》。《史通》是一部史学评论专著，对历代史书的优劣进行了详尽的评论，奠定了我国史学的理论基础。《通典》是我国古代

第一部记载典章制度的历史著作，全书分食货、选举、职官、礼、乐、兵、刑、州郡、边防九个大类，上起三皇五帝，下到唐代宗时期，对每一项的典章制度都详细记载了演变发展过程，具有极高的史料价值。

文学。

唐代文学艺术不论诗歌、散文、传奇，还是绘画、书法、歌舞等，都是盛况空前，独领风骚。

唐诗独树一帜，在文学史上，与汉赋、宋词、元曲、明清小说相提并论，《全唐诗》留存下来的唐代诗人一共有两千三百余名，诗作共计四万八千余首，涌现出一大批风格多样、才华横溢的诗人，不一一列举。

在散文创作方面，值得一提的是唐代的古文运动。这场运动是对盛行于南北朝时期的骈文的革新，用质朴充实的散文取代空洞无物、忸怩作态的骈体文，初唐时期的陈子昂是这一运动的奠基人，中唐的韩愈、柳宗元则是这场运动的中坚力量。韩愈后来写出了诸如《师说》《原道》《原毁》《毛颖传》《进学解》等大量感情充沛、内容翔实的优秀散文，赢得了“文起八代之衰”的美誉。柳宗元写下了《小石潭记》《捕蛇者说》《区寄传》《种树郭橐驼传》等流传百世的散文。

唐代的传奇小说也得到进一步的发展。较为著名的有元稹的《莺莺传》、蒋芳的《霍小玉传》、白行简的《李娃传》、沈既济的《枕中记》、陈鸿的《长恨传》等，很多作品被宋元文人改编成了戏剧作品，这些传奇小说不论从语言上，还是从人物的塑造上，以及情节的设计、内容的丰富上都比南北朝时期的志怪小说有了长足的进步。

唐代的书法在我国书法史上也占有非常重要的地位。唐初的著名书法家有欧阳询、虞世南、褚遂良等人；中唐时期则有颜真卿，其颜体集隶书、行书、篆书、楷书的精华于一体，沉稳浑厚，独具一格。草书则以张旭、怀素最为著名，张旭为人洒脱不羁，卓尔不群，才华横溢，与李白、贺知章相友善，杜甫将其列入“饮中八仙”。他的草书著名，与李白的诗歌，裴旻的剑舞，被合称为“三绝”，他又与贺知章、张若虚、包融，被合称为“吴中四士”。据《旧唐书》的记载，每醉后号呼狂走，索笔挥洒，时称张颠。他流传于世的狂草有《古诗四帖》《草书心经》等。怀素与张旭齐名，他自幼出家为僧，痴迷书法，曾求教于张旭、颜真卿、徐浩等人，又与李白等名士交往，史上有“颠张狂素”之称，二人并称为“草圣”。怀素的书法奔放洒脱，千变万化，传世作品主要有《自叙帖》《苦笋帖》《圣母帖》《论书帖》《小草千文》等。唐朝后期的著名书法家是柳公权，他历仕唐宪宗、唐穆宗、唐敬宗、唐文宗、唐武宗、唐宣宗、唐懿宗七朝，最后以八十八岁高龄去世，官至太子少保。他的楷书与颜真卿齐名，人称“颜柳”，有“颜筋柳骨”的美誉。他又与欧阳询、颜真卿、赵孟頫并称“楷书四大家”。后世传世碑刻有《金刚经刻石》《玄秘塔碑》《冯宿碑》等，行草书有《伏审》《十六日》《辱向帖》等。

唐朝的科学技术以医学、天文学和印刷术成就最大。

隋末唐初的著名药物学家孙思邈被尊称为药王，他写的《千金方》和《千金翼方》，一共收药方五千三百多个，记载了八百多种中草药的形状和药性，对中医药的发展起到了非常重要的作用。唐高祖时期，唐朝朝廷编订了药典《唐本草》，早于欧洲八百多年。

在天文学方面，僧一行是一位杰出的代表。他在唐玄宗时期被召入宫中，经过长期的观察，僧一行发现了恒星的移动现象，并计算出了地球南北相差的距离，这是人类第一次对地球子午线进行科学的测量。开元时期，他还修订了当时最先进的《大衍历》。

唐朝科技发展的另一个突出成就就是雕版印刷术的发明。到唐朝末年，已经能够大量印刷书籍，唐懿宗时期印刷的《金刚经》残卷，是现存世界最早有确切日期的雕印品，现收藏于英国伦敦博物院。

五三九 唐代生活

唐代婚俗。

唐朝朝廷对婚姻问题订立了很多法律。唐太宗曾经下诏要求全国各地对于仍未成婚的年满二十岁的男子和十五岁的女子，由官府做媒，协助他们成家立业。

在婚礼方面，唐代世家大族依然流行纳彩、问名、纳吉、纳征、请期等烦琐的程序，并向男方索要大量的钱财，在成婚之日，更是铺张浪费，极尽奢华。唐朝朝廷对离婚规定较为严格，如果妻子没有七出（无子、淫佚、不事舅姑、口舌、盗窃、妒忌、恶疾）和义绝（对丈夫特定的亲属进行殴打、辱骂、杀害等）的情形，不得随意离婚；就算妻子符合这种条件，但只要有三不去（对舅姑服过丧的、娶的时候贫贱后来富贵的、离婚之后无处容身的），都是不能离婚的；如果男子强行离婚，则棍打一百。但是，即便如此，与后世相比，离婚还是较为容易的。唐代妇女对于名节问题并不十分看重，甚至出现有的妇女今日离婚，次日再婚的情况，妇女再嫁、三嫁，甚至多次出嫁的现象，也是大量存在。

唐代丧礼。

唐代丧礼依然遵从古礼，分为斩衰（用最粗的麻布做成，边沿不修齐）、齐衰（用粗麻布做成，边沿修齐）、大功（用熟麻布做成）、小功（用比大功更细的熟麻布做成）、缌麻（用细麻布做成）五种，即五服。斩衰适用于：儿子、未嫁女儿为父亲服丧；长房长孙为祖父服丧；妻子为丈夫服丧；服期为三年。齐衰适用于：曾祖父母和高祖父母；服期三五月不等；大功适用于堂兄弟、未出嫁的堂姊妹、已出嫁的姑姊妹、已出嫁的女儿对叔伯父母、兄弟等；服期九个月。小功：为同宗曾祖父母、叔伯父母、堂叔伯父母等所服；服期五个月。缌麻：为同宗高祖父母、曾叔伯祖父母、同族叔伯父母、族兄弟、外姓表兄弟等，服期三个月。有唐一代，对上述适用范围以及服期又进行过多次改动。

唐代的衣食住行。

在衣着方面，从唐高祖到唐太宗再到唐高宗，对文武百官和庶民百姓的穿着都作出过规定，唐高宗规定：三品以上的文武官员，穿紫色衣服，佩戴金玉腰带；四品的穿深绯色衣服，五品的穿浅绯色衣服，都佩戴金腰带；六品的穿深绿色衣服，七品的穿浅绿色衣服，都佩戴银腰带；八品的穿深青色衣服，九品的穿浅青色衣服，都佩戴鍮石腰带。一般百姓只能穿黄色衣服，佩戴铜铁腰带。奴婢等不能穿黄色衣服。

唐代男子的衣服大致有裤褶服、袍衫、袄、半臂、褐衣等。裤褶服类似上面是左衽的袍子，下面是宽裤子的样子；袍衫就是袍子；袄就是袍子里面穿的短衣服；半臂原为宫中传出，就是宽口的短袖；褐衣就是粗布衣服。唐代妇女上衣有袄、衫等，下身主要是裙子。男女所穿鞋靴、所戴帽子种类繁多，多种多样。

唐代百姓的饮食来源主要是小麦和稻米，面食有汤饼、胡饼、蒸饼、煎饼，等等。汤饼类似如今的烩面或者羊肉泡馍；胡饼类似如今的芝麻烧饼；蒸饼类似如今的馒头；煎饼就是如今的煎饼。

唐代百姓的副食也是多种多样，鸡鸭鱼肉，应有尽有，与如今不相上下。

另外，在唐代，饮茶、喝酒也都十分盛行。全国出现了很多生产名酒、名茶的地方，比如长安附近的新丰酒、霸陵酒、剑南的猛顶不花茶等；在唐朝，还出现了精于茶道的茶圣陆羽，他撰写了第一部研究茶道的《茶经》。

在住方面，尊卑差别很大。仅长安城内，唐朝诸位皇帝就相继修建了三座大型的宫殿群，即西内太极宫、东内大明宫和南内兴庆宫。同时，东都洛阳和长安近郊以及全国其他地方，又修建了大量的离宫。

唐朝对百官和百姓的居住房屋都有严格的等级规定，《新唐书》记载："王公之居，不施重栱、藻井。三品堂五间九架；门三间五架，五品堂五间七架，门三间两架；六品、七品堂三间五架，庶人四架，而门皆一间两架。"但这些规定仅仅对无权无势的百姓有效，而对于皇帝的宠臣、贵戚、公主等人都没有一点效力，尤其是安史之乱以后，朝廷的控制力大大下降，百官大臣竞相攀比，修建豪华的宅邸，当时被称为木妖。仅名将郭子仪的府邸就占据亲仁坊的四分之一，家人三千，家内可以通行车马，非常豪华。其他人等比如马璘、裴度、李德裕等，也都修建了非常豪华的宅邸，这些名臣尚且如此，其他人就可想而知了。权贵们如此，但普通百姓饥寒交迫，很多人无力购买砖瓦，只能修建茅屋居住，甚至有人连茅屋都没有。杜甫有感而发，才写下了著名的《茅屋为秋风所破歌》。

唐朝交通非常发达。据《唐六典》记载："凡三十里一驿，天下凡一千六百三十有九所。二百六十所水驿，一千二百九十七所陆驿，八十六所水陆相兼。若地势险阻及须依水草，不必三十里。每驿皆置驿长一人，量驿之闲要以定其马数：都亭七十五匹，诸道之第一等减都亭之十五，第二、第三皆以十五为差，第四减十二，第五减六，第六减四，其马官给。有山阪险峻之处及江南、岭南暑湿不宜大马处，兼置蜀马。凡水驿亦量事闲要以置船，事繁者每驿四只，闲者三只，更闲者二只。凡马三名给丁一人，船一给丁三人。凡驿皆给钱以资之，什物并皆为市。"

陆地驿站大多设置在交通要道附近。朝廷规定：凡是乘坐驿马的，都必须在门下省或者诸军、州长官处领取证件，一品官可以给八匹马，二品六匹，三品五匹，四品、五品四匹，六匹三匹，七品以下两匹；凡是乘坐驿站马车的，一品官可以给十匹马，二品九匹，三品八匹，四品、五品四匹，六匹、七品两匹，八品、九品一匹。

水路驿站设在河道或运河附近。繁忙的地方设四艘船只，其次三艘，再次两艘，每条船配备三名服务人员。

唐代的交通工具主要有：马、牛、驴、肩舁（类似软轿）、檐子（类似滑竿）等。

唐代达官贵人和富商大贾与贫苦百姓之间的生活相差很大。达官贵人穷奢极欲，挥金如土，根据玄宗时期的规定，一品官的月俸禄是三万一千贯、二品是两万四千、三品是一万七千、四品是一万一千五百六十七、五品是九千两百、六品是五千三百、七品是四千一百、八品是两千四百七十五、九品是一千九百一十七，每年禄米一品到从九品从七百石到五十石不等。他们除了这些俸禄之外，还有永业田、职分田、公廨田的地租以及经营工商业的收入，那些文臣武将个个腰缠万贯，花费惊人，就连以清廉自居的白居易在被罢免刑部尚书之后，家中还有千斛粟，东都庄园十七亩，歌姬奴婢二十名等，可见当时的显贵们是何等奢侈，而贫苦百姓却只能挣扎在死亡线上，过着朝不保夕的生活。

五四〇 宪宗新政（一）

概述了大历贞元诗坛和唐代制度，我们回过头来继续关注唐宪宗即位后大唐将走往何处。

唐宪宗即位后面临的局势和采取的措施是：

一、朝廷内争还在继续。我们知道，永贞元年六月二十日王叔文离开朝廷服丧，七月二十二日，宪宗一党开始清理王叔文一党，二十八日，顺宗下诏内禅，仅仅六天之后，宪宗就正式即位。从顺宗内禅到宪宗即位，时间过于短促，让人不能不怀疑，唐宪宗的即位并非出于其父顺宗自愿，而是由宪宗主导、联络反王叔文集团而发起的一场政变。当时，可能对宪宗的皇位构成威胁的主要有：一是顺宗以及其追随者，包括王叔文集团的余党，这当数宪宗首先要打击的对象；二是宪宗的二叔、舒王李谊；三是宪宗的其他兄弟。对于第一类人，宪宗首先要做的是控制好父皇，从速打击王叔文集团。宪宗在即位的第二天，就把王伾和王叔文贬出京师，到九月，又将王叔文集团的主要分子韩泰、韩晔、柳宗元、刘禹锡等人贬出了京师，然而，到了十月，就发生了一件非常诡异的事情。一个叫罗令则的山人从长安来到普润，谎称接到了太上皇的命令，要求秦州刺史刘澭发兵，并劝说刘澭废掉唐宪宗。我们知道，刘澭是卢龙节度使刘济的异母弟，因受到刘济的排挤而率众投靠朝廷，被德宗任命为秦州刺史。他率领的军队还是幽州的老队伍，虽然受到朝廷的欢迎，但从骨子里朝廷方面对其并不信任，罗令则之所以劝说他，大约就是看到了这一点，更因为长安周边地区大多数在神策军的控制之下，只有刘澭是个另类。刘澭深知此事非同小可，他审时度势，将罗令则逮捕送到了长安，宪宗下令将罗令则及其同党一并用棍棒打死。刘澭也因此功，其军镇被命名为保义军，他本人也被晋升为保义军节度使。罗令则事件暴露出的问题是：一是罗令则这次行动是否仅仅是个人行动？二是罗令则此行究竟是否得到了太上皇的许可？显然，从史书上打死了罗令则的同党这一说法可以得出，这次行动应该是有预谋的，并非罗令则一人所为，至于罗令则的同党究竟有多少，史无明文，我们已无从得知了。那么，罗令则是否得到了太上皇的许可呢？要知道，顺宗虽然中风，口不能言，但并不意味着头脑糊涂，从他当太子时的一系列言行来看，顺宗并非一个窝囊废，既然他是被逼下台的，不甘心失败的他就有可能发起反扑，因此，我倾向于相信罗令则的行为是得到了太上皇李诵的旨意的。罗令则事件说明，当时长安政局还非常不稳，这一事件也直接导致了：一是有可能在此后不久，宪宗就指使他人杀害了其父顺宗（这是推测，详见后述）。二是延缓了宪宗对刘辟的讨伐（详见后述）。三是加大了对王叔文一党的惩处力度。十一月，唐宪宗将韦执谊罢相，并将韩泰等人再度贬官，彻底消除了隐患。四是舒王李谊的突然死亡。如前所述，舒王李谊虽然不是德宗的亲生儿子，却深受德宗的宠爱，甚至一度要取代宪宗的父亲顺宗成为皇太子，因此李谊在朝中内外还是有一定的影响力的。有种说法认为，德宗得知顺宗病重，却没有去探视，就是出于在一旁侍奉的李谊及其亲信的阻挠。德宗驾崩之后，甚至有宦官说出“禁中究竟要拥立谁当皇帝，还没有最终定下来”这样的话，根本没把身为太子的李诵放在眼里，之所以会这样，显然一部分人见顺宗病重，想要推举舒王李谊。只是由于卫次公和郑絪等翰林学士的坚持，顺宗才以皇太子的身份得以继位。如今，顺宗、宪宗父子发生矛盾，顺宗被逼下台，一些倾向于李谊的人也许会浑水摸鱼，因此，为了消除隐患，宪宗有可能会采取非常手段，结果了李谊。史称，舒王李谊于该年十月去世，既没有说是病死的，也没说不是，死因不详，这非常符合史家为尊者讳又多少坚守一点写实传统的做法，因此，我也倾向于认为李谊之死是宪宗所为。

二、外藩蠢蠢欲动。永贞元年是德宗、顺宗、宪宗三代权力更迭的一年，注定是非同寻常的一年，这一年里，朝中政局变化莫测，令人眼花缭乱，地方上的一些藩镇也是蠢蠢欲动。

就在唐顺宗即位之初，淄青节度使李师古就于永贞元年二月十二日出兵边境，以威胁滑州。当时，德宗驾崩的消息还未传到各道，义成镇的一名牙将从长安回来，拿了一份遗诏的手抄件，义成节度使李元素觉得李师古是邻境的，想显示两镇关系紧密，就偷偷派人把这份遗诏让李师古看了。然而，这恰恰给了李师古一个出兵的借口，他召集将士们宣布：“圣上万福，而李元素却突然传来圣上的遗诏，这明明是想造反，应该出兵讨伐。”遂下令把李元素的使者痛打了一顿，发兵进驻曹州，并派人告诉宣武节度使，请求从宣武镇借道进攻义成镇。宣武节度使韩弘毫不示弱，命人对李师古说："你还敢越我界而做贼？我等着你，别说空话！"李元素向韩弘告急，韩弘对他说："我韩弘在此，大人只管放心好了！"有人对韩弘说："对方正在清除荆棘，填平道路，大兵就要到了，请做好战斗准备。"韩弘却说："他真的敢来的话，就会填平道路了。"遂不以为意。李师古无计可施，又很快就听说顺宗即位了，也只好不了了之。李元素上书请求自贬，朝廷对他们双方都一一劝慰了事。吴少诚曾派人给李师古送去制作皮鞋的物资，李师古则送给吴少诚食盐，双双偷偷从宣武镇境内通过，事发后，韩弘将他们的物资都予以没收，说："根据法律，各道之间不得私下相互馈赠。"李师古和吴少诚都对韩弘非常忌惮。

李师古试图趁国丧之际入侵邻境一事终于被化解了，而等唐宪宗即位之后，西蜀和江南又出现了不稳的迹象。

唐宪宗于永贞元年八月九日即位，仅仅过去八天，即到了该月的十七日，在激烈的朝廷内争中支持宪宗的西川节度使、南康忠王韦皋就去世了，而随着韦皋的去世，作为京师大后方的西川也出现了不稳。韦皋享年六十一岁，镇守西川共计二十一年，在任期间，他对蜀地百姓巧取豪夺，把搜刮来的钱财用于向德宗"月进"，以致蜀地百姓民不聊生。其属下的幕僚服务时间稍长，就奏为郡刺史，任期届满仍然回到幕府任职，不令还朝，担心向朝廷泄露其各种不法行为。然而，韦皋对士兵们非常优厚，寻常士兵婚嫁死丧，都由官府提供费用，由此，韦皋也得以长期保持他的官位，畏服南诏，击退吐蕃。官府物资充裕之后，他也会时常宽大地对待辖区百姓，每三年免除一年的赋税，蜀地百姓佩服他的智谋，又畏惧他的威严，一直到宋代还将他的画像当作本地的土地神，家家户户都要祭祀。

韦皋去世后，支度副使刘辟企图效仿河北藩镇，自任留后，并命众将上表替自己求节度使符节。刘辟，贞元中进士及第，又登博学宏词科，韦皋辟为从事，累迁至御史中丞、支度副使。刘辟在自己即位之初就企图效仿河北藩镇、不服从朝廷，这对于唐宪宗来说，是绝对不能容忍的。消息传来，一开始唐宪宗决定采取断然措施，予以讨伐。永贞元年八月二十三日，他任命中书侍郎、同平章事袁滋为剑南东、西川、山南西道安抚大使，先礼后兵，一个多月之后，发现刘辟拒不听命。十月三日，唐宪宗又以袁滋为同平章事，充西川节度使，征召刘辟为给事中，正式与刘辟摊牌，然而，刘辟仍然拒绝接受，他发兵自守，公然发动叛乱，而袁滋却心生畏惧，不敢继续前进。唐宪宗闻听后，不禁勃然大怒，将其贬为吉州刺史。就在唐宪宗的注意力都集中到刘辟身上时，突然发生了罗令则事件，促使他不得不暂时把刘辟放在一边，着手清除萧墙之内的隐患。盘算后，唐宪宗认为自己刚刚继位，还不能全力讨伐刘辟，只能暂时放他一马。十二月十四日，唐宪宗任命刘辟为西川节度副使，知节度事。

五四一　宪宗新政（二）

李锜在贞元十五年（公元 799 年）被任命为润州刺史兼盐铁使。

他掌握财政大权之后，在地方上恣意妄为，贞元十七年，浙西百姓崔善贞出于义愤，来到长安，上书德宗指斥李锜的罪恶，但德宗不敢得罪李锜，遂把崔善贞送还，崔善贞也被李锜残酷处死。由于朝廷鞭长莫及和德宗的姑息政策，李锜已经把治下的江南变为一个类似于河北藩镇的独立王国。顺宗和王叔文等人早就想拔掉李锜这颗毒瘤，顺宗即位后，在永贞元年三月就解除了李锜盐铁转运使一职。为了安抚李锜，把他从镇海观察使晋升为镇海节度使，李锜虽然有些不满，但毕竟成了一方诸侯，暂时没有公然反叛。既然如此，明眼人看得出来，李锜反叛是迟早的事，唐宪宗即位后不久，就派遣度支盐铁转运副使潘孟阳赶赴江淮，监督征收赋税，并考核官吏政绩，察看百姓疾苦，后来，他又打算任命刑部郎中杜兼担任苏州刺史，以牵制李锜。但杜兼深知此行凶多吉少，他上书推辞称李锜行将谋反，一旦自己到任，此人势必找个借口上书诛杀自己，到时候为难的是朝廷。唐宪宗听了，觉得有理，就把杜兼留了下来，改任为吏部郎中。潘孟阳，其父潘炎，代宗时任礼部侍郎，是刘晏的女婿，刘晏被杀，潘炎也随之被贬。潘孟阳以门荫入仕，历任渭南尉、殿中侍御史、兵部郎中。潘家在朝中的亲戚很多，因此晋升很快，贞元末，王绍屡屡推荐潘孟阳，德宗遂以其为户部侍郎。杜佑判度支，奏潘孟阳为副使。

当然，也有与李师古、刘辟、李锜等人不同，因唐宪宗登基而主动入朝表示效忠的藩镇。夏绥节度使韩全义从讨伐吴少诚前线败还之后，也许是担心朝廷对立面弹劾自己，竟然途经长安而不朝见德宗，直接返回了驻地，这当然是对皇帝的大不敬，当时的唐宪宗还只是一名藩王，听说后是非常气愤，一直耿耿于怀。等唐宪宗即位后，韩全义深感恐惧，就自请入朝，以消除误会。韩全义入朝后，唐宪宗并没有释怀，已担任宰相的杜黄裳认为，韩全义出师无功，且骄傲无礼，应予以免职，不再使用，唐宪宗遂以太子太保之职勒令其退休。入朝的除了韩全义之外，还有奉义军节度使伊慎。伊慎入朝后，被任命为尚书左仆射，而他空下来的位置则由鄂岳节度使韩皋（韩滉之子）接任。据史书记载，韩皋被赶出京师担任鄂岳节度使还有段曲折。韩皋原在朝中担任尚书右丞，他倚老卖老，对王叔文一党很是看不惯，曾对别人说："我不能侍奉这些新贵！"谁知这话被人传到了其堂弟、司封郎中韩晔的耳中，而韩晔却是王叔文的党羽，韩晔就告诉了王叔文，王叔文遂将他赶出了京师。唐宪宗又任命伊慎的儿子、奉义军留后伊宥为安州刺史兼安州留后。

除了上述两点之外，唐宪宗还忙着改革德宗遗留下来的弊政，树立自己的威望；建立忠于自己的领导核心，全面控制朝政。

在他即位的次日，升平公主（代宗之女、郭暧之妻、李纯的岳母）送给李纯五十名美女。李纯说道："太上皇都不接受礼物，我岂敢接受！"遂拒绝接受。十四日，荆南节度使裴均献上两只绿毛龟，李纯说："我喜爱的只是贤才。长得好的禾苗、神奇的灵芝，都是徒有虚名的东西，所以，《春秋》从来不记载所谓的祥瑞。从今以后，凡是出现祥瑞的，报告给有关单位即可，不必再上报给我。至于那些个奇珍异兽，也不得再献了。"在韩全义被勒令退休之后，韩全义的儿子为了巴结宪宗，献上八名美女，宪宗拒绝接受，并说："我正要以俭朴的作风治理天下，要这些女乐有什么用？"唐宪宗的这些举动显示出与贞元时期的德宗完全不同的作风，这一点其实和他的父亲顺宗领导的永贞革新的思想内涵是一致的。

唐宪宗即位后，除了清除王叔文一党、消除执政隐患之外，还大量起用一些非王叔文一党的过渡人物。宪宗即位之前，没有当过皇太子、皇太孙之类的经历，个人储备的人脉有限，仓促之间，他需要的是一些中庸正直又有一定声望的老臣来稳定朝局，而尚书左丞郑余庆就是一个非常合适的人选。郑余庆在贞元十四年罢相被贬，顺宗即位后，才召入朝廷，几年被贬期间远离朝廷政治斗争，政治态度相对超脱；虽然他是王叔文当政时期召回的，但由于他与王叔文的对立面、翰林学士郑絪是堂叔侄关系，他并不是王叔文一党，再加上郑余庆很早就当过宰相，又有一定的执政经验，本人还清廉俭朴，很有威望。《烂蒸葫芦》的典故说的就是他。据说，一次，他宴请亲近的官员，大家早早赶来，但郑余庆很久才出来见客，并对仆人说道："去告诉厨师，要蒸烂去毛，别把脖子折断了。"客人们都认为一定是清蒸鹅鸭一类的美味，但到吃饭时才发现，每人面前只有一碗米饭、一枚蒸熟的葫芦和一碟酱醋，客人们都难以下咽，但郑余庆吃得津津有味。

唐宪宗即位时，朝中高官有：司空杜佑、宰相贾耽及韦执谊、杜黄裳、袁滋三人了，而杜佑、贾耽都已年迈，不怎么过问政事，宪宗即位后，将韦执谊改任监修国史，夺取了他的实权，当月就任命尚书左丞郑余庆为同平章事，行使宰相之权。十月，贾耽病死，袁滋被宪宗任命为西川节度使，出京讨伐刘辟。十一月，宪宗又将韦执谊贬出京师，把袁滋贬为吉州刺史，又把同样清廉正直、受王叔文一党打压的武元衡恢复为御史中丞。十二月，宪宗又把翰林学士郑絪拜为中书侍郎、同平章事。至此，宪宗在朝中初步完成了清除异己势力、巩固自己地位的过渡工作，朝中也形成了司空杜佑，门下侍郎、同平章事杜黄裳，中书侍郎、同平章事郑絪，尚书左丞、同平章事郑余庆的政治格局。

等到安定了内部，唐宪宗又想到了西蜀的刘辟。

当时，右谏议大夫韦丹上书认为："如今如果放刘辟一马，那么朝廷能够直接指挥的，只有两京两地了！此外，还有谁不敢反叛呢？"唐宪宗深以为然，十二月十七日，他任命韦丹担任剑南东川节度使，为即将发动的讨伐战争做准备。韦丹，字文明，京兆万年人，是西魏、北周名将韦孝宽的六世孙，外祖父是名臣颜真卿。顺宗为太子时，以殿中侍御史召为舍人，后为容州刺史。在地方上教民耕织，教化大行，被朝廷召为谏议大夫，在任期间，有正直之名。

永贞元年十二月，群臣请求给太上皇上尊号为应乾圣寿太上皇，给唐宪宗上尊号为文武大圣孝德皇帝。唐宪宗拒绝了给自己的尊号，接受了给太上皇的尊号。公元806年一月一日，唐宪宗率领群臣来到兴庆宫，给太上皇上尊号。二日，唐宪宗宣布大赦天下，改年号为元和元年。十九日，太上皇李诵在兴庆宫驾崩，享年四十六岁。

唐顺宗究竟是病死的还是被儿子唐宪宗杀害的？如果是唐宪宗杀害了唐顺宗，那么又是何时杀害的呢？古人对唐顺宗是病死的没有多少异议，直到近代，有学者经过研究才怀疑唐顺宗系被人暗害的，且很可能在罗令则事件发生后，就已被杀了。支持这一观点的论据大致有以下几点：一是死得奇怪。根据《旧唐书·宪宗本纪》记载："（元和元年一月）癸未（十八日），诏以太上皇旧恙愆和，亲侍药膳，起今月十六日以后，权不听政……甲申，太上皇崩于兴庆宫，迁殡于太极殿，发丧。”宪宗以诏书的形式向全国宣布太上皇的病情，这十分罕见，并且次日就宣布太上皇去世了。另外，太上皇既然是死在兴庆宫，可为什么要改在太极殿发丧呢？异地发丧的目的很可能是不让人看到尸体，甚至有人怀疑在罗令则事件之后，唐顺宗就已经被害了。二是唐宪宗举动奇怪。唐宪宗在永贞元年十二月二十六日，匆匆接受百官给太上皇所上的尊号，元和元年一月一日，率领百官赶到兴庆宫给太上皇上尊号。唐顺宗在位临朝时，百官甚至是宰相都尚且无法看到唐顺宗的真容，这一次唐宪宗来到兴庆宫，百官应该是看不到唐顺宗的，更像是唐宪宗上演的一出证明父皇还活着的戏。三是传奇小说中的暗示。中唐传奇小说家李复言有部小说集，叫《续玄怪录》，其中有一篇名叫《辛公平上仙》的志怪小说，这篇小说说的是：辛公平、成士廉两个县尉去出公差，途中遇到一个叫王臻的人。三人交好后，王臻透漏自己其实是个鬼吏，这次进京是迎接天子“上仙”（驾崩）的。辛、成二人很感兴趣，遂一起入京看热闹。与王臻一起迎驾的还有很多兵马，但当他们入京后发现皇帝身边有“万神”护驾（暗喻皇帝的侍卫），无法得手，王臻遂心生一计，命有关单位安排夜宴，款待“众神”即可。不久，排下宴席之后，阴兵阴将一时进入皇宫，而殿上皇帝正在看歌舞，夜深之后，一名宦官突然拿出一把一尺多长的金色匕首交给了阴将，让其献给皇帝。皇帝看到匕首后，就一阵头昏目眩，音乐顿时停止，皇帝也被扶进西厢房内。过了很久，皇帝还未出来，阴将就催促，有人回答：“皇上洗过澡了吗？洗过就可以上路了。”很快就传出洗澡之声（此时皇帝已死，暗喻净身入殓）。而后，皇帝（此时已是灵魂）从房内出来随阴将而去。内廷门卫个个呜咽流泪，有的擦拭鲜血（暗示皇帝非正常死亡），拉着玉辇，不忍皇帝离去。又过了数月，社会上传出皇帝驾崩的消息，小说结尾又说此事是元和初年听人说的。有人认为这篇小说就是暗喻唐顺宗被杀的事，其中所说过了数月才公布，可能就是指唐顺宗其实在罗令则事件之后不久就被害了。

这一观点有人赞同，也有人反对，唐顺宗之死已成千古之谜了。

五四二　用兵西蜀（一）

其实，在唐宪宗君臣打算收拾刘辟之前，夏绥镇就出现问题了。

永贞元年八月韩全义入朝时，以外甥杨惠琳担任留后，十一月，韩全义被勒令退休后，朝廷任命右骁卫将军李演担任夏绥节度使。当李演前去上任时，杨惠琳却发动叛乱，他整顿军队，拒绝李演接管夏绥镇，并上书称，是将士们逼迫自己担任节度使。河东节度使严绶上书请求发兵讨伐，唐宪宗下诏命令河东军队和天德军一起进攻杨惠琳。严绶派遣牙将阿跌光进及其弟弟阿跌光颜率兵进击。阿跌光进兄弟，出身河曲部落稽阿跌一族。先祖为部落稽阿跌族头领，贞观年间归顺唐朝后，唐朝朝廷以其地为鸡田州，隶属于朔方军。到其父阿跌良臣时，就担任鸡田州刺史。阿跌光进的姐姐嫁给了擅长骑射的回纥大将舍利葛旃（又记作葛逻支），舍利葛旃在仆固怀恩叛乱时，杀了仆固瑒，归附河东节度使辛云京。阿跌光进兄弟从小就跟着姐夫舍利葛旃，因此居住在太原。阿跌光进的武艺和谋略稍次于舍利葛旃，而舍利葛旃则认为幼弟阿跌光颜的勇猛超过了自己。肃宗灵武起兵时，阿跌光进就追随郭子仪杀敌，至德年间，被朝廷授予代州刺史，封范阳郡公，食邑两百户。上元初年，郭子仪担任朔方节度使，以阿跌光进为都知兵马使，不久又晋升为渭北节度使。永泰初，晋封为武威郡王。大历四年，晋升为检校户部尚书，知省事。不久又改任检校刑部尚书、兼太子太保。阿跌光颜成年后，就在河东军中担任裨将，曾在讨伐李怀光的战斗中立下战功。阿跌光进、阿跌光颜后在元和年间因战功被赐姓李，他们兄弟二人就是唐宪宗中兴名将李光进和李光颜。

在河东军和天德军的压力下，夏绥军内部很快就发生了分裂。元和元年三月，夏州兵马使张承金斩杀了杨惠琳，将其人头送到京师。夏绥镇的叛乱就这样被扑灭了。

唐军很快就扑灭了夏绥镇杨惠琳的叛乱，主要是因为，该镇兵微将寡，又偏处贫瘠之地，根本成不了气候，然而，对于坐拥剑南西川的刘辟就不一样了。西川拥有强兵，土地肥沃，山川险要，确实很难对付，而已经得到西川节度使的刘辟也深知朝廷绝不会就此善罢甘休，如果没有得到东川之地，就无法全据蜀地之险。因此，在他当上节度使不久，就向朝廷上书请求兼管西川、东川和山南西道这三川之地，唐宪宗当然不会答应。

见朝廷拒不答应，利令智昏的刘辟决定公然反叛，发兵强行夺取东川（治所在梓州，今四川省三台县），以自己的幕僚卢文若取代现任东川节度使李康。推官林蕴劝谏，但刘辟不从；林蕴又写信苦劝，刘辟见信大怒，下令将林蕴打入大牢，并威胁要将他杀掉。临刑之前，林蕴大喊道："'危邦不入，乱邦不居'，我死也是万幸了！"刘辟也知道林蕴是个非常正直之人，只不过是想吓唬他一下，暗中嘱咐刀斧手抽出刀剑，只在林蕴的脖子上磨来磨去，意欲令其屈从自己。林蕴呵斥道："傻瓜！要杀便杀，老子的脖子难道是你的磨刀石吗！"刘辟回头对属下们说道："真是个忠烈之人啊！"遂下令将其释放，贬为唐昌（今四川省都江堰市东南）县尉。林蕴，字复梦，泉州莆田人。其父林披，曾任临汀县令，林蕴与其兄林藻，都是唐代著名的书法家。林藻书法师从颜真卿，尤其擅长行书，传世作品有《深慰帖》，后其官至岭南节度使。林蕴出身儒学世家，被西川节度使征辟为推官。林蕴正直倔强，容易得罪人，后来也当到了刺史一级，他写的《过秦松岭》比较有名："散发长林下，松风入太清。空山容暮色，落叶起秋声。世险江天窄，云深草木平。从兹归故土，勿作失群鸣。"

除了林蕴之外，西山运粮食兼知邛州（今四川省邛崃市）事崔从也给刘辟写信劝谏，刘辟发兵将邛州包围起来，崔从闭城固守，此后，等刘辟失败，崔从才脱难。崔从是武曌时期高官崔融的曾孙，他小时候家境非常贫困，与二哥崔能一起隐居山林苦学十年。贞元初年进士及第，担任山南西道节度使严震的推官，后来，又被西川节度使韦皋征辟为西山运粮使，暂且处理邛州事务，后崔从当到节度使一级。其子崔慎由在唐宣宗时期担任宰相。

一方面夏绥的杨惠琳拒不服从朝命；另一方面西川的刘辟又公然发兵进攻东川，可谓是祸不单行。消息传来，唐宪宗不禁踌躇起来：是发兵立即南下，还是解决了杨惠琳之后再对付刘辟？朝臣大多也认为蜀地险要，易守难攻，不主张出兵讨伐，只有门下侍郎同平章事杜黄裳坚决主战，他对唐宪宗说："刘辟不过是一个狂妄悖逆的书生而已，战胜他如同捡拾一粒草芥一般容易！”他还推荐秦州刺史兼保义军（治所在普润，今陕西省麟游县）节度使刘澭和神策军使高崇文二人“皆刚毅忠勇可用”，可以充当平叛的主将。唐宪宗问道：“二人谁更好一些？”杜黄裳回答：“刘澭从涿州归顺朝廷，扶老携幼，万人上路，历经艰辛，荣辱与共。其人居所不设音乐，举止依法，部伍严整，人人望而生畏。此行交给他负责，必定能立下大功。”唐宪宗说道：“爱卿挑选刘澭，非常合适，然而，爱卿考虑得还不太周全。刘澭治军严明，固然是位良将。然而，其人个性过于倔强，与其兄刘济不和，危急关头才归顺朝廷，河朔气度尚在。听说他经常闷闷不乐，扼腕叹息，怨恨自己没有当上大镇的节度使，这些言行应有深意。如果征讨有功，朝廷不得不将西川交给他。何况全蜀之地，数十年来，只有大德名臣才能放心地安置在那里。刘澭生长在幽燕，只懂卢龙那边的规矩，不懂朝廷的制度。前不久，他羁押幕僚，杖杀县令，这些举动都是河朔的规矩，我也没与他计较。如果令其镇守西川，这是给自己找个心腹之患。不如高崇文。高崇文长期在禁军中任职，为人宽和，深得众心，用兵审慎。”高崇文就是那位以三千对三万大破吐蕃军队、赢得佛堂原大捷的名将。

翰林学士李吉甫也暗中支持唐宪宗出兵，并建议征召江淮地区的军队，从三峡水陆西上，以牵制刘辟的兵力。李吉甫，字弘宪，是代宗时期名重一时的御史大夫李栖筠的儿子。他从小好学，二十七岁那年就当上了太常博士，对唐朝各项制度的沿革情况非常熟悉，后历任屯田员外郎、驾部员外郎。当时的宰相李泌、窦参都看重他的才华，对他很是厚待，但等陆贽拜相后，将他贬为明州员外长史；很久以后才提拔为忠州刺史。当时陆贽已经被贬至忠州，人们都觉得李吉甫一定会公报私仇，对陆贽落井下石，谁知李吉甫到任后，把以往的恩怨一笔勾销，与陆贽相处得很好。此后，李吉甫六年之内未能晋升，并因病被免职，不久，又被任命为柳州刺史、饶州刺史。唐宪宗即位后，李吉甫被征召入朝，担任考功郎中、知制诰，很快就被任命为翰林学士，转中书舍人，赐紫，深得唐宪宗的信任。

元和元年（公元 806 年）一月二十三日，唐宪宗任命左神策行营节度使高崇文率领五千步骑担任先头部队，并以大宦官俱文珍担任监军；又以神策京西行营兵马使李元奕率领两千步骑为第二梯队，会同山南西道节度使严砺的军队一起入川讨伐刘辟。当时，朝中名望资历很高的老将很多，都认为自己可以充当伐蜀的统帅，等到诏书任命高崇文后，个个都是大吃一惊。高崇文驻扎在长武城（今陕西省长武县），有部众五千，军队时常处于临战状态，他上午六点接到命令，八点就率部出发了，武器装备、辎重一应俱全。二十九日，高崇文所部已穿过斜谷（今陕西省太白县境内），李元奕所部穿过骆谷（今陕西省周至县境内），直扑梓州（今四川省三台县）。高崇文所部到达兴元（今陕西省汉中市）之后，士兵中有人在饭店吃饭时大发雷霆，折断店主的筷子，高崇文得报后，当即下令将此人斩首示众。

高崇文等人离京之后，唐宪宗与杜黄裳论及藩镇问题。杜黄裳回答："德宗自从经历忧患之后，一味采取姑息政策，各地节度使只要健在，朝廷就不会更换。节度使一旦去世，朝廷先派中使到军中察看将士们愿意让谁当，就把节度使给谁。中使们有的接受军中将领们的贿赂，回朝以后就对此人大加赞扬，朝廷就下发委任状，节度使人选没有出自朝廷之意的。陛下要想重振朝纲，就必须先以制度来整顿和约束藩镇，然后才谈得上治理全国。"宪宗深以为然。

五四三 用兵西蜀（二）

唐军来到兴元会师之后，兵分两路：西路由严砺率领本部人马直扑剑门关；东路由高崇文率部途经阆州（今四川省阆中市），直扑梓州（今四川省三台县）。

此时，刘辟已经夺占了梓州，活捉了东川节度使李康；二月，严砺率军攻克剑州（今四川省剑阁县），斩杀了刘辟任命的刺史文德昭。三月，高崇文率部进攻梓州，刘辟部将邢泚率部撤出梓州，高崇文进驻梓州。刘辟派人把李康放回，请求朝廷赦免自己的罪过，高崇文以李康军败失掉城池，将其斩杀。当时也有人说："李康担任怀州刺史期间，曾经因故杀了武陟县尉，而这个县尉就是高崇文的判官宋君平的父亲，高崇文趁机杀了李康，是在替宋君平报仇。"而《新唐书·宦者上》则称，诛杀李康，是出自监军俱文珍之意，并因此而被人认为其专权强悍，受到指责。三月十二日，严砺上奏报告了收复梓州的消息，次日，唐宪宗下诏免去刘辟的一切官爵。新任东川节度使韦丹行至汉中，上奏称："高崇文客军远斗，没有地方的支援，假如把梓州交给他，就可以笼络住军心，一定能够取胜。"四月四日，唐宪宗任命高崇文为东川节度副使、知节度事。

相继丢掉剑州和梓州之后，刘辟集中兵力，固守鹿头关（今四川省德阳市以北），抵御唐军。刘辟未能在进攻东川的同时，加强对入川要道的控制，导致唐军顺利入川，已经丧失地利，从整个态势来看，已陷于被动。当然，之所以造成这一局面，主要在于：唐朝君臣当机立断，在得知刘辟进攻东川这一消息之后，就迅速作出了出兵的决断；唐军动作迅速，在刘辟尚未有效控制东川、增兵扼守入川要道之前，就已经进入四川腹地了。在这种情况下，刘辟以释放李康为条件，企图保全自己，也显示了他无知的书生气。要知道，出兵乃军国大事，开弓哪有回头箭，此时做出这番举动，岂不是太可笑了？

不过，唐军要想攻下鹿头关，也并非易事。刘辟在那里构筑了八座营寨，驻扎一万余人，而唐军高崇文部人数并不占优，因此，两军在鹿头关下陷于僵持。这时，杜黄裳建议，军中不再设置监军，好让高崇文放开手脚；严砺请求朝廷增兵，把并州的军队也调来，但李吉甫认为不行，他建议："东汉讨伐公孙述，东晋讨伐李势，刘宋讨伐谯纵，南梁讨伐刘季连、萧纪，这五次伐蜀，有四次都是从长江西进的。况且，宣州、洪州、蕲州、鄂州的强弩兵，号称天下精兵，请求陛下调派这里的军队，直捣三峡空虚之地，如此一来，敌人的兵势就分散了，首尾不相救，而高崇文又担心水军取胜，也更增添了斗志。"唐宪宗也都一一予以采纳。此时，杨惠琳已经被杀，河东军队已完成使命，唐宪宗又抽调河东军的阿跌光颜率部南下，支援高崇文军。高崇文素来忌惮刘澭，杜黄裳又拿刘澭来吓唬他，命人给他传话："如果再不成功，我就改命刘澭来代替你了！"严砺又请求朝廷另派大臣统领各部，李吉甫反对道："高崇文大功将成，如今却另外派遣将帅，他就不会再尽死力了。"这样下来，高崇文是更加卖力。

经过近两个月的激战，到六月五日，高崇文率部朝刘辟叛军发起进攻，将敌人击败。次日，他又派遣猛将高霞寓领兵进攻叛军设在鹿头关以东高地上的万胜堆营寨，经过一番苦战，唐军终于攻克万胜堆，可以居高临下，俯瞰关城，至此，唐军八战八捷，大大地鼓舞了士气。高霞寓，范阳人，少读《左氏春秋》《孙吴兵法》，曾徒步来到长武城投靠高崇文，被高崇文收为养子，作为心腹。

八日，高崇文又率部在德阳击破刘辟军队。十一日，在汉州（今四川省广汉市）再次击破叛军；同时，严砺也派遣部将严秦在绵州（今四川省绵阳市）的石碑谷击破叛军一万余人。七月二日，高崇文所部继续前进，在玄武（今四川省中江县）又击破叛军一万余人。三日，唐宪宗下诏："凡是入川增援的部队，全部划归高崇文统一指挥。"

到九月十二日，高崇文又在鹿头关击败刘辟叛军，严秦也在神泉（今四川省安县）击败叛军。河东军将领阿跌光颜率部赶赴高崇文军，迟到了一天，担心为高崇文所杀，遂领兵深入，进驻鹿头关以西，切断了叛军的粮道，鹿头关内的叛军军心大乱。刘辟的绵江守营将李文悦、鹿头关守将仇良辅等人纷纷举城投降，官军生擒刘辟的女婿苏彊，投降的叛军有一万余人。

拿下了鹿头关，高崇文遂指挥唐军长驱直入，直扑成都，一路上所向披靡，势不可当。

九月二十一日，唐军攻克成都。

刘辟、卢文若率领数十名骑兵向西逃窜，准备逃往吐蕃境内。高崇文命令高霞寓等将率军追击，追至羊灌田（今四川省都江堰市西北），终于赶上了他们。刘辟见无路可逃，投江自杀，唐军将其从江中捞起，捆绑起来；卢文若先把妻子儿女杀死，而后捆绑巨石，沉入江中淹死。

高崇文进入成都城内，秋毫无犯，部队驻扎在大街小巷，露天宿营。他下令将刘辟用囚车送往京师；斩杀了刘辟的大将邢泚、馆驿巡官沈衍，其余人等全部赦免。军府事务全部按照韦皋在世时办理，西川全境很快就安定下来了。

韦皋的幕僚房式、韦乾度、独孤密、符载、郗士美、段文昌等人身穿白色衣服，脚蹬麻鞋，口含土块，向高崇文请罪。高崇文一一赦免了他们，对他们以礼相待，还上书推荐他们，并馈赠他们钱财令他们进京。他见到段文昌后，说道："你将来一定能够成为将相，我不敢推荐你。"房式是肃宗时的宰相房琯之侄，进士及第。李泌任陕州观察使时，辟为从事。李泌拜相后，房式也晋升为起居郎，成为李泌的耳目。李泌去世后，房式任忠州刺史，韦皋死后，朝廷征召其为兵部郎中，因刘辟谋反而滞留在了西川。房式是个佞人，又害怕刘辟，刘辟反叛后，他经常在大庭广众之下盛赞刘辟，将他比作刘备，令众人都非常厌恶。在高崇文的推荐下，朝廷不久就任命房式为吏部郎中。韦乾度，生平不详，其子韦琮是唐宣宗时期的中书侍郎、同中书门下平章事；他们父子都没有什么建树，是传统意义上的官僚。《太平广记》记载，后来，韦乾度当上了殿中侍御史，分管东都。牛僧孺以状元身份被任命为伊阙县尉，韦乾度向来不关心学术，觉得牛僧孺提拔得太快了，就问他的出身，牛僧孺回答："进士。"又问："咋能到京畿当官呢？"回答："状元。"事后，牛僧孺对韦乾度的无知深感惊讶，见到韩愈后就把此事转述给了韩愈。韩愈说道："你确实是个小生啊，韦殿中自然对你不知。我及第已十几年了，猖狂之名，也算是名满天下了，韦殿中对我尚且不知，何况是你呢？"独孤密，生平不详。符载，又名苻载，字厚之，文学家，武都（今四川省绵竹县西北）人，建中初年，与杨衡、李群等隐居庐山，号"山中四友"。贞元五年，经江西观察使李巽推荐，符载被授予奉礼郎、南昌军副使，后担任韦皋掌书记。《芝田录》称，符载文武双全，他有一把宝剑，剑光能将黑夜照得如同白昼一般。郗士美，字和夫，高平金乡人。其父郗纯，以文才闻名，与颜真卿、萧颖士、李华等人是好友。郗士美从小就非常聪明，十二岁就能背诵《五经》《史记》《汉书》，被萧颖士、颜真卿等人目为奇才。二十岁时，他就担任了阳翟丞，李抱真镇守潞州时，任命他为从事，后来，他又历任坊州刺史、黔州刺史等官。段文昌，字墨卿，西河人。他的高祖是唐初名将段志玄，段文昌家在荆州，他仗义疏财，荆南节度使裴胄却不能重用他；韦皋推荐他，朝廷授予他校书郎一职。李吉甫担任忠州刺史期间，段文昌曾把自己写的文章送上，受到李吉甫的赏识。后来，段文昌成为武元衡的女婿，到唐穆宗时期成为宰相。其子段成式，曾任江州刺史，所著《酉阳杂俎》是唐代一部非常著名的传奇小说。房式等人还未抵京，朝廷就已经下达委任状，任命他们在各部的新职。

刘辟有两个貌美如花的侍妾，都有倾国倾城之色，监军建议高崇文献给皇上。高崇文回答："天子命我讨平凶逆，刚刚平定一镇，还需要肃清境内，让百姓恢复生产，好令天子宽心。赶紧进献美女以讨好天子，崇文此生是不会做这等事的。"遂下令将二女许配给军中无妻的将校。宪宗听说后，对内臣说道："崇文得到美色，既不送来，又不自留，是忠诚正直之臣啊！"李吉甫建议，把西川交给高崇文，把东川交给严砺，另将西川的资州（今四川省资中市）、简州（今四川省简阳市）、陵州（今四川省仁寿县）、荣州（今四川省容县）、昌州（今重庆市大足区）、泸州（今四川省泸州市）划归东川，使两道力量大致相当，可以相互牵制。

十月七日，唐宪宗任命高崇文为西川节度使；九日，以山南西道节度使严砺为东川节度使；十一日，以将作少监柳晟为山南西道节度使。柳晟，河中人。其父柳潭，娶唐肃宗的第三女——贤惠的和政公主（代宗的同母姐姐）为妻，官至太仆卿。柳晟十二岁的时候，父亲去世，代宗把他这个表侄养在宫中，与自己的儿子们一起上学。德宗即位后，和柳晟这个表兄弟也很亲近。朱泚叛乱期间，柳晟自请返回长安，说服逆党。朱泚的右将军郭常、左将军张光晟都是柳晟的老友，在柳晟的说服下，二人均表示愿意归顺朝廷，但事情泄露，朱泚将柳晟打入大牢，柳晟趁夜逃出监牢，化装成和尚，辗转又回到了奉天。收复长安后，柳晟被提拔为原王府长史，后逐渐晋升为将作少监，封河东县子。柳晟行至汉中，山南西道抽调讨伐刘辟的军队刚刚从前线返回，还未入城，就又接到了朝廷命他们原路返回、驻守梓州的命令，军中将校顿时心生怒火，胁迫监军一起叛乱。柳晟听说后，赶忙入城，慰问士兵们，而后，问大家："你们是因为什么才立下军功的？"大家回答："诛杀了叛贼刘辟。"柳晟又说："你们都知道刘辟是得罪了天子才被杀的，为何你们还要让别人来杀你们立功呢？"众人听了纷纷拜谢，表示愿意服从诏命，前往防地，军镇也得以安定。

十月二十九日，刘辟被押到京师，连同其同族亲党全部被杀。

五四四 选拔人才

元和元年（公元 806 年），唐宪宗相继剿灭了不服从朝命的杨惠琳和刘辟，可以说是旗开得胜，重振了朝廷的威风。

实际上，唐宪宗对待藩镇是恩威并用的，讨伐杨惠琳和刘辟也确属万不得已。在讨伐二人前后，唐宪宗先后给地方藩镇大员加官晋爵，以期换取他们对朝廷的忠心：永贞元年十二月，加封山南东道节度使于頔为同平章事（使相）；同月，任命奉义节度使伊慎为尚书右仆射；元和元年一月，加封成德节度使王士真同平章事；二月，加封魏博节度使田季安同平章事；五月，正式任命横海留后程执恭为横海节度使；六月，加封卢龙节度使刘济兼任侍中；平卢节度使李师古兼任侍中。

李师古有个同父异母弟弟，叫李师道，经常被排斥在外，有时不免饥寒。李师古曾经私下对心腹们说："我并非对师道没有兄弟之情，只是我十五岁就当上了节度使，常常遗憾不知民间之艰难，更何况师道又比我年幼几岁，我是想让他知道衣食来得很艰难，暂且把一州交给他管理，想必你们不知我的苦心吧？"李师古被晋升为兼侍中后不久就得了重病，当时，李师道正代理密州刺史，他喜欢画画、吹觱篥（龟兹国的一种乐器），李师古病重期间，询问判官高沐、李公度道："趁我还不糊涂，我问问你们二位：我死后，你们打算拥立谁为主帅？"二人相顾无言。李师古接着说道："莫非是李师道？人情常态，岂肯薄待自己的骨肉而厚待别人？只因假如挑选主帅不当的话，非但会败坏军政，还会断送我们整个家族。师道身为公侯子孙，不关心训练军队、治理百姓，就喜欢学习小人那些卑贱之事，还自以为能，这种人真的能胜任主帅吗？希望各位认真斟酌一下。"元和元年闰六月一日，李师古病死。高沐、李公度秘不发丧，偷偷把李师道从密州接回，拥立他为节度副使。

李师道继任之后，朝廷很长时间内没有任命。李师道与身边的将领们商量，有人建议出兵骚扰四境。高沐坚决制止，建议向朝廷进贡两税，按朝廷规定施行盐法，将税收上缴朝廷，申报空额官吏，不断向朝廷派去使者。时任宰相的杜黄裳认为，应当趁其内部尚不稳定之际，将平卢军镇予以分割，当时高崇文还被困于鹿头关下，讨伐刘辟的战争还未见输赢，唐宪宗认为不该再惹李师道，就拒绝了杜黄裳的建议。八月九日，唐宪宗下诏以第七子——建王李审遥领郓州大都督、平卢军淄青等州节度大使；任命李师道为平卢留后、知郓州事。不久，又正式任命李师道为节度使。

十月五日，义成节度使张茂昭（张升云）入朝。张茂昭在德宗贞元二十年十月就曾经入朝，上奏河北边事，言辞中肯、激烈，德宗听后，叹息道："恨与爱卿见面太晚了啊！"给其丰厚的赏赐，并答应将晋康郡主嫁给其第三子张克礼为妻。德宗很快驾崩，张茂昭每天早晚到太极殿悼念，哭得一塌糊涂，人人对其忠诚留下深刻的印象。顺宗即位后，加封其为平章事，暂且让他回到本镇，并赏赐给他两名美女。张茂昭再三推辞，对送来美女的中使说："这些美女出自宫中，不是臣下应该看的。昔日汾阳王、咸宁王、西平王、北平王受到这种厚赏，他们没有推辞是合适的，我没有四位先贤的大功，入京述职是人臣应该做的，怎能接受这种厚赏！将来再有立功之臣，陛下将用什么来赏赐呢？"顺宗听了，觉得他说得有理，就答应了他的请求。此次是张茂昭第二次入朝，他在长安住了数月，唐宪宗命其返回，但张茂昭情愿在朝中任职，唐宪宗没有同意，加封其为太子太保，仍令其回去了。元和二年，刘济、王士真、张茂昭三人之间发生矛盾，纷纷上表请求惩处对方。八月，唐宪宗以给事中房式为宣慰使，赶赴三镇进行和解。

武宁节度使张愔病重，上书请求朝廷派人接替。元和元年十一月，朝廷征召张愔担任工部尚书，而以东都留守王绍前来接替，并把濠州、泗州重新划归武宁军。军镇上下对二州回归感到非常高兴，所以这次人事更替进行得很顺利，没有发生军乱。

元和元年，唐宪宗一方面恩威并用，加强对地方藩镇的控制；另一方面励精图治，不断寻求治国之道。早在二月，当讨伐刘辟的战斗刚刚打响之后，他就询问宰相们："自古帝王，有的劳心劳力，有的无为而治，这两种做法互有得失，到底哪一种更好？"杜黄裳回答说："君王上对天地宗庙，下安黎民百姓，日夜操劳，自然不可自我放纵，安于享乐。然而，上下有各自的职责，朝廷制度也非常明确具体，如果能够审慎地挑选天下贤才，对他们委以重任，有功则赏，有过则罚，选人公平，赏罚以信，如此则谁敢不尽力？什么事办不到？圣明的君主忙于挑选人才，挑选了人才以后放心使用，就安逸了，这就是虞舜之所以能够无为而治之根本。至于像公文往来、审判案件以及市场管理等这些琐碎之事，各有主管部门，不是君王该亲自处理的。昔日秦始皇、魏明帝和隋文帝都是亲力亲为，却于事无补，成为后世的笑料，他们并非不勤政，而是不得其法。君王最大的毛病是对下属不推心置腹，臣子最大的问题是对上不尽忠竭力。如果上级怀疑下级，下级欺瞒上级，要想把国家治理好，岂不是太困难了吗？”宪宗觉得他说得很对。

杜黄裳提到，要想治理好国家，就必须从天下挑选出真正的人才，于是，在他提出建议后不久，即元和元年四月十三日，唐宪宗就下诏举行制举考试，这次考试选拔出了一大批非常著名的人才，他们包括校书郎元稹、监察御史独孤郁、校书郎白居易、前进士萧俛、沈传师等人。四月二十八日，唐宪宗任命元稹为右拾遗，独孤郁为左拾遗，白居易为盩厔县尉、集贤殿校理，萧俛为右拾遗，沈传师为校书郎。

元稹，字微之，系北魏昭成皇帝拓跋什翼犍（北魏开国皇帝拓跋珪的爷爷）的十世孙。元稹八岁丧父，其母郑氏非常贤明，家贫没钱供元稹上学，她就亲自教儿子读书。元稹九岁就会写文章，十五岁就明两经及第，二十四岁被任命为秘书省校书郎。本年，元稹年仅二十八岁，应宪宗制举考试，名列第一。说到元稹，大家都知道他写的那篇著名的小说《莺莺传》，后来被改编成了《西厢记》。据后世学者考证，《莺莺传》中的男主角张生就是元稹本人，而女主角崔莺莺就是元稹的姨家表妹。元稹二十一岁在蒲州待选期间，河中节度使浑瑊去世，河中军乱，他凭借关系保护了崔家免受乱兵的侵扰，由此与表妹暗度陈仓，但两年后，元稹回京参加铨选，被朝廷任命为校书郎。期间（贞元十九年，元稹二十五岁），他也被京兆尹韦夏卿（韦执谊的堂兄）看中，将最心爱的幼女韦丛嫁给了他。不久，韦夏卿改任东都留守，元稹夫妇也一同前去洛阳。由于与韦丛结婚，元稹违背了对崔莺莺的诺言，对此他也深感负罪，次年返回长安后，就写下了《莺莺传》以兹纪念。

独孤郁，字古风，他的父亲独孤及是天宝末年与李华、萧颖士等人齐名的名士，当过太常博士、濠州等州刺史。独孤郁是独孤及的次子，他的长兄独孤朗，后官至御史中丞、工部侍郎。独孤郁在贞元十四年进士及第，令中书舍人权德舆另眼相看，将女儿许配给了他。贞元末年，独孤郁官至监察御史，此次制举考试后，独孤郁被拜为左拾遗。当时，宰相杜佑的次子杜从郁（著名诗人杜牧之父）被拜为左补阙，与独孤郁是同僚，独孤郁与同为谏官的崔群、韦贯之一起上书提出异议："杜从郁的父亲是宰相，儿子就不该身居谏官。"朝廷又把杜从郁改为左拾遗。他们又上书反对，说："补阙和拾遗，虽然品级不同，但都是谏官，如果时政有什么得失，不可令儿子议论父亲的过错。"最终，杜从郁被改任秘书丞。

白居易，字乐天，太原人。白居易的父亲白季庚，曾在建中之乱中，说服徐州刺史李洧归顺朝廷，被德宗任命为朝散大夫、大理少卿、徐州别驾，后历任衢州、襄州别驾。白居易自幼聪慧过人，襟怀坦荡。他十五六岁的时候，曾怀揣一卷自己写的文章去拜谒著作郎顾况。顾况文名很盛，却为人倨傲，从来看不上后生们写的文章，但当他看罢白居易送来的文章后，不知不觉地起身到门外迎接，说道："吾谓斯文遂绝，复得吾子矣。"贞元十四年，白居易进士及第，被授予秘书省校书郎。此次被授予盩厔县尉之后，白居易埋头创作了上百篇通俗易懂又针砭时弊的歌诗，在社会上广为流传，不少传入了宫中。宪宗听说后，于次年十一月将他召入朝中，担任翰林学士，三年五月，又拜为左拾遗。白居易与元稹是好友，二人所写诗歌被人称为"元白体"。

萧俛，字思谦。贞元七年进士及第。曾祖太师徐国公萧嵩为开元中宰相，祖父萧华为肃宗朝宰相，父亲萧恒。此次被拜为右拾遗，后晋升为右补阙。

沈传师，字子言，吴人。其父沈既济，博览群书，尤其深通史学，德宗建中初年，在宰相杨炎的推荐下，沈既济被任命为左拾遗、史馆修撰。不久，杨炎被贬，沈既济也随之被贬为处州司户。后入朝，官至礼部员外郎退休。沈传师以进士及第，又登制举，被授予太子校书郎、鄠县尉，此后被任命为直史馆，转左拾遗、左补阙，均兼史职。沈传师为人恬淡不争，他不仅是一位史学家，还是一位著名的书法家。

五四五 人才难用

与深谙明哲保身之道的沈传师不同，元稹、白居易、独孤郁等人却是雄心万丈。

元稹年少得志，锋芒毕露，担任谏官的当天就上书讨论谏官的职责。他在奏疏中提出：“昔日，太宗皇帝以王珪和魏徵为谏官，饮宴游玩，他俩未尝不在身边，又下令三品以上高官入宫讨论军国大政，一定要派一名谏官随从，以斟酌朝政得失，因此天下大治。如今的谏官大不能得到皇帝的召见，小不得参与国政，仅仅依次朝见而已。近年（从德宗贞元十八年）以来，又不让在金銮殿上奏事，（贞元二十年）又不让小官轮流参见，如此一来，谏官们唯一能做的就是看到诏书上有不妥之处，才上书劝谏而已。君臣之间，即便是还未出现苗头就进行规劝、言辞至为审慎，尚且难以让君王回心转意，更何况是对于已经颁布的成命，岂不是难上加难？希望陛下时常在延英殿召见谏官们，令他们能够知无不言，言无不尽，岂能把他们安置在谏官之位却又加以排斥和贱视呢？”不久，他又上书，认为：“国家是治理还是混乱，都是有预兆的。君王鼓励臣下直言，兼听则明，这就是天下大治的预兆；喜欢阿谀奉承，受到近臣的蒙蔽，这就是国家混乱的开始。自古以来，君王即位之初，必定会出现一些敢言之士，君王假设能够虚心接受并予以赏赐鼓励，则君子就乐意去做这种事，竞相献上忠心，而小人也不会再贪图利益而去干那些邪恶的勾当了。这样一来，上下之情畅达，一些细微的情况都能够反映到君王那里，天下哪有得不到治理的呢？假如君王拒绝接受劝谏，那么君子就会闭口不言、明哲保身了，而小人们更会见风使舵，迎合君王的心意，以求得到官位了。如此一来，就算是十步之内的事也会欺瞒君王，天下岂能不乱？昔日太宗皇帝刚刚即位时，孙伏伽曾经为一件小事进行劝谏，太宗皇帝听了非常高兴，重重地赏赐了他，所以，在当时劝谏皇帝的人只担心自己说得不深刻，而不会因触犯了皇帝的忌讳而忧心忡忡。太宗皇帝难道真的喜欢别人违背自己而讨厌别人顺从自己？只是因为别人顺从自己心意所得到的快乐小，而国家兴亡的事大而已。陛下即位以来，如今已满一年，还没听说过陛下有过类似孙伏伽式的赏赐。臣等身为谏官，苦等一年，也从未受到陛下的召见，每次朝见，叩拜施礼，屏住呼吸，不敢仰视，哪能从容谈论国事、献上谏言？像我们这些供奉官尚且如此，更不要说那些疏远之臣了！这就是群臣因循守旧的罪过。”元稹又鉴于贞元年间王伾、王叔文以小术而得到顺宗的亲近，几乎祸乱天下，又上《教本书》，称：“太宗为藩王时，挑选十八个道德学问俱佳的人一起相处，即位之后，即便是饮食游玩之间，这十八个人也都侧身其间，太宗有一点过失，他们都会及时提出，因而下情无不上达。贞观以来，太子、诸王的师傅也都非常尊贵，太宗去世后，师傅之位开始逐渐疏远低贱，安史之乱后，更有过之而无不及。师傅之官，要么是老弱病残，要么是退下来的目不识丁的藩镇大员，至于太子、诸王的友、谕、赞、议等官更是地位低下，高门子弟都不愿担任。近来，往往物色一些落寞已久的老知识分子去陪伴皇子们学习，皇子对他们又很疏远，经常一两个月才召见一次，他们又怎能培养教育呢？就算一个平头老百姓教育子弟也知道挑选一位名师，何况是君王的儿子们呢？”归纳起来，元稹所提出的建议大致有十条，主要是：一、教太子，正邦本；二、封诸王，固磐石；三、出宫人；四、嫁宗女；五、时召宰相讲庶政；六、次对群臣，广聪明；七、复正衙奏事；八、许方幅纠弹；九、禁非时贡献；十、省出入游畋。当时，朝廷曾任命史伦修为宁州刺史、高弘本为处州刺史、豆卢靖为通州刺史，但数日后，又莫名其妙地收回成命，元稹就此写了《论追制表》，对朝廷朝令夕改的现状提出批评，并提出应该追究相关人员的责任。史称，宪宗看后非常高兴，八月十三日，宪宗于延英殿召见了元稹问话。宪宗问话中谈及西北边防，元稹退下后，又写了《论西戎表》，对西北边防提出自己的意见，并称如今正在讨伐刘辟，不宜招惹吐蕃，另生枝节。

元稹的一系列建议触及了当权者的利益，也引起了他们的猜忌，仅仅过了一个月，到了九月，元稹就被外调为河南尉。说到当时的当权者，无外乎杜佑、郑絪、郑余庆以及庞大的宦官集团了，不过郑余庆很快就因得罪了宦官集团而被罢相，因此，我们有理由相信，元稹是得罪了宦官集团。第一，史伦修等三人这一重大人事任命，能够轻易地改变，肯定有着非常隐秘的内情，结合堂后主书滑涣与知枢密刘光琦之间相互勾结的事实，很有可能是宦官集团插手的结果，刚刚即位的宪宗也是不得已而为之。然而，元稹的《论追制表》强烈要求宪宗追究相关责任人的责任，这肯定会引起高层的强烈不满。第二，西北边防问题，边将们如果不打仗，就断了财路，因此，他们总想着通过打仗捞取个人好处，但从贞元末年以来，吐蕃与唐朝之间基本上已恢复了和平，而如今肯定有人撺掇着宪宗去收复河陇之地，而元稹的《论西戎表》却指出，现在的边防军是从外面派来的上级，“获一马而图功，虏一戎而告捷”，同时，兵力分散，垦田的不会战斗，会战斗的不垦田，他请求塞下各军全部进行屯田，“因其卒伍，树之师长”，敌人来了就拿起武器战斗，敌人走后就继续种田。这些建议原本不错，但要知道，如今的边防军可不是原来的藩镇，大多已经挂名为神策军了，属于神策军中尉管辖，也就是说是宦官集团的禁脔，而元稹却对此提出批评，要求“因其卒伍，树之师长”，这显然触犯了宦官们的禁忌。第三，《裴度传》记载：“（裴度）迁监察御史，密疏论权幸，语切忤旨，出为河南府功曹。”元稹在自己写的《叙奏》中说：自己“仍为裴度、李正辞、韦熏讼所言当，而宰相曲道上语……宰相大恶之，不一月，出为河南尉”。裴度的奏表今已不存，但据同一时期史料表述中的用语，“权幸”一般是指宦官，“执政”一般是指宰辅，由此可知，裴度的奏表当直指宦官集团，而元稹又从而附和，肯定触犯了宦官们的禁忌，他们间接地向宰辅们施加压力，宰相们又出面在宪宗面前说了裴度、元稹等人的坏话，从而将二人贬谪。

宪宗即位时，左右神策军中尉分别是孙荣义和杨志廉，此时，宦官集团已经成为一股盘根错节、势力很大的力量，二人“招权骄肆，与窦（窦文场）、霍（霍仙鸣）略等”。元和元年一月，宪宗先把右神策军中尉杨志廉拿下，换上拥立自己的宦官薛盈珍（《新唐书·宦者上》中记作薛文珍，似误），到该年十一月，又把左神策军中尉孙荣义拿下，换上自己王府的亲信宦官吐突承璀。

虽然俱文珍、薛盈珍、刘光琦、尚衍、解玉、吕如全等人拥立了自己，但这些宦官并非唐宪宗的嫡系，唐宪宗对于他们这些人还是有所警惕的，对宦官的贪婪跋扈也是深恶痛绝的。《新唐书·宦者上》就称：“宪宗之立，贞亮（俱文珍）为有功，然终身无所宠假。吕如全历内侍省内常侍、翰林使，坐擅取樟材治第，送东都狱，至阌乡自杀。又郭旻醉触夜禁，杖杀之。五坊朱超晏、王志忠纵鹰人入民家，搒二百，夺职，由是莫不慑畏。”唐宪宗对像俱文珍这样的“佐命功臣”，不仅没有宠信，而且对于犯法的吕如全等人还严惩不贷，说明了他在试图削弱日益庞大的宦官集团。除了依法严惩之外，唐宪宗还选择了以自己的亲信宦官来取代原有宦官，以确保神策军牢牢地掌握在忠于自己的人的手中，元和元年十一月吐突承璀的脱颖而出就说明了这一点。

元和一朝外朝重臣的变换，在很多时候都与隐秘的内廷争斗有着千丝万缕的联系。元和元年，朝中形成了以司空杜佑，门下侍郎、同平章事杜黄裳，中书侍郎、同平章事郑絪，尚书左丞、同平章事郑余庆为核心的政治格局。当时，宦官集团已经明目张胆地干涉外朝朝政，堂后主书（宰相联合办公室秘书）滑涣长期在中书省任职，知枢密刘光琦与他勾结，凡是宰相们讨论人事安排等军国事宜时，只要刘光琦不满意的，就令滑涣向宰相们传达自己的意见，往往能够如愿以偿。杜佑"敦厚……宽和……为政弘易"（《旧唐书》语），"为人平易逊顺，与物不违忤"（《新唐书》语），而郑絪也是"谦默多无所事"，都不敢得罪宦官集团，因此，对滑涣也是百般迁就。等到郑余庆拜相后，与其他宰相一起议事时，滑涣又在一旁说三道四，郑余庆大怒，将其呵斥一顿。这自然引起宦官们的不满，不久，就有人向唐宪宗说了郑余庆的坏话，唐宪宗信以为真，到了元和元年五月，就把郑余庆罢免为太子宾客了。郑余庆罢相后，滑涣更是有恃无恐，每天都有各地送给他的贿赂，中书舍人李吉甫向唐宪宗指斥他的罪恶，请求将其免职。唐宪宗下令宰相关闭中书省的四门，进行突击搜查，完全掌握了滑涣的罪证，九月十一日，唐宪宗下令将其贬为雷州司户，不久又将他赐死了。查抄滑涣家财，共得数千万。此后，唐宪宗风闻郑余庆斥责过滑涣的事，对郑余庆另眼相看，改任他为国子祭酒，后升任河南尹。

五四六 剿灭李锜

杜黄裳很有才能，“经画之才，达于权变”，是他首先建议诛杀杨惠琳和刘辟的，但他也有两个致命的缺点：一个是贪财；一个是不修小节。

说到贪财，《幽闲鼓吹》提到一件事，说的是杜黄裳拒绝李师古财物的事，内容是：“李师古跋扈，惮杜黄裳为相，未敢失礼。乃命一干吏寄钱数千绳，并毡车子一乘，亦直千缗。使者未敢遽送，乃于宅门伺候。累日，有绿舆自宅出，从婢二人，青衣褴褛，问：‘何人？’曰：‘相公夫人。’使者遽归以告师古，师古折其谋，终身不敢失节。”似乎是想说明杜黄裳不贪财，其实，杜黄裳是个聪明人，他深知有的钱是可以拿的，有的是绝对不敢拿的，而居心叵测的李师古的钱，那是无论如何也不能拿的，而正史则记载，杜黄裳“检身律物，寡廉洁之誉，以是居鼎职不久……然为宰相，除授不分流品，或官以赂迁，时论惜之”。不拘小节，史书上说，他“始为卿士，女嫁韦执谊，深不为执谊所称；及执谊谴逐，黄裳终保全之，洎死岭表，请归其丧，以办葬事”。他对韦执谊这个女婿一直很是爱护，尽到了岳父之情，然而，此举不会不引起唐宪宗的不满。

滑涣事件发生以后，朝廷上发生了三个变化：一是唐宪宗拿下左神策军护军中尉孙荣义，换上心腹宦官吐突承璀；二是杜佑屡屡提出退休；三是杜黄裳被免去宰相一职，这让人自然地把二者联系起来。滑涣事件有可能牵连到了刘光琦、孙荣义等人，唐宪宗趁机把自己的宦官提拔上来，取代了旧宦官；老谋深算的杜佑隐然觉察到激烈的内廷之争，只想全身而退，遂提出退休。唐宪宗一直对杜佑非常敬重，经常称呼他司徒，而不直呼其名。元和二年（公元807年）一月，在杜佑的一再请求下，唐宪宗下诏允许他每月入朝拜见两三次，并顺便到中书省讨论一下朝政，其他日子则可以返回樊川别墅休养。同月十七日，唐宪宗下诏令杜黄裳以同平章事的身份，充任河中、晋州、绛州、慈州、隰州节度使。二十一日，唐宪宗任命户部侍郎武元衡为门下侍郎、翰林学士李吉甫为中书侍郎，均为同平章事。此时，朝廷就形成了以司徒杜佑、门下侍郎郑絪、门下侍郎武元衡、中书侍郎李吉甫为核心的权力格局，而实际上以武元衡和李吉甫为核心。

李吉甫得知自己被拜相后，非常感动，他哭泣着对中书舍人裴垍说："我流落江淮超过十五年之久，一旦蒙受如此恩典，思来想去，唯有举荐贤才才能报答皇帝知遇之恩，然而，朝廷中的年轻人我很少有联系的，你明察秋毫，希望你一一给我道来。"裴垍遂取来纸笔，一口气写了三十多人的姓名，数月之间，李吉甫都一一予以提拔，当时朝廷上下都认为李吉甫确实选拔了贤才。

二月二十五日，邕州上奏称，击破了黄贼，抓获其酋长黄承庆。所谓的黄贼，就是叛乱的西原蛮中的一支黄峒蛮，广西山蛮的叛乱发生在安史之乱之后，已经持续了四五十年。

四月七日，唐宪宗任命右金吾大将军范希朝担任朔方、灵州、盐州节度使，下辖右神策军、盐州和定远的军队。范希朝担任神策京西行营节度使，还是王叔文打算削弱宦官之举，也促使了宦官集团对王叔文等人的公开打压，宪宗趁机继位之后，不得不从表面上满足一下旧宦官集团，在元和元年三月，又罢免了范希朝神策京西行营节度使一职，让他官复旧职；仅仅过去一年，也许是裴度和元稹等人的建议，让宪宗觉察出控制整个神策军的宦官集团又把持着边镇军队，势力太大，这才决定由南衙大将控制京西神策以及边镇军队。其实，宪宗的做法与王叔文等人的革新如出一辙，都将矛头对准了旧宦官集团。

宪宗之所以在元和元年罢免范希朝的神策京西行营节度使，而仅仅过去一年就又任命他为朔方、灵州、盐州节度使，把京西神策军划给了他，主要还在于：元和元年，宪宗刚刚即位，宦官集团还非常强大，更重要的是，杨惠琳和刘辟双双叛乱，朝廷压力很大，与此同时，朝中新旧势力明争暗斗还十分激烈，宪宗只能尽可能地安抚旧党，循序渐进地安插自己的心腹，而不能一下子树敌过多。经过一年的斗争，杨惠琳和刘辟被杀，朝廷威望大振，宪宗也在神策军中更换了自己的人，在外朝处置了滑涣，虽然新旧势力还处于胶着状态，但旧党显然处于弱势，宪宗已经牢牢地控制了大局，在这种情况下，进一步削弱宦官的兵权，平衡神策军与关中边镇的关系，就势在必行了。

杨惠琳和刘辟被杀以后，各地藩镇都心生恐惧，纷纷向朝廷表忠心，要求入朝觐见宪宗。镇海节度使李锜也深感不安，上书请求入朝，宪宗顺水推舟，表示同意，并派遣中使赶赴京口安抚劝慰，犒劳将士。李锜实际上早就怀有不臣之心，宪宗即位后，以潘孟阳担任盐铁副使，赶赴江淮督促征收赋税，但此人是个贪婪之徒，到地方上以后整天花天酒地，元和元年，宪宗将其免职，因潘孟阳系杜佑推荐，杜佑也自请解除度支盐铁使一职。就在这个空当，李锜又想把度支盐铁财权再拿回来，李吉甫对宪宗说："韦皋在西川囤积了大量钱财，所以刘辟才得以发动叛乱。如今，李锜已经有了谋反的苗头，再把财权交给他，又让其全据采石矶长江天险，这是促使其谋反啊！"杜佑另举荐了兵部侍郎、度支使、转运副使李巽，宪宗遂以李巽为度支、盐铁转运使。李巽是唐朝继刘晏以后另一位理财能手，他掌管财权一年，国家财政收入就增加到刘晏时期，第二年又有所增加，到第三年更是增加了一百八十万缗。

李锜虽然任命判官王澹担任留后，但其内心根本不想入朝，屡屡拖延行期。王澹和中使再三劝说，反而弄得李锜很不高兴，上书称病，请求到年底再入朝。宪宗征求宰相们的意见，武元衡说："陛下刚刚即位，李锜请求入朝就入朝，请求不入朝就不入朝，这是大权在他之手，陛下将怎么号令天下！"李吉甫也上书给宪宗出谋划策，称："李锜不过是个庸才而已，他豢养的也都是些亡命群盗，并无斗志，如果讨伐，一定能够成功！昔日，徐州军乱，击败过吴兵，江南人害怕他们；如果以其众为先锋，也可以绝了徐州的后患。韩弘在汴州很有威名，再命令韩弘子弟率领汴州军协同作战，李锜一定会不战自溃。"宪宗觉得说得有理，遂下诏征召李锜入朝。

如此一来，朝廷与李锜等于毫无回旋余地了，要么李锜入朝，要么就打。李锜黔驴技穷，遂决定谋反。王澹接管军府事务之后，对军府上下进行整顿，也令李锜颇为不满，暗中指令亲兵先杀掉王澹。正遇上发放冬季服装，李锜戒备森严，坐在大帐之中，王澹与中使一起入内拜谒。突然，数百军士在大庭之上高声喧哗："王澹是什么东西，竟敢擅自主持军务！"他们冲入大帐，将王澹拖了下去，剐成肉酱吃掉；大将赵琦出面制止，却也被乱兵剐成肉酱吃掉。乱兵们把刀架在中使的脖子上，破口大骂，将要加害，李锜假装吃惊，赶忙起身相救。

元和二年十月五日，朝廷正式下诏征召李锜担任尚书左仆射，以御史大夫李元素担任镇海节度使。六日，李锜上书称，军中发生叛乱，杀掉了留后王澹、大将赵琦。过去，李锜挑选自己的心腹将领担任下辖五个州的镇将，其中，姚志安镇守苏州（今江苏省苏州市），李深镇守常州（今江苏省常州市），赵惟忠镇守湖州（今浙江省湖州市），丘自昌镇守杭州（今浙江省杭州市），高肃镇守睦州（今浙江省建德市），各自有数千兵马，暗中监视刺史们的动向。如今，李锜下令五州镇将们领兵各自杀掉当地的刺史，又派遣牙将庾伯良率领三千人马赶赴石头城（今江苏省南京市）。

常州刺史颜防采纳了门客李云的计策，矫诏自称招讨副使，斩杀了镇将李深，并向苏州、杭州、湖州、睦州发出檄文，请求一同讨伐李锜。湖州刺史辛秘暗中招募数百本地壮士，趁夜偷袭赵惟忠的军营，斩杀了赵惟忠。苏州刺史李素却被姚志安击败、生擒，姚志安给李素戴上枷锁，钉在船舷上，准备送到李锜那里，还未到京口，李锜就败了，李素才侥幸脱身。

十月十一日，唐宪宗下诏削夺李锜的官爵，并从皇家家谱中删除；任命淮南（治所在今江苏省扬州市）节度使王锷为招讨处置使统领各道军队，征召宣武军（今河南省开封市）、武宁军（今江苏省徐州市）、武昌军（今湖北省武汉市）与淮南军、宣歙军（今安徽省宣城市宣州区）从宣州进击；以江西军（今江西省南昌市）从信州（今江西省上饶市）进击；以浙东军（今浙江省绍兴市）从杭州进击，回剿李锜。

因宣州富饶，李锜打算先夺下宣州再说，遂派遣兵马使张子良、李奉仙、田少卿率领三千兵马奔袭宣州。三人知道李锜肯定会失败，就与牙将裴行立一起商议讨伐李锜，归顺朝廷。裴行立是唐高宗时期的太常博士裴守真的曾孙，为人很有气节，他还是李锜的外甥，对李锜的密谋了如指掌。张子良等三将在京口城外扎营，准备出发，临行之前，他们把士兵们召集起来，动员道："李仆射谋反，官军四面压来，常州和湖州的两位镇将已经被杀，已完全处于被动境地。现在，又想让我等长途奔袭，进攻宣州，我们为何要跟着他一起被灭族呢？脱离逆党，归顺朝廷岂不是更好？"众人听了纷纷赞成，当天晚上，三将领兵杀回了京口。裴行立在城内高举火把响应，打开城门，引导士兵们直扑李锜所在的衙门。李锜听说三将反噬，禁不住勃然大怒，而后又听说裴行立也与三将响应的消息，捶胸顿足，顿时失去了斗志，叹息道："我还能指望谁呢！"赤脚逃下楼，藏匿起来。

李锜的心腹将领李均率领三百名"挽强军"，奔向山亭，打算死战，途中，反被裴行立埋下的伏兵全部斩杀了。李锜全家抱头痛哭，其侍从逮捕了李锜，用大布包裹起来，从城上缒下，然后戴上枷锁，送往京师。李锜组织的挽强军和蕃落军，听说李锜被逮，纷纷自杀报恩，尸体到处都是。

十月十九日，镇海军的奏报送到了朝廷。二十一日，群臣纷纷到紫宸殿向唐宪宗道贺。宪宗一脸伤感，说道："朕没有德行，致使国内屡屡发生犯上作乱之事，朕内心非常惭愧，有什么值得道贺的呢！"宰相们商议，将李锜大功（堂兄弟以内）的亲戚全部诛杀。兵部郎中蒋乂反对道："李锜大功以上的亲属都是淮安靖王李神通之后，淮安王有佐命之功，死后陪侍陵寝，配享宗庙，岂可因其末代子孙而受到拖累！"宰相们又打算诛杀李锜的兄弟们，蒋乂又说："李锜的兄弟都是前都统李国贞的儿子们，李国贞为国捐躯，岂可令他死后无人祭祀呢？"宰相们同意了。二十七日，朝廷下令将李锜的堂兄弟、宋州刺史李铦等人全部贬官流放。

十一月一日，李锜被送到了长安。唐宪宗亲自驾临兴安门，当面质问李锜为什么要谋反。李锜临死前还想倒打一耙，他回答："臣原本不想谋反，是李子良等人叫我谋反的。"宪宗反问："你身为元帅，张子良等人要谋反，你为何不杀了他们，然后入朝呢？"李锜无言以对。宪宗遂下令将其与其儿子李师回一起腰斩，李锜死时六十七岁。

朝廷中有人建议毁掉李锜的父祖家庙。御史中丞卢坦反对道："李锜父子被杀，已抵偿了他们的罪行。昔日西汉诛杀霍禹，并没有牵连到霍光；太宗诛杀房遗爱，也没有涉及房玄龄。《康诰》称：'父子兄弟，罪不相及。'岂能因为李锜之罪而牵连到他的五代祖先呢？"遂不再毁掉。有人又建议将李锜的家财送往京师。翰林学士裴垍、李绛上书称："李锜奢侈无度，盘剥六州百姓，滥杀无辜，巧取豪夺。陛下怜悯百姓无处上告，才将其诛杀，如今将其家的金银送到长安，恐怕会令远近失望。希望陛下把这个逆贼的家财赏赐给两浙百姓，代替今年的租赋。"宪宗看后，赞赏很久，遂听从了他们的建议。

五四七 诡异朝局（一）

唐宪宗平定了杨惠琳、刘辟之后，其实是想采取由表及里的策略，先收拾淮西的吴少诚，再视情况分化瓦解河北藩镇，重新统一中国。

然而，元和二年突然又冒出来个李锜，镇海军处于江浙重地，是朝廷的衣食所在，宪宗只好下决心拔掉这个毒瘤，确保将来平藩战争有充足的后勤保障。灭掉李锜之后，要想对付吴少诚，还得由表及里，先把淮西镇周边藩镇搞定，这些藩镇主要是山南东道、宣武镇、淮南镇、荆南镇、武宁镇等。山南东道节度使于頔畏惧宪宗的英武，替第四子于季友向宪宗求婚。唐宪宗答应将自己的长女普宁公主（后改封为梁国惠康公主）下嫁于季友。翰林学士李绛不明就里，劝谏道：“于頔（祖上于谨本姓勿忸于）出身少数民族，季友又是个庶子，不配娶陛下的女儿，陛下应该另从高门子弟中挑选贤才。”宪宗说道：“这就不是爱卿所知的了。”

十二月二十六日，普宁公主下嫁于季友，宪宗对于家给予很高的恩遇，令于頔喜出望外，是满心欢喜。不久，宪宗就命人暗示于頔应该入朝谢恩，于頔的第二子于方也多次劝谏，于頔满口答应下来。次年，即元和三年于頔入朝，九月，被朝廷任命为司空、同平章事如故；而以尚书右仆射裴均为同平章事、山南东道节度使。这番措置，等于是宪宗以一女换回了一个骑墙观望的藩镇，当然是一桩好买卖。同月，宪宗还加封宣武镇节度使韩弘为同平章事，实际上都在隐隐地对准着淮西镇。

不过，就在宪宗有条不紊地排兵布阵之际，河北藩镇以及昭义镇却发生了不和谐的声音。先是易定节度使张茂昭两次入朝，到元和二年上半年，幽州的刘济、成德的王士真与张茂昭相互指责，竞相上书请求朝廷对对方予以惩处。宪宗如今还不想在河北生事，宰相李吉甫就推荐吏部郎中房式担任给事中，赶赴三镇予以和解。房式为人善于察言观色，此行不辱使命，回朝复命深得宪宗赏识，遂任命其为陕虢观察使、兼御史中丞，不久又转任河南尹。可是，树欲静而风不止。昭义节度使卢从史当上节度使三年以来，逐渐变得狂妄自大，为所欲为起来，甚至强夺部将的妻妾，从事孔戡等人百般劝阻他也不听。昭义镇本来是朝廷控制河北藩镇的一个支点，但卢从史暗中与成德的王士真和幽州的刘济来往，又对朝廷上书献计，请求讨伐河北藩镇。实际上，卢从史的如意算盘是想通过挑起朝廷与河北藩镇之间的矛盾，借机加重自己在朝廷中的分量，好让朝廷给自己加官晋爵而已。卢从史上书朝廷之后，未等朝廷诏命，竟然擅自率军东进，唐宪宗连忙命其返回上党，但卢从史接到诏书后，却借口在邢州和洺州就食，迟迟不肯回师，过了很久才返回军镇。

卢从史此举也在朝中掀起一番波澜。一天，宪宗在浴堂殿召见李绛，说道："天下竟然有如此诡异之事，朕本来不想告诉你。朕与郑絪商议命令卢从史返回上党，再找机会将他征召入朝，可是，郑絪把此事透露给了卢从史，让其谎称上党缺粮，去山东就食。身为臣子竟然如此辜负朕，朕该如何惩处他？"李绛回答："假如真的如此，就算灭了郑絪之族，他也是死有余辜的。然而，此事郑絪和卢从史一定不会自己说出来，陛下又是从谁的口中得知此事的呢？"宪宗说道："是李吉甫暗中上奏的。"李绛说道："臣私下听朝中大臣们议论，都认为郑絪是一个品格高尚之人，恐怕不会干出这种事来。也许他的同僚想独揽大权，嫉妒郑絪排位在前，希望陛下三思，别给人留下陛下听信谗言的口实。"还有一次，宪宗平和地对李绛说："很多谏官都在诽谤朝政，全无真凭实据，朕打算挑选一两个特别离谱的予以惩处，你看如何？"李绛回答："这肯定不是陛下自己的主意，一定是有奸臣打算蒙蔽陛下才这么建议的。臣子的生死都掌握在皇帝手上，胆敢发言劝谏的能有几人？就算想上书劝谏，也都是昼思夜想，反复斟酌，奏章删了又删，等送到陛下手上，已比原来少有十分之七八。所以，君王孜孜以求，为的就是让臣子劝谏，这样尚且担心无人劝谏，更何况要加罪谏官呢？如此一来，将令天下之人都闭上嘴巴，这并非社稷之福啊！"宪宗听了，觉得李绛说得很对，就不再提此事了。

在这种情况下，当宪宗看了白居易写的诗歌之后，就把他召入京师，让他当上了翰林学士，此后，宪宗还对宰相们说道："像太宗皇帝那么英明，群臣尚且再三再四地进谏，何况像朕这般孤陋寡闻，从今往后，一旦出现不当之事，希望你们向朕进谏十次，不要只提一两次就罢了。"是谁要陷害郑絪？李绛的言外之意直指李吉甫；又是谁要独揽朝政？让人不得不怀疑就是李吉甫。因此，高崇文在西川一年后，就表示自己只是一介士卒出身，不宜当西川节度使，上表称："蜀中安逸，无处效力，我情愿在边疆替朝廷卖命。"宪宗于十月以门下侍郎、同平章事武元衡为同平章事、西川节度使，而改任高崇文为同平章事、邠宁节度使、京西诸军都统。史称，他"恃其功而侈心大作，帑藏之富，百工之巧，举而自随，蜀都一罄。以不习朝仪，惮于入觐，优诏令便道之镇。居三年，大修戎备，元和四年卒，年六十四"。如此一来，朝中宰相就剩下了郑絪和李吉甫二人，不是李吉甫又能是谁呢？

元和二年这一年，李吉甫撰写了《元和国计薄》，统计了当时天下方镇一共有四十八个，二百九十五个州府，一千四百五十三个县，其中，凤翔、鄜坊、邠宁、振武、泾原、银夏、灵盐、河东、易定、魏博、成德、范阳、沧景、淮西、淄青十五个镇七十一个州不向朝廷申报户口；只有浙江东西、宣歙、淮南、江西、鄂岳、福建、湖南八个道四十九个州一百四十四万户百姓向朝廷缴纳赋税，这个数字比天宝年间的交税户口少了四分之三，而天下军镇军队依靠朝廷吃饭的却高达八十三万多人，比天宝年间增加了三分之一，统计下来，大概两户人家就要供养一个士兵。另外，水旱灾害以及正常赋税之外的临时征税还不计算在内，由此可见当时老百姓的负担是多么沉重。

元和二年就这样平安度过，到元和三年（公元 808 年）一月一日，群臣给唐宪宗上尊号为睿圣文武皇帝。唐宪宗宣布大赦天下，并告知各地"从今往后各地长吏进京，不得再向朝廷进奉财物"。知枢密刘光琦上奏，请求朝廷派出中使携带大赦令向各道宣布，其目的还是想借此让中使们到地方上搜刮一番。翰林学士裴垍、李绛上奏称："中使所到之处，往往给地方上带来麻烦，不如交给驿站加急传送。"宪宗同意了。刘光琦还不死心，称这都是过去的惯例，宪宗说道："惯例如果是对的就遵从，如果不对，为何不肯改正！"到了三月，前山南西道节度使柳晟、前浙东观察使阎济美就违背诏书，向朝廷进奉。御史中丞卢坦提出弹劾，宪宗召见卢坦予以劝慰，说道："朕已经赦免了二人的罪过，不可失信。"卢坦说道："大赦令已经向四海颁布了，这才是陛下最大的信义。柳晟等人不顾陛下的法律，为何存小信而失大信呢？"宪宗只好将二人进奉给自己的东西交给了朝廷。

五四八 诡异朝局（二）

紧接着，就发生了著名的元和三年制举事件。

事件的经过是这样的：元和三年（公元 808 年）三月，宪宗御宣政殿试制科举人，以吏部员外郎韦贯之、户部侍郎杨於陵、左司郎中郑敬、都官郎中李益同为考策官。是年，贤良方正能直言极谏科，伊阙县尉牛僧孺、陆浑县尉皇甫湜、前进士李宗闵以及李正封、吉宏宗、徐晦、贾悚、王起、郭球、姚衮、庾威及第。牛僧孺、皇甫湜、李宗闵三人的对策直陈朝廷得失，无所回避。考策官户部侍郎杨於陵、郑敬、都官郎中李益与吏部员外郎韦贯之等明知皇甫湜、牛僧孺等人对策，“指切时病”，仍然无所畏避，放其及第，将皇甫湜、牛僧孺的对策批为上等，将李宗闵的对策批为中等，还在没有及第的对策当中引用牛僧孺和李宗闵的对策中的话，进行批改。然而，此举得罪了一些朝廷权贵，开始传出不同的声音，宪宗只好再派翰林学士裴垍、白居易、王涯等人，“精意考覆”，但裴垍与前考策官的评判结果一致。

唐宪宗起初也表示满意，四月四日，下诏令中书省给予他们较高的官位。事情大体上告一段落，但是，这种结果更激怒了“权幸”（或记作贵幸、宰相、执政，李吉甫），他向宪宗哭诉，并称：“翰林学士裴垍、王涯主持复试，皇甫湜是王涯的外甥，王涯不提前向朝廷说明情况；裴垍也没有立场。”于是，唐宪宗迫于各方面的压力之下，不得已免去了裴垍、王涯的翰林学士职务，将裴垍改任户部侍郎，王涯改任都官员外郎，把韦贯之贬为果州刺史。过了几天，宪宗又把韦贯之再贬为巴州刺史，王涯贬为虢州司马。四月二十三日，宪宗再贬杨於陵为岭南节度使，唯独白居易没有受到牵连。此后，牛僧孺等人虽然没有受到惩处，却长期得不到升迁，“随牒诸侯府”。

牛僧孺，字思黯，他是隋朝宰相牛弘之后。牛僧孺进士及第，又高中贤良方正制科，出任伊阙尉。《北梦琐言》称，牛僧孺住在宛（今河南省南阳市）、叶（今河南省叶县）之间，有人说他是玄宗宰相牛仙客之后。年少家贫，胸怀大志，刻苦读书。《唐诗纪事》记载，他刚入京应试时，最先投靠韩愈、皇甫湜，深得二人赞赏，二人为了让他出名，就提前对他交代说某一天先去青龙寺游玩，等天黑再回住处，到了那一天，韩愈和皇甫湜一起来到牛僧孺的临时住处，在他的门上写道："韩愈、皇甫湜一起来看望，没有见到。"次日，此事就传遍了京城，牛僧孺之名就在京城名士们中间传开了。

皇甫湜，字持正，睦州新安人。进士及第，任陆浑县尉。皇甫湜是个性情中人，他性格急躁，口无遮拦，恃才傲物，正直而又偏激。有一次，他的手指被马蜂蜇了，不禁勃然大怒，悬赏求购马蜂。不一会儿，小孩们就弄来了很多马蜂，堆满皇甫湜家的大庭，皇甫湜命人将这些马蜂全部捣碎，榨取汁液以报仇。还有一次，他的儿子替他抄写诗文，其中抄错了一个字，他发现后当即大呼小叫，一阵狂骂，又提起木棍就打，没有打到，就抓住儿子的胳臂，用牙咬出血来。后来，皇甫湜被东都留守裴度引为判官，裴度打算重修福先寺，向白居易求文。皇甫湜知道后，大怒说："你何必舍近求远？不找我写，我就此辞职！"裴度赶忙向他道歉。皇甫湜又要来很多酒，回家后喝得酩酊大醉，夜半起身，趁着酒劲，挥毫泼墨，一气呵成。次日，又誊写清楚，交给了裴度。裴度仔细看了半天，连断句都很困难，最后叹息道："这是木华（木玄虚）、郭璞（郭景纯）《江赋》《海赋》之类的文章啊！"遂命人给他送去香车宝马以及很多财物。谁知皇甫湜见了，不喜反怒，说道："自从我写《顾况集序》之后，就从未轻易答应过给人写文。如今，我写的碑文字数大约三千，每个字价值三匹绢，为何如此看不起我？"皇甫湜索要的是个天文数字，裴度的幕僚们都对皇甫湜是咬牙切齿，裴度笑道："真是个桀骜不驯之才啊！"遂答应了他，当天，从东都留守府往皇甫湜家中送财物的车马络绎不绝，洛阳百姓聚集观看，像遇到盛大的节日一般热闹。

李宗闵，字损之，是李唐宗室、唐高祖李渊第十三子郑王李元懿之后。两唐书本传都记载，李宗闵是元和宰相李夷简的侄儿，而《新唐书·李元懿传》却记载，李宗闵是李夷简的堂兄弟。李宗闵是贞元二十一年进士及第，元和四年，又中制举贤良方正科。

当时，牛僧孺、皇甫湜和李宗闵到底在对策中说了些什么？他们的对策究竟触及了哪些人的利益？可惜的是，李宗闵的对策已经失传，而幸亏《文苑英华》

和《全唐文》第六百八十五卷中保留了皇甫湜的对策、《增注唐策》中保存了牛僧孺的对策。皇甫湜的对策名为《对贤良方正直言极谏策》，其中云："……今宰相之进见亦有数，侍从之臣，皆失其职……股肱不得而接，何疾如之；爪牙不足以卫，其危甚矣！夫裔夷亏残之微，褊险之徒，皂隶之职，岂可使之掌王命，握兵柄，内膺腹心之寄，外当耳目之任乎？此壮夫义士所以寒心销志，泣愤而不能已也。诚能复周之旧典，去汉之末祸，还谏官、史官、侍臣之职，使之左右前后，日延宰辅，与论义理……则政不足平，刑不足措，人不足和，财不足丰，蛮夷戎狄不足臣，休徵嘉瑞不足致矣，又何虑乎视听之表有所不周乎……陛下督废职以补纲维，而立事之绩未纪于庶工者，实有司之罪也。今职备而不举，法具而不行，谏诤之臣备员，不闻直声，弹察之臣塞路，未尝直指，公卿大夫，则偷合苟容，持禄养交，为亲戚计，迁除领簿而已。兴利之臣，专以聚敛计数为务，共理之吏，专以附上剥下为功，习而为常，渐以成俗，标异而圭角者，悔吝立及，和光而淈泥者，富贵立须，虽陛下焦劳聪明，如此之切至，将何益焉？伏请下明诏为画一之法，使居是官、理是人、奉是法者，必有名绩，然后许迁擢，考功之殿最，焉敢阿比而干刑司？则能者日进，不能者日退，而庶工立事之绩，将褒扬纪述之不暇矣……今则不然，举于礼部，则曰幽昧者凡陋而不可采，选于吏部，则曰声名者虚浮而不可用，工文者则惧华而不实，敦质者则惧朴而寡能，冠盖之族则以为因依，微贱之人则以为幽险，上求之愈切，下损之弥，细夫士何负于有司，而乃蹇顿之抑刻之如是哉？才能如积，抑郁在下，一朝阙辅相之职、卿大夫之官不得，则曰岳不降神，时之乏人，于是循环其所已用者递迁，居上者不知格限，无闻声绩，或一时超拜，或再岁四迁，以是为适当然耳。是仁进之门常阖，而天子之官天子之权，当途者五六人迭居持之而已。以陛下之明圣，夫岂不欲国之得人乎，以宰相之公忠，夫岂不欲人之足用乎？盖从来已久，因循如是耳。伏惟陛下申敕朝廷州府，令每岁各举所知于礼部，礼部于计偕常选之中，访察推择，得其人，则待以不次之位，遇以非常之恩，不得其人，则必行殿罚，以惩逾滥，则周之以甯，舜之以封，坐而致矣，乏才之叹，何有于圣朝哉……"

相对于皇甫湜的对策，牛僧孺的对策就缓和了许多，他的对策称："……晋武帝躬俭，于初有平吴之勋，功成而骄，狃逆生于胡羯。此由功而乱也。今陛下御天下四年矣，天威霆震，封豕枭戮，海内服，陛下之功矣！然忠智仁勇者，咸攘臂自奋，以观治于陛下……臣闻风俗之厚薄，天下之侈俭，雅正之进退，法禁之弛张，总其根源在君上之所措耳。大凡天下之事未有不行于上而行于朝廷，未有不行于朝廷而行于天下者……中代以降则不然。土木之工，画绘之巧；雕墀镂砌，洞达于千门之间；珊瑚琳珉，晶荧于百柱之内……臣又闻，中代以前以不专之德御臣下，故佞邪退而忠直进……所谓坚甲劲兵，不令专任；询谘应对，不令专权；夕处朝游，不令专侍……中代以降又有甚于此。谓之宰辅，不见于涉旬；谓之公卿，不见于越月；处之谏列，不见于经时；目之侍臣，不见于终岁……”

五四九 诡异朝局（三）

据《旧唐书·裴垍传》云：元和“三年，诏举贤良，时有皇甫湜对策，其言激切；牛僧孺、李宗闵亦苦诋时政”。从皇甫湜和牛僧孺的对策来看，二人的对策涉及面很广，包括宦官专权、百官失职、法令失效、民不聊生、用人不当等严峻的社会现实，尤其是皇甫湜的对策更是直言不讳，可以说，所说的宦官专权更是触犯了宦官集团的利益。

由于此后牛李党争的影响，尤其是穆宗长庆、文宗大和年间，牛党执政，期间编纂的《宪宗实录》，可能对李吉甫进行一定程度的抹黑，因此，长期以来，在对待牛李党争问题上，不少人都倾向于贬李褒牛，认定是李吉甫到宪宗跟前“哭诉”而得罪了牛僧孺等人，把这次科场案作为牛李党争的起源。后世关于牛李党争的研究很多，近来也有不少人以皇甫湜的对策主要惹怒了宦官集团，李吉甫没必要去宪宗那里哭诉，认为李吉甫是冤枉的。据《新唐书·李吉甫传》记载：“裴均以尚书右仆射判度支，结党倾执政。会皇甫湜等对策，指摘权强，用事者皆怒，帝亦不悦。均党因宣言：殆执政使然。右拾遗独孤郁、李正辞等陈述本末，帝乃解。吉甫本善窦群、羊士谔、吕温，荐群为御史中丞。群即奏士谔侍御史，温知杂事。吉甫恨不先白，持之，久不决，群等衔之。俄而吉甫病，医者夜宿其第，群捕医者，劾吉甫交通术士。帝大骇，讯之无状，群等皆贬。而吉甫亦固乞免，因荐裴垍自代，乃以检校兵部尚书、兼中书侍郎、同中书门下平章事，为淮南节度使。”《旧唐书·李吉甫传》则记载：“三年秋，裴均为仆射、判度支，交结权幸，欲求宰相。先是，制策试直言极谏科，其中有讥刺时政，忤犯权幸者，因此均党扬言皆执政教指，冀以摇动吉甫，赖谏官李约、独孤郁、李正辞、萧俛密疏陈奏，帝意乃解。吉甫早岁知奖羊士谔，擢为监察御史；又司封员外郎吕温有词艺，吉甫亦眷接之。窦群亦与羊、吕善。群初拜御史中丞，奏请士谔为侍御史，温为郎中、知杂事。

吉甫怒其不先关白，而所请又有超资者，持之数日不行，因而有隙。群遂伺得日者（术士）陈克明出入吉甫家，密捕以闻；宪宗诘之，无奸状。”除此之外，相关人员的传记也对此有所记载。比如《旧唐书·吕温传》记载："吉甫为中官所恶，将出镇扬州，温欲乘其有间倾之。温自司封员外郎转刑部郎中，窦群请为知杂。吉甫以疾在第，召医人陈登诊视，夜宿于安邑里第。温伺知之，诘旦，令吏捕登鞫问之，又奏劾吉甫交通术士。”显然，憎恶李吉甫的宦官应该就是宦官内部反对吐突承璀的派系，当与李吉甫敌对。《张仲方传》记载，吕温和羊士谔也参与了诬告事件，“会吕温、羊士谔诬告宰相李吉甫阴事，二人俱贬”。

由此可以看出，在这件轰动一时的制举案中，还有两个细节值得注意：一是，李吉甫的政敌右仆射裴均“交结权幸，欲求宰相”，就利用皇甫湜等对策事件，其党扬言（皇甫湜等人对策）“皆执政教指，冀以摇动吉甫”；二是，窦群企图进一步加害李吉甫不成，促使李吉甫出镇淮南。

研究者们纠结于在这件科举案中，李吉甫是否到宪宗面前进行了哭诉，他到底哭诉了什么。综合各种史料分析，当时的情况大致是这样的：皇甫湜等人的对策引起了轩然大波，已经远远超出了唐宪宗的预料。李吉甫一向支持宪宗整顿朝廷、打压藩镇的政策，也是宪宗的得力助手，李吉甫曾从容对宪宗说：“如果令藩镇下属的刺史可以独立为政的话，那么风化可成。”这一招等于把节度使架空了，令朝廷直辖的藩镇节度使不敢为所欲为。宪宗表示同意，将朝中十几个郎官都外派到地方上担任刺史，李吉甫担任宰相一年多，就调整了三十六个军镇的节度使，一改德宗晚年对节度使“终身不易地”的做法，朝廷威信得以树立，但此举必然触及节度使们的利益，也引起了他们的不满。另外，自从李吉甫建议宪宗惩处滑涣之后就得罪了旧宦官集团，他们将李吉甫视为眼中钉，也必欲除之而后快。裴均素来依附宦官，可以视为宦官集团在外朝的代理人之一，他自荆南节度使调回朝廷之后，被晋升为尚书右仆射。对策案发生之后，作为旧宦官集团的一员，他就指使党羽散布李吉甫就是皇甫湜等人的后台。虽然宪宗刚刚安置自己的亲信吐突承璀当上了神策军的一把手，但是，并未牢牢控制整个神策军，也没有彻底瓦解庞大的宦官集团，面对咄咄逼人的宦官集团，宪宗只好采取以退为进、舍车保帅的策略，指使李吉甫到自己这里哭诉，表白自己并没有指使皇甫湜等人，并将职位较低的韦贯之等人予以惩处，以期得到宦官集团们的谅解。然而，宪宗和李吉甫之间的默契，是不能也无法向地位较低的皇甫湜、牛僧孺等人说明的，由于信息的极端不对称，此后的牛党就与李吉甫后人结下了怨恨。

制举案发生后的一段时间里，宪宗对旧宦官集团采取了拉拢和安抚策略，不顾一些士人的反对，将宦官集团的代理人之一、原荆南节度使裴均提拔为尚书右仆射。裴均上任之后，得意扬扬，曾在一次朝会中站到更高职位才能站的位置上。御史中丞卢坦要求其退下，但裴均竟然不从。卢坦说："昔日姚南仲当仆射时的位置在这里。"裴均问："姚南仲是谁？"卢坦不卑不亢地回答："是一个守护道义、不结交权贵的人。"然而，在宦官集团的压力下，宪宗在不久之后就不得不将卢坦改任为太子右庶子。到了九月，裴均又被宪宗改派到山南东道，加平章事，为山南东道节度使。同时，宪宗对直言反对斥逐牛僧孺等人也一概不予理睬。比如，到了五月，翰林学士、左拾遗白居易上书认为："牛僧孺等人直言时事，受恩登科，可是反而被斥出朝廷，出为关外官。杨於陵等人也因主持考试敢于接受直言，裴垍等人因为复试没有拒绝直言，他们均被贬官。卢坦因为屡屡尽职而被罢为庶子。这几个都是令人尊重之人，是天下百姓据以判断朝廷善恶的标准，一旦无罪被贬，上下禁言，个个不知如何是好，陛下知情与否？况且，既然陛下下诏征求直言，牛僧孺等人如此对策，就算不能推而行之，又何必加罪呢？昔日德宗即位之初，也曾征求直言敢谏之士，询问天下大旱的原因，穆质对策说：两汉惯例，应当免去三公；卜式之议，应该烹杀桑弘羊。德宗不仅没有加罪，反而将穆质晋升为左补阙。如今牛僧孺等人言辞激烈程度并没有超过穆质，却遭到斥逐，臣恐怕这不是祖宗之法啊！"但宪宗没有理睬。宪宗的这些做法可以视为对宦官集团的妥协，企图把制举纷争有可能引发的内讧降到最低。

然而，"权幸"们还没有收手，于是，发生了窦群等人陷害李吉甫的事。早年李吉甫对羊士谔和吕温都很眷顾，窦群也与二人私交很好。卢坦被免之后，窦群继任御史中丞，上奏以羊士谔为侍御史，吕温为郎中、知杂事，但奏疏放到李吉甫那里，李吉甫没有很快批复，这引起了他们的不满。当时，李吉甫正在病中，请来医生陈登看病。吕温发现这一情况后，即派人逮捕了陈登，并上书弹劾李吉甫与术士联络，图谋不轨。显然，这是憎恨李吉甫并反对吐突承璀的旧宦官集团所为。宪宗派人经过调查，证明吕温所言纯属子虚乌有，当即下令将他们全部贬谪。对吕温等人惩处，是宪宗在制举案之后对旧宦官集团有限的反击，而对于庞大的旧宦官集团，宪宗还不敢得罪。

不过，宪宗对裴垍、卢坦等人的贬官，也只是做做样子给"权幸"看看罢了。

如今，对于宪宗而言，最紧要的就是尽快消灭淮西吴少诚，稳定朝廷内部各派势力，于是，仅仅隔了两个月，到了七月，宪宗就任命卢坦担任宣歙观察使。宣歙控制两浙粮仓，又监视淮西，支援淮南，联络江西，宪宗此举大有深意。李吉甫深知自己树敌过多，就暗中向宪宗推荐了裴垍来取代自己，而自己则从朝中到地方上去避避风头；见李吉甫再留在朝中，会进一步惹恼权幸们，宪宗不得不于九月将李吉甫罢相，改任户部侍郎裴垍担任中书侍郎、同平章事，而以李吉甫为同平章事、淮南节度使。表面上看，此前不久，裴垍贬官是因为李吉甫的哭诉，但实际上，在这方面，不论宪宗还是李吉甫，抑或裴垍，他们都是心知肚明的。淮南是个大镇，宪宗将李吉甫放到这里，其实就是为下一步打击吴少诚做准备。此举宪宗有不得已的苦衷，他对李吉甫还是十分厚爱，亲自驾临通化门楼为之饯行。史称：“（李吉甫）在扬州，每有朝廷得失，军国利害，皆密疏论列。又于高邮县筑堤为塘，溉田数千顷，人受其惠。”

李吉甫走后，朝中暂时平静下来。宪宗也对新任宰相裴垍信任有加。过去，德宗在贞元后期一直不轻信宰相，天下事务不论大小都握在自己手上，裴延龄等奸臣才得以横行。宪宗没即位时，就对此很有看法，如今，他对裴垍说：“像太宗、玄宗那么英明尚且需要依靠别人辅佐，才能治理好国家，况且朕不及先圣万一呢！”裴垍也是尽心竭力辅佐宪宗。史称：“及作相之后，恳请旌别淑慝，杜绝蹊径，齐整法度，考课吏理，皆蒙垂意听纳。吐突承璀自春宫侍宪宗，恩顾莫二。承璀承间欲有所关说，宪宗惮垍，诫勿复言，在禁中常以官呼垍而不名。”一次，宪宗问裴垍：“治理国家要以何者为先？”裴垍回答：“要先把自己的心放正。”过去，宰相们大多厌恶谏官直言，裴垍却非常喜欢听逆耳之言。独孤郁、李正辞、严休复从拾遗转为补阙，三人拜谢时，裴垍当庭对他们说：“独孤与李二补阙，孜孜献纳，今之迁转，可以说是应该的。然而，严补阙的工作不是这样，昨天呈上来的晋升建议，我确实是存疑的。”说得严休复面红耳赤。根据惯例，百姓的赋税有三个流向：一是送交朝廷；一是送交上级；一是留在本州。两税法施行时，钱不值钱，财物值钱，但到了后来，财物不值钱了，而钱开始值钱，百姓交的财物已经比最初制定两税法时多了一倍。地方官员又根据市价确定百姓应缴数额，更是加重了百姓的负担。裴垍拜相后，就上奏称：“天下留在当地的税负，都按照朝廷制定的价格计算；各道朝廷先征收所在地的赋税，实在不足的，才能征收所属其他州县的赋税。”裴垍在位期间，还尽可能保护朝廷命官，削弱宦官集团的势力。被贬为岭南节度使的杨於陵，与监军许遂振不和，许遂振就散布流言，诬陷杨於陵。裴垍对宪宗说道："因为许遂振而对一个地方大员降罪，不可。"遂请求改任杨於陵为吏部侍郎。河东节度使严绶在太原九年，将镇内政务全部交给监军李辅光处理，自己简直就是宦官们的傀儡。裴垍向宪宗上书，要求以李鄘取代严绶。元和四年（公元 809 年）三月，宪宗下诏将严绶召为尚书左仆射，改任凤翔节度使李鄘为河东节度使。

在裴垍的努力下，一些因制举案受到影响的官员相继回到朝廷：王涯"五年，入为吏部员外"。韦贯之"俄征为都官郎中、知制诰。逾年，拜中书舍人，改礼部侍郎"。《裴垍传》也称："及在相位，用韦贯之、裴度知制诰，擢李夷简为御史中丞，其后继踵入相，咸著名迹。其余量材赋职，皆叶人望，选任之精，前后莫及。议者谓垍作相，才与时会，知无不为，于时朝无幸人，百度浸理。"

五五〇 排兵布阵

为了安置李吉甫，唐宪宗把原任淮南节度使王锷调回了朝廷。

王锷和伊慎都出身不高，因天下乱离而脱颖而出，过去二人可谓是曹王李皋的左膀右臂，也都立下了汗马功劳。德宗时期，在李皋的推荐下，王锷也是平步青云，先是随李皋来到京师，被拜为鸿胪少卿，继而又被外派担任了八年的容管经略使，后晋升为岭南节度使。王锷在广州期间，向百姓征收重税，中饱私囊，还没收前来贸易的他国商人财物，因此，家财富可敌国，京师权贵人家大多收受过他的巨额贿赂。杜佑入朝后，王锷即接任了淮南节度使一职。王锷从下级官吏做起，明于治理，也是一位干才，但其名声不怎么好。据《唐国史补》记载一则王锷散财的故事，有人对王锷讲散财的好处，过了几天，王锷对那人说："我按照你的意见，把钱财都散去了。"客人问都散到何处了，王锷回答："几个儿子一人一万贯，女婿们一人一千贯。"

元和三年，他被召入朝廷后，又给宦官们送去了大量财物，想当上平章事。翰林学士白居易上书认为："宰相位极人臣，不是名望很高、立有大功的人，就不该授予此位。前不久，给裴均加平章事、山南东道节度使，就已经令舆论哗然了，如今又要给王锷此位，那么，与王锷资历相当的人都会产生非分之想。假如全部晋升，就败坏了朝廷的制度，且这些人对朝廷也并不感恩；假如不给，就显得厚此薄彼，说不定会心生怨恨，如此一来，反倒是没法收场了。况且，王锷在淮南五年，千方百计盘剥百姓，搜刮完财物，又到京师上下打点，如果朝廷任命他当宰相，各地藩镇就会觉得王锷这个宰相是进奉取得的，将会竞相盘剥，百姓将如何承受？"于是，王锷想当宰相这事也就泡汤了。

转眼就是元和四年（公元 809 年）。南方发生严重的旱灾，唐宪宗派遣左司郎中郑敬等人担任江、淮、二浙、荆、湖、襄、鄂等道宣慰使，赈济灾民。临行之际，宪宗告诫他们："朕在宫中用一匹帛，都要登记在册，唯独赈济百姓，花多少钱都可以，你们要体会朕的心意，千万不要像潘孟阳那样只会游山玩水！"宪宗还打算下诏大赦，翰林学士李绛、白居易上书认为："要想把恩惠遍及百姓，不如减免百姓的税负……内宫宫女除了承担洒扫任务之外的，数量尚多，应当释放她们出宫，一方面节省经费，另一方面也顺应人性……请求严禁各道横征暴敛，向朝廷进奉……岭南、黔中、福建当地的风俗，往往掳掠良民充当奴婢，请求朝廷下诏严厉禁止。"元和四年闰三月三日，唐宪宗采纳了李绛和白居易的建议，下诏对全国囚犯予以减刑，免除百姓赋税，释放宫女，杜绝进奉，禁止掳掠贩卖人口。十三日，天降大雨。李绛上书道贺称："事发之前考虑在先，就不会忧虑；事情出现以后而忧虑，也于事无补了。"

继任命裴垍为宰相之后，新年伊始，宪宗又将碌碌无为、与旧宦官集团有着千丝万缕关系的郑絪贬为太子宾客，改任正直的给事中李藩为门下侍郎、同平章事。李藩曾任徐州节度使张建封的幕僚，后被德宗召为秘书郎。宪宗即位后，李藩被改任吏部员外郎，后晋升为吏部郎中、给事中。在任期间，皇帝所下诏书有不妥之处，李藩就在黄纸背面进行批注。小吏说："应该另外写一张纸。"李藩回答："再写一张纸那叫文状，怎么说批敕呢！"裴垍遂向宪宗称李藩有宰相气度。李藩性格直爽，忠心耿耿，知无不言，宪宗对他很是敬重。一次，宪宗询问宰相："前代帝王治理天下，有的家给人足，有的却家国贫困，这是什么原因呢？"李藩回答："古人说过：节俭就富足。富足源于节俭。假如君王不看重珠玉，只鼓励农桑，那么百姓就不会学一些奇技淫巧，民俗也归于本分，百姓富足了，君王怎会不足？国库也自然就充裕了。假如君王不惜民力，喜欢珠玉，上行下效，风俗变得奢侈，本末倒置，衣食就会逐渐匮乏，那么百姓就贫困了，百姓一旦贫困，君王怎能富足？自然国家也就困顿了，盗贼也就趁机而起。希望陛下从自己做起，移风易俗，则天下就有福了。"宪宗说道："勤俭节约是我的本心，贫富之源，确实如你所言。需要君臣相互勉励，始终如一，一旦有奢侈苗头，还望你们极力劝谏。"宪宗又问："祈福禳灾之说是真的吗？"李藩回答："顺道则吉祥，不道就大凶。如果所为不道，又能求什么福报呢？"史称："藩为相才能不及裴垍，孤峻颇后韦贯之，然人物清规，亦其流也。"

至此，大唐朝中高官分别为：司徒杜佑；司空于頔；宰相裴垍、李藩；度支盐铁转运使李巽（兼任吏部尚书、四月去世）、李鄘（六月入朝以刑部尚书兼任）；

左神策军护军中尉吐突承璀、右神策军护军中尉第五从直。李巽精于吏职，就算下属在千里之外，他也是了如指掌；宪宗继位后，曾下令凡是王叔文一党，即便遇到大赦也不得酌情调往内地，李巽知道王叔文一党、郴州司马程异也很会理财，就建议宪宗："请弃瑕录用，擢为侍御史，复为扬子留后，累检校兵部郎中、淮南等五道两税使。"宪宗也答应了。程异到任后，除弊兴利，迅速增加了国家财政收入。由于他显示了非凡的才能，后来又被调入朝任太府少卿，历迁太府卿、卫尉卿，兼御史中丞，充盐铁转运副使。李巽虽然工作突出，但多年前他落井下石，促成德宗将窦参赐死，一直为人诟病。本年四月去世，终年七十一岁。李巽去世后，宪宗又改任河东节度使李鄘担任刑部尚书、兼御史大夫、诸道盐铁转运使。宪宗即位后，任命李鄘担任京兆尹，当时京师治安非常不好，李鄘"擒奸禁暴，威望甚著"。给宪宗留下了很深的印象，很快宪宗就将他任命为凤翔节度使。过去凤翔镇也冠有"神策行营"军号，新任将帅要去神策军中尉那里拜谒。李鄘看出了宪宗意欲削弱宦官权力的心思，他接受任命后，就上书认为这种做法不妥，宪宗顺水推舟，就下诏将凤翔军去掉了"神策行营"之号，凤翔军就此从神策军中独立了出来。本年三月，李鄘又接任严绶担任河东节度使，但仅仅过去两个多月，宪宗又把他调回了朝廷，把财政大权交给了他。之所以出现这种情况，《李鄘传》称："鄘前在两镇，皆以刚严操下，遽变旧制，人情不安，故未几即改去。"显然，李鄘在贯彻宪宗限制监军权力、压缩宦官集团空间方面遇到了强大的阻力，引起两镇的不满，为了避免出现大的动荡，宪宗不得不暂时选择了妥协，将他调回朝廷。李鄘返回朝廷以后，宪宗就把灵盐节度使范希朝调到太原，担任了河东节度使。宪宗即位之后，唐朝与吐蕃之间的关系开始改善，本年，吐蕃再次求和，裴垍、李藩也建议宪宗答应，宪宗最终同意了，命祠部郎中徐复出使吐蕃。与吐蕃的关系回暖，摆在宪宗面前的首要任务就变成了平定各地藩镇，因此，边镇的重要性相对降低，邻近河北藩镇的河东的重要性就凸显了。去年，范希朝在灵州（今宁夏回族自治区灵武县）时，还招降了勇猛的沙陀军，军力得到很大提高。沙陀军的战斗力很强，吐蕃人将他们安置在甘州（今甘肃省张掖市）一带，每次遇到军事行动，都以他们充当先锋。回鹘与吐蕃翻脸之后，占领了凉州，吐蕃人怀疑沙陀人怀有二心，打算把他们再迁往河外。沙陀人听说后非常担心，其酋长朱邪尽忠及其儿子朱邪执宜遂率领三万部落准备投奔唐朝。他们沿着乌德鞬山（说法不一）一路向东，行了三天，吐蕃追兵赶到，沙陀军边打边走，从洮水一直转战到石门（今宁夏回族自治区固原市以北），一共打了数百回合。朱邪尽忠在激战中被杀，沙陀人死伤惨重，最终，朱邪执宜率领残余部众近万人、骑兵三千人逃到灵州，向唐军投降。范希朝闻讯，亲自率领唐军赶赴边境迎接，将他们安置在盐州（今陕西省定边县），为他们购买牛羊，增加他们的收入。宪宗下诏在盐州设置阴山府，以朱邪执宜为兵马使。不久，朱邪尽忠的弟弟朱邪葛勒阿波又率领七百人向范希朝投降，宪宗下诏以其担任阴山府都督。从此以后，灵盐镇每次出征，都令沙陀军参战，所向无敌。范希朝担任河东节度使以后，朝廷高层认为，把沙陀军放在灵武，接近吐蕃，担心他们会出现反复，况且他们的部众很多，恐怕会影响到边镇的粮食价格，遂命令他们全部随范希朝一起来到太原。范希朝从沙陀人中挑选最为骁勇的一千两百名骑兵，组成精锐的沙陀军，设置军使直接管理，而将沙陀余众安置在定襄川（今山西省定襄县境内），自此，沙陀酋长朱邪执宜就拥有了神武川（今山西省山阴县东）的黄花堆。

翰林学士李绛等人上奏请求宪宗册立太子，元和四年闰三月二十一日，宪宗册立长子邓王李宁为太子。李宁是纪美人所生。

五五一 讨伐成德（一）

元和元年，宪宗平定刘辟、杨惠琳；次年消灭李锜；三年发生了制举案、李吉甫罢相；到了四年（公元 809 年），正当宪宗安定内部、运筹帷幄，准备清除淮西吴少诚这颗钉子的时候，成德节度使王士真却在三月去世了！

王士真是王武俊的长子，德宗贞元十七年，王武俊死后，他继任节度使。在位期间，虽然自行委派官吏，不向朝廷交纳赋税，然而，每年总要向朝廷进奉数十万钱，与魏博和幽州二镇相比，最为恭顺。

王士真共有五个儿子：王承宗、王承元、王承通、王承迪、王承荣。王士真去世后，其长子王承宗按照河朔藩镇的惯例，自称留后。王士真还有三个兄弟：王士清、王士平、王士则。王承宗继任留后以后，其四哥王士则觉得今非昔比，担心朝廷加兵成德，牵连到自家，就与门客刘栖楚一起逃归了京师。宪宗下诏任命王士则为神策大将军。

王士真的死其实是给宪宗出了一道难题。宪宗即位后，已经更换了若干个节度使，在朝廷控制的藩镇中树立了一个可以随意调换节度使的新的规矩，而在河北藩镇方面，宪宗还想改变以往父死子继的传统，由朝廷决定节度使的人选，要不然，就来硬的，发兵彻底消灭河北藩镇。然而，在没有解决淮西之前，宪宗还不想动手，以免重蹈德宗的覆辙。就此任命王承宗的话，宪宗心有不甘；不任命的话，势必先与成德开战，因此，朝中对此颇费周折。

裴垍就提出反对意见，他说："李纳跋扈不恭，王武俊则对国家有功，陛下前不久已经同意让李师道继任，如今却要阻止王承宗，对比起来，王承宗肯定不服。"就此一直未能达成一致意见。宪宗又征求诸位翰林学士的意见，李绛等人也不同意，他们从另外一个角度给宪宗分析道："河北三镇长期不服从朝廷，谁不气愤！然而，如果现在就开战，恐怕还不合适。成德军自从王武俊以来，父死子继已四十余年，当地军民也已习以为常，不认为有什么不对。况且，王承宗已经掌握了军务，一旦更换节度使，恐怕不会轻易接受。另外，范阳、魏博、易定、淄青四地也是如此，他们与成德休戚与共，听说朝廷更换了成德镇的王承宗，内心肯定会不安的，肯定会暗中帮助成德，即便张茂昭向朝廷请求出兵讨伐，也未必是真心。我之所以如此判断，是因为，如今朝廷取代王承宗，作为邻近藩镇进退都有利可图：如果朝廷顺利实现了撤换王承宗，他们自以为对朝廷有功；如果朝廷未能顺利实现目标，他们则暗中连为一体，彼时，朝廷岂肯善罢甘休？肯定要发兵四面讨伐，他们的将帅就可借此被朝廷加官晋爵，将士们也能从朝廷这里得到衣粮，然后拥兵观望，而朝廷则需要承受战争的负担。如今，江淮发生水灾，公私都很困难，不可轻言军事行动。”然而，左神策军护军中尉吐突承璀迎合宪宗的意思，想借机排挤裴垍，遂请求亲自带兵讨伐成德。神策兵马使赵万敌是王武俊的骑将，其骁悍在燕赵之间非常有名，也对吐突承璀说讨伐燕赵一定能够成功。宪宗迟疑不定，就在这时，宗正少卿李试为了巴结吐突承璀，上奏称：“王承宗不可不讨。吐突承璀是陛下的心腹近臣，应当将禁卫军交给他指挥，并令其统率各军，谁敢不服！”宪宗还是非常清醒的，他拿出李试的奏表让各位学士看，说道：“此人就是个奸臣，知道朕想让吐突承璀担任统帅，所以才上此表。你们给我记着，从今往后，不得重用此人。”昭义节度使卢从史因父亲去世服丧，服完丧，朝廷很久没让他官复原职，卢从史深感忧虑，就借吐突承璀表示愿意率领本镇兵马讨伐成德。宪宗受其迷惑，四月十七日，遂下令让他复职，并任命其为左金吾大将军。

由于达不成一致意见，讨伐王承宗一事就暂时搁置下来了。到了六月，兼任功德使的吐突承璀大肆重修安国寺，奏请树立圣德碑，规格完全参照玄宗封禅时树立的华岳碑，还请宪宗命学士们撰写碑文，并说：“臣已经准备了一万钱作为稿酬。”宪宗命李绛起草，李绛上言道：“尧舜禹汤这四位圣王，从来没有给自己树立什么碑说自己的圣德，唯独秦始皇在巡游所过之处，刻石立碑自夸功德，臣不知陛下是要效法谁呢？况且，碑文叙述修建寺庙之美，不过夸耀其如何美好壮观而已，岂能光大陛下的圣德！”宪宗看到李绛的这篇奏表时，恰巧吐突承璀就在一旁，宪宗当即让他推倒碑楼。吐突承璀回答：“碑楼很大，推不动，请求缓缓再说。”宪宗厉声喝道：“那就多弄些牛来拖！”吐突承璀吓得不敢再说。此后，用了一百头牛才把碑楼拖倒。七月十八日，御史中丞李夷简弹劾京兆尹杨凭，称其在担任江西观察使期间，贪污受贿，奢侈无度。二十三日，宪宗下令将杨凭贬为临贺尉，并要查抄其全部家产。李绛劝谏道："根据制度，除非犯谋反忤逆大罪的，不查抄罪犯之家。"宪宗这才作罢。杨凭离京时，亲朋好友无人敢来相送，唯独栎阳尉徐晦赶到蓝田送别。太常卿权德舆素来与徐晦关系较好，很为他担心，对他说："你送别杨临贺，的确很是厚道，但这会连累你的。"徐晦回答："我过去为一介布衣，受杨大人知遇之恩，如今杨大人被贬，岂能不与他送别！假如他日明公受人诬陷，我怎么敢形同路人呢！"权德舆叹息良久，在朝中称赞徐晦。数日，李夷简建议提拔徐晦为监察御史。徐晦向李夷简道谢："我平生从未见过大人，大人为何要推举我呢？"李夷简回答："你不辜负杨凭，怎会做对不起国家之事呢？"徐晦进士及第，后来，历任殿中侍御史、尚书郎、晋州刺史、中书舍人等职。史称："晦性强直，不随世态，当官守正。"

虽然不动声色，但这些天来，宪宗始终放不下成德。到了七月，他又秘密征求学士们的意见，说道："我打算让王承宗当成德留后，但要将成德镇下属的德州和棣州划出来，另外设置一个军镇，以削弱其实力，并命王承宗向朝廷缴纳赋税，请求朝廷派遣官吏，像李师道的淄青镇一样，你们看如何？"李绛等人回答："德州和棣州隶属于成德镇已经很长时间了，如今一旦划出去，恐怕王承宗和成德将士们会心生怨恨，并成为他们的口实。况且，成德邻近各道的情况与之相同，都会担心异日被分割，也许会暗中勾结起来。万一公开对抗朝廷，就非常难以处置了，希望陛下三思。至于向朝廷缴纳赋税以及朝廷委派官吏之事，希望陛下趁吊祭使者到成德后，以使者私人的意思暗示王承宗，令其自己上表请求像李师道那样，不要让其知道这是陛下的意思。如此一来，王承宗如果幸而从命，固然很好，就算不从，也无伤朝廷颜面。"宪宗又问："如今，刘济和田季安二人都传出生病的消息，如果二人去世，岂能全都按照成德的例子同意他们传之子孙？那天下何时可平？现在很多人认为应该趁此机会更换王承宗，拒不接受的话就发兵讨伐，机不可失。你们认为如何？"李绛回答："群臣看到陛下轻松拿下西蜀和东吴，一些谄媚之人争相献上计策，劝陛下用兵河北，这都未替国家深谋远虑，而陛下也会因过去轻易成功而相信他们的话。臣等整夜深思，河北的形势与西川和浙西不同。有什么不同呢？西川和浙西都不是长期反叛之地，四邻也都是朝廷的心腹之臣。刘辟、李锜独自生出叛心，部下都不服从，而二人也仅仅依靠钱财拉拢下属，大军一到，必然土崩瓦解，所以，当时臣等也都劝说陛下出兵讨伐，这是因为出兵万无一失。成德的情况就截然不同了，他们内部根深蒂固，外部盘根错节，当地将士百姓都受他们几代人的恩典，不知君臣顺逆之理，朝廷的命令他们一旦不从，武力威胁他们又不服，如此一来，朝廷一定会蒙受羞辱。另外，邻道平常相互之间也许会有矛盾，等听说朝廷更换节度使后，必定会同心协力，这是为他们各自子孙考虑的必然选择，担心将来这一幕也会出现在他们身上。万一其他藩镇勾结起来，兵连祸结，朝廷财力枯竭，吐蕃、回鹘趁火打劫，到时候的祸患岂能逆料！刘济、田季安和王承宗三者情况差不多，等他们去世之时，如果有隙可乘，自可随机应变，现在用兵，恐怕不可。太平大业，不是一朝一夕能够取得的，希望陛下认真考虑再说。”当时，吴少诚已经病重，李绛等人又建议：“吴少诚肯定一病不起，淮西的情况与河北不同，其周围都是朝廷直属的藩镇，没有割据军阀，孤立无援。朝廷更换节度使，正在其时，如其不从，可发兵征讨。臣请求陛下丢掉讨伐成德这一难成之策，采取讨伐淮西这一容易成功之法。一旦在河北开战，进展不顺利，淮西又蠢蠢欲动，朝廷必然要加兵，南北两线作战，财力肯定不足，到时候就必须赦免王承宗，专心对付淮西，如此一来，赦免的恩德人家也不领情，朝廷的威信将荡然无存。不如趁早拉拢王承宗，以收揽成德人心，等到合适的时机，一定能收复淮西。”

王承宗一直未得到朝廷的认可，心存恐惧，屡屡上表解释。终于，到元和四年八月九日，宪宗才派遣京兆少尹裴武赶赴真定安抚。裴武来到真定后，王承宗态度非常恭敬，说道：“受到三军的逼迫，未等朝廷任命，不得已才担任留后。请求献出德州和棣州以表明臣的忠心。”

五五二 讨伐成德（二）

元和四年（公元809年）九月一日，裴武回京复命。

七日，宪宗下诏正式任命王承宗为成德节度使，兼任恒州、冀州、深州、赵州观察使；以德州刺史薛昌朝为保信军节度使，兼任德州、棣州观察使。薛昌朝是薛嵩之子，王武俊的女婿，宪宗这样安排目的是不过分地刺激王承宗。然而，河北藩镇在朝中都有内线，朝命还未颁发，魏博的田季安就已经得知了内容，他赶忙派人飞报王承宗："薛昌朝暗中与朝廷联络，朝廷才任命其为节度使。"王承宗得报后，立即派遣数百骑兵赶往德州，逮捕了薛昌朝，将其押送到真定拘禁起来。赶往德州给薛昌朝送符节的朝廷使者路过魏州，田季安假装恭敬，设宴款待，留使者数日，等使者来到德州，薛昌朝已经被王承宗抓走了。

原本说得好好的，如今却横生枝节，这让宪宗勃然大怒，他认为裴武欺君，打算予以严惩。而恰恰就在这时，又有人诬陷宰相裴垍，说："裴武回来之后，先住在裴垍家中，到第二天一早才入宫觐见陛下。"宪宗听了，更是火冒三丈，对李绛谈及此事，打算把裴武贬到岭南。李绛说道："裴武昔日身陷李怀光营中，守节不屈，岂能今日突然心怀奸诈？出现这种情况，都是因为对手狡猾难测，旁人难以完全知晓其内心啊。王承宗一开始担心朝廷的讨伐，所以才请求献出德州和棣州，一旦蒙朝廷厚恩，邻道不愿看到成德开分割的先例，我判断肯定会从中作梗，暗中胁迫引诱他，令其出尔反尔，这并非裴武之过。如今，陛下挑选裴武出使叛贼巢穴，裴武回来复命后，一言不合，就将其贬谪到蛮荒之地，臣担心将来出使叛贼的人都会以此为戒，明哲保身，说些模棱两可之言，再也不肯对陛下进尽忠言了，如此一来，对国家将有百害而无一利。况且，裴垍和裴武在朝廷任职很久，对朝廷制度都很熟悉，岂有不见天子而先住在宰相家里的道理？臣敢为陛下担保绝无此事，一定是那些想诬陷裴垍和裴武的奸臣所言，希望陛下明察。"

宪宗想了很久，才说道："也许是吧。"遂不再追究了。

此时，朝廷已经处于非常尴尬的境地了。原本是与王承宗私下达成了一致，朝廷才分割了成德，并任命了王承宗，如今，王承宗却食言而肥，得到正式任命后，抓走了薛昌朝，这让朝廷的面子往哪搁？不过，宪宗还寄希望于和平解决，他派遣中使赶往真定，劝说王承宗放了薛昌朝，可是，王承宗拒不从命！这场宪宗本不愿打的仗，就不得不打了……

十月十一日，宪宗下诏削夺王承宗的一切官爵，任命左神策中尉吐突承璀担任左右神策军、河中军、河阳军、浙西军、宣歙军等道行营兵马使、招讨处置等使，决心讨伐王承宗。翰林学士白居易原本就对讨伐成德有不同意见，如今更是对一个宦官担任统帅很不以为然，他上书认为："国家征伐，应当交由将帅负责，只有近期才由宦官担任监军。从古迄今，从未有过征讨天下的军队，由宦官统领的。如今，神策军没有设置行营节度使，那么，吐突承璀就是军队的统领，他又充当各军招讨处置使，那么他又是各军的总指挥。臣恐怕天下人听了，会轻视朝廷；外国人听了，会嘲笑我们。陛下忍心让后世相传让宦官当统领、总指挥，是陛下开的先例吗？臣又担心刘济、张茂昭、范希朝、卢从史乃至各道诸将耻于接受吐突承璀的指挥，人心不齐，又怎能立功？如此其实是在帮助王承宗、挫伤众将的积极性。陛下如果念及吐突承璀的功劳，自然可以给其高官厚禄；顾及其忠心，也可以赏赐给他财物。至于军国大事，关乎国家命运前途，朝廷制度，也出自祖宗，陛下难道忍心照顾下属而破坏法律、满足个人欲望而损坏自己的形象、不认真思量而取笑于万代吗？"当时，很多谏官都认为吐突承璀的职位太高，太不合适了，但宪宗就是不听。

十月十六日，宪宗驾临延英殿。度支使李元素、盐铁使李鄘、京兆尹许孟容、御史中丞李夷简、谏议大夫孟简、给事中吕元膺、穆质、右补阙独孤郁等人纷纷上言不可，宪宗不得已只好于次日撤销了吐突承璀的四道兵马使，改处置使为宣慰使。李绛极力指责宦官骄横，干扰政务，陷害忠良。宪宗却不以为然，说道："他们岂敢进谗言！就算他们进谗言，朕也不会听的。"李绛又说："这些宦官大多不知忠义，不分好坏，唯利是图，谁给他送来贿赂，他们会把盗贼也说成忠良；如果他们不满意，会把好人也诬陷为贪官污吏。他们用独有的奸诈手段，设计出疑似的迷雾，时时刻刻在陛下身边，瞅准时机露上一手，陛下防不胜防，有时肯定会相信的。自古以来，宦官败坏国家的事，已经载于史册，陛下岂能不防微杜渐啊！”然而，宪宗对此并没有引起足够的重视。

十月二十七日，吐突承璀率领神策军从长安出发，宪宗同时下诏命令成德四面藩镇各自出兵讨伐王承宗。果然如李绛所料，就在吐突承璀出兵的同时，淮西的吴少诚也死了。吴少诚对手下大将吴少阳非常信任，以其为自己的堂弟，任命其为申州刺史。吴少诚病重以后，昏迷不醒，其家童鲜于熊儿假传吴少诚之命，将吴少阳召来担任代理副使、知军州事。吴少阳杀掉吴少诚之子吴元庆，等吴少诚死后，吴少阳遂自称淮西留后。假如没有讨伐成德，朝廷趁淮西内乱，很有可能一举荡平淮西，然而，此时此刻，淮西方面就算有再好的机会，朝廷也无暇顾及了。数月之后，宪宗任命吴少阳为淮西留后。

如前所述，贞元十二年魏博节度使田绪死的时候，其幼子田季安才十五岁，因其被嫡母嘉诚公主（德宗之妹）收为养子，而被拥立为节度使，如今，他已经二十八岁了。唐廷一直待其不薄，他服完丧，就被朝廷拜为银青光禄大夫、检校尚书右仆射，进位检校司空，袭封雁门郡王。不久，又加金紫光禄大夫、同中书门下平章事。嘉诚公主在世时，田季安畏惧公主的严厉，对朝廷尚存恭敬，等公主去世后，遂变得无法无天起来了。他沉迷于踢球、打猎，对军中政务也是独断专行，根本不听他人劝说。服完公主之丧，朝廷又给其加官为检校司徒。田季安是个胆大妄为之人，无所畏惧，残忍无情。有个叫丘绛的进士曾担任田绪的从事，与同僚侯臧不和，相互之间争权夺利，田季安知道后非常气愤，就把他贬为下等县的县尉；丘绛离开后，田季安余怒未消，又派人将其召回，先在路边挖了个坑，等丘绛行至那里，命人将他推到坑中活埋。

如此一个喜乱乐祸之人，当听说朝廷发兵进攻王承宗的消息后，他就已经蠢蠢欲动了。他召集部下们商议，说道：“朝廷军队已经有二十五年没有北渡黄河了，如今，一旦越过我魏博进攻赵地，成德败亡之后，就轮到我们了，你们看该如何应对？”有人站出来慷慨陈词：“我愿率领五千骑兵，替大人排忧解难！”田季安大喊：“勇敢啊！我已决定出兵了！谁敢抗命，一律斩首！”当田季安决定与朝廷大军为敌之后，正巧幽州刘济派牙将谭忠来到魏博，谭忠尚有忠义之心，他得知田季安的打算后，就对田季安说：“假如真的按照那位的计划，这将是把天下之兵引到魏博这里。这是什么原因呢？如今，朝廷出兵经过魏博讨伐成德，不令老臣大将领兵而以宦官当统帅，不出动各道兵力而以神策军为主力，你知道这是谁的主意？这是天子自己的主意，就是想向臣下展示英明，令臣下佩服自己。

如果大军尚未进抵成德就先被魏博击败的话，那就意味着天子的智略还不如臣下，你说他岂能忍受受到天下人耻笑的屈辱？恼羞成怒之后，天子一定会委任智略之士精心策划，托付猛将，再发精兵，集中全力再度渡河，鉴于上一次的失败，一定不会越过魏博进攻成德了，根据形势，肯定会先拿下魏博再进攻成德，不上不下，一定会把兵锋直指魏博的。”田季安听了，赶忙问道：“那该如何是好呢？”谭忠继续说道：“朝廷军队进入魏博之后，大人应该厚厚犒劳，并率领全军进逼成德边境，号称协助朝廷讨伐，而暗中给成德人送去书信说：我们如果进攻你们，河北的义士们都会说我们卖友求荣；如果我们与你们联合的话，河南的忠臣们又会说我们背叛了君王。卖友、叛君之名，都不是我们愿意承受的。你们如果能够偷偷去掉屏障，送给我们一座城池，我们就可以以此向天子告捷，作为忠于朝廷的凭证，这就令我们北面可以帮助你们，西面又能成为朝廷之臣，对于你们而言不过是一点小小的损失，但对于我们来说则是很大的利益，难道你们就不在意一下我们？成德如果不拒绝，魏博就稳如泰山了。”一番话说得田季安心花怒放，说道：“妙啊！先生到来真是我魏博之福啊！”遂采纳了谭忠之计，与成德暗中商议，取得了成德的堂阳（今河北省新和县）。

五五三 讨伐成德（三）

谭忠回到幽州后，又想以激将之法令刘济出兵进攻成德。

正值刘济召集众将开会，他说：“天子知道我与成德不和，命我出兵讨伐，成德一定也会对我加强戒备。你们说是出兵有利还是不出兵有利？”谭忠抢先回答：“天子既不会令大人出兵，成德也不会防备大人的。”刘济顿时火冒三丈，说道：“你为何不直接说我与王承宗一起谋反呢？”当即下令将谭忠打入了大牢。随后，刘济派人前往边境侦察，果然发现成德镇在边境上并未增兵。又过了一天，朝廷的诏书果然送到，命令刘济“专心保护北部边境，不要令朕担心胡人会有什么行动，好集中精力对付王承宗”。

刘济这才命人把谭忠放了出来，说道：“真的如你所判断的，你又是如何知道的？”谭忠回答：“昭义节度使卢从史表面上亲近我们，但其实心怀猜忌；表面上与成德为敌，但暗地里与他们勾勾搭搭。他给成德出主意：幽州以成德为屏障，虽然与成德有怨，却一定不会进攻成德的，不必防备。一则显示成德不敢与幽州为敌，二则是让我们被天子怀疑。成德不防备我们以后，昭义人就会向天子报告说：幽州与成德之间有很深的冤仇，成德被伐却不防备幽州，这说明幽州反而在帮助成德。这就是我知道天子是不会令大人讨伐成德而成德也不会防备我们的原因。”刘济又问：“那么如今之计该当如何？”谭忠回答：“幽州和成德之间的怨恨，天下尽人皆知。如今，天子讨伐成德，而大人拥有强大的军队，却不令一兵一卒南渡易水，这就让昭义人一口咬定我们是在讨好成德人，是在背叛天子，可以说是一箭双雕。结果就是，我们燕人心怀忠义，却落得个与成德人有染的恶名，成德人既不感激我们，又令天下人对我们百般谩骂。希望大人三思。”刘济说道：“我知道该怎么办了。”遂下令军中：“五天之内全军出征，落后的一律斩首示众！”刘济亲自率领七万人马南下进攻成德。杜牧的《燕将录》称，谭忠是绛人，后官居御史大夫。

元和五年（公元 810 年）年初，当刘济率领的七万幽州军队南下时，其他各路讨伐军尚未进抵成德，刘济独自率领幽州军队一路向前，一举攻克了饶阳（今河北省饶阳县）和束鹿（今河北省辛集市）。河东、河中、振武、义武四镇的军队负责从成德北面发起进攻，四军于定州会师。当年一月十五日，军吏向义武节度使张茂昭禀报，认为有外镇军队，请求取消灯节。张茂昭回答："三镇都是官军，说什么外军！"遂下令照常张灯结彩，不禁止行人赏灯，也不关闭街坊之门，一连三夜都像过去一样，也无人敢喧哗闹事。一月二十六日，河东将领王荣率军南下，攻克了成德镇的洄湟镇（今河北省新乐市）。然而，吐突承璀直接指挥的南路各军进展并不顺利。吐突承璀来到行营之后，各路将领对他并不服气，继而在与成德军交战的过程中，也是屡战屡败。在一次激战中，猛将左神策大将军郦定进战死，官军士气深受打击。

战事已经进行了数月之久，而官军迟迟没有进展。白居易上书再次提出撤军的主张，他说："河北本来就不该用兵，如今既然已经出兵，可是吐突承璀还未经苦战，就已先失大将，与卢从史两军进入敌境，不肯继续前进，这不仅是他们心存逗留，而且也是力量太弱难以取胜之故。范希朝和张茂昭进抵新市镇（今河北省新乐市南），竟也被阻挡在那里；刘济率领全军围攻乐寿（今河北省献县），也始终未能攻下；李师道和田季安内心难测，观察形势，二人似乎已经与成德达成默契，各自夺取一个县之后，就再也不进军了。陛下看这种形势，将如何才能成功？以臣的建议，应当速速撤兵，如果心存迟疑，将有四个害处：两个是痛惜之处、两个是忧虑之处。如果能确保成功，就不再考虑会花费多少金钱；如果已经知道不能，就不该白白浪费钱财。觉悟之后而行，亡羊补牢，未为晚也。如今晚一天决定，就多浪费一天的钱粮，再拖延些时日，花费将更多，终归还得撤军，倒不如早撤。臣替陛下痛惜的，其一，以国库的钱粮、百姓的民脂民膏去资助河北诸侯，令他们更加强大；其二，臣又担心河北诸将见吴少阳已经被朝廷认可，一定会以此为例，向朝廷施加压力，请求赦免王承宗。如果他们的奏表纷至沓来，朝廷就不得不答应。藩镇请求之后才赦免，情形可想而知，不仅王承宗不会感恩朝廷，反而令他们河北藩镇之间更加团结，如此一来，任免人事之权全由地方左右，朝廷再无恩信可言，确实担心威信都归于河北藩镇了。臣替陛下深忧的，其一，如今天气转热，士兵饥渴疲劳，再加上染上疾病，令他们去战斗，将如何忍受得了？况且，神策军内掺杂了很多毫无战斗经验的市民，一旦有一人奔逃，百人相互煽动，一军溃散，各军必然军心动摇，假如出现这种情况，后悔就来不及了！其二，臣听说吐蕃和回鹘在国内都有间谍，中国之事，他们都了如指掌。如今，陛下召集天下之兵，只讨伐王承宗一个贼人，从去年冬天一直到今年夏天，各军未立寸功，我们力量强弱、花费多少，又岂能让他们知道？一旦他们见利生出异心，乘虚发起进攻，以今日的情势，岂能首尾兼顾！兵连祸结，什么事不会发生？万一到了这一步，将事关国家存亡。”

昭义节度使卢从史最先提出讨伐王承宗的建议，但等到朝廷真的发兵之后，他又拥兵自重，逗留不进，暗中与王承宗勾结，命士兵们暗藏王承宗军队的旗帜；又故意抬高粮价，以增加朝廷支出，还多次派人暗示朝廷想得到同平章事一职，并贼喊捉贼，诬陷其他军队与王承宗来往，劝说朝廷撤军，宪宗得知以后，深感头疼。正巧卢从史派牙将王翊元进京汇报工作，裴垍召见王翊元，以为臣忠义之节来打动他，王翊元遂向裴垍表示愿意效忠朝廷，并说出了卢从史的阴谋以及拿下卢从史的办法。裴垍令王翊元返回驻地运作此事。等到王翊元第二次进京时，就带来了昭义都知兵马使乌重胤等人答应拿下卢从史的承诺。裴垍对宪宗汇报说："卢从史狡猾骄横，生性狠毒，肯定会发动叛乱。如今听说他与吐突承璀的大营相对，视吐突承璀为婴儿，往来毫不戒备，今天失去机会不拿下他，将来就算派大兵讨伐，也不是一天两天能讨平的啊。”宪宗乍听下来，吃惊不小，又深思了很久，终于答应了。

卢从史非常贪婪，吐突承璀拿出大批奇珍异宝，只要他看中的都送给他，卢从史非常高兴，与吐突承璀逐渐亲昵起来了。元和五年四月十五日，吐突承璀与行营兵马使李听商议，请卢从史来赌博，提前埋下伏兵，卢从史丝毫没有察觉，他大摇大摆地来到吐突承璀的大营，伏兵从帐后蹿出，三下五除二，将其五花大绑，装入早已准备好的车中，一路押往京师。卢从史的侍从们一片大乱，吐突承璀下令斩杀了十余人，并告诉他们这是奉了皇帝之命。卢从史的营中听说主帅被擒，将士们纷纷披甲出营，吵闹着要厮杀。乌重胤等人站在军门之前，大声断喝："天子诏命，服从者重赏，胆敢违抗者斩首！”众人遂收起武器，返回各自营中。当时正值夜晚，囚车风驰电掣，不到天明就奔出了昭义镇辖区。乌重胤，系前石岭军使乌承玼的儿子。乌承玼的哥哥乌承恩原系史思明的亲信部将，后被李光弼说服除掉史思明，事情败露后，乌承恩父子被杀，乌承玼侥幸逃出幽州，被朝廷任命为石岭军使。李听是名将李晟的第十三子，李愬的弟弟。李听七岁时，以门荫被授予太常寺协律郎，一次，他来到单位，小吏们欺他年幼，不向他施礼，李听当即下令将他们鞭打一顿，打得皮开肉绽。擒获卢从史后，宪宗晋升他为左骁卫将军、兼御史中丞，后来又出为安州刺史、随鄂岳观察使。

宪宗为表彰乌重胤的功劳，打算就此任命其为昭义节度使。李绛认为不可，他请求将其调往河阳，而以河阳节度使孟元阳担任昭义节度使。当时，吐突承璀上奏已经答应令乌重胤暂时充当昭义留后。李绛上言认为："昭义镇的五个州居于山东要害之地，魏博、恒州、幽州各镇盘根错节，朝廷就是依靠此地加以控制。邢州、洺州、磁州楔入河北三镇的腹地，这确实是朝廷的宝地，国家安危所系啊。昔日卢从史盘踞此地，令朝廷忧心忡忡，如今万幸拿下了此人，吐突承璀又将此地交给了乌重胤，臣惊叹之余，非常痛心！昨日朝廷采取非常手段拿下卢从史，虽说是个妙计，但已经失去朝廷大体。如今，吐突承璀又以公文形式任命重镇的留后，还替人向朝廷索要符节，无君之心，还有比这严重的吗！陛下昨天重新取得昭义镇，大家都非常高兴，朝廷威信重新确立；如今又突然授予本镇牙将，人心再度沮丧，朝廷法纪大乱。权衡利弊，还不如继续让卢从史担任。这是为何？卢从史虽然心怀不测，但已经是朝廷方面大员，而乌重胤出身将官，以吐突承璀的一纸文书就取代了卢从史，臣恐怕各地诸侯听说后，无不心生愤怒，耻于与其为伍。还会认为是吐突承璀引诱乌重胤驱逐了卢从史而代之，他们人人麾下都有部将，能不人人自危？倘若刘济、张茂昭、田季安、程执恭、韩弘、李师道相继上表指斥吐突承璀专权之罪，不知陛下将如何处理？如果都不予理会，则大家都会更加愤怒；如果因之再改变，则朝廷就失去威信了。"宪宗又命枢密使梁守谦秘密给李绛传话说："如今乌重胤已经主持军务了，是不得已才给其符节的。"李绛回答："卢从史当上节度使，就不是出自朝廷的本意，所以他才产生邪念，最终背叛了朝廷。如今再以乌重胤主持军务，就把节度使一职给了他，那么权威并不在朝廷，与当初任命卢从史又有什么不同？乌重胤当上河阳节度使，已喜出望外，岂敢违抗朝命？况且，乌重胤之所以能够拿下卢从史，就是靠的朝廷的权威，一旦他自己违抗朝廷，怎知他的同僚不会像他一样再次发动兵变？乌重胤军中资历相当的人很多，肯定不愿看到乌重胤成了他们的顶头上司，把他调往别的军镇，正符合他们的心意，谁还会发动兵变呢？"宪宗听了李绛的分析，非常高兴，遂下令任命乌重胤担任河阳节度使，调任孟元阳担任昭义节度使，又将卢从史贬为驩州司马。但这番处置之后，还是引发了一些波动，不久，有三千昭义士兵趁夜集体溃逃，投奔魏博镇。

五五四　讨伐成德（四）

元和五年（公元 810 年）四月十八日，范希朝和张茂昭在木刀沟（今河北省新乐市闵村）大破成德军队。《旧唐书·张茂昭传》称：“（张茂昭）使长男克让与诸军分道并进。克让渡木刀沟，与贼接战屡胜。茂昭亲擐甲胄，为诸军前锋，累献戎捷，几覆承宗。”五月，刘济上奏称攻克了安平（今河北省安平县）。

虽然如此，但讨伐军并未取得决定性胜利，到了六月十五日，白居易再次上书劝说宪宗退兵，他认为：“臣屡屡请求撤军，以今日的情况来看，又大不如前，不知陛下还在等待什么？”白居易上书往往言辞恳切，一般来说，宪宗还是能够采纳他的建议的，一直对他还是比较宽容的。一次，白居易在宪宗面前讨论政务，脱口而出说道：“陛下错了！”宪宗听了，顿时满脸不悦，命其退下，而后秘密召见李绛，说道：“白居易一个小臣，是朕将他一手提拔起来的，竟敢对朕无礼，朕实在是受不了他了，应该将他赶出翰林院。”李绛说道：“陛下能接受臣下的直言，所以群臣才竭诚进言，无所隐瞒。白居易说话虽然缺少思量，但其本心是在尽忠。陛下今天降罪，臣担心从此以后天下人人闭口不言，这不是兼听则明、弘扬圣德之道啊。”宪宗为了树立自己虚心纳谏的形象，只好作罢。不过，有两件事已经让宪宗对白居易心存不满了，一件是白居易劝阻宪宗任命吐突承璀担任主帅一事。从宪宗即位以来的作为来看，他忌惮的是旧宦官集团掌握兵权，而并不反对重用那些忠于自己的宦官，因此，就出现了他疏远俱文珍而重用吐突承璀等人的现象，也出现了群臣不断反对宦官专权而他拒不听从的情况。在宪宗看来，平衡使用家奴与外臣，对自己最为有利，所以，当白居易言辞激烈地反对吐突承璀担任讨伐军主帅时，宪宗其实已经对白居易不满了。另一件就是白居易劝阻宪宗惩处元稹一事。元稹被贬为河南尉不久，母亲就去世了，等他服完丧，又被朝廷任命为监察御史。元和四年，他奉命出使东川，回来后弹劾前东川节度使严砺违反规定擅自征收赋税，又没收八十八户百姓的田宅一百一十一处、奴仆二十七人等，当时，严砺已经去世，其原下属七个州的刺史都因此受到惩处。据说，在东川期间，元稹也结识了比自己年长很多的著名女诗人薛涛，二人感情迅速升温，定下海誓山盟，这是题外话，暂且不提。元稹当然是秉公办事，却因此得罪了朝中一些与严砺私交很好的权贵，等他回京后，就改让他负责东台事务。期间，浙西观察使韩皋下令用棍棒打死湖州安吉令孙澥；徐州监军使孟升去世后，节度使王绍动用驿马车运送灵柩回京，元稹都予以弹劾。到元和五年，河北战事发生以后，有人举报河南尹房式干了违法之事，朝廷下令元稹前去调查。元稹上书请求暂代房式，在未接到朝廷答复之前，他擅自做主令房式停职。朝廷认为元稹所为不当，罚了他三个月的俸禄，将他召回京城。元稹行至敷水驿（今陕西省华阴市西），住在上房，宦官刘士元后至，二人为房间发生争执。刘士元大怒，撞开元稹的房门，元稹吓得只穿着袜子从窗户逃出。刘士元还不罢休，追上前去，用马鞭把元稹打得满脸是血。结果，元稹挨了打，还不占理，朝廷大臣们认为元稹是个少年后辈，却作威作福，宪宗想起他擅自停了房式的职务，就下令将其贬为江陵士曹参军。这件事还与宦官有关，翰林学士李绛、崔群认为元稹没有罪；身为元稹挚友的白居易更是上书，言辞激烈地替元稹说话，他在奏表中说："元稹左降有不可者三：……元稹守官正直，人所共知……臣恐元稹左降以后，凡在位者，每欲举职，必先以稹为诫，无人肯为陛下当官守法，无人肯为陛下嫉恶绳愆……昨元稹所追勘房式之事，心虽徇公，事稍过当。既从重罚，足以惩违，况经谢恩，旋又左降……今中官有罪，未闻处置；御史无过，却先贬官。远近闻知，实损圣德……臣又访闻元稹自去年以来，举奏（节度使不法之事）前后甚多……今贬为江陵判司，即是送与方镇，从此方便报怨，朝廷何由得知？"然而，宪宗根本不听。有了这两件事，虽然表面上没惩处白居易，但宪宗已经从内心疏远了他。同年，宪宗对崔群说："白居易官位低，俸禄少，限于资历浅，不能越级提拔，他想当什么官让他自己说。"白居易上奏说："臣听说姜公辅从内职卸任，想在京兆尹任职，为了能侍奉父母。臣有老母，请求像姜公辅那样。"宪宗遂任命其为京兆府户曹参军，等于还是将他赶出了翰林院，宪宗也耳根清静了。

回过头来说讨伐王承宗的事。

战事进行大半年，已呈胶着之势，朝廷也是骑虎难下，但朝廷就此撤军，还需要一个台阶下。王承宗准确地看出了宪宗的心思，到了七月二日，王承宗派人上书称自己是受到卢从史的离间，并请求向朝廷缴纳赋税，也同意朝廷直接任命成德镇下属州县的官吏，请求朝廷允许自己改过自新。李师道等人也纷纷上书请求赦免王承宗，朝廷也因师出无功，九日，宪宗下诏赦免王承宗，正式任命其为成德节度使，又把德州和棣州还给了成德；撤回各道行营将士，一共赏赐二十八万端；加刘济为中书令。王承宗把薛昌朝送回京师，宪宗任命其为右武卫将军。

唐宪宗的这场讨伐王承宗的战争就这样结束了。此后，虽然王承宗表面上对朝廷非常恭顺，但内心认为朝廷打不过自己，加之他又上书诬陷卢从史，令朝廷罢兵，这一招顺利得手，让他更是不把朝廷放在眼里。罢兵之后，幽州也发生了一些变故。刘济出兵成德时，让长子刘绲担任副大使，掌管幽州留务。刘济率军驻扎在瀛州（今河北省河间市），刘济的次子刘总担任瀛州刺史，刘济遂任命其为行营都知兵马使，命其驻扎在饶阳。刘总为人阴险狡诈，其父刘济在军中时就生病了，刘总与判官张玘、孔目官成国宝密谋，派人假装从长安前来，说："朝廷因相公逗留无功，已经任命副大使为节度使了！"次日，又让人向刘济禀报："副大使的符节已经送到太原了！"又命人跑着报告："符节已经过了代州！"幽州全家一片惊恐。刘济信以为真，非常恼怒，不知该如何是好，他把一腔怒火全发泄到部下身上，一口气杀了十余名平素与刘绲私交好的大将，传令刘绲前来行营，并任命张玘的哥哥张皋代其担任幽州留务。刘绲已在途中，一旦来到行营对质，刘总的阴谋就会败露，因此，刘总必须在哥哥到来之前杀掉父亲，再杀掉哥哥。他打算饿死父亲，从早上直到傍晚都不给父亲送吃的，刘济饥渴难耐，索要喝的，刘总命人在茶水中放了毒药，送给了刘济。七月十七日，刘济中毒身亡。刘绲行至涿州，刘总假传父亲的命令将哥哥用棍棒打死，遂接管幽州军政事务。朝廷不知此事，就任命刘总为幽州节度使，后来逐渐晋升为检校司空。

九月二日，吐突承璀从前线回来，十四日，宪宗又任命其为左卫上将军，兼任左神策军护军中尉。裴垍反对道："吐突承璀第一个提出出兵，令天下疲敝，最终失败，陛下纵然以旧恩不将其诛杀，岂能不予以贬谪，向天下谢罪？"给事中段平仲、吕元膺更是建议杀掉吐突承璀。李绛上奏称："陛下不责罚吐突承璀，以后再有败军之将，陛下将怎么处置？如果诛杀的话，则罪过相同而处罚不同，人家肯定不服；如果赦免的话，那么再遇到战事，谁不保全性命、放纵敌人呢？希望陛下割舍不忍之恩，执行国家的法典，令将领们都有所警惕。"宪宗考虑了两天，罢免了吐突承璀的中尉一职，改任为军器使，以宦官程文干担任左军中尉。消息一出，中外一片欢腾。

战后，宪宗加封张茂昭为检校太尉，兼太子太傅。张茂昭请求朝廷派员担任义武节度使，自己则率领家族入朝，一改河北藩镇父死子继的传统。河北藩镇纷纷派人劝阻，但张茂昭决心已定，连续四次上书，以表诚意，最终宪宗答应下来，任命太子左庶子任迪简担任义武军司马。任迪简原为天德军使李景略的判官，李景略去世后，接任天德军使，后拜为太常少卿、汝州刺史、左庶子。任迪简来到定州后，张茂昭将易州、定州的账簿、仓库钥匙都交给了他，先让妻子儿女们离开定州，说道："我不想让我的子孙沾染上恶习。"随后离去。张茂昭离去后，到了十月十一日，都虞候杨伯玉发动叛乱，囚禁了任迪简，十四日，将士们又杀死了杨伯玉；继而，兵马使张佐元再次发动兵变，逮捕了任迪简，任迪简请求回朝，但不久，将士们再次杀了张佐元，拥戴任迪简主持军务。原来，张茂昭十分奢靡，义武镇仓库枯竭，军民也一贫如洗，任迪简想要犒劳将士们，却又拿不出东西来，只好以粗米饭与大家一起吃。在官署住了一个多月，将士们深受感动，一起请他回住处居住。宪宗下令以十万匹绸缎赏赐义武军将士们。二十五日，任命任迪简为义武军节度使。二十七日，任命张茂昭为河中节度使，从行人员一律加官进职。张茂昭还未上任，在京师待了两个多月，到了元和六年二月就去世了。

五五五　再次拜相

元和五年，朝中大臣主要是：司徒杜佑；司空于頔；同平章事裴垍（十一月免为兵部尚书）、李藩、权德舆（九月任命为礼部尚书兼同平章事）；盐铁使李鄘（十二月晋升为淮南节度使）、卢坦（十二月任命）；左神策中尉程文干、右神策中尉第五从直。

裴垍从元和三年九月担任宰相，迄今已两年有余，本年，裴垍突然得了中风，宪宗深感痛惜，到十一月，裴垍因病上书辞官，宪宗只好将其免为兵部尚书。李藩从元和四年二月担任宰相，他虽然才能不如裴垍，却一心为公，是一位直臣。一次，宪宗谈及神仙之事，问道："真有神仙吗？"李藩回答："秦始皇和汉武帝求仙的结果，史书已有明文，太宗皇帝吃了天竺僧人的长生不老之药而生病，这都是古今的殷戒。陛下正值壮年，要致力于天下太平，应该杜绝术士们的邪说。假如德行符合大道，国家得到治理，人人安居乐业，还担心没有尧舜的高寿？"元和五年十一月，宪宗把河中节度使王锷调任河东节度使。王锷拿出数千万钱贿赂宪宗身边的权幸，想兼任宰相。李藩和权德舆坚决反对。宪宗送来一纸密旨，称："王锷可以兼任宰相，应立即起草。"李藩用笔将宪宗密旨上的"兼相"二字涂掉，上奏称："不可。"权德舆大惊失色，说道："就算不同意，也该另外写一道奏疏，岂能用笔涂抹密旨呢？"李藩回答："事情紧迫，过了今天，就无法阻止了。天又晚了，哪顾得上再写奏疏！"权德舆对宪宗说："宰相不是按部就班就可以取得的官。我大唐建立以来，方镇节度使要么是立下大功的，要么是跋扈不听朝廷命令的，朝廷不得已才授予他们兼相一职。如今，王锷既没有立下大功，朝廷又并非出乎不得已，何必突然给其加官呢？"宪宗这才作罢。王锷很有才干，到河东之初，河东军只有不足三万人，马匹不过六百匹，经过一年的经营，军队就扩充到了五万人，马增至五千匹。河东武器精良，仓库充实。王锷又拿出三十万家财送给朝廷，宪宗又想给其加平章事。李绛又劝阻道："王锷在太原干得的确不错，但如果如今他拿出家财，朝廷就任命他的话，后世之人又如何看待陛下呢？"王锷想当兼相的打算再一次落空了。

权德舆，字载之，天水略阳人。德宗贞元年间就入朝担任太常博士、左补阙、起居舍人、中书舍人等职。权德舆长期在内廷任职，曾上书请求调离，德宗安慰他道："朕不是不知道爱卿辛苦，内廷清要，朕一直找不到像爱卿一样合适的人选。"直到德宗晚年，权德舆才调任礼部侍郎、户部侍郎。宪宗即位后，权德舆改任兵部、吏部侍郎、太常卿。一次，宪宗问宰相们："为政宽猛，何者为先？"权德舆回答："秦朝因严苛而灭亡，西汉以宽大而兴盛。太宗曾观看《明堂图》，禁止杖打犯人的脊背，所以，虽然安史之乱以来，屡屡出现叛逆之臣，但都很快就自取灭亡了，这都是祖宗的仁政留在人心，百姓无法淡忘之故。由此就可知道，为政严苛还是宽大，何者为先了。"史称，他"自贞元至元和三十年间，羽仪朝行，性直亮宽恕，动作语言，一无外饰，蕴藉风流，为时称向。于述作特盛，《六经》百氏，游泳渐渍，其文雅正而弘博……尤嗜读书，无寸景暂倦"。

裴垍病免、李鄘晋升淮南节度使，就为李吉甫再度拜相埋下了伏笔。元和六年一月，宪宗正式任命彰义留后吴少阳担任彰义军节度使，这就意味着他暂时放弃了讨伐淮西的计划，同月，宪宗就再次任命李吉甫为中书侍郎、同平章事；二月，宪宗又把李藩免为太子詹事。翰林学士李绛曾当面向宪宗揭发吐突承璀专横跋扈，宪宗一脸不高兴，说道："你说得也太过分了吧！"李绛哭泣道："陛下把臣放在耳目之地，如臣畏惧陛下的近臣，爱惜性命闭口不言，那是臣辜负了陛下；臣说出来而陛下不愿听，那是陛下辜负了臣啊。"宪宗怒气稍稍化解，说道："爱卿所言都是他人所不能言的，令朕闻所未闻，你真是个忠臣啊。"遂以其为中书舍人。一次，李绛从容劝谏宪宗敛财，宪宗说："今日两河数十州，都不服从朝廷的政令，河湟数千里也都沦入吐蕃之手，朕日夜想一雪祖宗之耻辱，可是财力不足，所以不得不聚敛啊。不然，朕宫中用度非常节俭，要那么多钱有什么用呢？"宦官们厌恶李绛在翰林院，就建议宪宗任命他为户部侍郎。宪宗问李绛："根据惯例，户部侍郎们都进贡羡余，你为何不进贡？"李绛回答："地方官员盘剥百姓，以讨好陛下，天下之人都认为不对，况且户部掌管陛下国库，收支都有账簿，怎会有羡余？如果把国库里的东西送到陛下的内库，就认为是在进奉，这就好比把东库的东西放到西库里，臣不愿如此。"宪宗非常赞赏他的话，也更看重他了。

李吉甫再次拜相后，决心从沙汰冗官入手，整顿吏治，节约开支，减轻百姓负担，提高朝廷办事效率。元和六年六月，他上书宪宗说："从汉朝到隋朝一共有十三个王朝，各朝设置官员人数没有比我朝多的。天宝以来，内地军队能统计下来的就有八十余万之多，其他像商人、僧人、道士等不从事农业生产的，又占全国人口的十之五六，十分之三的劳苦大众来养活十分之七的人。现在，朝廷内外官员不下万人，全国三百多个县，很多地方一个县那么大的地就设成一个州，一个乡那么多的百姓就设置成一个县，请求陛下下令有关部门予以清查，该裁撤的官员就予以裁撤，该合并的州县就予以合并，该减少的入仕途径就予以减少。另外，根据国家旧制，根据官员的品级确定俸禄，一品官一个月的俸禄是三十串钱，职分田的粮食也不过一千斛，大乱之后，增加了很多高官员额，待遇也提高了很多，大历年间，权臣一个月的俸禄就高达九千串钱，不论大小，州官的俸禄也达到了一千串钱。常衮担任宰相时，才规定了最高限额，到李泌担任宰相时，又根据不同官员工作的难易大小，繁简程度，分别予以增加，当时认为是符合实际的，如今更难予以减少了。然而，随着时间的推移，有的官位虽存，但职责已不存在了；有的员额已无，而俸禄尚存，工作的繁简已经发生了很大变化，也造成俸禄待遇很不公平了。希望陛下命令有关部门重新核定各个岗位的俸禄待遇。"宪宗遂命令给事中段平仲、中书舍人韦贯之、兵部侍郎许孟容、户部侍郎李绛一起商议决定。到九月二十二日，经过一番努力，吏部上奏称，已经裁撤官员八百零八名，各司辅助人员一千七百六十九人。史称，李吉甫再次拜相后的这次改革"时以为当"。有人建议减免京城附近一些寺院田庄的税负，李吉甫反对道："朝廷征收的赋税都有定数，免掉僧人们的应缴赋税，令贫苦百姓加重了负担，这肯定是不可以的。"宪宗遂作罢了。

同年十一月，羽林大将军孙璹想通过弓箭库使刘希光谋求一个方镇节度使的职位，送给了他两万钱，事发后，宪宗下令将孙璹赐死。经过调查，此事又牵连到了左卫上将军、知内侍省事吐突承璀。宪宗当然知道吐突承璀和李绛是一对冤家对头，而此时，他也听说李吉甫拜相之后，开始打击报复昔日的政敌，为了稳定朝廷政局，宪宗已经打算重用李绛，以制衡李吉甫了。正好如今又出了吐突承璀涉嫌贪污一事，宪宗就把他贬出京师，任命为淮南监军。宪宗问李绛："这下朕把吐突承璀贬出了京师，你看咋样？"李绛回答："外人没有想到陛下竟然能作出如此果断的决定。”宪宗说道：“此人不过是朕的家奴罢了，过去因其服务时间长了，才给他一点权力。如果他稍有违法，朕拿下他，就如同去掉一根毫毛一样容易。”试太子通事舍人李涉知道宪宗对吐突承璀还很宠爱，就撰写奏章，投入铜匦之中，他在奏疏中称：“吐突承璀有功，刘希光无罪。吐突承璀一直是陛下的心腹，不该就这样抛弃。”负责接收铜匦奏章的谏议大夫孔戣（孔巢父的侄儿）看到奏章的副本，拒绝接受。李涉又贿赂了有关官员，把奏章通过光顺门投入皇宫。孔戣得知后，上书抨击道：“李涉奸诈险恶，欺骗皇上，应该予以公开斩首。”闰十二月十八日，宪宗下令将李涉贬为峡州司仓。同月二十一日，皇太子李宁去世。

吐突承璀被贬的次日，宪宗就提拔户部侍郎李绛为中书侍郎、同平章事。李吉甫善于察言观色，而李绛却颇为耿直，屡屡与宪宗争论，而此时的宪宗很多时候还能够接受直言，往往对李绛大加赞赏，采纳他的建议，慢慢地李吉甫和李绛二人就有了隔阂。

五五六　二李交争

李吉甫再度拜相之后，试图通过亲近宪宗的心腹宦官吐突承璀，与宦官集团实现和解。

元义方对吐突承璀非常谄媚，李吉甫为了讨好吐突承璀，就把元义方提拔为京兆尹。李绛对元义方很是看不惯，他拜相仅仅一个月，到了元和七年（公元812年）一月，就把元义方改调为鄜坊节度使了。元义方趁入宫谢恩之际，说了李绛的坏话："李绛作威作福，欺瞒陛下，偏袒他的同年进士许季同，把他任命为京兆少尹，而把臣排挤出京。"宪宗说道："朕了解李绛的为人，他不至于如此，明天朕将亲自问问。"次日，宪宗见到李绛后，质问道："同年的进士之间，会不会有深厚的交情？"李绛回答："所谓的同年，不过是四海士人偶然同一年中了进士罢了，不少是高中之后才认识的，又有什么私情！况且，陛下不认为臣愚蠢，将臣提拔到宰相高位，宰相的职责是因才授官，如果此人真的有才，即便是自己的兄弟、儿子、侄儿也该予以重用，何况是同年呢？避嫌而不用，这是在替自己着想，并非大公无私。"宪宗听后，顿时释然，说道："你说得对，朕就知道爱卿不会像元义方说的那样。"遂命令元义方赶快上任去了。

元和七年（公元812年）三月二十八日，宪宗驾临延英殿问政。李吉甫说道："如今天下已经太平，陛下应该及时行乐了。"李绛却说："汉文帝时期，民间的武器都是木头做的，也没有刀刃，家家户户都非常富裕，但贾谊尚且认为国家形势宛如木柴下面放有火种一般危险，不可称之为天下太平。如今，朝廷政令不到的地方，还有河南河北五十余个州县。西面，吐蕃势力已经逼近泾河、陇山，烽火不断，屡屡惊扰京师。加之水旱灾害时常发生，国库空虚，这正是陛下夜以继日操心国事之时，岂能说天下已经太平？及时行乐呢？"宪宗欣然说道："爱卿所言正合朕意。"等李吉甫和李绛退下后，宪宗对侍从们说："李吉甫一心讨好我，像李绛这样的人才真是宰相啊！”

还有一次，宪宗问宰相们：“贞元中，政治混乱，原因在哪里？”李吉甫回答：“德宗自以为是，不信任宰相而信任他人，以致奸邪小人趁机作威作福，政治混乱就源于此。”宪宗回答：“可是这也不全是德宗之过。朕年幼时在德宗身边，亲眼看见政事存在过失时，当时的宰相们也从未再三劝谏，都是敷衍塞责，得过且过，如今岂能把过错都推到德宗身上呢？你们应该以此为戒，政务有缺失，就该不停劝谏，不要因朕发火而闭口不言。”李吉甫曾经对宪宗说：“臣子不该苦苦劝谏，令君主高兴、臣下安乐，岂不是两全其美之事？”李绛当即反对道：“臣子就该犯颜直谏，指出朝政的得失，如果最终让君王蒙受恶名，怎么算是忠臣？”宪宗说道：“李绛说得对。”退下后，李吉甫闷闷不乐，到中书省内一头躺到床上，长吁短叹不已。李吉甫又有一次对宪宗说道：“赏和罚是君王手中的两个权柄，不可偏废。陛下继位以来，实施的恩典已经很多了，而欠缺刑罚，以致朝廷内外都很懈怠，希望陛下能以严刑改变风气。”宪宗看了看李绛，问道：“你看怎么样？”李绛回答：“圣王的政治，崇尚德行，而不推崇刑罚，岂能放弃周成王、周康王、汉文帝、汉景帝的德政而效法秦始皇父子呢？”宪宗说道：“是啊。”又过了十几天，于頔入宫面见宪宗，也劝说加大刑罚力度。数日后，宪宗召见宰相们说道：“于頔是个大奸臣，劝朕严刑峻法，爱卿们知道他的目的吗？”众人都说不知。宪宗接着说：“他是想令朕失掉人心罢了。”李吉甫听后，顿时面如土色，退下后一整天都是低头不语，没有一丝笑容。

史称：“时议者以吉甫通于承璀，故绛尤恶之。绛性刚讦，每与吉甫争论，人多直绛。宪宗察绛忠正自立，故绛论奏，多所允从。”有时候，李绛多日不谏，宪宗还有些不自在，总是当面责问李绛：“难道是朕不能接受劝谏？还是已经没事可谏了？”

元和七年四月二十九日，宪宗以库部郎中、翰林学士崔群为中书舍人，学士照旧。崔群，字敦诗，清河武城人，山东大姓。他十九岁登进士第，又制策登科，被授予秘书省校书郎，逐渐晋升为右补阙。元和初，召为翰林学士、中书舍人。宪宗赏识崔群的正直，就下令：“从今往后，凡是学士们奏事的，一定要有崔群的签字再送入。”宪宗此举虽说是增加了崔群个人的权力，但崔群为大局着想，担心将来遇到一个谄媚之人作为学士之长的话，皇帝就听不到直言了，于是，他上书坚决推辞：“翰林院的规矩都很快就会形成制度，假如如此施行，将来万一出现一个阿谀奉承之人充当此职，地位较低的学士们再也没有办法向皇帝进直言了。”崔群连上三道奏章，宪宗这才答应。史称：“群前后所论多惬旨，无不听纳。”

五月三日，宪宗对三位宰相说：“你们总是说淮南、浙江一带去年遭遇了水旱灾害，近期有御史从那里回京，汇报说并无灾害，你们说这到底是怎么回事？”李绛回答：“臣审查淮南、浙西、浙东的奏报，均称遭遇了水旱灾害，百姓流离失所，请求朝廷设法予以安抚，可以看出他们唯恐朝廷责备、惶恐不安的心情，怎有没有发生灾害而谎称受灾的道理？这都是御史想讨好陛下罢了，请说出此人的名字，严加惩处。”宪宗说道：“你说得对。国家以人为本，听说百姓受灾，就该立即救助，岂能再存怀疑？朕刚才的话没经过大脑，失言了。”命人速速免除当地百姓的税负。

一次，宪宗在延英殿与宰相们讨论治国之道，他说：“朕读《玄宗实录》，看到开元年间政治清明，天宝年间天下大乱，一治一乱，都出在一朝，这是什么原因呢？”李绛回答：“臣听说国家治理得好，是因为皇帝时刻保持警醒；天下发生祸乱，是由于皇帝随心所欲。玄宗在天后朝时期，曾出任地方官，了解民间疾苦；即位之初，委任姚崇、宋璟。二人既是忠臣，又是贤才，而玄宗也是虚心接受劝谏，励精图治，当时，君臣之间配合默契，朝中都是中正之臣。开元二十年以后，李林甫和杨国忠相继拜相，提拔的都是奸佞谄媚之人，一心讨好皇上，皇上根本听不到直言了。玄宗的欲望开始膨胀，国库不足，奸臣们劝说搜刮钱财，武将们提出开疆拓土，以致天下骚动，四海鼎沸，社稷几乎倾覆，流毒一直影响到今日：在两河方向，朝廷不得不派驻军队；国家也丧失了西部边疆；天下户口大幅度减少；国库日益空虚。因此，国家的安危治乱，都取决于君王自己到底做了什么。”宪宗又问：“大凡人们做事，最怕于理不通，已经犯下的错误，追悔莫及，古人遇到此类情况，该如何处理？”李绛回答：“办错了事，这是圣人也难免的，所以天子身边要有忠臣来规谏其过失。君王做错了事，臣下劝谏，上下一体，如同手足与心腹一般，这是常理，并非难事。就怕君王拒谏饰非，就会受到蒙蔽，因此，古人珍视改过不吝、从善如流的美德。臣等尸位素餐，但只要陛下善于纳谏，正臣贤才自然会出现。”

君臣一直谈论到天色已晚，天气更加闷热，宪宗满身是汗，连衣服都湿透了。宰相们担心宪宗身体吃不消，纷纷请求退下，但宪宗示意他们留下，说道：“朕回到后宫，围在身边的都是些宫女、宦官，因此，非常喜欢和你们一起讨论治国之道，一点都不觉得疲倦。”

一次，宪宗在延英殿对宰相们说：“你们应该替朕吝惜官位，不要因亲朋故交就随便给他们官位。”李吉甫和权德舆都说不敢，而李绛却说：“崔祐甫说过：非亲非故，不了解其才。了解之人尚且不给其官，不了解的岂敢随便给他！只问其人才能与官位是否相称。如果因亲朋故交就避嫌，不给官位，令朝廷失去了人才，这是苟且之臣，并非大公无私之道。假如提拔的不是人才，朝廷自有刑罚，谁能逃脱呢？”宪宗说道：“确实如此。”宪宗又看着李吉甫说：“近来，朕不再打猎，就喜欢读书。昨日看到《代宗实录》，见当时朝廷多事，威信不振，其后又看到爱卿的先人事迹，值得赞赏。”李吉甫下台阶，拜伏于地，流泪谢恩。

元和七年六月，司徒、同平章事杜佑退休。七月，宪宗又册立遂王李恒为太子。李恒是郭贵妃的儿子，而郭贵妃就是郭子仪的孙女。沣王李宽是李恒的哥哥，但其母地位较低。宪宗将立李恒，命崔群替李宽起草辞让奏表。崔群说道：“大凡把自己拥有的东西让给别人，才称之为让。遂王李恒是嫡子，李宽又推让什么呢？”

五五七 收复魏博

元和五年讨伐成德失利之后，元和六年相对平静，但到元和七年八月，魏博节度使田季安又去世了。

田季安去世时，年仅三十二岁，有四个儿子：田怀谏、田怀礼、田怀询、田怀让。当初，田季安娶了洺州刺史元谊的女儿，生下长子田怀谏。田季安临终前，苦于病痛，杀戮无度，军政混乱。夫人元氏召来众将拥立田怀谏为副大使，主持军务，此年，田怀谏才十一岁；田季安死后，元氏又将堂叔田兴召回，担任步射都知兵马使。

田兴是田承嗣的叔父田延恽的孙子，田延恽生子田庭玠，田庭玠的次子就是田兴。田兴原任衙内兵马使，他继承了父亲的美德，为人谦恭，又能文能武。田季安非常残暴，田兴常常进行规劝，但田季安反而认为田兴是在收揽人心，将他调为临清镇将，还想趁机将他杀掉。田兴得知后，假装得了中风，用艾叶灸满全身，才躲过一劫。

田季安去世的消息传到长安，宪宗当即任命左龙武大将军薛平担任郑滑节度使，以加强对魏博的压力，继而，宪宗又召来宰相们商议该如何处理魏博镇。李吉甫建议朝廷发兵征讨，但李绛认为对魏博不必用兵，自当归顺朝廷。李吉甫反复说明不得不出兵的原因，宪宗听后，也说："朕也觉得如此。"李绛说道："臣观察两河不服从朝廷的藩镇，他们都把部队平均分配给众将，而全部交给一人，就是担心部下的权力太大，趁机反噬。众将势均力敌，相互牵制，想发动兵变，就必须相互联络，但由于众心不一，势必会走漏风声；想要单独发动兵变，又兵力单薄，无法取得成功，再加上他们严刑峻法，所以，这些藩镇内部的众将相互顾忌，谁也不敢最先起事，跋扈藩镇的节度使就此认定这是巩固他们统治的良策。然而，臣私下断定，按照上述做法，如果这些藩镇一直有一位严明的主帅，大体上还能安定，而如今，田怀谏不过是一个乳臭未干的孩子，不能自己决断军政事务，军府的大权必定要归于一人，而众将厚薄不均，一定会发生怨恨、恼怒，相互之间又各有部队，不想服从，昔日分兵的良策恰恰会导致今日的内乱。田氏家族就算不被杀光，也将成为笼中之鸟，何必麻烦朝廷出兵？一旦发生内乱，新上台的首领以一名列将而取代了主帅，这是相邻藩镇最为痛恨的事了。他不依靠朝廷援手，就无法生存，势必立即被相邻藩镇消灭，因此，臣以为朝廷根本不用出兵，可以坐等魏博归顺。但愿陛下按兵不动，畜养威风，严令各道加强训练，等待下一步命令，令魏博人知道，不出数月，一定会出现愿意效命朝廷之人。到那个时候，我们只需应对迅速，抓住时机，不要吝惜爵位，重赏此人，则两河其他藩镇听说后，会发生连锁反应，担心他们自己的下属也会效仿，将争相表示归顺朝廷，这就是所谓的不战而屈人之兵的策略。”过了几天，李吉甫又在延英殿谈及出兵魏博之事，并称钱粮辎重都已准备妥当。宪宗又问李绛，李绛回答：“不可轻易出兵。前年，我们讨伐恒州，各道共计发兵二十万，又调派神策军从京师前去，弄得天下骚动，耗费七百多万钱，却未立寸功，为天下人所耻笑。如今，疮痍还未平复，人人都害怕战争，如果朝廷严令出击，臣恐怕不仅难以成功，还会生出其他变故。况且，处置魏博镇，根本无须用兵，局势已经非常明白，希望陛下不要再疑虑了。”宪宗身子一挺，手撑桌子，说道：“朕决定不出兵了！”李绛又说：“陛下虽然说了这话，但臣恐怕等退朝后，仍有人会混淆视听。”宪宗厉声回答：“朕决心已定，谁能迷惑！”李绛这才拜贺道：“这是社稷之福啊！”

果然，不出李绛所料，在田季安去世后不久，魏博镇内部就发生了变故。由于田怀谏年纪太小，魏博军政事务全被一个叫蒋士则的家童控制。蒋士则根据个人爱憎，不断调换众将的职位，弄得魏博众将非常恼火，再加上朝廷一直没有颁布正式任命，魏博军中更是惶惶不安。一天，田兴清晨来到衙门，有数千士兵鼓噪喧哗，围住他跪下叩头，请求他担任留后。田兴吃惊不小，跌倒在地，但士兵们迟迟不肯散去。过了很久，田兴才对众人说道：“你们肯听从我的指挥吗？”众人齐声回答：“愿意！”田兴说道：“不要动副大使，遵守朝廷法令，向朝廷上报户籍，请求朝廷委派官吏，各位答应这么做，我才同意。”众人都说：“行。”于是，田兴下令斩杀了蒋士则等十余人，将田怀谏全家迁出了官邸。当晚，回到家中，田兴的哥哥田融责备他说：“你不能韬光养晦，这是取祸之道啊。”次日，田兴就命人将魏博镇的户籍送到了朝廷。

十月十日，魏博监军将魏博发生的情况向朝廷做了汇报。宪宗赶忙召来宰相们，对李绛说道："爱卿对魏博事态判断得如此精准！"在讨论下一步措施时，李吉甫建议朝廷派遣中使赶赴魏博安抚，并观察事情的发展。李绛反对道："不可以。如今，田兴将魏博的土地、兵员、户口都上报给了朝廷，等待朝廷的正式任命，如果不趁此时对其推心置腹，以大恩联结其心，等到中使到那里以后，拿回将士们拥立他的奏表，再授予其职务，如此一来，朝廷的恩典来自下面的将士，而非来自皇上。在他的心中，就会看重魏博将士，而看轻朝廷了，其对朝廷的感恩戴德之心已不比今日了。机会一旦失去，后悔就来不及了。"李吉甫素来与枢密使梁守谦结好，梁守谦也支持李吉甫，对宪宗说："根据惯例，都是先派中使前去安抚，如今，只对魏博不是这样，恐怕不妥。"宪宗最终按照李吉甫的建议，派遣中使张忠顺前去魏博，等到中使回来之后，再行定夺。

十月十八日，李绛再次上言："朝廷恩威得失，在此一举，机会十分可惜，为何白白浪费！利害已非常明显，陛下不要再疑虑了！我估计张忠顺已经过了陕州，请求陛下明天一早就颁布正式任命田兴为节度使的诏书，还来得及！"宪宗还想先任命其为留后，李绛说道："田兴如此恭顺，除非朝廷给予非常的恩典，否则无以令其感激涕零。"宪宗最终答应了。次日，宪宗下诏任命田兴为魏博节度使。当这道诏命送达魏博时，张忠顺还未离开，田兴接到诏书，不禁感激流泪，魏博将士们无不欢欣鼓舞。

李绛又向宪宗建议："魏博镇五十年不服从朝廷，如今以六州之地归顺朝廷，直入河朔藩镇的腹心，倾覆了叛乱的巢穴，朝廷如果不拿出超过他们期望的重赏，就不足以安抚将士之心，并令邻近藩镇羡慕。请求陛下拿出内库里的一百五十万钱赏赐他们。"宪宗身边的宦官们认为："给得太多了，以后再出现此类情况，将拿什么赏赐呢？"宪宗又把宦官的话说给了李绛，李绛回答："田兴不贪图割据的利益，不顾四邻加兵的危险，一心归顺朝廷，陛下为何爱惜一点钱财而不顾统一天下的大计，不以此来收揽一道的人心？钱财用完了，还会再来，机会一旦失去，就不会再遇了。假如朝廷调派十五万大军来夺取六州，就算一年内能够攻克，花费岂止一百五十万钱？"宪宗听后，豁然开朗，他大喜道："朕之所以节衣缩食，聚敛钱财，正是为了能够平定四方，不然，把钱放在仓库里有什么用？"

十一月六日，宪宗派遣知制诰裴度前往魏博安抚，拿出一百五十万钱赏赐魏博将士们，六州百姓免去一年赋税。裴度，字中立，河东闻喜人。祖父裴有邻，濮州濮阳令；父亲裴溆，渑池县丞。裴度，贞元五年进士及第，又登宏辞科、制举贤良方正、能直言极谏科，被授予河阴县尉，后晋升为监察御史，密疏指斥权幸，被调出京师，外任河南府功曹。不久，宪宗晋升他为起居舍人，元和六年，以司封员外郎知制诰，又转为本司郎中。《唐摭言》记载，裴度个头矮小，不像个相人，洛阳一位看相大师曾预言，他如果当不了贵人，一定会饿死。裴度听了也很郁闷，就去佛寺游玩，正在走廊间徘徊，突然发现一名少妇在大殿上叩拜良久，匆匆而去，竟将一个包袱遗忘。裴度捡到后，料想少妇肯定还会再来寻找，次日一早赶忙又来到佛寺。少妇果然又来，称："父亲无罪被押，借来价值上千的玉带等物，打算贿赂权贵，不想遗落在此。"裴度遂将包袱还给少妇，少妇千恩万谢，裴度转身离去。等裴度再去相士那里时，相士大惊说道："肯定有阴功相助啊！此后将鹏程万里，不可限量。"再三询问裴度干了什么，裴度就轻描淡写地提及了此事。术士说道："这正是阴德啊！此后您将位极人臣！"《唐语林》中也有类似记载。

当裴度来到魏博后，颁发了朝廷的赏赐，魏博将士顿时欢声雷动。成德和淄青的使者见状，都相顾失色，叹息道："不服从朝廷，究竟有什么好处呢？"裴度与田兴谈及君臣大义，田兴听了，整晚不知疲倦；他对裴度十分礼遇，请裴度到魏博下属各个州县，宣布朝廷的命令。田兴感动之余，上书朝廷请求由朝廷任命节度副使，宪宗任命户部郎中胡证担任；田兴又奏请朝廷任命下属九十余名缺额官员，并请执行朝廷法令，向朝廷缴纳赋税。田承嗣割据以来，车马、服饰、居所、衙门等都非常奢侈，田兴均不居住使用，将过去采访使的衙门当作自己的办公和居住场所，又请裴度撰写文章，刻在墙壁上。裴度叙述了田兴谦恭奉法的美德，令魏博军民都十分感动。淄青的李师道、成德的王承宗、淮西的吴少阳派来说客百般劝说，但田兴始终不听。李师道派人对宣武节度使韩弘说："我世代与田氏相互支援，如今，田兴不是田氏的嫡系，又最先改变了两河的规矩，这也是大人憎恶的。我将与成德军队一起讨伐他！"韩弘回复道："我不知什么利害得失，只知道奉诏行事而已。如果你的军队北渡黄河，我就将率军向东夺取你的曹州。"李师道没能拉拢住韩弘，遂不敢轻举妄动了。

田兴安葬田季安以后，就派人把田怀谏送到了京师。十一月二十六日，宪宗任命田怀谏为右监门卫将军。裴度出使魏博回朝后，被宪宗拜为中书舍人。

次年，宪宗任命田兴之兄、博州刺史田融为相州刺史，并赐田兴名为田弘正。

五五八 独木难支

元和七年，宪宗不战而收复魏博，令割据五十年的魏博重新回到了朝廷，这一事件对河朔藩镇的影响是非常巨大的，也开了一个不战收复藩镇的先例。

虽然朝廷收复了魏博，在对付河朔藩镇问题上取得了很大的胜利，但这种外部的胜利并没有消弭朝中的权力斗争，随着时间的推移，二李之间的矛盾也更深了。一次，宪宗问宰相们："外面传闻称朝中朋党太厉害了，是怎么回事？"李绛回答："自古君王厌恶的，莫过于臣子结为朋党了，因此，奸诈小人总是在君王面前诬陷君子结为朋党。为什么会这样呢？这是因为，提到朋党，人人觉得可恶，可是仔细调查又找不出确凿的证据。东汉末年，大凡天下的贤人君子，都被宦官们诬陷为朋党而予以禁锢，国家也随之灭亡了，这都是小人想陷害君子之言，希望陛下详察。君子当然愿意与君子结交，难道非得让君子与小人混在一起才说不是朋党了吗？"

元和七年，吐蕃人骚扰泾州，军队一直进抵泾州西门外，大肆劫掠一番而去。李绛上言道："京西、京北都驻扎着神策军，起初就是为了防御吐蕃人的，令他们与节度使的镇兵能够相互支援，如今，这些神策军却好吃好喝，白白浪费国家粮食，每当敌人出现，节度使请他们一起出征，他们就称需要报请中尉指示；等接到中尉的命令，敌人早已逃之夭夭了。即便有勇猛之将率军赶赴战场，而节度使又节制不了，相互之间如同平级，命令其或前或后，或左或右，却不听从指挥，又有什么用处呢？请求将当地的神策军全部划归节度使，使得号令统一，军威大振，敌人就不敢再侵犯了。"宪宗说道："朕不知道这种情况，应当尽快予以纠正。"然而，此举触及了宦官集团的利益，况且，神策军将士们待遇很好，都不愿隶属节度使，同时，扩大神策军原本就是为了加强皇帝个人直接掌握的军队，制约关中节度使，因此，在宦官集团的反对下，宪宗只好作罢。

李绛和李吉甫屡屡在宪宗面前争论，而礼部尚书、同平章事权德舆却不置可否，宪宗对他非常鄙视，元和八年年初，下令将其罢相，调西川节度使武元衡入朝，拜为门下侍郎、同平章事。武元衡在西川六年，高崇文离任时，将成都搜刮一空，武元衡到任后，崇尚节俭，采取了一系列便民措施，三年后，西川才慢慢恢复了生机。武元衡拜相后，李吉甫和李绛二人的矛盾依然没有化解，武元衡与权德舆不同的是，虽然他依然居中，但并非无所可否，而是无所依附，也就是说他还是有自己的见解的，宪宗认为他是位宽厚的长者。

当时，东受降城（今内蒙古自治区托克托县南）被黄河冲毁，元和八年七月，振武节度使李光进上奏请求重修东受降城，并整修河防。对此，朝中两派意见又不统一，李吉甫认为不必重修，提议将东受降城的守军西迁至天德军的旧城（今内蒙古自治区乌拉特前旗东北），而李绛和户部侍郎卢坦则认为："受降城是张仁愿修筑的，正当大漠南下的缺口，扼守险要，水草丰美，是边防的最佳要塞。如今为了躲避水患，向后退两三里即可，为何因节省一时的费用而要丢下万世之利呢？况且，天德军地处偏僻，距离黄河较远，一旦边境告急，内地无法支援，这是无缘无故丧失两百里的国土啊。"受降城守将周怀义上奏的意见与李绛和卢坦的相同，然而，最终宪宗采纳了李吉甫的意见，命令受降城的守军改隶天德军。

李绛对宪宗说："边防军徒有虚名而无其实，白白浪费衣粮，将领们经常把士兵们当成私人奴仆，聚敛钱财巴结京师权贵们，根本不曾训练，以备不测，陛下对此不能不有所留意啊。"当时，受降城在册的士兵是四百人，等到天德军交兵时，却只有五十名士兵，武器装备也仅有一张弓箭而已，其余装备也少得可怜。宪宗听说后，大吃一惊说道："边防军竟然如此薄弱？你们要进行检查整顿。"但此后不久，李绛就罢相了，此事也就不了了之了。

一般来说，一个王朝的灭亡，往往要经过一个漫长的过程，直到整个国家机器都烂了，这个王朝也必然轰然倒塌。唐朝到了中晚期，整个国家机器已经运转不灵了，宦官专权、朋党之争、藩镇割据等，这些都是明面上的东西，而隐藏在深层次的则是弥漫在整个国家机器内部的塌方式的腐败现象，这种腐败一旦演变成一种社会风气，单靠一个明君、两三个贤臣也是无力回天的，正如唐宪宗那样，他在治理腐败方面不可谓不严厉。元和四年处理京兆尹杨凭；元和五年惩处伊慎（右金吾大将军伊慎想当河中节度使，送给右军中尉第五从直三万钱，第五从直主动坦白，伊慎被贬为右卫将军，有三人受到牵连而被杀）；

元和六年处理前行营粮料使于皋谟、董溪（二人贪污数千钱，被流放）；同年处理吐突承璀、刘希光、孙璹行贿受贿案等，但是，贪污受贿的人仍然是前赴后继，地方上，各级官吏巧立名目，盘剥百姓，结交权贵；军队里各级将领压榨士兵，同样是搜刮钱财，巴结高官；各地藩镇不时给皇帝进奉，更是花钱交好朝中显要，寻找代理人，探听朝廷动向。到元和八年，就又发生了司空、同平章事于頔行贿案。于頔自从元和三年入朝后，虽然位列三公，却毫无实权，一直郁郁不得志。有个叫梁正言的人，自称与枢密使梁守谦是同宗，私交很好，可以替于頔从中穿针引线，于頔信以为真，就让儿子太常丞于敏给梁正言送去大量金钱，让他再送给梁守谦，好替自己谋一个方镇节度使的位置。谁知，这个梁正言根本就是个骗子，拿了于敏很多钱之后却办不成事，于敏问他要账，他还赖着不给，于敏迁怒于梁正言的家童，将这个家童引诱出来杀害，肢解后投入厕所之中。此后，于敏的奴仆向朝廷告发，当天，朝廷派人逮捕了于頔的孔目官沈璧以及十几个奴仆，并命御史中丞薛存诚、刑部侍郎王播、大理卿武少仪为三司使联合审理此案。于頔带着儿子于正、驸马都尉于季友等身穿素色衣服到建福门请罪。守门人不令他们入内，于頔等人又退到大街以南，背靠南墙站立，派人投递奏表，但守门人拒不接受，一直到天黑才回家，次日，于頔等人又来。宰相们命其返回家中，元和八年二月十三日，宪宗下令将于頔贬为恩王（李连、德宗的弟弟、宪宗的叔祖）傅，并不准朝见。于敏被流放雷州，途中被赐死；于季友、于正等均被贬官并停职；梁正言以及亲手杀人的叫于敏的奴仆也被处死。此事又牵连到一个叫鉴虚的和尚，此人在德宗时期就以钱财结交权贵，收受藩镇的贿赂，过着奢华的生活，官员们也不敢盘查。事发后，朝中权贵争相替他求情，说得宪宗也打算把他放了，但御史中丞薛存诚不同意。宪宗派中使来到御史台传命：“朕打算当面审问这个和尚，不是要释放他。”薛存诚回答：“陛下真想审问他，那就先杀了我再说，不然的话，臣决不奉命！”宪宗不仅没有发火，反而对薛存诚大加赞赏，遂诛杀了鉴虚。薛存诚，字资明，河东人，贞元进士。

宪宗册立李恒为太子后，群臣屡屡上表请求册封李恒之母、郭贵妃为皇后，到元和八年十二月，群臣更是连上三道奏疏恳请，但宪宗后宫宠幸的女人很多，他担心郭贵妃家门势力很大，一旦郭氏当上皇后，会限制自己宠幸其他女人，因此，他一拖再拖，声称今年已经到了年底，明年又是子午对冲之年，不宜册封皇后，直到宪宗去世也没立皇后，郭氏的皇后之位也是在其儿子穆宗即位后追封的。宪宗不立皇后，也为后来的穆宗、敬宗、文宗、武宗、宣宗所效法。

五五九　振武军乱

元和八年（公元 813 年）七月，振武节度使李光进在奏请重修受降城后不久，就调任朔方、灵盐节度使了。

长期以来，吐蕃人一直想在黄河上修建乌兰桥（在今甘肃省靖远县西北），从河西向灵武方向投放军队，经常在黄河河曲囤积架桥的木材。唐朝历任朔方节度使总会派兵，偷偷将木材投入河中，因此，吐蕃人架桥的图谋始终未能得逞。如今的朔方灵盐节度使王佖是名将李晟的外甥，此人勇猛果敢，很会打仗，在讨伐朱泚之战中立下大功。后来，张延赏拜相后，李晟被罢去兵权，王佖也随之被征召入朝，担任了左卫上将军。宪宗即位后，致力于平定藩镇的战争，开始逐渐起用李晟的儿子们：以李愿担任夏绥银宥节度使、李愬为坊州晋州刺史、李听为神策军行营兵马使等，也任命王佖为朔方灵盐节度使。王佖勇而无谋，统兵无术，还很贪财，吐蕃给他送去大量财物，让他对造桥睁一只眼闭一只眼，结果，吐蕃人很快就将乌兰桥建好，并在黄河岸边修筑了却月城防卫，从此以后，吐蕃军队可以轻松渡过黄河，朔方镇的战略态势立即陷于被动。吐蕃人建成乌兰桥之后，朝廷一片哗然，归咎于王佖，宪宗遂将其召回，担任右卫将军。过去，像方镇节度使级别的调任，都由内廷颁发诏书，号称白麻，因王佖属过失调回，遂由中书省起草诏命。

王佖被撤换之后，宪宗就把李光进调任为朔方节度使，而任命李进贤担任振武节度使。此时，回鹘人与吐蕃人为争夺对今新疆维吾尔自治区的控制权打得不可开交，同年十月，回鹘军队越过大漠南下，从柳谷（今新疆维吾尔自治区哈密市一带）进攻吐蕃，当月，振武镇和天德军同时向朝廷禀报了这一动向，并称发现数千回鹘骑兵推进到鹈鹕泉（今内蒙古自治区杭锦后旗西北一带）地区，唐朝边防军进入戒严状态。

这次戒严和一次普通的军事调动竟然引发了一场兵变。接替李光进担任振武节度使的是李进贤，此人到任后，不爱惜士卒，而判官严澈（严绶之子）为人也非常刻薄，深得李进贤的信任，弄得振武军将士们十分不满。李进贤命令牙将杨遵宪率领五百骑兵南下东受降城防御回鹘人，但送给将士们的军粮、装备大大少于规定的数额，部队行至鸣沙，杨遵宪又不顾士兵们的死活，自己住在屋子里，而让士兵们在野外宿营。塞北的初冬已非常寒冷，下层士兵们越想越气，深夜，冻饿难耐的士兵们自发发起了兵变，他们用木柴将杨遵宪住的房屋焚毁，将其活活烧死，而后连夜回军。回到军镇后，乱兵焚烧城门，攻入城内，将李进贤全家以及严澈杀死；李进贤在混乱中侥幸翻越城墙，逃奔静边军（今山西省右玉县）。

不久，振武监军骆朝宽上奏宪宗，称已经平定了乱兵，并请朝廷给将士们下发冬季军服。宪宗勃然大怒，立即命令夏绥节度使张煦接任振武节度使，率领两千夏州兵赶赴军镇，并命令河东节度使王锷派遣两千人马帮助张煦。骆朝宽见隐瞒不下去了，就把责任推给部将张若方，将其诛杀。

次年（元和九年，公元 814 年）一月，王锷派遣五千人马与张煦所部在善羊栅（今山西省朔州市境内）会合，不久，张煦率部进入单于都护府（今内蒙古自治区和林格尔县），诛杀作乱的苏国珍等两百五十三人。二月，宪宗将李进贤贬为通州刺史，骆朝宽也因放纵乱兵而被杖打八十，贬到定陵护陵。

这场寻常的军事调动竟然引发了一场不该发生的兵变，虽然这场兵变没有酿成大祸，但其间暴露了此时李唐朝廷的很多腐败现象：一是所用非人。不论前任王佖还是后任李进贤，都不是合格的节度使人选，至于他们是怎么爬上高位的，原因可想而知。二是军政腐败。社会风气到这一步，导致将领们依靠巴结权贵加官进职，而要想巴结朝中权贵，就需要千方百计地盘剥下层士兵，通过各种渠道搜刮军民财富。三是官兵关系紧张。上级心术已经不正，必然导致上下级关系紧张，矛盾日积月累，最终导致整个统治基础的坍塌。四是上层没有意识到根源。振武兵变之后，宪宗大怒，派兵予以镇压，诛杀了乱兵头领，这种强力镇压虽然暂时扑灭了兵变，但并没有从根本上解决业已存在的深层次问题，反而将这些问题暂时掩盖起来了。

宪宗召回武元衡，大约就是为了协调李吉甫与李绛之间的矛盾，然而，武元衡回朝之后，李吉甫和李绛之间并无和好的迹象。朝中两位宰相整天斗来斗去，对于宪宗来说，这绝非一件好事，不久，他又风闻二人在朝中各自拉拢官员，结成朋党，一旦出现这种情况，对朝政势必产生极大的负面影响，所以，他才对宰相们谈及此事。谁知李绛并无悔改之意，称“君子与君子走到一起，这是自然而然的”，等于是把宪宗的话给顶了回去，这让宪宗很不高兴。到元和九年年初，宪宗就决定将李绛罢相，李绛得到暗示，上书称自己患了脚病，请求辞官，宪宗也就答应了，改任其为礼部尚书。过去李绛拜相前一天，宪宗把吐突承璀贬为淮南监军，这一次，李绛罢相的次日，宪宗就把吐突承璀召回京师，再次任命其为弓箭库使、左神策中尉。

李吉甫上奏称：“朝廷过去在灵州盐州设置六胡州，开元中取消了，另行设置宥州统领少数民族，天宝中，宥州迁至经略军（今内蒙古自治区鄂托克旗），宝应年间以来，又取消了。我建议重新设置，以防御吐蕃，安抚党项。”宪宗答应了。元和九年五月，唐朝朝廷重新设置宥州，管理经略军，将鄜州的九千神策军调往驻防。过去，回鹘人屡屡请求与唐朝合婚，宪宗考虑到公主和亲，花销很大，一直没有答应。礼部尚书李绛认为：“回鹘凶狠强盛，不可不备；淮西穷困，也需经营。如今，江淮之间大一点的县，每年能上缴二十万的赋税，这足够公主下嫁之用了，陛下为何爱惜一个县的赋税而不去拉拢一个强悍的回鹘呢？如果答应了回鹘，他们肯定会喜出望外，双方之间就不会再有猜忌，我们也可以从从容容地整修边境城池，储存武器装备，等加强边防之后，就可以集中精力对付淮西了，这是万全之策。如今，我们还未答应下嫁公主，西受降城的防御还十分薄弱，还整修天德军旧城，令回鹘人心生疑虑，万一回鹘南下，淮西之事就要再耽搁数年了。一旦回鹘出兵，朝廷不出三万步兵、五千骑兵，就不足以应对。就算打一年仗，能取胜的话，其费用远远要高于下嫁公主的费用啊！”但宪宗不从。

元和九年六月，宪宗以河中节度使张弘靖为刑部尚书、同平章事。张弘靖，字元理，他是前宰相张嘉贞之孙、张延赏之子。从小以门荫授予河南府参军，后调任蓝田尉。东都留守杜亚辟为从事，后转殿中侍御史、内供奉。此后历任监察御史、殿中侍御史、礼部员外郎、兵部郎中、知制诰、中书舍人、知东都选事、工部侍郎、户部侍郎、陕州观察、河中节度使。张家以书画传家，从张弘靖的祖父张嘉贞开始就喜欢藏书、喜书法，张弘靖继承了父祖之风，史称其家藏书超过了朝廷，为唐代收藏法书名画之冠。张弘靖的孙子张彦远是唐末著名的书画家，撰写有《历代名画记》。

翰林学士独孤郁是权德舆的女婿，宪宗赞叹独孤郁的才华，说道：“权德舆得了个这么好的女婿，我反而不如他啊！”过去，公主只下嫁皇亲国戚和功臣之家，宪宗开始命令宰相们在群臣中间挑选清秀文雅的子弟备选，很多人家都不愿与皇室结亲，唯独杜佑的孙子司仪郎杜悰没有推辞。元和九年七月，宪宗任命杜悰为殿中少监、驸马都尉，娶岐阳公主。岐阳公主是宪宗的第六女，为郭贵妃所生，是太子李恒的亲妹。岐阳公主非常贤德，杜家是个庞大的家族，辈分高的有数十人，公主嫁过去之后，态度谦恭，二十余年间从未表露一点骄傲之色。岐阳公主刚嫁过去时，就对杜悰说：“皇上赏赐的奴婢，肯定不好驾驭，上奏还给皇宫，我们再从外面购买贫贱人家的女子方便使唤。”从此以后，家门之内非常安静，听不到吵闹之声。

五六〇 讨平淮西（一）

元和九年（公元 814 年）闰八月十二日，彰义节度使吴少阳去世。

宪宗平定刘辟之后，即欲加兵淮西，但接着就发生了李锜之乱，事情耽搁一年后，宪宗又命李吉甫出任淮西节度使，其目的也将矛头对准了淮西，然而，到了元和四年，成德镇的王士真去世，宪宗不愿承认河朔故事，遂引发了一场持续一年多的讨伐成德王承宗之战。期间，淮西吴少诚去世，其名义上的堂弟吴少阳杀吴少诚之子吴元庆，继任淮西留后，淮西节度使李吉甫曾建议宪宗：“吴少阳军中已离心离德，请求将淮西镇治所从扬州前往寿阳，以经营淮西。”但当时讨伐王承宗的战斗正打得难分难解，宪宗不想过分刺激吴少阳，遂没有答应，反而承认了吴少阳的地位。元和五年，成德之战不了了之，宪宗也于次年将李吉甫召回，并正式任命吴少阳为彰义节度使。吴少阳继任后，非但没有感激朝廷，反而暗中招降纳叛，不时劫掠寿州的茶山。元和七年，魏博田弘正归顺朝廷，宪宗一直腾不出手来对付淮西。

吴少阳死后，其子、蔡州刺史吴元济秘不发丧，谎称其父生病，由自己接管军政事务，然而，没有不透风的墙，吴少阳去世的消息最终还是传到了朝廷。

吴少阳生前，其判官苏兆、杨元卿、大将侯惟清都曾劝其归顺朝廷，等到吴元济继位后，遂杀害了苏兆，囚禁了侯惟清。杨元卿在吴少阳去世前被派往长安汇报事务，遂将淮西镇的虚实以及如何消灭吴元济的策略一一向李吉甫作了汇报，并请求朝廷趁机发兵讨伐。当时，吴元济还没有发丧，杨元卿就建议李吉甫，下令各地暂时扣押蔡州前来朝廷奏事的人。吴元济得知杨元卿在替朝廷出谋划策，不禁大怒，将杨元卿的妻子和四个儿子全部杀害，用他们的血涂抹射箭场的墙壁，以吴少诚的女婿、淮西大将董重质为心腹，以应对即将到来的决战，而宪宗君臣也开始为讨伐淮西作出一系列部署。

首先，调兵遣将，为军事打击做准备。吴少阳已死四十余日，宪宗并没有按照惯例下令停止朝会，以示哀悼，而是不断地在淮西周边地区调兵遣将，增加兵力。李吉甫认为，河阳镇（今河南省孟州市）的军队原本是为了对付魏博的，如今魏博的田弘正已经归顺了朝廷，河阳就成了内地，不应驻扎重兵，以引起魏博的猜疑，而汝州（今河南省汝州市）则是东都洛阳的屏障，又是对付淮西的前线，遂建议宪宗将河阳镇兵移驻汝州。宪宗表示同意，遂于元和九年闰八月十七日任命河阳节度使乌重胤为汝州刺史，兼任河阳、怀州、汝州节度使，移驻汝州。二十五日，宪宗又加封田弘正为检校右仆射，赏赐给魏博二十万钱。田弘正说道："再没有比调走河阳军更令我高兴的了！"九月七日，宪宗又任命洺州刺史李光颜为陈州（今河南省淮阳县）刺史，兼忠武军（今河南省许昌市）都知兵马使；以泗州刺史令狐通（令狐彰之子）为寿州防御使。十三日，以山南东道节度使袁滋为荆南节度使，改任荆南节度使严绶为山南东道节度使。

其次，对相关军镇节度使加官晋爵，进行安抚。除了晋升魏博节度使田弘正之外，宪宗还晋封河东节度使王锷为同平章事。王锷为当这个使相，也付出了很多金钱，如今大敌当前，宪宗做个顺水人情，也在情理之中。然而，朝廷加封王锷之后，宣武节度使韩弘不满意了。韩弘在宣武镇十余年，从未入朝，颇以实力雄厚自负，朝廷方面也并不将他看作一名纯臣。韩弘不愿位居王锷之下，在给宰相武元衡的信中，露出不平之意，得知韩弘不满之后，宪宗只好又加封他为司徒，以示尊崇。

最后，先礼后兵，决心讨伐。李吉甫对宪宗说："淮西与河北各镇不同，它的四周没有同党支援，朝廷为了防备它，经常要在周边地区驻扎数十万军队，国家财政负担太重了。如今不趁机夺取，以后就难以着手了。"张弘靖建议先礼后兵，请求宪宗先给吴少阳停止朝会进行哀悼，再赠予官爵，派遣使者前去淮西吊唁，等到吴元济有叛乱迹象后，再师出有名，予以讨伐。宪宗最终采纳了张弘靖的建议，派遣工部员外郎李君何前往淮西。可是，吴元济非常狂妄，不仅不让钦差大臣入境，还向周边地区出兵劫掠，攻克了舞阳（今河南省舞阳县），实施屠城；又返回了叶县（今河南省叶县），劫掠鲁山（今河南省鲁山县）、襄城（今河南省许昌市襄城区）。

十月三日，一向主战的宰相李吉甫去世，终年五十七岁。宪宗非常痛心，史称："吉甫初为相，颇洽时情，及淮南再征，中外延望风采。秉政之后，视听时有所蔽，人心疑惮之。时负公望者虑为吉甫所忌，多避畏。宪宗潜知其事，未周岁，遂擢用李绛，大与绛不协；而绛性刚评，讦于上前，互有争论，人多直绛。然性畏慎，虽其不悦者，亦无所伤。服物食味，必极珍美，而不殖财产，京师一宅之外，无他第墅，公论以此重之。”

十九日，宪宗任命忠武节度副使李光颜为节度使；二十一日，任命山南东道节度使严绶为申州、光州、蔡州招抚使，统领各道军队讨伐吴元济；次日，任命内常侍知省事崔潭峻为严绶监军。二十五日，任命尚书左丞吕元膺为东都留守。到十二月二十五日，宪宗又任命尚书右丞韦贯之为同平章事。至此，朝中宰相分别是武元衡、张弘靖和韦贯之三人。

吴元济采取先下手为强的策略，打朝廷一个措手不及，他纵兵劫掠，兵锋直指东都。元和十年（公元815年）一月二十七日，宪宗下诏削夺吴元济的一切官爵，命令宣武等十六个军镇一起发兵进剿，正式打响了持续三年的平定淮西之战……

严绶率军进攻淮西军队，小胜之后麻痹大意，不再防备，结果败逃之后的淮西兵又趁夜返回，偷袭了严绶。元和十年二月二日，严绶的军队在磁丘（今河南省泌阳县东北）被淮西军队打得大败，撤退五十里，逃入唐州（今河南省泌阳县）防御。寿州团练使令狐通“每与贼战，必虚张虏获，得贼数人，即为露布上之。宰相武元衡笑而不奏；如有败衄，即不敢上闻”。此时，也被淮西军队击败，逃回寿阳固守，州境上的各个营寨全被淮西军队占领，守军也被全歼。二月十一日，宪宗任命左金吾大将军李文通接替令狐通，将令狐通贬为昭州司户。

宪宗另外下诏命令鄂岳（今湖北省武汉市）观察使柳公绰调派五千人马交给安州（今湖北省安陆市）刺史李听指挥，讨伐吴元济。柳公绰说道：“朝廷以为我是个书生，不懂军事吗？”遂上奏宪宗，请求亲自领兵出战，宪宗同意了。柳公绰，字起之，京兆华原人。他自幼聪明，贞元元年，年仅十八岁的他就高中制举，登贤良方正、直言极谏科，被授予秘书省校书郎；贞元四年，再次高中贤良方正科，被授予渭南尉。此后，历任殿中侍御史、开州刺史、吏部员外郎。武元衡镇守西川时，柳公绰与裴度均为武元衡的判官，二人私交还非常好。柳公绰与裴垍关系也很好，李吉甫出镇淮南后，对裴垍很是不满（史书相互矛盾，一说裴垍拜相是李吉甫推荐的，而《柳公绰传》却又称李吉甫怨恨裴垍），等李吉甫再次拜相后，就把柳公绰调出京师，改任潭州刺史、湖南观察使。元和八年，改任鄂州刺史、鄂岳观察使。柳公绰与其弟弟柳公权都是著名的书法家。

柳公绰来到安州之后，李听身穿戎服拜见。柳公绰说道："大人之所以身穿戎装来见，岂不是因为战事吗？如果去掉戎装，你我就是两个郡守罢了，我怎能指挥你呢？因大人出身名门，如果我不足以指挥战事，自当返回朝廷，不然的话，我暂且在军书上署名，将军务交给你全权处理。"李听说道："遵命。"柳公绰遂任命李听为鄂岳都知兵马使、中军先锋、行营兵马都虞候，挑选六千人马交给李听指挥，并告诫部将们道："行营军务均由都将（指李听）处置。"李听非常感动，如同柳公绰的部下。柳公绰号令严肃，众将无不佩服。行营将士，柳公绰时常命令身边的人回去慰问其家，将士家属生病或者遇上丧事的，一定派人送去很多慰问品予以安抚；留在家中的将士妻子与人通奸的，柳公绰就命人将其沉入江中淹死。士兵们听说后，都非常感动，纷纷表示："中丞大人替我等治家，我们将怎么报答呢？"柳公绰的军队士气很高，因此，往往取得胜利。柳公绰的坐骑踢死了马夫，柳公绰下令将那匹马杀掉，以祭奠马夫。有人劝道："是马夫自己不小心，这是匹好马，杀了太可惜了。"柳公绰说道："马虽然是匹好马，却性情恶劣，杀了又有什么可惜的呢？"

五六一　讨平淮西（二）

元和十年（公元815年）三月二十九日，李光颜上奏称在临颍（今河南省临颍县）击破淮西军队。魏博节度使田弘正派遣儿子田布率领三千人马，协助严绶讨伐淮西。四月三日，李光颜再次上奏称，在南顿（今河南省项城市）击破淮西军队。

吴元济向成德的王承宗和淄青的李师道求救。王承宗和李师道不断上书朝廷，请求赦免吴元济，但宪宗不从。当时，宪宗调派讨伐吴元济的各道军队并没有包括淄青，李师道却派遣大将率领两千人马直出寿春，谎称协助讨伐吴元济，但其实上是伺机帮助吴元济的。李师道素来豢养了数十名刺客，这些人给李师道出主意，说："用兵急需的就是粮草，如今，朝廷在河阴粮仓（在今河南省郑州市一带）囤积了江淮缴纳的赋税，请求派我们将粮仓焚毁。再招募数百东都的地痞流氓，劫掠集市，焚毁宫市，如此一来，朝廷自顾不及，就无暇继续进攻蔡州了。这也是解救蔡州的一条奇计。"李师道听从了。从此以后，淄青派来的刺客四处煽风点火，社会治安开始混乱起来，闹得人心惶惶。四月十日深夜，有数十名劫匪围攻河阴转运院，杀伤十余人，烧毁三十余万钱、两万余斛谷米，群臣纷纷上书请求罢兵，但宪宗不从。

各路讨伐军进展缓慢，心急如焚的宪宗于五月派遣御史中丞裴度赶赴前线督战，并察看前线局势。裴度回来之后，向宪宗汇报了战况，并称一定能够击破淮西，还说："我观察众将，只有李光颜勇敢而又深明大义，一定能够成功。"宪宗听后非常高兴。考功郎中、知制诰韩愈上书认为："淮西不过拥有三个小州，残破之余，却胆敢对抗天下之兵，其败亡可翘足而待。然而，唯一难以逆料的，是陛下的决心。"他又说："如今各地发兵不过两三千人，兵力薄弱，又身处异乡，不熟悉敌情，往往望风畏惧。统兵将领又以其不是本部人马，对待他们很是刻薄，还让他们承担最为艰巨的任务。有的分割军队，士兵与原来的将领分开，心情孤单，胆小害怕，难以成功。另外，他们本镇还负担向各自军队输送辎重的任务，路途遥远，劳力要增加数倍之多。臣听说与淮西相邻的陈州、许州、安州、唐州、汝州、寿州等地，村落的百姓家里都有武器，对淮西地形非常熟悉，又擅长战斗，虽然朝廷没有安排，但这些百姓也愿意自备衣服粮食，保护乡里，如果把他们招募起来，可以立即组成一支军队，等平定淮西之后，也容易让他们返乡归农。请求撤回各道军队，招募当地百姓以取代讨伐军……蔡州的士兵们也都是国家百姓，如果投降不再作恶，国家不宜过分杀戮。”韩愈的话虽然看似有理，但其实是书生之见。淮西周边百姓熟悉淮西地形不假，但临时组织起来的百姓，要与淮西匪军对抗，其战斗力根本不在一个档次，宪宗对此肯定不会采纳的。

五月二十六日，李光颜上奏称，在时曲（今河南省漯河市南）击败淮西军队。当时，淮西军队一清早就进逼忠武军的军门，李光颜无法出营交战，遂拆毁营门两旁的栅栏，率领骑兵冲出营寨。李光颜亲自率领数名骑兵杀入敌军中，在敌军中杀进杀出了四次，敌人都认出他就是忠武军的主将，纷纷朝他射箭，霎时间，李光颜身上所中的箭矢如同刺猬一般。其子勒住马头，不让其父再战，李光颜举起大刀，将儿子喝退，于是，忠武军将士们士气大振，个个奋勇争先，淮西兵大败，被杀数千人。时曲大捷后，宪宗大喜，以裴度有知人之明。

李吉甫去世后，宪宗就把讨伐淮西之事交给武元衡负责。李师道豢养的门客又给李师道献计：“天子之所以锐意讨伐吴元济，就是有武元衡支持，请求派刺客刺杀他。一旦武元衡被杀，其他宰相就再也不敢坚持了，必定纷纷劝说天子撤军了。”李师道觉得有理，遂派遣刺客前往长安。王承宗派遣牙将尹少卿来到长安奏事，也替吴元济游说，尹少卿来到中书省后，言辞傲慢，武元衡大怒，将其赶出，王承宗也借此上书宪宗，诋毁武元衡。

六月三日清晨，天还未明，武元衡就起床上朝了，他刚从居住的靖安坊东门出来，就有劫匪从黑暗中冲了出来，朝武元衡射箭。武元衡的随从一片大乱，纷纷逃走，刺客拉住武元衡的坐骑前行十余步，而后，提刀将其人头砍下，拿着人头而去。这伙人又冲入通化坊攻击裴度，砍伤了裴度的脑袋，裴度一头栽入深沟之中，所幸裴度戴的毡帽很厚，才侥幸逃过一死。裴度的侍从王义从后面抱紧刺客，高声喊叫，刺客挥刀砍断王义的胳臂，仓皇逃走。《续定命录》称，当时，京师风靡戴扬州制作的毡帽，事发头一天，扬州主官给裴度送来一顶时尚毡帽，正是因为这顶毡帽顶部较厚，才令裴度躲过一难。武元衡被杀事件，令京师百姓非常惊慌，群臣天不破晓，不敢出门上朝，有时候，宪宗已坐朝很久了，但百官还未到齐。此事也让宪宗大吃一惊，他赶忙下诏，以后宰相出行，由金吾骑兵张弓拔剑在一旁护卫，凡是经过的街坊都要严加盘查。

刺客在金吾衙门和各府县衙门留下纸张，称："你们不要搜捕我太急，要不我先杀掉你们。"这些搜捕刺客的人也被吓住，不敢积极行动。兵部侍郎许孟容见到宪宗，哭泣着说道："从古以来，还不曾出现宰相横尸街头而朝廷抓不到盗匪的，这是朝廷的奇耻大辱啊！"他又来到中书省，流泪说道："请求上奏启用裴度为宰相，倾尽全力搜捕刺客，挖出幕后主谋。"

六月八日，也就是在事发之后的第五天，宪宗终于下诏全国各地进行搜捕，抓获罪犯的赏钱一万，加五品官；胆敢藏匿罪犯的，全族一律诛杀，于是，在长安城内开始大肆搜查，即便是公卿人家的夹墙、阁楼，也都一一搜查。成德镇驻京办事处有张晏等几个士兵，他们经常为非作歹，横行不法，很多人都怀疑此事与他们有关。十日，神策军将军王士则等人上告，就是王承宗派遣张晏等人刺杀的武元衡，很快朝廷将张晏等八人逮捕归案，宪宗命令京兆尹裴武、监察御史陈中师负责审讯。二十三日，宪宗将王承宗前后递交的三道奏章交给群臣，讨论其罪行。陈中师审讯张晏等人，八人最终都承认刺杀了武元衡。宰相张弘靖怀疑口供不实，屡屡向宪宗提及，但宪宗不听。六月二十八日，宪宗下令斩杀张晏等五人，诛杀其同党十四人，而李师道派来的刺客却得以逃脱。

裴度受伤后，在家卧病二十天，宪宗下令派兵住在其家中护卫，并不时派中使前来探望。有人建议宪宗免去裴度，好让成德、淄青安心，宪宗大怒，说道："如果罢免了裴度，这正令奸人的计谋得逞，朝廷再无纲纪可言了！我重用裴度一人，足以令二贼破胆！"不久，宪宗就召裴度入宫，并提拔其为中书侍郎、同平章事。裴度上言道："淮西是朝廷的心腹大患，不可不除。况且，朝廷已经发兵征讨了，两河那些跋扈藩镇眼睁睁地看着，以此决定他们将来的动向，绝不可半途而废。"宪宗就把讨伐淮西之事全交给裴度处理。

七月五日，宪宗下诏公布了王承宗的罪行，拒绝其朝贡，并称："希望其改过自新，自行捆绑，归降朝廷；讨伐之日，再等朝廷的命令。"

在刺杀武元衡的同时，李师道还派人试图把东都搅个底朝天。李师道过去在东都也设立了招待所，淄青镇的人员来来往往，十分复杂，东都官吏也不敢盘查。

当时，淮西军队直逼东都，东都的守备部队大多被抽调到了伊阙（今河南省洛阳市南龙门）守卫，城内十分空虚。李师道偷偷派来数百精锐部队，进入东都，打算焚烧宫室，纵兵大肆杀戮。这些人已经在招待所内杀牛宰羊，设宴款待将士们，准备第二天就发动。就在当晚，其中一名小卒向东都留守吕元膺告密，吕元膺闻听大吃一惊，立即派人赶赴伊阙召回军队，将招待所团团围住。淄青兵从招待所内冲杀出来，东都军队不敢接战，只是远远地跟在其后，敌人逃出长厦门，向洛阳以南的群山中逃窜。

东都以南的群山之中，山高林密，居民以打猎为生，非常骁勇，号称山棚（猎户）。吕元膺拿出重金悬赏捉拿淄青叛兵。数日之后，一个山棚出售麋鹿，被逃到那里的叛兵抢去，这个山棚逃走后召唤同族，并引领官兵将叛兵团团包围起来，全部擒获。经过审讯，查明了他们中间的头领是中岳寺的和尚圆净，此人原是史思明的部将，非常骁勇，正是他向李师道献计，在伊阙和陆浑（今河南省嵩县）之间购买了很多田庄，给山棚提供衣食。有两个分别名叫訾嘉珍和门察的人已经率领部属暗中投靠了圆净，圆净拿着李师道提供的上千万钱，表面上要在洛阳修建佛光寺，暗中勾结同党，约定由訾嘉珍等人在城内起事，圆净在山中举火呼应，率领两个县的山棚一起进攻洛阳。圆净被捕时已有八十多岁了，押送人员用铁锤猛敲他的小腿，竟然打不断他的小腿骨。圆净骂道："笨蛋！连人家的小腿骨都打不断，还敢口称壮士！"遂把自己的小腿放好，手把手地教人如何打断。临刑时，圆净叹息道："误了我的大事！没能叫洛阳血流成河！"牵连此事被杀的有数千人之多。留守府和防御使府有两名将领、八名驿马站士兵都被收买，成为他的耳目。

吕元膺在审讯訾嘉珍和门察时，才得知刺杀武元衡的是李师道派来的刺客。吕元膺密报宪宗，并将二人送往京师。宪宗已经声讨了王承宗，就不再深究李师道了。吕元膺上书称："近日藩镇跋扈不臣，可以宽容的，就暂且予以赦免，像李师道阴谋血洗东都，焚毁皇宫，太残暴，不可不杀。"宪宗深以为然，但当时正值讨伐吴元济，又声讨了王承宗，朝廷实在无力兼顾李师道。

五六二 讨平淮西（三）

元和十年（公元 815 年）八月二十七日，李光颜在时曲被淮西军击败。

宪宗原以为严绶在河东时，派遣的部将立下了很多战功，这才令其镇守襄阳，充当讨伐吴元济的统帅，而实际上，严绶本人并无多少治军才能，到任之时，只是打开仓库，大肆赏赐将士，令襄阳多年以来积攒下来的钱财，一朝用光。他还巴结宦官，在朝中寻找靠山，坐拥八州一万余军队，驻扎在州境上，坚壁不战，未立寸功。裴度屡次在宪宗面前称严绶无能，九月五日，宪宗改任宣武军节度使韩弘担任各军统帅。然而，这个韩弘也不是个合适的人选，此人内心希望养贼自重，根本不愿朝廷迅速平定淮西。当时，韦贯之就劝宪宗说，众将作战都很卖力，如果在他们之上再设置都统的话，又令两个主帅连营而进，势必各自按兵不动，养威持重，但宪宗不听。

李光颜在众将中间算是作战最积极的，韩弘想拉拢李光颜，阻扰他作战，却无计可施。思来想去，他就从整个大梁城内千挑万选选出一位倾国倾城的美女，教她吹拉弹唱，并花了数百万钱给她买来服饰，然后送给了李光颜，试图让李光颜迷恋美女，不理军务。使者来到后，说明了来意，李光颜说："今天已经晚了，明天再说。"次日，李光颜设下盛大的宴会，款待全军将士，韩弘派来的使者将送来的美女进上，众将一见之下，果然是容貌绝代，众人均大惊失色。李光颜对使者说道："相公怜悯我孤身在外，赏赐给我美女，对我的恩德确实很深。然而，我军数万将士，都是抛妻别子，远来前线，面对敌人的白刃，光颜怎忍心独自享受美色呢？"说完，他泪流满面，一座之人无不掩面而泣，堂下数万将士也都呜咽流泪。李光颜就在宴席上赠送使者丰厚的礼物，将美女送回，说道："替光颜多多感谢相公，光颜以身许国，发誓与叛贼不共戴天，就算战死也无二心！"从此以后，李光颜手下的将士们作战更加勇猛，士气更加高涨了。

鉴于严绶虽然勤于王事，却得过且过，讨贼无功，在裴度的建议下，宪宗将其调回朝廷，改任太子少保、检校司空，并于十月三日，将山南东道一分为二，任命户部侍郎李逊担任襄州、复州、郢州、均州、房州节度使，负责前线的补给；任命右羽林大将军高霞寓担任唐州、随州、邓州节度使，专门负责前线作战。高霞寓在随高崇文平定刘辟之后，被授予彭州刺史，后历任长武城使、左威卫将军、丰州刺史等职。

在宪宗一心调整淮西前线的部署、准备全力消灭吴元济之际，在魏博节度使田弘正的建议下，一场打击成德的战争再一次拉开了序幕。虽然宪宗拒绝了王承宗的朝贡，但他深知要避免两线作战，一直不曾下诏对成德进行讨伐，而魏博节度使田弘正率军进驻两镇边境，成德镇的王承宗却主动出击，并屡屡击败魏博军队，这让田弘正非常愤怒，接连上书请求朝廷允许发兵讨伐，宪宗一直不同意。田弘正也很执拗，他又上了十道奏章，无奈之下，宪宗最终听从他出兵贝州（今河北省清河县）。十月九日，田弘正进驻贝州。十三日，东都盗匪焚烧了柏崖仓库（今河南省济源市西南）。

十一月，寿州刺史李文通上报称击败了淮西军队。同月五日，韩弘建议命令各军合力进攻淮西，宪宗同意了。李光颜和乌重胤率部在小溵水（今颍河支流）击败淮西军，攻克溵水城（在今河南省项城市西北）。同月，盗匪焚毁襄州佛寺内的粮储；朝廷下令将长安城内的柴草全部运出城去，以预防火灾。十日，李文通又在固始击败淮西军队。十一日，盗匪焚烧了献陵（李渊陵墓）寝宫和甬道。宪宗下诏调派振武镇两千军队，协助义武军一起讨伐王承宗。三十日，武宁（今江苏省徐州市）节度使李愿上奏称击败了李师道的军队。当时，李师道屡屡发兵进攻徐州，其将王朝晏接连攻陷了萧县和沛县等几个县，李愿将军队全部交给都押牙王智兴统领，一举将敌人击败。到十二月七日，李师道再派部将姚海率领两万精锐包围了丰县，王智兴再次击破李师道之众，斩首两千多级，一直追击到平阴（今山东省平阴县）才振旅而还。王智兴在敌人的营垒中得到一个非常貌美的妇人，他担心将士们引起纷争，就说道："军中留着女子，岂能不败？此女虽然无罪，却违反了军法。"遂下令将那名女子斩首示众。王智兴是出了名的神行太保，还是在建中之乱中，身为普通一兵的他就崭露头角，后来二十余年间，一直在徐州担任将领。后，王智兴被晋升为侍御史、本军都押衙。

东都防御使吕元膺请求招募山棚协防东都皇宫，宪宗表示同意。王承宗纵兵四出劫掠，幽州（卢龙）、沧州（横海）、定州（义武）三镇深受其害，纷纷上表请求朝廷正式讨伐王承宗。宪宗打算同意，但张弘靖认为："两场战争一起发动，恐怕国力不支，请求陛下集中力量对付淮西，等平定淮西之后，再讨伐成德。"宪宗没有接受，张弘靖遂提出辞官。元和十一年（公元816年）一月三日，宪宗以张弘靖为同平章事、兼任河东节度使。

此时，宪宗承受了巨大的压力，很多朝臣纷纷上书请求撤军，可是，如今的宪宗不仅不想撤淮西之军，还决心同时发兵讨伐成德。为了惩戒纷纷上书的朝臣，宪宗下令将翰林学士、中书舍人钱徽和驾部郎中、知制诰萧俛免职，只担任本职。钱徽，字蔚章，是"大历十才子"之一的钱起的儿子。进士及第后，曾任山南东道观察使樊泽的书记，后入朝担任左补阙、中书舍人。当时宪宗图谋收复河湟，表面上禁止各地进奉，但实际上各地送来的进奉，还是照单全收。梁守谦担任枢密院使，见钱徽对任命监军的批语非常简略，心怀不满，叹息道："难道就不能多写几个字吗？"萧俛于元和初年与元稹一起登制举科，元和六年，担任翰林学士。七年，转为司封员外郎。九年，改为驾部郎中、知制诰。据说，萧俛的这次被贬还与李吉甫的死有关。李吉甫去世后，有关部门拟定的谥号是敬献，等到开会讨论时，度支郎中张仲方却提出反驳意见。张仲方之所以要反对，还是元和三年的制举案，当时，吕温、羊士谔等人诬陷李吉甫，被宪宗贬谪，张仲方也因为是吕温的门生而被贬，直到李吉甫去世后，他才被召入朝廷担任度支郎中，因此，对李吉甫一直怀恨在心。张仲方上书认为，这个谥号太好了，并把用兵之事都归咎于李吉甫。宪宗大怒，将张仲方贬为遂州司马，赐李吉甫谥号为忠懿。由于萧俛与张仲方是同党，宪宗也把他免去了学士一职。

元和十一年一月九日，幽州节度使刘总上奏，击破了成德军队，攻克武强（今河北省武强县），斩杀敌人一千多人。十七日，宪宗下诏免去王承宗的一切官爵，命令河东、幽州、义武、横海、魏博、昭义六个军镇发兵进攻成德。韦贯之屡屡恳请宪宗先平定了吴元济之后，再讨伐王承宗，他说："陛下难道没有看到德宗建中之事吗？一开始是讨伐魏博和淄青，而淮西、幽州和成德群起响应，最终导致了朱泚之乱，这都源于德宗不能忍受一时之愤怒，而想尽快实现天下太平啊！"但宪宗不听。

讨伐淮西的战争已经进行了一年，正值双方决战决胜的关键时期，而恰恰在这时，宪宗另外开辟了第二战场，这从战略上来说，确实不智。

一月十八日，盗匪砍断建陵（肃宗李亨陵墓）墓门前四十七支大戟。二月九日，宪宗提拔中书舍人李逢吉为门下侍郎、同平章事。李逢吉，字虚舟，是李世民秦王十八学士之一的李玄道的曾孙。李逢吉进士及第，被授予振武节度使书记，入朝为左拾遗、左补阙、工部员外郎。元和四年，担任南诏副使出使南诏，回来后，被拜为祠部郎中，此后，历任给事中、中书舍人、权知礼部贡举、骑都尉。李逢吉嫉贤妒能，他当上宰相以后，担心裴度讨伐淮西立下大功，总是千方百计予以阻扰。因此，整个元和十一年的战事呈现一种胶着状态，双方之间互有胜负，虽然官军在两个战场上胜多败少，但仍然无法取得决定性的胜利。

五六三 讨平淮西（四）

北线：

元和十一年（公元816年）二月十九日，昭义节度使郗士美上奏，击破成德军队，斩首一千多级。二十三日，幽州节度使刘总击破成德军队，斩首一千多级。二十五日，魏博节度使田弘正上奏击败成德军队，攻克固城（今河北省南宫市境内），二十九日，又奏报攻克了鸦城（今河北省南宫市境内）。

三月，幽州节度使刘总率兵包围了乐寿（今河北省献县）。四月二十日，刘总上报，在深州（今河北省深州市）击败成德军，斩杀两千五百人。三十日，义武节度使浑镐上奏在九门（今河北省藁城市西北）击破成德军，斩杀一千余人。浑镐是名将浑瑊的次子，他为人谦虚谨慎，历任延州、唐州刺史。宪宗决心讨伐王承宗之后，正值义武节度使任迪简病重，遂任命浑镐担任副使，后代替任迪简为节度使。

七月，魏博节度使田弘正上奏称，在南宫击破成德军队，杀两千余人。讨伐王承宗的各路军队缺乏统一行动，相互观望，唯独昭义节度使郗士美率领精兵紧逼成德境内。八月二十六日，郗士美上奏称，在柏乡（今河北省柏乡县）周边构筑三座堡垒，并大破成德军，杀死一千余人，俘虏一千余人。十一月，宪宗加幽州节度使刘总同平章事。十二月十一日，横海节度使程执恭上奏在长河（今山东省德州市）击破成德军，斩杀一千余人。

义武节度使浑镐治军严肃，颇有威望，却思虑不周。在与成德军的屡次交手中，浑镐屡战屡胜，遂产生了轻敌思想，率领全军突入成德境内，距离恒州三十里扎下营寨。王承宗采取围魏救赵之策，偷偷派兵潜入义武镇境内，焚烧劫掠城池，弄得义武军军心惶惶。正巧朝廷派出中使来到军中督战，浑镐听说成德军偷袭自己的后方，不禁大怒，率军直扑恒州，准备强攻恒州。在恒州城下与成德军死战，结果大败，义武军死伤大半，残余部众狼狈逃回定州，继而军中大乱，无法遏制。十二月十五日，宪宗任命易州刺史陈楚担任义武节度使。军中闻讯后，开始劫掠浑镐一家，扒光了他们的衣服。陈楚听说后，赶忙进入定州，镇压了乱兵，替浑镐一家要回了衣服，派兵护送还朝。宪宗将浑镐贬为韶州刺史，后来，代州刺史韩重华上奏称搜出浑镐贪污的军费十余万，宪宗又将其贬为循州刺史。陈楚是原义武节度使张茂昭的外甥，史称："楚家世久在定州，军中部校皆楚之旧卒，人情大悦，军卒帖然。"

南线：

荆南节度使袁滋祖父、父亲的坟墓在朗山（今河南省确山县），属于淮西辖区，另外，他看到国库日益空虚，宪宗调发内库钱以供军需，他揣测宪宗可能会产生厌战情绪，遂请求入朝，打算劝说宪宗撤军。当他行至邓州时，又听说了钱徽和萧俛因劝谏罢兵而被免官的消息，等见到宪宗后，他赶忙改变初衷，迎合宪宗，反而劝说宪宗继续坚持讨伐淮西的战争，这才勉强被宪宗打发回镇。

三月，寿州团练使李文通上奏称，在固始击败淮西军队，攻克敖山（今河南省固始县东）。十三日，唐邓随节度使高霞寓上奏称，在朗山击败淮西军队，斩首一千多人，焚毁淮西两座营寨。

四月五日，李光颜、乌重胤上奏称，在陵云栅（今河南省漯河市北）击败淮西军，斩首三千级。五月七日，二人再报，在陵云栅再次击败淮西军，斩首两千余级。

六月十日，唐邓随节度使高霞寓在铁城（今河南省遂平县西南）被淮西军打得大败，几乎全军覆没，高霞寓仅仅逃出一命。高霞寓有勇无谋，更不会统军，他一心与敌人决战，小胜之后，就督促全军推进到文成栅（铁城）。淮西军佯装战败而逃，高霞寓率军穷追不舍，结果正中敌人埋伏，导致大败。十五日，高霞寓退守唐州。

当时各道讨伐军主将往往取胜则虚报战果，战败则隐瞒不报。这次高霞寓大败，全军覆没，无法掩饰，只好上报朝廷，败报传来，朝廷内外一片惊恐。宰相们入宫面见宪宗，想劝说宪宗撤兵，还没开口，宪宗却说道："胜负乃兵家常事，今天我们只需研究讨伐方略，对于不胜任的将帅予以撤换，兵粮不足则想尽办法筹措，岂能因一个将领的一次失利，就匆忙撤军呢？"遂一心采纳裴度的意见，其他人再也不敢提出异议了。

宪宗追究高霞寓的责任，高霞寓称是因为李逊供应不到位。七月十三日，宪宗将高霞寓贬为归州刺史，李逊贬为恩王傅。另以河南尹郑权担任山南东道节度使；以荆南节度使袁滋担任彰义节度使、申、光、蔡、唐、随、邓观察使，以唐州为治所。又因袁滋是个书生，而任命阳旻担任唐州刺史，统领军队。郑权，开封人。进士及第，曾在泾原节度刘昌幕府任职，刘昌因病还朝后，以郑权主持留后。刘昌走后，泾原军果然发生兵变，郑权挺身而出，平定了叛乱，后德宗任命其为泾原行军司马，累迁河南尹。宪宗任命袁滋担任前线主帅，则是想到年初袁滋入朝时劝说过他继续讨伐战争，觉得他是个主战派，殊不知，袁滋主战并非真心，只不过是看到钱徽等人因主和而被贬官，为了自保才说出来的假话。

七月十八日，宣武军上奏击破淮西郾城两万大军，杀死敌人两千，俘虏一千余人。

九月二十三日，李光颜、乌重胤上奏称，攻克淮西军陵云栅。二十五日，李光颜又上报称，攻克石、越两个营栅；寿州方向则上报称击败淮西军殷城（今河南省商城县西）之众，攻克了六个营栅。李师道听说官军攻克了陵云栅，心生恐惧，上书表示归顺朝廷。宪宗为了安抚他，加其为检校司空。

讨伐淮西的官军总数多达九万，而迟迟未能结束战争，这令宪宗非常恼火，十一月二十日，宪宗派遣枢密使梁守谦赶赴前线慰问前线官兵，并留在军中担任监军；并送去五百份空白的委任状以及大量金钱布帛，以激励战士。二十九日，宪宗先加封李光颜（检校尚书左仆射）等将领检校官，又下诏严厉斥责，声称再不立功将严加惩处。三十日，李文通上报称，在固始击败淮西军，斩杀一千余人。

因袁滋的祖坟就在蔡州境内，吴少阳在世时，还经常派人修葺坟墓，所以袁滋上任六个月来，竟然不设防备，禁止官军进犯蔡州。吴元济发兵进攻新兴栅（今河南省泌阳县东北）时，袁滋派人卑辞请求吴元济解围，故此，吴元济再也不把他放在眼里。朝廷知道此情后，有意换掉袁滋，李晟之子、太子詹事李晟毛遂自荐，宰相李逢吉也认为李愬可用，宪宗遂于十二月二十三日任命太子詹事李愬担任唐、随、邓节度使，而将袁滋贬为抚州刺史。

通观元和十一年一年的战事，讨伐成德的北线各军没有协同，相互观望，进展缓慢，唯独南面的昭义军郗士美部和义武军浑镐部作战勇敢，突入成德境内，但浑镐部终因兵力不足，被王承宗抄了后路，到年底时遭遇大败，功败垂成。讨伐吴元济的军队，西线山南东道的军队高霞寓部也是先胜后败，改任袁滋之后，整个下半年几乎陷于停顿；北线主要依靠李光颜和乌重胤两部，吸引了淮西军的主力，而宣武军韩弘部也持观望态度；东线主要是依靠李文通部，至于徐州的武宁军则主要用于防御李师道，根本没有余力参与淮西战争。

朝廷方面：

主战派和主和派力量均等，但因宪宗坚决站在主战派一边，主和派暂时被打压了下去。当前线激战正酣之际，三月四日，宪宗的母亲王太后又薨逝了。当时，王太后的妹夫、京兆尹李翛担任山陵桥道置顿使，他在处理丧事时非常节俭，史称："灵驾至灞桥顿，从官多不得食。及至渭城北门，门坏。先是，桥道司请改造渭城北门，计钱三万。翛以劳费不从，令深凿轨道以通灵驾。掘土既深，旁柱皆悬，因而顿坏，所不及遭辌车者数步而已。初欲坏城之东北墉，以出灵驾，中人皆不可，乃停驾，彻去坏门土木而后行……上以用兵务集财赋，以翛前后进奉，不之责，但罚俸而已。逢吉极言其罪，乃削银青阶。翌日，复赐金紫……时宿师于野，馈运不集。浙西重镇，号为殷阜，乃以翛为润州刺史、浙西观察使，令设法鸠聚财货。淮西用兵，颇赖其赋。"

四月十六日，宪宗任命司农卿皇甫镈为兼任御史中丞判度支。皇甫镈，泾州人，贞元初年进士，又登制举科，被授予监察御史，后改任吏部员外郎，累迁司农卿，判度支，因他能设法搜刮来钱财而受到宪宗的赏识。八月九日，宪宗将韦贯之罢相，贬为吏部侍郎。韦贯之性格高傲，喜欢品评人物，又多次劝说宪宗罢兵。左补阙张宿出身平民，能言善辩，宪宗当广陵王时，因军使张茂宗（张孝忠之子、张茂昭之弟）的引荐而与宪宗结识，等到宪宗当上太子后，张宿也时常拜谒。宪宗即位后，以旧恩多次入宫召见，后因口风不严，被贬为郴县县丞，后又被征召入朝，担任左补阙。宪宗以段文昌和张仲素为翰林学士，段文昌是武元衡的女婿，而武元衡在任期间与韦贯之不和，韦贯之就劝阻宪宗称，翰林学士是皇帝身边的顾问大臣，不应只取文学之士，请求宪宗收回成命。张宿出使淄青镇时，裴度打算替他请求加银绯色朝服，韦贯之却说："张宿就是个奸佞小人，我等纵然不能将其斥出朝廷，为何要给其尊荣呢？"因此，段文昌、张仲素、张宿等人都非常愤恨韦贯之，张宿告发韦贯之在朝中结为朋党，加之韦贯之在讨论平叛战争时总是发表一些不同意见，最终惹得宪宗不满，遂将其贬为吏部侍郎。翰林学士、左拾遗郭求上书替韦贯之说话，宪宗大怒，又免去了郭求翰林学士之职，再将韦贯之贬为湖南观察使，三日之内，宪宗又将与韦贯之私交深厚的吏部侍郎韦颛贬为陕州刺史、刑部郎中李正辞贬为金州刺史、度支郎中薛公干贬为房州刺史、屯田郎中李宣贬为忠州刺史、考功郎中韦处厚贬为开州刺史、礼部员外郎崔韶贬为果州刺史。

前线出师不利，朝中又是朋党纷争，当时的宪宗着实不易。河东节度使王锷已于去年十二月去世，才有了今年年初张弘靖的河东节度使之命，到了十一月，王锷家的两个奴仆告发王锷之子王稷私自更改王锷的遗表，藏匿家财。宪宗命令内廷审讯，并打算派人前往东都查抄王锷的家产。裴度赶忙劝阻道："王锷已经去世了，他所献的家财已经很多了，如今又因为家奴的告发而去查抄他的家财，臣担心前线将帅们听了都会寒心的。"宪宗赶忙制止了使者。十一月八日，将两个奴仆交给京兆府，乱棍打死。

十一月九日，宪宗改任柳公绰为京兆尹。柳公绰到任后，一个神策军的小将骑马冲撞了他的先导卫士，柳公绰停下马来，当即下令将此人乱棍打死。次日，柳公绰入宫，宪宗一脸怒气，责问其擅杀之故，柳公绰回答："陛下不以臣愚昧而任命臣为京兆尹，京兆府是天下的表率，臣上任之初，就出现了小将如此唐突，这不是对臣无礼，而是在轻视陛下的诏命。臣只知道打死无礼之人，不知其是神策军军将。"宪宗追问道："为何不上奏？"柳公绰回答："臣的职责可以杖打，无须上奏。"宪宗又问："谁该上奏？"回答："神策军该上报。如果死在路边，则金吾巡街使该上报；死在街坊内，则左右巡使该上奏。"宪宗无法加罪于他，退下后，只好对身边的近臣说道："你们要小心此人，朕也怕他。"

十二月十六日，宪宗提拔翰林学士王涯为中书侍郎、同平章事。此时，朝中宰相分别为裴度、李逢吉和王涯三人。

五六四 雪夜入蔡（一）

李愬，字元直，是名将李晟的第十一子。他文武双全，又非常孝顺。年少以门荫为协律郎，累迁卫尉少卿；李晟去世后，李愬与哥哥李宪二人在父亲坟墓旁边结庐三年；服丧完毕，他历任少府监、左庶子、坊晋二州刺史、太子詹事、宫苑闲厩使。

元和十二年（公元 817 年）年初，当李愬来到唐州上任时，唐邓随官军还没有从半年前高霞寓铁城惨败中恢复过来，士气非常低落，李愬对此也是心知肚明。他对军中前来迎接的人说道："天子知道我性格软弱，能够忍受耻辱，所以才派我前来安抚你们。至于战斗攻取之事，则不是我的职责。"军中将士们都信以为真。李愬到任后，亲自到各营察看，安抚那些受伤或者患病的士兵，没有一点架子，他依然遵循袁滋在任时的那一套，不派出侦察部队，对淮西方面不设防备，只是斥去了军中的倡优，不令军中再行游乐。有人提出应该整顿军纪，加强戒备，李愬却说道："我并非不知此道。袁滋一心想用恩信结好贼人，致使贼人非常轻视我们，他们听说我到任之后，一定会增加防备，所以，我才故意显出我军依然非常涣散。他们见此之后，一定会认为我也是个懦弱之徒，进而逐渐产生懈怠情绪，然后我们才有机可乘啊。"果然，淮西叛军以为自己曾经接连击败了高霞寓和袁滋两位大帅，而李愬素来没有什么名望，再加上看到李愬来到之后官军的状况，就再也不把西线官军放在眼里了。

李愬外松内紧，他的真实意图是趁北线李光颜等官军吸引淮西军主力、淮西腹地空虚之际，采取黑虎掏心之计，长途奔袭，实施斩首行动，一举袭占蔡州，拿下吴元济！为了实施这一计划，李愬秘密上书朝廷，请求增兵，宪宗下诏命令昭义、河中、鄜坊共出动两千骑兵赶赴唐州，增援李愬所部。

见淮西军懈怠之后，元和十二年二月七日，李愬派遣十将（连级将领）马少良率领十几名骑兵开始巡逻，捕捉淮西军哨兵。他们遭遇了负有同样使命的淮西军捉生虞候丁士良，双方经过一番激战，虽然丁士良是淮西军中的猛将，但他没有料到会突然遇到李愬的巡逻骑兵，终因寡不敌众，被马少良等人生擒。丁士良杀死过很多官军，当他被押到李愬帐下时，军中众将纷纷请求挖出他的心脏，将其活活折磨而死，李愬点头答应了。

等了一会儿，李愬命人把丁士良押入大帐，当面审问，丁士良面无惧色，毫不屈服。李愬最后说道："你真是位顶天立地的大丈夫啊！"下令为他解下绳索。丁士良这才说道："我本来并非淮西人，贞元中是安州的将士，在与淮西作战中被俘，当时想着死定了，谁知吴少诚竟然释放了我，还重新重用我，我因吴氏而重生，所以才死心替吴氏卖命。昨日力尽被擒，又自思肯定要被杀了，今日大人又放了我，请让我以死报答大人的恩德。"李愬命人发给他军服、武器，并任命他为捉生将（侦察搜索官）。丁士良对李愬说："吴秀琳拥有三千之众，盘踞在文成栅（今河南省遂平县西三十里，即铁城，在蔡州西一百二十里），是敌人的左臂，官军之所以不敢进逼，就是有一个叫陈光洽的人充当他的智囊，而这个陈光洽虽然勇敢，却轻敌，喜欢擅自行动，我请求替大人先生擒了陈光洽，一旦拿下他，吴秀琳自然就会投降了。"果然，他不负李愬的厚望，二月十八日，将陈光洽生擒。三月五日，李愬遂将治所从唐州移驻宜阳栅（今地不详）。

不久之后，吴秀琳即秘密派人与李愬联络投降事宜。三月二十八日，李愬率军来到文成栅以西五里之处，派遣唐州刺史李进诚率领八千人马来到文成栅城下，可是，当唐军来到城下之后，发现城上滚木礌石如大雨一般落下，唐军无法进军。李进诚派人向后面的李愬汇报："吴秀琳诈降，不可轻信。"李愬自信地说道："这是在等我呢。"当即来到城下，果然，吴秀琳命令士兵们交出武器，跪在李愬跟前。李愬拍着他的背进行安抚，当天即招降了三千淮西军。吴秀琳的部将李宪非常勇猛，因与李愬的哥哥重名，李愬就将他改名为李忠义，予以重用；又将文成栅内的妇孺全部迁到唐州安置。收复文成栅之后，唐军士气大振，人人都有了必胜的信念，李愬遂以文成栅为据点四处招降敌军。当时，淮西之战已经打了两年有余，吴元济把所有的家底都拿了出来以供军需，百姓手里没有一点粮食，以采摘菱角、捕捉鱼鳖充饥，最后，连这些东西也都吃尽了，只好纷纷投降官军，前前后后归降的淮西百姓多达五千多户。吴元济他们也认为留下他们只会白白浪费粮食，所以也不禁止。宪宗下诏各地妥善予以安置，并派兵予以保护，以免他们受到当地百姓的伤害。与此同时，经过数年的战争，淮西军也已成了强弩之末，很多士兵开始向唐军投诚，李愬都随他们各自的意愿予以安置，听说他们有父母还在淮西的，就发给他们粮食又放回，说："你们都是朝廷的臣民，不要丢下亲戚。"降兵们都深受感动，不禁失声痛哭。

拿下文成栅之后，李愬乘胜进攻附近的淮西其他营栅，二十九日，他命令山河十将董少玢等人分兵向这些营栅发起了进攻，当天，董少玢即攻克马鞍山（今河南省确山县西北），占领路口栅（今地不详）。四月二日，山河十将马少良率军攻克嵖岈山（今河南省遂平县西），生擒淮西将领柳子野。不久，山河十将妫雅、田智荣又率部攻下了冶炉城（今河南省遂平县西北）。七日，十将阎士荣攻克白狗（今河南省息县西北）、汶港（今河南省汝南县东南）两个营栅。十四日，妫雅、田智荣又攻克了西平（今河南省西平县）。十七日，游弈兵马使王义攻克楚城（今河南省汝南县西南）。

五月二日，李愬派遣柳子野、李忠义偷袭朗山（今河南省确山县），生擒淮西守将梁希果。十八日，李愬派遣方城（今河南省方城县）镇遏使李荣宗进攻青喜城（今河南省方城县东南），一举将其攻克。经过近半年的进攻，李愬的军队已经逐渐拔掉了淮西军西部和西南部的很多据点，取得一系列的胜利。每当有淮西士兵前来归降，李愬一定会亲自询问敌人内部的详情，由此，敌人境内什么地方险要，什么地方驻军多少，李愬都已了然于胸。李愬不仅对降将丁士良、陈光洽、李忠义予以厚待，对吴秀琳也非常看重，多次与他一起讨论袭取蔡州的方略。吴秀琳对李愬说道："大人要袭取蔡州，一定要收降李祐不可，我是无能为力了啊！"李祐是淮西的骑兵将领，智勇双全，他率部驻扎在兴桥栅（今河南省汝南县西北），经常击败各路官军。

五月二十一日，李祐率领守军前往张柴村（在兴桥栅西，今河南省遂平县东南三十里，村东就是兴桥栅）收割小麦。李愬召来厢虞候史用诚，说道："你率领三百骑兵前往，埋伏在树林之中，而后派人在树林外面挥舞旗帜，做出要焚烧小麦的架势。李祐素来轻视官军，必定率领轻骑驱逐，你从树林中冲出，一定能将其生擒。"史用诚遵照李愬的计策前去，果然将李祐生擒。

李祐杀死过很多官军，等到史用诚把他押到营中后，将士们纷纷请求杀掉他泄愤，但李愬没有答应，而是亲自解下他的绳索，以宾客之礼相待，这让李祐非常感动。李愬密谋奔袭蔡州，经常将李忠义和李祐两位降将召来，单独商议，有时候三人能密谈到深夜，外人丝毫不知他们究竟谈了些什么。大家都担心李祐会生出异心，纷纷劝谏李愬，但李愬根本不听，反而和李祐更为亲近。将士们更不高兴了，每天各军都会送来报告称李祐就是淮西军的内应，还声称，这是抓获的淮西军间谍招供的。李愬担心这些谣言传到宪宗的耳中，一旦宪宗下令诛杀李祐，届时自己想救都来不及了，遂紧握李祐的双手，哭着说道："难道是上天不想让我消灭淮西这个叛贼吗！为何你我二人相知如此之深却堵不住众人之口呢？"遂对众将说道："大家如果真的怀疑李祐，请求让我把他交给天子，由天子处置吧。"李愬提前给宪宗汇报称："如果杀了李祐，此战就不可能成功。"而后，用囚车把李祐押送至京师。宪宗得到李愬的密报之后，就下诏赦免了李祐。李愬再次见到李祐后，高兴地握住他的双手，说道："你能活下来，这是神灵在保护江山社稷啊！"遂任命其为散职兵马使，命其随意出入帐中，佩刀巡逻。有时，二人同宿大帐，窃窃私语，通宵不寐，有人在帐外偷听，只听见李祐感恩的哭泣之声。当时，唐随邓总部的卫队有三千人，是山南东道最精锐的部队，号称六院兵马，李愬又任命李祐为六院兵马使，统领这支卫队。

虽然李愬招降了吴秀琳、李祐等人，得到了淮西军的一些情报，但是，前线的形势都是瞬息万变的，随着时间的推移，李愬还需要不断掌握敌人适时的情况，于是，他又想出了一个办法。过去的军令称，只要留宿间谍的，全家都要被杀。李愬废除了这一条，反而命令对于淮西间谍要予以厚待。此后，淮西方面派来的间谍反而把淮西内部的情况都告诉了李愬，李愬对淮西情况更加了解了。五月二十六日，李愬派军进攻朗山，淮西军队前去救援，唐军失利。战后，众将情绪都非常低落，唯独李愬高兴地说道："这正是我的计谋。"遂挑选了三千名敢死队，号称突将，整日亲自主持操练，命他们随时待命，做好奔袭蔡州的准备。然而，不巧的是，当时已进入雨季，大雨接连下了很久，到处都是积水，李愬的这一计划只好暂时搁置下来了。

五六五 雪夜入蔡（二）

假如没有那场连绵很久的大雨，也没有了以后的“李愬雪夜入蔡州”，但一定还会有“李愬夜入蔡州”吧。

在李愬在淮西战场的西线发起攻势的同时，淮西战场其他方向的唐军也在与淮西军激战。就在李愬到任不久，由韩弘主持的北线大军向朝廷奏报，称于二月九日攻克了蔡州的古葛伯城（今河南省宁陵县北）。同时，在南线，鄂岳观察使李道古率军从穆陵关（又称木关，在今湖北省麻城市以北）北上，大举进攻申州（今河南省信阳市）。二月二十四日，唐军攻克了申州外城，开始向内城发起进攻。深夜，淮西军见唐军疲惫已极，驱赶妇女登上城墙呐喊，然后突然打开城门向唐军发起反攻，唐军一片惊恐，顿时大乱，被杀得大败。李道古是曹王李皋的儿子，进士及第，历任利州、隋州、唐州、睦州四州刺史。此人非常会巴结权贵，喜欢游走于权贵之门，经常与公卿大臣们赌博，假装赌输，变相送钱，让爱财之人交口称赞，因此，年少时就赢得了美名。柳公绰受人诬陷被宪宗调回，时任黔中观察使的李道古正巧入朝，裴度就建议道：“曹王李皋能以江汉军队制服李希烈，他在军中还有一定影响，其子李道古担任大将，一定能够立功。”这次，连裴度也看走了眼。得到任命后，李道古倍道兼行，突然来到军中，把柳公绰赶走，柳公绰的财产也被强夺。李听驻守安州从未打过败仗，但由于他对柳公绰非常感激，李道古也把他视为异己加以诬陷，不久，李听也被调回朝廷，改任羽林将军。鄂岳军队将骄卒惰，李道古又无统兵才能，还截留军费巴结朝中权贵，不赏赐给大家，因此，鄂岳军队作战不力。

北线主力在攻克宁陵之后，就在李愬分兵夺取淮西西南各个营寨之时，北线唐军各路大军正与淮西军队主力隔溵水（今沙河）一线相持。各军都相互观望，无人敢于率先渡河。陈许兵马使王沛（原陈许节度使上官涚的女婿、猛将）率领五千人马趁夜渡过溵水河口，扼住了淮西军的咽喉，并抢修防御工事。接着，河阳、宣武、河东、魏博等军队纷纷渡过了河，成掎角之势，进逼郾城（今河南省漯河市郾城区）。三月二十七日，李光颜指挥各路军队在郾城击败三万淮西军，杀死敌军十分之二三，敌将张伯良逃去。吴元济任命董昌龄担任郾城县令，以其母杨氏为人质。杨氏对董昌龄说道："归顺朝廷而死，也胜过叛逆而生。你离开叛党而我被杀害，你也是孝子；如果你追随叛逆，就算我还活着，你也是在杀我。"唐军击败张伯良部之后，很快就包围了青陵（今河南省漯河市郾城区西南），切断了郾城淮西敌军的去路。淮西郾城守将邓怀金与董昌龄商议，董昌龄劝其归顺朝廷，邓怀金遂向李光颜请降："城内守军的父母妻子都在蔡州，请大人前来攻城，我等点燃烽火求救，如果救兵赶来，大人就率军迎击，淮西军队必败，然后我们再出城投降，我们的家眷也就免于被杀了。"李光颜接受了。四月六日，董昌龄和邓怀金献出城池。吴元济听说丢掉了郾城，非常害怕。当时，董重质率领强悍的骡马军驻扎在洄曲（今河南省漯河市南洪河拐弯处），吴元济将蔡州守军和亲近卫兵全都调往洄曲，交由董重质指挥，一起抵御唐军。

因此，在李愬谋袭蔡州之时，各路唐军已经将叛军压缩在方圆很小的范围，吴元济可以说已穷途末路。看到此情此景，吴元济终于害怕起来，六月四日，他上书向宪宗谢罪，并表示甘愿自我捆绑，投身朝廷。宪宗派人颁发诏书，答应免其一死，然而，吴元济此时已身不由己，被身边大将以及董重质等人制约，无法脱身。

仗打到这个份儿上，吴元济难以承受，朝廷方面也好不到哪去。成德战线，继去年年底王承宗大破浑镐之后，就采取各个击破的办法，转兵南下，于本年三月初在柏乡先击败了突进的郗士美的昭义军（唐军伤亡一千余人，郗士美只好南撤），继而，他又派遣两万人马进入横海镇的东光（今河北省东光县），切断了白桥路（东光附近、横跨永济渠），横海节度使程执恭（此时已被宪宗赐名程权）无法抵御，只好退守沧州。讨伐成德的六镇兵马共计十余万人，既无统帅，各军之间又相距甚远，根本谈不上协同作战，而朝廷后勤保障却非常艰难，需要千里转运军粮，十之四五的牛驴都被活活累死。幽州节度使刘总攻下武强之后，才离开自己的州境五里之遥，就再也不前进了，还每月向朝廷索要十五万的军费。李逢吉和群臣纷纷建议宪宗："应该集中全力对付淮西，等到平定淮西之后，再乘着胜利之势，回师进攻成德，将易如反掌。"宪宗犹豫了很久，才表示同意。五月十七日，宪宗下诏取消河北行营，命令六镇节度使各自返回本镇。

虽说暂停了成德战线，但朝廷的财力也到了山穷水尽的地步。年初，宪宗不得不派遣盐铁转运副使程异赶赴江淮，征收赋税，到闰五月十日，程异从江淮回来时，才弄到了一百八十五万钱。到了七月，连日的大雨又引发了洪灾，有些地方平地水深竟达两丈，各军战事更是陷于停顿，朝廷后勤供应已到了极限，百姓甚至有人只好用驴来耕作。宪宗对此也是忧心忡忡，他询问宰相们应对之策。李逢吉等人竞相表示，军队已经十分疲惫，国库已非常空虚，还是撤军为好。裴度默默不言，宪宗征求他的意见，裴度回答："臣请求亲自前去督战。"七月二十八日，宪宗对裴度说道："爱卿真的能替朕走一趟吗？"裴度回答："臣誓死不与此贼同生。臣最近看吴元济的奏表，其已经山穷水尽，只是众将人心不齐，没有齐心协力发起进攻，他才没有投降罢了。如果臣亲自赶往行营，众将担心臣会抢了他们的功劳，一定会争先恐后地进攻敌人。"宪宗听后，非常高兴，七月二十九日，他就任命裴度为门下侍郎、同平章事、兼彰义军节度使，并充任淮西宣慰招讨处置使；又晋升户部侍郎崔群为中书侍郎、同平章事。诏书下发后，裴度以韩弘已经被任命为都统，不愿再任招讨使，又请求宪宗改任自己仅仅担任宣慰处置使，并奏请刑部侍郎马总为宣慰副使，右庶子韩愈为行军司马。宪宗一一答应。

裴度临行前，对宪宗哭着说道："臣如果能够消灭叛贼，还能回来面见陛下；如果叛贼不灭，臣就再也不回朝了！"宪宗听了，也为之潸然泪下。八月三日，裴度离京，宪宗驾临通化门给他送行。右神武将军张茂和（张茂昭之弟）曾以胆略在裴度面前炫耀，裴度举荐他担任自己的都押牙（大营内务官），但临行时，张茂和谎称患病推辞，裴度上书请求将其斩首。宪宗回答："此人出身忠顺之门，朕为你将他贬至远处。"遂将其贬为永州司马，更以高崇文之子、嘉王傅高承简为都押牙。李逢吉不想裴度成功，而翰林学士令狐楚与李逢吉是一党，裴度担心二人在朝中沆瀣一气，破坏自己的军事行动，遂请求宪宗把颁发的诏书更改几个字，同时指责起草诏书的令狐楚失误。五日，宪宗遂将令狐楚贬为中书舍人。

裴度一行在经过襄城以南白草原的时候，淮西人派遣七百骑兵中途截杀。镇将曹华提前得知消息，做好了应对准备，将敌人击退。裴度虽然名为淮西宣慰处置使，却是实际上的统帅，他在八月二十七日进驻郾城之后，即以此地为治所，指挥全军的军事行动。在此之前，朝廷向各道军队都派有宦官担任监军，军队的进退，主将做不了主，胜利了，宦官先派人飞马向朝廷告捷，一旦失利，宦官们就会对诸将百般辱骂。裴度到来之后，上奏宪宗全部予以取消，从此军中众将才得以主导军事，作战起来也更加卖力了。

裴度离京之后，李逢吉又与张宿发生了矛盾。李逢吉讨厌张宿，屡次在宪宗面前称其狡猾，宪宗遂同意将张宿打发出京，担任濠州刺史。诏书下发以后，张宿恳求留在长安，宪宗又收回了成命，打算改任其为谏议大夫。李逢吉反对道："谏议大夫职责重要，张宿是个卑微之人，不足以担当此贤人之位。陛下如果想任用张宿，那就先罢免我好了。"宪宗听了，很不高兴。再加上李逢吉与裴度不和，宪宗正在重用裴度讨伐叛军，为了让裴度无后顾之忧，宪宗遂于九月二十一日罢免了李逢吉，任命其为东川节度使，而晋升张宿为权知谏议大夫。

五六六 雪夜入蔡（三）

元和十二年（公元817年）九月二十八日，李愬计划进攻吴房（今河南省遂平县）。

众将均说：“今天是往亡日，不宜出战。”李愬却说：“我军兵少，不足采取正面作战，应该出其不意。敌人正是因为今天是往亡日而放松警惕，这正是我们出击的好机会。”遂率军前往，一举攻克了外城，斩杀一千余人。敌人残余部队退守子城，不敢出战。李愬率军撤退，引诱淮西守军出战，淮西军中将领孙献忠率领五百精锐骑兵追击。唐军军心大乱，将要逃走。李愬下马，坐在马扎之上，传令道：“有敢撤退的，斩首！”全军回头死战，将孙献忠杀死，淮西追兵这才退去。有人劝说李愬乘胜进攻子城，李愬却说：“这不是我的计划。”遂率军返回了大营。

李祐对李愬说道：“蔡州的精兵都在洄曲和四境固守，把守蔡州州城的都是些羸弱之兵，我们可以乘虚直抵其城。等到敌人各处守将听说后，我们已经拿下吴元济了。”李愬认为有理。十月八日，李愬派遣书记郑澥来到郾城，向裴度密报了自己的计划。裴度对这一计划予以认可，说道：“军事行动如果不出奇兵，就难以取胜，常侍所言是条妙计啊。”在郾城正面战场，淮西军在困兽犹斗。在裴度到来之前，李光颜和乌重胤就在贾店（今河南省漯河市南）战败，此后，淮西军又进攻溵水镇，杀死官军三员将领，焚烧了粮草而去。裴度率领百官在沱口（今河南省漯河市东）察看防御工事，董重质率领叛军骑兵突然从五沟（今河南省漯河市南）杀出，顿时箭如雨下，几乎伤及裴度。幸赖李光颜和田布率军殊死搏斗，裴度才勉强回到城内。叛军撤退时，田布扼守住一条壕沟，叛军纷纷下马越过壕沟而逃，坠入壕沟压死的就有一千余人。

当双方在洄曲方向拼命厮杀时，李愬已经偷偷在实施自己的计划了。十月十五日，李愬命令马步都虞候、随州刺史史旻等人留守文成栅，命令李祐、李忠义率领三千突将担任先锋，他自己与监军率领三千人为中军，命令李进诚率领三千人殿后，离开军营向东出发。大军离营之后，无人知道目的地是哪里，有人询问李愬，李愬只是说道："只需一直向东走！"

走了六十里，夜幕降临，来到张柴村，唐军将那里的淮西守军全部消灭，又杀死了烽火台的守军。占领敌人营寨之后，李愬命令将士们稍事休息，吃点干粮，整理好马缰，留下五百名义成军士兵守在那里，以切断可能会来自朗山方向的敌人援军；又命令丁士良率领五百人切断了通往洄曲方向以及其他各道的桥梁，而后，李愬趁夜再次率军出发。众将询问目的地，李愬回答："入蔡州，取吴元济！"众将听了，都大惊失色。监军哭着说道："果然落入李祐的奸计了！"

当夜，天上刮起大风，下起鹅毛大雪，李愬率领的这支唐军在狂风暴雪的黑夜里艰难前行，军旗被刺骨的寒风吹烂，将士、马匹一个接着一个被冻死。天色阴黑，从张柴村往东的道路，唐军从来不曾走过，人人以为此行一定会死，但因畏惧李愬，不敢违抗军令。行至半夜，雪也越下越大了，唐军从张柴村出发已经又行进了七十里，终于进抵蔡州城下。蔡州州城附近有一个养鹅鸭的池塘，李愬命人驱赶鹅鸭，以掩盖行军发出的声响。自从吴少诚抗拒朝命以来，三十多年，唐军从未到过蔡州城下，因此，蔡州人一点都没有戒备。

十月十六日凌晨三时左右，李愬率领的唐军终于到达蔡州城下，蔡州无一人知晓。李祐、李忠义用斧头在城墙上砍出脚蹬，最先爬上了城墙，随后的壮士们鱼贯而上。看守城门的士兵正在熟睡，唐军将他们全部杀死在睡梦里，而留下打更之人，命他们像往常一样打更，然后，打开城门，让唐军悉数进入。在进入里城时，还是如此操作，里城守军依然毫无察觉。等到鸡叫的时候，大雪也停了，此时，李愬已经进入吴元济在蔡州里城的外宅了。有人向吴元济报告："官军来了！"吴元济还在卧室睡觉，笑着说道："肯定是俘虏们惹事了，等天明之后，全部杀了他们！"不一会儿，又有人前来报告说："城已经陷落了！"吴元济还是不信，又说："这一定是洄曲子弟回来向我索要冬装的。"这才穿上衣服，走到院子里，只听外面一片人声，传来李愬军中的号令："常侍传令！"响应的有上万人之多。吴元济这才吓得魂不附体，说道："是什么样的常侍，能到我这里！"遂率领身边的亲兵登上牙城抵抗。

当时，董重质在洄曲还坐拥一万多精锐部队，李愬说道："吴元济寄希望于董重质的救兵吧？”遂探访董重质的家，诚恳地予以安抚，命令其子董传道携带书信赶赴洄曲，劝说董重质。董重质接到李愬的书信后，当即单人匹马赶回蔡州，向李愬投降。董重质离去后，李光颜火速进入其大营，接管了其军。与此同时，李愬命令李进诚向牙城发起进攻，经过一天的战斗，唐军焚毁了牙城外城门，占领了蔡州的兵器库，夺取了淮西军的武器装备。

次日，李愬指挥唐军再次向牙城发起进攻，又烧毁了牙城的南门，百姓争先恐后地背着干柴帮助唐军，而吴元济仍在负隅顽抗，指挥亲兵向城下释放乱箭，顿时，箭如雨下。战至中午，牙城南城门全部被烧毁，吴元济见大势已去，只好在城墙上向李愬请罪，李进诚用梯子把他接了下来。

十月十八日，李愬派人将吴元济用囚车送往京师，并向裴度通报。当天，申州、光州以及各镇的叛军两万余人相继向李愬投降。自从吴元济被擒以来，李愬没有诛杀一人，凡是吴元济原来任命的官吏、帐下亲兵、厨师马夫一个不换，令他们安下心来，然后，李愬率军驻扎在球场，静待裴度的到来。二十三日，淮西行营向朝廷奏报，抓获了吴元济，光禄少卿杨元卿对宪宗说：“臣知道淮西有很多珍宝，臣去一定能找到。”宪宗回答：“朕讨伐淮西，是为民除害，朕要的可不是珍宝啊。”

二十四日，裴度派马总先进入蔡州城慰问李愬军队。次日，裴度竖起彰义镇节度使的大旗，率领一万余投降的淮西军队浩浩荡荡地进入蔡州城，李愬全副武装出城迎接，叩拜于大路左侧。裴度打算制止，李愬说道：“蔡州军民倔强不法，不懂尊卑之分已数十年了,希望大人借此向他们显示一下,令其知道朝廷的尊严。”裴度遂坦然接受了。李愬率军回到了文成栅，众将向他请教道：“起初，大人遭到朗山之败而不担忧，取得吴房胜利之后又不夺取，冒着狂风暴雪而不停止行军，孤军深入敌境而毫无畏惧，然而，最终取得了成功，这几点都是我们不明白的，敢问其中的缘故。”李愬回答：“朗山不利，敌人就会轻视我们而不戒备了；如果占领了吴房，敌人就会退回蔡州，全力固守，所以暂时不予占领，以分散敌人的兵力；狂风暴雪天气，烽火就无法传递，蔡州敌人就不会知道我军的行动；孤军深入，我军将士人人都会殊死战斗，战力自然会倍增。眼光远大的，不会顾及近处；思虑长久的，就不会纠缠于小事；如果仅仅因为小胜就沾沾自喜，一次小小的失败就忧心忡忡，先把自己给搞糊涂了，还怎能建立大功呢？”众将听了，都是口服心服。

裴度使用淮西士兵担任自己的卫兵，有人劝说道：“怀有叛心的淮西人还有很多，不可不备啊。”裴度笑着说道：“我身为彰义军节度使，吴元济已经被擒，蔡州军民就是我的人，我又有什么可怀疑的呢？”蔡州人听了，都非常感动。昔日，吴氏父子统治蔡州期间，严禁百姓在路上交谈，夜里不准百姓点蜡烛，一旦发现有人携带酒食到别人家饮宴，一律处死，可以说，当时的蔡州军民过的是暗无天日、牛马不如的生活。等裴度莅任之后，下令只禁止盗窃和抢劫，其他一律不管，不论白天还是黑夜，都允许家家户户相互往来，蔡州百姓这才享受到做人的快乐。

十月二十八日，宪宗下诏韩弘、裴度上报平定蔡州的有功将士名单以及蔡州归降将士名单；免除蔡州百姓两年赋税；邻近蔡州的四个州的百姓免去明年夏天的赋税；官军阵亡的，一律予以妥善安葬，朝廷供应其家衣服粮食五年；对受伤致残的军人，依然发放衣服粮食。

五六七　雪夜入蔡（四）

元和十二年（公元 817 年）十一月一日，宪宗驾临兴安门接受献俘，向祖庙献上吴元济，然后将其斩杀于独柳之下。这场持续三年的战争就此宣告结束。

淮西军民自从受制于李希烈、吴少诚以来，凡三十二年，迫于二人的淫威，而不能自拔，久而久之，随着时间的流逝，年老之人衰老死亡，年少之人慢慢长大，他们从小就生活在这种统治之下，也习以为常，不再知道长安还有朝廷了。自从吴少诚继位以来，对下属众将不再居中遥控，而把战地指挥权全部下放给了众将，所以能够人尽其才，往往取得胜利。韩全义在溵水大败之后，吴少诚在其军帐中缴获了大量朝中权贵写给韩全义的书信，吴少诚把书信捆扎起来，当众展示，说道：“这些都是朝中公卿大臣写给韩全义的信，叮嘱在攻破蔡州之日，索要一名将士的妻女充当他们的奴婢。”在吴少诚的这番煽动下，淮西将士人人对朝廷无比痛恨，誓死替其卖命，加之这里虽然地处中原，但民风彪悍，与蛮夷之地相比有过之而无不及，所以，朝廷动用全国之兵去进攻这三个州的淮西，用了四个年头才彻底平定。

就在官军猛攻蔡州之际,李师道偷偷派牙前都虞候刘晏平前往蔡州察看形势。刘晏平从汴宋之间的小路偷偷进入蔡州境内，吴元济大喜，赠送给他很多财物，然后将其放回。刘晏平回到淄青后，李师道私下询问情况，刘晏平回答：“吴元济派出数万军队在外与官军对垒，局势已非常危急，但此人整天与妻妾们在内室游玩赌博，全然没有丝毫忧愁恐惧之色，以在下判断，其必定要灭亡，而且日子不会太远了！”李师道原本是依靠淮西作为自己的屏障，听了刘晏平的话以后，是又惊又怒，不久，就随便找个借口，把刘晏平用棍棒打死了。

战后，宪宗论功行赏，任命李愬为山南东道节度使，赐爵凉国公；加封韩弘为兼侍中；李光颜、乌重胤等人也都一一加官晋爵。晋升随唐邓兵马使李祐为神武将军、知军事；其余立功降将也分别予以升赏。宪宗本欲诛杀吴元济的心腹董重质，但李愬原先已经承诺饶其不死，宪宗遂将其贬为春州司户。裴度以马总担任彰义军留后，十一月从蔡州出发返回朝廷。宪宗授予梁守谦两把尚方宝剑，命其前往蔡州诛杀蔡州旧将，裴度行至郾城，与梁守谦相遇，他又再度折返回来，量罪行刑，并没有完全按照宪宗的旨意行事，救活了很多人，然后再上书一一说明。十二月，宪宗晋封裴度为晋国公，将其召回朝廷，仍然担任宰相；并任命马总为淮西节度使。

在淮西战事还未结束之时，因李逢吉被罢相，宪宗还需另行寻找一名宰相。当初吐突承璀担任淮南监军时，淮南节度使李鄘性格刚毅严肃，二人没有因为工作而产生矛盾，李鄘的作风给吐突承璀留下了深刻印象，他就向宪宗推荐了李鄘。宪宗就任命李鄘为门下侍郎、同平章事，接替了李逢吉的位子。然而，李鄘以自己受到宦官推荐为耻，当他离开淮南返京时，下属设宴送别，音乐奏响后，李鄘潸然落泪，说道："我老死在外地也就罢了，宰相不是我胜任得了的。"回京后，他推辞生病，既不入宫面见宪宗，也不到门下省办公，百官到家里探望，他也推辞不见。

对入朝拜相这等很多人梦寐以求的好事，为什么李鄘却表现出如此不安和恐惧呢？究其原因，大概有以下几点。

一是，纷繁复杂的朝廷政争令他望而却步。宪宗中后期，一直在走马灯地更换宰相，一方面说明君臣之间不相得；另一方面也说明了宰相之间、群臣之间矛盾斗争十分激烈，造成朝局的持续动荡。我们从元和八年说起，当年为了中和李吉甫和李绛的矛盾，宪宗免去了权德舆，提拔了武元衡；九年，李绛失宠被罢相，继而李吉甫也去世了，宪宗又相继提拔了张弘靖和韦贯之，韦贯之又与武元衡不和；十年，武元衡被盗匪杀害，宪宗又晋升主战派裴度担任宰相，宪宗意欲兴兵讨伐王承宗，而张弘靖和韦贯之均表示反对；十一年，张弘靖和韦贯之相继又被宪宗罢相，继而，李逢吉和王涯又分别被拜相；十二年，裴度和李逢吉相继外派，宪宗又提拔了崔群。此后出现的牛李党争已经在宪宗朝露出端倪，这些朝臣之间为了个人利益结成朋党，相互攻讦，弄得朝廷乌烟瘴气。对此，李鄘深有感触，史称，他"与杨凭、穆质、许孟容、王仲舒友善，皆任气自负"。杨凭因得罪李夷简而在京兆尹任上受到弹劾被贬，当时，时任刑部尚书李鄘也被安排参与了对好友的审理；杨凭被贬后，王仲舒挺身而出，替杨凭说话，也同样遭到贬谪，李鄘的内心可想而知。武元衡被杀后，满朝文武无人敢言，还是李鄘的朋友之一许孟容站出来说话，宪宗才下令大肆搜捕逃犯，而韦贯之等人还认为是冤枉了王承宗，朝政的混乱可见一斑。

二是，李鄘开始对宪宗和朝政感到失望，再也不愿出头了。李鄘和他的其他朋友诸如许孟容等人一样，都曾经是敢作敢为之人，尤其是李鄘很早就与宦官集团结下了梁子，当时，宪宗正欲打压旧宦官集团，因而不断重用李鄘，李鄘也不断得到升迁。然而，李鄘是基于士大夫报国观念才普遍地排斥宦官干政的，而随着时间的推移，他开始发现，宪宗仅仅是利用他来打压旧宦官集团，而以自己的亲信宦官取代旧的宦官，并非要彻底铲除宦官干政这颗毒瘤。宪宗即位以来，宦官的权力不仅没有被削弱，反而不断地得到加强，从起初的制举案，到元稹被贬，再到吐突承璀领兵，到不久前，宪宗下令以宦官充当馆驿使，这种内官外任的做法完全有悖常理，这些都令李鄘感到寒心。

三是，李鄘看出了吐突承璀和宪宗的心思，令其不敢再次卷入内廷斗争的旋涡。吐突承璀推荐李鄘、宪宗起用李鄘也是别有深意的。宪宗即位以后，就接连发动一系列的平叛战争，这造成了他没有时间对旧宦官集团进行彻底的清理，同时，这些人势力非常之大，他们相互结成亲家，养子、养女婿、门生、故吏、好友遍布朝野，清除起来几乎是不可能的，因此，当这些人表示合作之后，宪宗也放了他们一马。在第一次讨伐王承宗的战争中，宪宗之所以一意孤行任用吐突承璀为统帅，一方面是进一步强化自己在神策军中的地位；另一方面也是防备旧宦官集团伺机利用神策军造自己的反，不幸的是，吐突承璀无功而返，宪宗迫于压力才将其派出京师。吐突承璀离京之后，宪宗对旧宦官集团不得不进一步妥协，以赢得他们的合作，像枢密使梁守谦等人的权力得到加强，就连二次拜相、一向反对旧宦官集团的李吉甫也不得不选择与他们合作，从而维系着各方利益的平衡，然而，这一平衡在元和九年因李绛罢相、吐突承璀入京、李吉甫去世而发生了变化。讨伐淮西之战旷日持久，一波三折，险象环生，宪宗之所以敢于打这场战争，就在于吐突承璀的回归，让他放心自己还牢牢地掌握着神策军，但当平定淮西之后，吐突承璀势必与残存的旧宦官集团之间发生冲突，其举荐李鄘的目的大约也是为自己增加一个外援吧，然而，今非昔比，此时的李鄘已经不想再掺和其间了。

不久，李鄘就坚决辞掉了相位，宪宗改任他为户部尚书，过了些时日，又改任他为检校尚书左仆射，兼太子宾客，分管东都，但李鄘很快就提出退休，到元和十五年八月就去世了。

五六八　志得意满（一）

宪宗即位以来，呕心沥血，决心统一天下，一路走下来，总体来说，他还是非常顺利的。

在短短的十余年间，他相继平定了杨惠琳、刘辟、李锜、吴元济的叛乱；清除了不轨节度使于頔、卢从史；收降了张茂昭、田弘正；震慑了程执恭、刘总、韩弘；又两次讨伐王承宗，取得了骄人的成绩。尤其是经过三年苦战，终于除掉了吴元济这个心腹之患，一下子让宪宗感到了却了一桩心愿，顿时感到一阵轻松，逐渐骄傲自大起来，让他觉得这一切都是天意，而自己就是那个真正的天命之主。俗话说："生于忧患，死于安乐。"一个人一旦从内心深处懈怠起来，长期压抑着的欲望就会不自觉地生长，言行也会表现出来，平定淮西之后的宪宗也不例外。

首先是，他觉得只有修建更加雄伟壮观的皇家建筑，才能与自己建立起来的功业媲美。诛杀吴元济一个月之后，就是元和十三年（公元 818 年）的新年，大年初一，宪宗宣布大赦天下。因功臣李光颜等人来朝，宪宗打算在内廷设宴款待，就下令六军重修麟德殿的东廊。右龙武统军张奉国、大将军李文悦认为，刚刚平定淮西，公私匮乏，将士困顿，在这种情况下再大兴土木，非常不妥。张奉国以国库空虚，还得拿出个人钱财充公，遂向宰相裴度反映，希望裴度在适当的时候劝阻宪宗，裴度遂趁奏事之际谈及此事，说道："陛下要盖点什么，自然有将作监负责，为何令功臣们破产来营建呢？"宪宗听裴度这么一说，脸上很是挂不住，以为张奉国等人在向宰相打自己的小报告，顿时勃然大怒，将张奉国贬为鸿胪卿，李文悦调任右武卫大将军、威远营使。如此一来，谁也不敢再劝谏此事了，于是，宪宗不仅重修了麟德殿，还相继下令疏浚了龙首池，修建了承晖殿，将佛寺的花花草草移栽到宫内。

宪宗内心的变化不仅反映在开始大兴土木之上，还表现在重用能够聚敛钱财的佞人上。过去的宪宗也贪财，虽然朝廷明令禁止各道奉送常赋之外的进奉，但送来的大多也笑纳了，不过，据史书记载，当时的宪宗生活还是比较节俭的，这些钱也都用于数次平叛战争中了。淮西之战打了三年，打到最后国库已非常空虚，宪宗内库的私房钱也都全部拿了出来，但几乎也都用完了，到元和十二年，他不得不派遣程异亲自赶赴江淮，向南方各道加收赋税，从百姓的牙缝里硬是掏出了一百八十五万钱，为淮西之战的最后胜利提供了有力保障。客观地说，户部侍郎、判度支皇甫镈和盐铁转运使程异功不可没，由此也得到了宪宗的肯定，史称："（皇甫镈）时方讨淮西，切于馈运，镈勾剥严急，储供办集，益承宠遇，加兼御史大夫。""（程异）厉己竭节，江淮钱谷之弊，多所铲革……时淮西用兵，国用不足，异使江表以调征赋，且讽有土者以饶羡入贡，至则不剥下，不浚财，经费以赢，人颇便之。"

不当家不知柴米贵。皇甫镈和程异二人自己又不会生钱，他们之所以能够弄来钱，归根结底还是采取软硬兼施的办法，督促各地想方设法盘剥百姓，在开源的同时又节流，多少会克扣前线将士的开销，以减轻本部门的工作压力。不论开源还是节流，在正统的士大夫和前线将士们的眼里，他们二人都是十足的小人——正统的士大夫们满口"爱民""仁义"，他们立志"致君尧舜"；前线将士们时刻面临掉脑袋的危险，却被二人屡屡克扣供给，他们对二人的愤恨不言而喻。淮西之战后期，宪宗就已经对正统的士大夫们感到厌烦了，以起用张宿为导火索，他相继罢免了韦贯之和李逢吉两位主和派宰相，尤其是到了淮西战争打到最艰难的时候，宪宗派遣程异前往各地加收赋税，当程异来到湖南后，时任湖南观察使的韦贯之却拒不合作，史称："贯之谓两税外，不忍横赋加人，所献未满异意，遂率属内六州留钱以继献。"两税常赋肯定已经上缴过了，也就是说这一次湖南缴纳的仅仅是六个州自留的一部分赋税，这当然无法满足前线的需要。这里其实就是一个大局的问题，当时的大局就是淮西战争，一切都要围绕着这个大局服务，百姓暂时的困难是为了保证国家将来的长治久安。宪宗得知后，当即又将他贬为太子詹事。

程异于元和十二年闰六月从江南回来，拿回一百八十五万钱，这笔钱主要用于北线各军，到十月李愬平定淮西，这笔钱大抵还是够用的，另外，虽说淮西也非常困难，但平定之后，宪宗应该说还会发一笔小财，当然，这些钱大多数也是通过皇甫镈和程异之手进入宪宗的腰包的，以供其花销。除此之外，皇甫镈还极力巴结宪宗的心腹宦官吐突承璀，给其送去了大量钱财。元和二年，朝中宰相是王涯、崔群和李鄘，李鄘拒不就任，次年三月，宪宗又改任了李夷简，此时，裴度已经还朝，朝中宰相就变成了裴度、崔群、王涯、李夷简，对比，现任的宰相，除了宪宗还得倚重裴度打击李师道之外，李夷简和王涯两人却让宪宗越看越不满意：李夷简“致位显处，以直自闲，未尝苟辞气悦人”，而王涯也是文人出身，长期从事秘书工作，到元和十三年，李夷简和王涯相继被宪宗罢相，同日任命皇甫镈（户部侍郎）和程异（工部侍郎）为同平章事。皇甫镈和程异在社会上的口碑很差，裴度和崔群极力劝说，崔群说：“国家的安危存亡关键在于发出的命令和任用的重臣，玄宗用姚崇、宋璟、张九龄、韩休、李元纮、杜暹则国家清明；用林甫、杨国忠则天下大乱。舆论都认为天宝十五年禄山自范阳起兵，是国家盛衰的分水岭，而臣却认为玄宗在开元二十年罢免贤相张九龄，专任奸臣李林甫才是根源。”但宪宗不听。裴度不愿与二人同僚，又上书认为：“皇甫镈和程异都是理财的小吏，奸佞倾巧的小人，陛下一旦将二人安排到宰相之位，朝廷内外无不惊骇耻笑。何况皇甫镈掌管度支时，拼命多收，刻意少发，凡是靠度支吃饭的人无人不恨得要吃了他。前不久，他还裁减淮西讨伐军的粮食，令将士们十分愤怒，正巧臣赶到了行营，进行劝说，才没有发生兵变。如今，讨伐淮西的军队又被派往淄青前线（注：元和十三年，宪宗接着就发起了讨伐李师道的战争，后述），一旦大家听说皇甫镈当上了宰相，必定惊扰慌乱，因为他们知道以后再也没有诉苦的渠道了。程异虽然人品低下，但处事尚属平和，可以把他放在一个处理具体工作的岗位上，而不宜让他担任宰相。至于皇甫镈此人秉性奸诈，天下共知，看他竟然能迷惑住陛下，就足以知道他奸邪的本领已经十分高明了。臣如果不辞职，天下之人会说臣不知廉耻；臣如果不开口说话，天下之人会斥责臣有负皇恩。如今，陛下既不令臣辞官，又不采纳臣的劝谏，臣如同烈火焚心，万箭穿身。可惜的是，淮西已经平定，河北也已安定，王承宗俯首称臣（注：此时王承宗惧怕被讨，也已表示归顺朝廷，后述），韩弘带病讨贼，难道是朝廷的力量能够消灭他们吗？完全在于朝廷的措施适当，让他们心服口服罢了。陛下统一天下的大业已经完成了十之八九，怎能忍心自己再破坏，令四方解体啊？”宪宗认为裴度是在结党营私，不予理睬。皇甫镈自知受到群臣和舆论的孤立，只得牢牢抱住宪宗这棵大树，对宪宗更加谄媚，以维护自己的地位，他上书请求减少朝廷内外官员的俸禄，以帮助前线作战。给事中崔植（崔祐甫的侄儿）退回奏疏，并极力予以劝阻，皇甫镈这才作罢。

当时，为了支持前线讨伐李师道，宪宗下令拿出宫内仓库中多年的布帛交给度支卖掉换钱，皇甫镈全都以高价卖给了边防军。这些陈年布帛朽烂，轻轻一碰就能扯断，边防军将士们非常生气，只好堆在一起纵火烧掉。裴度回朝当面对宪宗反映此事，皇甫镈指着自己的鞋说道："这双靴子也是从内库拿出来的，臣花了两千钱买的，非常耐穿。裴度的话不可信。"宪宗觉得有理。程异也知道自己没什么威信，却不敢与庞大的官僚势力公然作对，他廉洁谨慎，小心翼翼，当了一个多月的宰相也不敢批示公文，最终没有受到报复。

五六九 志得意满（二）

宪宗晚期政治渐趋黑暗，还表现在其进一步扩大宦官权力和迷信神仙、祈求长生不老上。

继元和十二年宪宗以宦官接管馆驿使之后，到元和十三年，因南衙禁军将领张奉国等人反对重修麟德殿而惹恼了宪宗，宪宗从内廷拿出两枚废弃的印章，赏赐给左右三军的辟仗使（南衙六军的宦官监军）。过去，宦官监军都是没有印信的，德宗贞元十一年，河东节度使李自良去世后，监军王定远推荐行军司马李说继任，李说继任后，为了答谢王定远，上奏朝廷给王定远颁发印信，从此方镇监军就有了印信，但南衙六军的宦官监军还没有，至此才有。商人张涉拖欠五坊使宦官杨朝汶的债务利息，还不上而跑了，杨朝汶搜查张涉的家里，看到一本账簿，上有欠款人卢载初的名字，有人称这是前西川节度使卢坦的笔迹，杨朝汶当即率人把卢坦的家人给逮捕起来。卢坦的儿子不敢申辩，只好拿钱还账。卢坦之子回家后，拿着债券让专业人士查验，确定系前郑滑节度使卢群所写。卢坦之子又找到杨朝汶说理，杨朝汶却说：“钱已给了我，就不能再要了。”御史中丞萧俛和谏官们得知后，纷纷上书弹劾，裴度和崔群也向宪宗反映此事。宪宗说道：“朕现在和你讨论军事行动的大事，这些小事朕自己会处理。”裴度回答：“用兵事小，涉及的不过是山东一地，五坊使横行霸道，恐怕会扰乱了京师近畿。”宪宗一脸不悦，退下后，把杨朝汶召来呵斥道：“就是因为你，令朕没脸见到宰相！”此后，将杨朝汶赐死，释放了全部囚犯。

杨朝汶究竟犯了什么大罪？仅仅因为裴度一言，宪宗就杀了杨朝汶，这的确令人感到震惊，也让人感觉此时的宪宗性格已经在不知不觉中发生了巨大的变化，开始变得执拗、残暴、易怒了。据史书记载，这都与他开始迷恋长生不老之术有关。为长生，他下诏公开寻找有道的术士。淮西之战后未立寸功的鄂岳观察使李师古被调回了朝廷，担任宗正卿，此人在任期间贪婪严酷，唯恐受到报复，一直想着怎么去讨宪宗的欢心，看到宪宗的诏书后，他就通过皇甫镈向宪宗推荐了一名叫柳泌的术士，声称此人能够炼出长生不老之药，宪宗就令其居住在兴唐观内为自己炼药。从两晋南北朝以来，很多达官贵人迷恋服食丹药，这些丹药其实很多都是壮阳药物，像五石散之类的吃后体内发热，性欲亢奋，脾气暴躁。宪宗有很多内宠，也许他也长期服用了此类药物，致使如今脾气发生了很大变化吧。

柳泌对宪宗说："天台山是神仙们居住的地方，山上生长了很多仙草，臣虽然知道，却没有力量取得，如果陛下能让我当上那里的地方长官，也许有希望找到。"宪宗信以为真。元和十三年十一月七日，宪宗任命柳泌暂时代理台州刺史，并允许他穿上三品官员才能穿的紫袍，佩戴金鱼袋。谏官们争相上书劝阻，认为："自古以来，相信术士的君王也从未有让术士们当地方长官的先例。"宪宗却不以为然，他说道："用一州之力而能让你们的君王长生不老的话，你们身为臣子的又有什么可惜的呢！"从此，群臣再也不敢说话。

功德使上书称："凤翔法门寺的佛塔内有佛指舍利，相传每三十年开塔一次，开塔之年就会国泰民安。明年佛塔将开，请陛下将佛指舍利迎入宫中供奉。"元和十三年（公元 818 年）十二月一日，宪宗派遣中使率领众僧前往凤翔法门寺奉迎佛骨。

中使把佛指舍利迎入长安之后，宪宗下令放入宫中三天，而后送往长安各个寺庙里。长安百姓，上自王公大臣，下到黎民百姓，都争先恐后，瞻仰叩拜，施舍财物，唯恐落后，甚至有人倾家荡产施舍，还有人在自己的手臂、头顶点燃香火瞻礼。刑部侍郎韩愈上书极力劝谏，他认为："佛是夷狄的一种宗教而已。我国从黄帝以来，到大禹、商汤、周文王、周武王，都活了很大岁数，百姓安居乐业，那时还没有佛。汉明帝时期，中国才有佛法，此后，国家动荡不安，国运也不长久。南北朝以来，虽然对佛更为虔诚，可是这几个朝代国运更为短促，期间，只有梁武帝在位四十八年，曾经前后三次舍身当佛家的奴仆，最后竟然被侯景逼迫，饿死在台城，国家也很快就灭亡了。供奉佛原本是为了求福，反而身遭大祸，由此可见，佛是不足相信的。百姓愚昧，容易受到迷惑，又难以说服，如果他们看到陛下也信佛的话，都会说：天子是大圣人，也一心信佛，百姓卑微下贱，对佛岂可爱惜身家性命？佛原本是夷狄之人，口不曾说过先王的圣言，身不曾穿戴先王的服饰，不知君臣之义、父子之恩。假如他还活着，奉命前来朝见，陛下就算予以接见，也不过是在宣政殿见上一面，摆设一桌宴席，赏赐一套衣服，护送他出国离境而已，根本不会令其迷惑百姓。何况他早已去世，一截枯骨，岂能进入后宫？古代的诸侯相互之间进行吊唁，尚且需要巫师用桃木扫帚提前扫除不洁，陛下如今却无故取来不洁之物亲自察看，巫师不先去除不祥，群臣闭口不言，御史不予弹劾，臣实在感到羞耻！请求陛下将此佛骨交给有关部门，投到火里烧为灰烬，再扔到水里，彻底予以铲除，令后世之人再不迷惑，也令天下之人知道陛下乃大圣人，做出的举动要比寻常人高出万万倍，难道不是一件盛事！佛如果有灵，能够降下灾祸，那就把灾难降到臣的身上吧！”

宪宗奉迎佛骨舍利，不过是想借佛来给自己延年益寿罢了，而韩愈在奏疏上却说凡是信佛的皇帝没一个有好下场的，大多还短寿，这让宪宗是勃然大怒。次日，他把韩愈的奏疏让宰相们看，将要以诅咒皇上的罪名，杀掉韩愈。裴度、崔群劝说道：“韩愈虽然发狂，却完全是出于一片忠心，陛下应该对他予以宽容，以广开言路。”宪宗说道：“韩愈劝我信佛太过，我尚且能够饶他，至于他说东汉信佛之后，帝王们都短寿，为何说出如此嚣张、无稽之言？韩愈身为臣子，胆敢如此狂妄，决不可放过！”宪宗决心杀掉韩愈，这让满朝文武都大惊失色，就连很多皇亲国戚、朝廷权贵也认为对韩愈的处罚太重了，向宪宗求情，最终，元和十四年（公元 817 年）一月十四日，宪宗下令将韩愈贬为潮州刺史。

韩愈被贬后，行至蓝关时，写下了他著名的一首诗《左迁至蓝关示侄孙湘》：“一封朝奏九重天，夕贬潮阳路八千。欲为圣明除弊事，肯将衰朽惜残年！云横秦岭家何在，雪拥蓝关马不前。知汝远来应有意，好收吾骨瘴江边。”韩愈到达潮阳后，又给宪宗写了一道奏表，内容为：臣今年正月十四日，蒙恩授潮州刺史，即日驰驿就路。经涉岭海，水陆万里。臣所领州，在广府极东。去广府虽云二千里，然来往动皆逾月。过海口，下恶水，涛泷壮猛，难计期程，飓风鳄鱼，患祸不测。州南近界，涨海连天，毒雾瘴氛，日夕发作。臣少多病，年才五十，发白齿落，理不久长。加以罪犯至重，所处又极远恶，忧惶惭悸，死亡无日。单立一身，朝无亲党，居蛮夷之地，与魑魅同群。苟非陛下哀而念之，谁肯为臣言者。

臣受性愚陋，人事多所不通，唯酷好学问文章，未尝一日暂废，实为时辈推许。臣于当时之文，亦未有过人者。至于论述陛下功德，与《诗》《书》相表里。作为歌诗，荐之郊庙，纪太山之封，镂白玉之牒；铺张对天之宏休，扬厉无前之伟迹；编于《诗》《书》之策而无愧，措于天地之间而无亏。虽使古人复生，臣未肯多让。伏以大唐受命有天下，四海之内，莫不臣妾，南北东西，地各万里。自天宝之后，政治少懈，文致未优，武克不纲。孽臣奸隶，外顺内悖；父死子代，以祖以孙。如古诸侯，自擅其地，不朝不贡，六七十年。四圣传序，以至陛下，躬亲听断，干戈所麾，无不从顺。宜定乐章，以告神明；东巡泰山，奏功皇天，使永永万年，服我成烈。当此之际，所谓千载一时，不可逢之嘉会。而臣负罪婴衅，自拘海岛，戚戚嗟嗟，日与死迫；曾不得奏薄伎于从官之内、隶御之间，穷思毕精，以赎前过。怀痛穷天，死不闭目！瞻望宸极，魂神飞去。伏惟陛下，天地父母，哀而怜之。

宪宗看后，对宰相们说："昨天看了韩愈的奏表，追思其劝谏佛骨之事，很是爱我，我岂不知？只是韩愈身为臣子，不该说君王奉佛就短寿这样的话，我是厌恶其说话太随意了。"宪宗本欲重新重用韩愈，想看看宰相的态度。皇甫镈厌恶韩愈耿直，担心宪宗再次重用他，就率先回答："韩愈终归还是太狂妄了，可以暂且给他换个地方。"遂改任韩愈为袁州（今江西省宜春市）刺史。